全国工会工作指导用书

依据**中国工会十八大文件精神**组织编写

工会工作实务

（全新修订版）

张安顺　　王鹏鸾◎编著

人民日报出版社

图书在版编目（CIP）数据

工会工作实务 / 张安顺，王鹏鸾编著. --北京：
人民日报出版社，2023.10
　ISBN 978-7-5115-8009-2

　Ⅰ.①工… Ⅱ.①张…②王… Ⅲ.①工会工作-中
国 Ⅳ.①D412.6

　中国国家版本馆 CIP 数据核字（2023）第 193153 号

书　　　名：	工会工作实务	
	GONGHUI GONGZUO SHIWU	
作　　　者：	张安顺　王鹏鸾	

出　版　人：	刘华新	
责任编辑：	刘天一	
封面设计：	陈国风	

出版发行	人民日报出版社
地　　址：	北京金台西路 2 号
邮政编码：	100733
发行热线：	（010）65369527　65369846　65369509　65369510
邮购热线：	（010）65369530　65363527
编辑热线：	（010）65363105
网　　址：	www.peopledailypress.com
经　　销	新华书店
印　　刷	北京柯蓝博泰印务有限公司

开　　本：	170mm×240mm　　1/16
字　　数：	580 千字
印　　张：	37.5
版次印次：	2025 年 5 月第 1 版　　2025 年 5 月第 1 次印刷

书　　号：	ISBN 978-7-5115-8009-2
定　　价：	168.00 元

前 言

　　党的二十大报告指出："深化工会、共青团、妇联等群团组织改革和建设，有效发挥桥梁纽带作用。"中国工会是中国共产党领导的职工自愿结合的工人阶级群众组织，是中国共产党联系职工群众的桥梁和纽带。工会工作是党的群团工作、群众工作的重要组成部分，是我们党治国理政的一项经常性、基础性的工作。做好新时代工会工作，对于团结动员广大职工为全面建设社会主义现代化国家建功立业，巩固党执政的阶级基础和群众基础有着非常重要的意义。在新时代，工会工作只能加强、不能削弱，只能改进提高、不能停滞不前。各级工会要坚持以习近平新时代中国特色社会主义思想为指导，全面贯彻落实党的二十大和二十届二中、三中全会精神，贯彻落实习近平总书记关于工人阶级和工会工作的重要论述，牢牢把握为实现中华民族伟大复兴中国梦而奋斗的工运时代主题，坚定不移走中国特色社会主义工会发展道路，保持和增强工会组织和工会工作政治性、先进性、群众性，忠诚履职、积极作为，改革创新，锐意进取，推动新时代工会工作高质量发展。

　　做好新时代工会工作，必须加强工会干部教育培训，全面提高工会干部素质，建设一支忠诚干净担当的高素质专业化工会干部队伍。为了满足工会干部学习培训需求，我们组织编写了此书。本书从工会工作的特点和实际需要出发，贯彻理论联系实际的原则，全面系统地介绍了工会理论知识、业务知识、法律知识，重点突出，详略得当，可读性较强，是工会干部培训学习的有益教材。

　　本书在编写过程中参考了大量有关书籍和资料，在此向有关作者表示诚挚感谢。

目 录

第七章　工资集体协商工作

第八章　工会宣传教育工作

第九章　工会劳动保护工作

第二十一章　《劳动合同法》相关知识

第二十二章　安全生产法相关知识

第二十三章　职业病防治法相关知识

第二十四章　社会保险法相关知识

第一章　工会基础知识

第一节　工会的性质

工会的性质，是指工会的本质属性或本质特征，是工会组织区别于其他社会组织的根本标志。工会的性质决定了工会的地位、作用、职能、任务以及工会的权利与义务等。正确认识工会的性质，对于更好地履行工会的职责、发挥工会的作用、推动工会工作的开展、促进工运事业的发展有着非常重要的意义。

关于我国工会的性质，《工会法》第 2 条规定："工会是中国共产党领导的职工自愿结合的工人阶级群众组织，是中国共产党联系职工群众的桥梁和纽带。中华全国总工会及其各工会组织代表职工的利益，依法维护职工的合法权益。"《中国工会章程》开宗明义："中国工会是中国共产党领导的职工自愿结合的工人阶级群众组织，是党联系职工群众的桥梁和纽带，是国家政权的重要社会支柱，是会员和职工利益的代表。"上述规定表明了中国工会的本质属性是阶级性、群众性和政治性的相互统一。

一、工会的阶级性

工会的阶级性，是指工会是真正的工人阶级组织，并以工人阶级作为自己的阶级基础。工会的阶级性是工会区别于其他群众组织的一个本质属性。工会的阶级性主要体现在以下三个方面。

（一）工会会员必须是工人阶级成员

《中国工会章程》第 1 条规定："凡在中国境内的企业、事业单位、机关、社会组织中，以工资收入为主要生活来源或者与用人单位建立劳动关系的劳动者，不分民族、种族、性别、职业、宗教信仰、教育程度，承认工会章程，都可以加入工会为会员。"《工会法》也明确规定了这一点。由此可见，确定是否可以成为工会会员的标准只有一个，即以工资收入为主要生活来源或者与用人单位建立劳动关系且承认工会章程的劳动者。这就把工会成员的构成仅仅限于工人阶级范围之内，把工人阶级作为工会的阶级基础，充分说明工会具有鲜明的阶级性。

（二）工会的成立和存在体现了工人阶级的利益要求

工会是社会经济矛盾的产物。工会成立之初的目的，就是使工人广泛地联合起来，形成强大力量，为争取和维护自己的经济利益而斗争。工会的成立和存在体现了工人阶级的利益要求。在社会主义市场经济条件下，虽然执政党、政府、国有企业行政都在不同层面上代表着工人阶级利益，但是职工群众仍然需要有自己的组织来代表和维护具体的利益。工会代表和维护工人阶级利益是工会阶级性的实质。工会始终把维护工人阶级的利益作为自己的重要任务。

（三）工会的奋斗目标是与工人阶级的奋斗目标相联系的

工会组织与工人阶级的命运紧密相联，工人阶级的奋斗目标也是工会的奋斗目标。工会作为工人阶级的群众性团体，始终以工人阶级政党的政治纲领为自己的纲领，并代表工人阶级积极参加政治活动，进行政治参与，为实现工人阶级政党的政治纲领而奋斗。从实践上看，工会始终与工人阶级政党保持着密切的联系，并以工人阶级政党的纲领和路线作为工会活动的指导思想，为实现工人阶级的奋斗目标和历史使命而奋斗。

二、工会的群众性

工会的群众性，是指工会是工人阶级在本阶级范围内最广泛的组织。工会的群众性主要体现在以下几个方面。

（一）工会的群众性体现在工会的会员构成具有工人阶级范围内的广泛性。工会并不是个别行业或者个别部门内职工的组织，它最大限度地团结、联合了广大职工群众。工会始终是工人阶级实现阶级联合的最广泛的组织。

（二）工会的群众性体现在工会代表广大会员和职工群众的正当利益，维护职工群众的合法权益方面。工会代表广大会员和职工群众的正当利益、维护职工群众的合法权益是工会群众性的核心问题。职工群众是工会组织的主体，是工会赖以存在和发展的基础，广大会员和职工群众对工会的信赖和支持是工会最基本的力量源泉。如果工会不能切实代表和维护职工群众的合法权益，就会失去本阶级群众，那也就谈不上工会的群众性。

（三）工会的群众性还体现在工会组织内部的民主性方面。工会内部生活的民主性是工会群众性的必然要求和具体体现。工会内部生活的民主性，一般包括以下几个方面。一是工会组织内部成员之间的地位和权利是平等的，工会内部的事务应当由会员群众当家作主，实行会员群众办工会。二是工会内部应该具有更充分、更广泛的民主生活。工会工作要依靠广大的积极分子和会员群众，工会的活动要从会员群众的意愿和要求出发。工会的一切问题都要经过民主程序，工会的一切工作和活动都要置于会员和职工群众的参与、监督之中。三是工会在工作方法上必须采取和国家机关、行政部门不同的工作方法，即采用吸引的方法、说服的方法和群众自我教育的方法。

（四）工会的群众性还体现在工会组织的自愿性方面。工会不是按照某种指令组织起来的，而是职工群众为了谋求共同利益，实现共同愿望自觉自愿地组织起来的群众团体。工会组织的自愿性包括两个方面：一是坚持职工自愿入会的原则，只要是工人阶级成员，都可以自愿加入工会组织；二是工会组织或者开展的一切活动，必须适合大多数群众的觉悟，建立在群众自觉自愿的基础上。

三、工会的政治性

工会自觉接受中国共产党的领导，鲜明地体现了我国工会具有高度的政治性。习近平总书记强调："工会工作做得好不好、有没有取得明显成效，关键看有没有坚持正确政治方向。"正确政治方向，核心就是坚持中国共产党领导和中国特色社会主义制度。坚持正确政治方向，是工会做好工作、发挥作用的根本，也是工会作为党领导下的工人阶级群众组织的历史使命。

（一）自觉接受党的领导，鲜明地体现了我国工会具有高度的政治性

首先，从历史上看，中国工会是在中国共产党的领导下建立和发展起来的，自觉接受党的领导是工会工作的政治原则和优良传统。这是由工会的特点决定的。中国共产党是中国工人阶级的先锋队，工会是工人阶级的群众组织。工会是在党的直接领导和帮助下，适应工人运动的发展需要而建立起来的。从诞生之日起，工会就与党有着天然的联系，这一点是与欧洲许多国家的工会在建立很长时间之后才出现政党是根本不同的，这也是中国工会的政治优势和优良传统。党的领导为工会运动指明了正确的前进方向。

其次，从实践上看，中国共产党作为工人阶级政党，必须依靠本阶级群众，工会是党的事业的支持者和实践者，工会运动始终围绕着党在不同历史时期的中心任务来开展活动，为推动历史前进和社会进步发挥了重要作用。在中国，工人阶级是中国共产党最坚实、最可靠的阶级基础。工会所代表的职工群众的利益与工人阶级的根本利益是一致的，并且通过党的领导得以全面实现，这正是中国工会区别于其他社会制度下工会的主要特征。

（二）党的领导是做好工会工作的根本政治保证

加强党对工会的领导，坚持走中国特色社会主义工会发展道路，是由我国工会的性质决定的。坚持走中国特色社会主义工会发展道路，最重要的一条，就是坚持党的领导，坚持党的路线、方针、政策。工会工作是党的全局工作的一部分，只有自觉接受党的领导，围绕党的全局工作来部署，才能更好地发挥党联系职工群众的桥梁纽带作用、国家政权的重要社会支柱作用和职工利益的代表者维护者作用，才能把工会建设成为职工群众真正信赖的组织。

四、工会的阶级性、群众性、政治性的有机统一

工会的阶级性、群众性和政治性是反映工会本质属性相互依存、互为

条件、不可分割的有机统一体。工会的群众性以阶级性为限度；工会的阶级性以群众性为基础；工会的阶级性和群众性以政治性为方向。

工会的群众性以阶级性为限度，即工会的群众性不能超越阶级性的界限。工会作为工人阶级的群众组织，首先是一个阶级组织而不是一个全民组织，工会的成员是限定在工人阶级范畴之内的；工会的阶级性以群众性为基础，表明工会的阶级性是建立在最广泛的群众性基础之上的，其成员不仅包括工人阶级的先进分子，还包括大量非党职工群众。工会若不能团结最广大的工人阶级群众，工会组织的阶级性就失去了基础。工会的阶级性和群众性以政治性为方向，即在思想上，以马克思主义为指导，坚持走中国特色社会主义工会发展道路；在组织上，自觉接受党对工会的领导，高度重视工人阶级队伍的团结和工会组织的统一；在工作中，始终围绕和服从服务于大局，依法独立自主地开展工作，在维护全国人民总体利益的同时，更好地代表和维护职工群众合法权益。

第二节　工会的地位与作用

一、工会的地位

工会的地位是指工会在国家政治、经济和社会生活中所处的位置。工会的地位主要通过工会组织同社会各方面的关系得以体现，通过法律确认和保障，通过工会发挥的作用得以实现。

（一）工会的政治地位

中国工会是国家政治体制中的重要组成部分。工会的政治地位表现在它与党和政府之间的关系，并且与我国人民民主专政的国体相联系。工会作为党联系广大职工群众的桥梁和纽带，是执政党的重要阶级基础；作为国家政权的社会支柱，是人民政府的重要群众基础。

1. 工会是党的阶级基础

工人阶级作为国家的领导阶级，其领导地位是在本阶级的先锋队——中国共产党的领导下得以实现的。党的领导代表了工人阶级的利益、意志、愿望和要求，因此党的领导地位体现了工人阶级的领导地位。党的领导离不开工人阶级，而工会则是工人阶级最为广泛的组织形式。

2. 工会是国家政权组织的群众基础

工人阶级作为国家的领导阶级，其领导地位是通过国家政权组织得以实现的。社会主义国家民主政治的特点，最基本和最突出的就是广大的劳动者享有最广泛的民主权利。但是，国家政权组织不能由全体工人阶级成员及群众性组织实行直接管理，而只能通过工人阶级中具有先进思想和专门管理才能的成员作为代表行使管理职能。同时，国家政权组织对经济社会管理职能的履行，必须依靠最广大职工群众及工会的支持。

(二) 工会的经济地位

工会的经济地位是指工会在社会经济关系中所处的具体位置，主要通过工会对劳动关系所产生的影响和作用体现出来。在社会主义市场经济条件下，工会的经济地位体现在两个方面。一方面，工会具有组织和动员广大职工群众支持改革、投身国家经济建设的强大组织优势，并且可通过开展富有时代特色和丰富多彩的经济技术创新活动，有效调动和激发广大职工的劳动积极性、智慧和创造力。可以说，工会在推动我国社会经济发展中所起到的作用，是彰显工人阶级主力军作用和工会社会经济地位的重要体现。另一方面，工会的经济地位还体现在劳动关系领域，它是劳动关系的协调者和劳动者权益的维护者。劳动关系的协调是市场经济保持健康发展的客观要求，但是由于我国劳动力市场供求关系的不平衡，劳动关系事实上不平等的现象无法避免，这就需要工会参与协调劳动关系，作为集体劳权的代表促使劳动关系双方的权利义务尤其是劳动者的合法权益得到有效规范和保护。而劳动关系的和谐与稳定，又为企业乃至整个社会经济的健康发展创造有利条件。

(三) 工会的法律地位

工会的法律地位是工会政治地位和经济地位在法律上的确认和体现。

在我国法律制度中，工会的法律地位又集中体现在工会的法定权利与义务以及工会的法人资格等方面。

1. 体现工会法律地位的五项权利

（1）工会的代表权

工会的代表权是指工会有代表职工合法权益的权利。我国《工会法》《劳动法》均对工会的代表权作了明确规定。《工会法》第 2 条第 2 款规定："中华全国总工会及其各工会组织代表职工的利益，依法维护职工的合法权益。"《劳动法》第 7 条第 2 款规定："工会代表和维护劳动者的合法权益，依法独立自主地开展活动。"

（2）工会的维护权

工会的维护权是指工会依法享有维护职工合法权益的权利，它是工会的一项重要权利。《工会法》第 6 条规定："维护职工合法权益、竭诚服务职工群众是工会的基本职责……"

（3）工会的参与权

工会的参与权是指工会享有代表职工参与管理国家事务、管理经济和文化事业、管理社会事务的权利。

（4）工会的协商谈判权

工会的协商谈判权是指工会享有代表职工一方与企业可以就劳动报酬、工作时间、休息休假、劳动安全卫生、社会保险福利等事项进行协商谈判和签订集体合同的权利。

（5）工会的监督权

工会的监督权是指工会依法享有对国家行政机关和企事业单位行政在执行国家劳动法律、法规和相关政策进行监督的权利。我国法律确认和保障工会的监督权。没有监督权，工会的其他权利便难以有效行使。

2. 体现工会法律地位的三项义务

（1）维护国家政权，支持协助企事业行政工作

维护社会主义国家政权，支持协助人民政府和用人单位开展工作，是社会主义国家工会的特有义务。这是由工会与社会主义国家、用人单位在根本利益上的一致性决定的。

（2）动员和组织职工参加社会主义经济建设

社会主义经济建设不仅是政府及企事业单位行政的任务，同样也是工会应当履行的义务。工会参加社会主义经济建设的方式，不同于行政部门直接组织指挥生产经营，而是通过引导的方式吸引和组织广大职工参加经济建设，通过开展建功立业、劳动和技能竞赛与实施经济技术创新工程等活动，调动职工的积极性，提高职工的文化和业务素质，促进社会生产力的发展。

（3）教育职工，提高职工素质

教育职工，提高职工素质，是我国工会的一项重要义务。特别是在大力发展科学技术的今天，造就一支有理想、有道德、有文化、有纪律的职工队伍，具有重要意义。

3. 工会的法人资格是工会法律地位的实现条件

法人是具有民事权利能力和民事行为能力，依法独立享有民事权利和承担民事义务的组织，是社会组织在法律上的人格化。

我国《工会法》第 15 条规定："中华全国总工会、地方总工会、产业工会具有社会团体法人资格。基层工会组织具备民法典规定的法人条件的，依法取得社会团体法人资格。"工会的社团法人资格是工会法律地位的具体化和实现条件，原因如下。

（1）工会的社团法人资格使工会在劳动关系事务及民事活动中具有与其他法人平等的地位，例如与企业开展平等协商和签订集体合同。

（2）工会依法拥有独立的财产和经费，是工会赖以存在、开展活动和取得社会地位的物质条件。工会具有法人资格，使工会的财产和经费受法律保护，是工会的经济地位不受侵犯的重要保障。

（3）在社会法律关系中，工会的社团法人资格通常是由其法定代表人即工会主席代表工会组织及全体会员得以体现的。但是，工会的法律地位和社团法人资格，不是工会个别领导人的个人地位和资格，而是工会组织和全体会员社会地位的法律表现。

二、工会的作用

我国工会的作用是由我国工会的性质和地位具体体现的。根据《工会法》和《中国工会章程》的规定，我国工会主要有以下四个方面的作用。

（一）工会是党联系职工群众的桥梁和纽带。党联系职工群众的渠道是多方面的，但党和本阶级群众联系的最重要渠道是靠工会来实现的。工会发挥桥梁纽带作用就是通过沟通方式，不断沟通政党、政府与职工群众之间的联系。一方面，工会自上而下地把党的主张和路线、方针、政策贯彻到职工群众中去，并使之变为职工群众的自觉行动；另一方面，工会自下而上地把职工群众的意见和要求及时真实地反映给党，以完善修正党的决策及政策。采取双向信息传递的方式，把党的主张与反映职工的愿望要求有机结合起来，把执行党的政策的坚定性与为职工群众服务的实效性有机结合起来，使工会真正成为职工群众信赖的职工之家。

（二）工会是国家政权的重要社会支柱。在我国，工会是国家政权的重要社会支柱和推动社会主义市场经济发展的重要力量。充分发挥国家政权重要社会支柱作用，维护工人阶级领导的、以工农联盟为基础的人民民主专政的社会主义国家政权，是历史和时代赋予工会的职责，也是工会推动社会主义和谐社会建设的着力点。工会作为国家政权的支柱，主要包括两个方面的含义。一是社会主义国家政权需要通过工会联系广大职工群众。工会把广大职工组织起来，开展各种活动，其目的是为维护和巩固国家政权，从而使人民民主专政建立在坚实的群众基础上。二是工会要通过自己的工作把广大职工群众团结在党的周围，引导职工群众听党话、跟党走，巩固党执政的阶级基础和群众基础；工会要坚决支持国家政权的活动，社会主义国家的各项工作，都要代表广大人民群众的意愿，要由全体人民共同来完成，这就要求工会必须通过行使国家赋予的参与权利，协助人民政府开展工作，在政府行使国家行政权力过程中，代表和组织职工参与管理国家事务、管理经济和文化事业、管理社会事务，参与企业、事业单位、机关、社会组织的民主管理，充分发挥参政议政的民主渠道作用，使人民民主专政建立在更加坚实的群众基础之上。促进社会主义经济社会的协调发展，成为国家政权的重要社会支柱和推动企事业经济发展的重要力量。

（三）工会是教育和提高职工素质的"大学校"。发挥工会"大学校"作用，提高职工队伍整体素质，充分发挥工人阶级主力军作用，是贯彻实施科教兴国战略、人才强国战略、可持续发展战略，提高自主创新能力，建设创新型国家的迫切需要；是巩固党的阶级基础，扩大党的群众基础，保持和发展工人阶级先进性的关键所在；是全面建成社会主义现代化强国的重要举措。工会要始终把社会主义核心价值体系建设作为主线，贯穿于职工思想政治工作和精神文明建设的全过程，用中国梦凝聚职工，用以爱国主义为核心的民族精神和以改革创新为核心的时代精神鼓舞职工，不断巩固广大职工团结奋斗的共同思想基础。大力开展职工教育培训工作，推进职工文化、企业文化建设，推进"职工书屋"建设和职工读书活动，在经济社会发展中进一步发挥好"大学校"的作用。

（四）工会是劳动关系的协调者。工会作为劳动关系的协调者，就是要及时解决劳动过程中出现的矛盾和问题，协调处理劳动争议，通过依法维护劳动者权益进而调动和激发劳动者的积极性，建立和谐稳定的劳动关系，促进企业发展和社会长期和谐稳定。因此，工会在参与协调劳动关系和处理劳动争议过程中具有非常重要的、其他任何组织无法替代的作用。工会通过集体协商集体合同制度和职工代表大会制度，切实代表和维护劳动者的合法权益，从而保护和激发劳动者的积极性，使企业劳动关系和谐有序，存在的矛盾得以及时通过法治化的渠道化解和处理。同时，在宏观层面上，借助劳动关系三方协商机制，充分表达劳动者的愿望和要求、维护劳动者的权益，促进整个劳动关系的协调发展。可以说，在这个意义上工会是劳动关系的稳衡器。

第三节　工会的职能

工会的社会职能，是指由工会性质地位所决定的，它反映了工会活动、工会工作的基本内容。明确中国工会的职能，是把握工会在党和国家工作大局中的定位，更好地发挥工会作用的前提。根据《工会法》《中国工会章程》规定，归纳起来，工会的社会职能有以下四项。

一、维权服务职能

《工会法》规定："维护职工合法权益、竭诚服务职工群众是工会的基本职责。工会在维护全国人民总体利益的同时，代表和维护职工的合法权益。"维护职工合法权益、竭诚服务职工群众是我国工会的性质决定的，是工会服务于党和国家中心任务的主要手段，是工会一切工作的出发点和落脚点。工会要赢得职工群众信任和支持，必须高举维护职工合法权益、竭诚服务职工群众的旗帜，切切实实维护好职工合法权益，扎扎实实解决好职工群众最忧虑最急迫的实际问题，使改革发展成果更多更公平惠及职工群众。从本质上讲，工会做好了维权和服务工作，就是维护了党与职工群众的血肉联系，就是维护了改革发展稳定的大局，就是维护了执政党的执政地位和执政基础。工会必须建立健全维权机制，积极参与协调劳动关系，切实把职工群众合法权益实现好、维护好、发展好；工会必须建立联系广泛、服务职工的工会工作体系，密切联系职工群众，听取和反映职工的意见和要求，关心职工的生活，帮助职工解决困难，全心全意为职工服务。

二、建设职能

工会的建设职能，是指工会吸引和组织职工群众参加建设与改革，努力完成经济和社会发展任务的职能。《工会法》规定："工会动员和组织职工积极参加经济建设，努力完成生产任务和工作任务。"工会的建设职能不仅是在生产领域，而且要不断地深入到交换、分配、消费的各个领域；工会履行建设职能的目的，不仅要促进生产力的发展和技术进步，而且要促进生产关系的变革。工会要围绕推动高质量发展，深入开展以劳动创造幸福为主题的宣传教育，弘扬社会主义核心价值观，组织开展劳动和技能竞赛，大力开展合理化建议、职工技术协作、技术革新活动，拓展"五小"竞赛活动，大力弘扬工人阶级伟大品格和劳模精神、劳动精神、工匠精神，充分调动广大职工的积极性、主动性、创造性，为全面建成社会主义现代化强国贡献力量。

三、参与职能

工会的参与职能，是指工会代表和组织职工参与管理国家事务、管理经济和文化事业、管理社会事务，参与企事业单位、机关、社会组织的民主管理的职责。《工会法》规定："工会组织和教育职工依照宪法和法律的规定行使民主权利，发挥国家主人翁的作用，通过各种途径和形式，参与管理国家事务、管理经济和文化事业、管理社会事务；协助人民政府开展工作，维护工人阶级领导的、以工农联盟为基础的人民民主专政的社会主义国家政权。"工会履行参与职能有两层含义：一是各级工会机构成为职工群众有组织地参政议政的民主渠道；二是基层工会要做好以职工代表大会或职工大会为基本形式的职工民主管理日常工作机构的工作。工会履行参与职能的主要形式和途径有：参与立法和政策的制定；工会与政府及其有关部门召开联席会议；发挥工会界代表和委员在各级人大、政协中的作用；加强基层职工民主管理，完善基层协调劳动关系的机制；参加协调劳动关系三方会议；畅通信息渠道；民主监督；等等。

四、教育职能

工会的教育职能，是指工会帮助职工不断提高思想政治觉悟和文化技术素质，成为职工群众在实践中学习共产主义的学校的职能。《工会法》规定，工会"教育职工不断提高思想道德、技术业务和科学文化素质，建设有理想、有道德、有文化、有纪律的职工队伍"。工会履行教育职能的主要内容有：牢固树立社会主义核心价值观；提高职工思想道德素质；提高职工技术业务素质；提高职工科学文化素质。履行教育职能的主要途径有：大力开展职工素质工程活动；深入开展社会主义核心价值观教育；协助政府和行政部门不断加强对职工职业培训，促进和完善继续教育制度，为职工素质的提高创造良好的条件；继续在职工中深入开展读书自学活动、群众性经济技术创新活动和建设"职工之家"活动。工会教育职能的目标是建设有理想、有道德、有文化、有纪律的"四有"职工队伍，建设知识型、技能型、创新型劳动者大军。

第四节　工会的根本活动准则与指导思想

《工会法》第 4 条第 1 款规定："工会必须遵守和维护宪法，以宪法为根本的活动准则，以经济建设为中心，坚持社会主义道路，坚持人民民主专政，坚持中国共产党的领导，坚持马克思列宁主义、毛泽东思想、邓小平理论、'三个代表'重要思想、科学发展观、习近平新时代中国特色社会主义思想，坚持改革开放，保持和增强政治性、先进性、群众性，依照工会章程独立自主地开展工作。"这一规定以法律形式明确了工会的根本活动准则和指导思想。

一、工会的根本活动准则

根据工会法的规定，工会的根本活动准则是宪法。

宪法是我国的根本大法，是治国安邦的总章程，是保持国家统一、民族团结、经济发展、社会进步和长治久安的法律基础，是中国共产党执政兴国、团结带领全国各族人民建设中国特色社会主义的法治保证。它集中体现了我国绝大多数人民的意志，在我国法律体系中具有最高的权威性和法律效力。全国各族人民、一切国家机关和武装力量，各政党和各社会团体、各企业事业组织，都必须以宪法为根本的活动准则，并且负有维护宪法尊严、保证宪法实施的职责。作为执政党和国家政权阶级基础的工人阶级的群众组织，工会也必须以宪法原则、精神和具体规定来指导和规范工会的一切活动。

工会遵守和维护宪法，在宪法和法律的范围内开展活动，才能保证工会工作有明确的方向。同时，宪法体现了广大人民意志和对人民利益的保障，工会只有遵守和维护宪法的尊严，才能真正维护职工群众的根本利益。

二、工会工作的指导思想

工会工作的指导思想是工会工作的理论指南、精神旗帜和行动遵循。《工会法》明确将习近平新时代中国特色社会主义思想同马克思列宁主义、毛泽东思想、邓小平理论、"三个代表"重要思想、科学发展观一道，确立为工会法和工会工作的指导思想，成为各级工会组织和广大工会干部的强大思想武器，为推进新时代党的工运事业和工会工作提供了根本遵循。

党的十八大以来，习近平总书记围绕工人阶级和工会工作多次发表重要讲话、作出重要指示，深刻阐明了工会工作的地位作用、目标任务、实践要求，形成了习近平总书记关于工人阶级和工会工作的重要论述。这些重要论述科学回答了工人阶级和工会工作一系列方向性、根本性、战略性重大理论和实践问题，是对马克思主义劳动学说和工运学说的传承和升华，是习近平新时代中国特色社会主义思想的重要组成部分，为新时代工会工作创新发展提供了理论指导和行动指南，为做好新时代工会工作指明了前进方向。广大工会干部要深入学习贯彻习近平总书记关于工人阶级和工会工作的重要论述，推动工运事业和工会工作高质量发展，开创新时代我国工运事业和工会工作新局面。

三、保持和增强工会组织和工会工作的政治性、先进性、群众性

党的十八大以来，我国改革进入全面深化的新阶段。习近平总书记多次强调，时代在发展、事业在创新，工会工作也要发展、也要创新。工会干部要增强自我革新的勇气，下大气力解决突出问题，自觉运用改革精神谋划推进工会工作。推进工会改革创新，必须坚持保持和增强工会组织的政治性、先进性、群众性的工会改革方向，强化问题意识，着力解决"机关化、行政化、贵族化、娱乐化"突出问题，把工会组织建设得更加充满活力、更加坚强有力。

政治性是工会组织的灵魂，是第一位的。离开了政治性，工会组织就可能混同于一般社会组织。工会组织必须旗帜鲜明讲政治，把加强政治建设作为首要任务。保持和增强政治性，关键是要始终坚持中国共产党的领导，深刻领悟"两个确立"的决定性意义，增强"四个意识"、坚定"四个自信"、做到"两个维护"，要把系统掌握马克思主义理论作为看家本领，把深入学习贯彻习近平新时代中国特色社会主义思想作为首要政治任务，深刻领会习近平总书记关于工人阶级和工会工作重要论述的精神实质，进而转化为政治自觉、思想自觉和行动自觉，结合实际落实到工会工作全过程和各方面；要坚决承担起引导职工群众听党话、跟党走的政治任务，加强对职工的思想政治引领，最大限度地把职工群众团结和凝聚在党的周围，把党对工会组织的领导转化为广大职工的政治自觉、思想自觉和行动自觉，不断夯实党的阶级基础，巩固党的执政地位；要提高政治站位，自觉服从服务党和国家工作大局，把工会工作放到大局中去思考、去把握、去部署、去推进，找准工作的结合点和着力点，团结动员广大职工群众为完成党的中心任务贡献力量；要把执行党的意志的坚定性和为职工服务的实效性统一起来，把党的路线方针政策和决策部署落实到工会各项工作中去，把党的意志和主张落实到广大职工中去；要坚决贯彻党的意志和主张，严肃党内政治生活，严守党的政治纪律和政治规矩，维护职工队伍稳定和工会组织团结统一。

先进性是工会组织的力量之源。没有先进性，工会怎么能组织动员、

带领职工群众？要把保持和增强先进性作为重要着力点，牢牢把握为实现中华民族伟大复兴的中国梦而奋斗的工人运动时代主题，并不断丰富其内涵，紧紧围绕党和国家工作大局，把亿万职工群众组织起来、动员起来、团结起来，始终作党执政的深厚阶级基础和群众基础、改革发展稳定的坚实依靠力量、实现中国梦的主力军；要紧紧围绕党和国家工作大局，组织动员广大职工群众走在时代前列，在改革发展稳定第一线建功立业；要以先进引领后进，以文明进步代替蒙昧落后，以真善美抑制假恶丑，教育引导职工群众不断提高思想觉悟和道德水平，坚定不移走中国特色社会主义道路，自觉践行社会主义核心价值观。工会要做到不忘初心、牢记使命，就要固守先进性这一力量源泉，最广泛地团结动员广大职工为全面建设社会主义现代化国家、全面推进中华民族伟大复兴贡献智慧和力量。

群众性是工会组织的根本特点。离开群众性，工会组织就容易走向官僚化、空壳化。要把党的群众路线作为工会的生命线和根本工作路线，牢记宗旨、不忘职责，密切联系职工群众，全心全意服务职工群众，带着对职工群众的深厚感情履行工会组织的法定职责，采取有力的改革措施，更多地关注、关心、关爱普通职工群众，突出维护好职工劳动就业、收入分配、社会保障、安全卫生等基本权益，把职工权益实现好、维护好、发展好；要建立健全联系职工群众的长效机制，按照职工群众需求提供精准周到的服务，始终亮明中国工会服务职工群众、维护职工群众合法权益这面旗帜，不断增强贴近群众、联系群众、融入群众、动员群众的本领，切实打通服务职工的"最后一公里"；要深入开展和谐劳动关系创建活动，努力把劳动关系的建立、运行、监督、调处纳入法治化轨道，化解劳动关系矛盾。构建和谐稳定的劳动关系；要健全服务职工群众工作体系，做好生活保障工作，重点帮助职工群众解决最关心、最直接、最现实的利益问题；要切实做好新就业形态劳动者服务工作，不断增强职工群众的获得感、幸福感、安全感。

工会组织要从巩固党执政的阶级基础、群众基础的战略高度，从党和国家事业长远发展的全局高度，深化对工会组织政治性、先进性、群众性的认识，深化对坚持党的领导、坚持正确道路的认识，坚定不移走中国特色社会主义工会发展道路。要增强责任意识和主动精神，积极作为，主动担当，满腔热情做好维权服务工作。要突出重点任务，坚持问题导向，全面深化工会改革，切实保持和增强工会组织政治性、先进性、群众性。要坚持眼睛向下、面向基层，加强基层工会建设，增强基层工会活力。要加强思想建设、组织建设、作风建设和工会干部队伍建设，解放思想，与时俱进，努力开创工会工作新局面。

四、依照工会章程独立自主地开展工作

工会章程是依据法律和党的路线、方针、政策，依据工人阶级群众组织的特点和广大职工的愿望、要求制定的。"依照工会章程独立自主地开展工作"，就是工会在遵守宪法、法律的前提下，依照工会章程，根据广大职工的愿望和要求，独立自主地、创造性地开展工作。这样，工会才能更好地体现工人阶级群众组织的特点，广泛吸引和团结广大职工群众。

工会自觉接受党的领导，必须从自身的性质和特点出发，把自觉接受党的领导同坚决按照法律和工会章程独立自主创造性地开展工作紧密结合起来，把对党负责与对职工负责紧密结合起来，把贯彻党的主张和反映职工群众的愿望紧密结合起来，在政治上坚持党指引的方向，在思想上以党的理论武装头脑，在组织上接受党委的领导，充分发挥工会中党组织的领导作用、战斗堡垒作用和党员的先锋模范作用。把党的路线方针政策和决策部署落实到工会各项工作中去，把党的意志和主张落实到广大职工中去并转化为广大职工的自觉行动，把职工群众紧密团结在党的周围。

第五节　工会的政治责任和工作方针

一、工会的政治责任

加强职工思想政治工作，团结引导广大职工坚定不移听党话、跟党

走，巩固党执政的阶级基础和群众基础，是工会组织的重要政治责任。

思想政治工作是党的优良传统、鲜明特色和突出政治优势，是一切工作的生命线。加强和改进思想政治工作，事关党的前途命运，事关国家长治久安，事关民族凝聚力和向心力。各级工会组织要切实提高政治站位，以习近平新时代中国特色社会主义思想为指导，充分认识职工思想政治工作的极端重要性，把职工思想政治工作摆在突出位置、贯穿于各种活动之中，进一步深化对党中央关于思想政治工作理论方针政策的学习理解，坚持党的领导，坚持理论武装，坚持党性原则，坚持理论与实践相统一，推动职工思想政治工作再上新台阶。

做好新时代职工思想政治工作，要以习近平新时代中国特色社会主义思想武装职工。建立健全职工思想政治工作的领导体制和工作机制，完善党的创新理论和工会理论下基层长效机制，落实基层联系点、送教到基层等制度，组织专家、学者、先进人物等广泛开展有特色、接地气、入人心的宣传宣讲活动，推动习近平新时代中国特色社会主义思想进企业、进车间、进班组、进学校、进教材、进头脑，巩固亿万职工团结奋斗的共同思想基础。

做好新时代职工思想政治工作，必须牢牢把握我国工人运动的时代主题，紧紧围绕开启全面建设社会主义现代化国家新征程、向第二个百年奋斗目标进军的目标任务，立足新发展阶段、贯彻新发展理念、构建新发展格局，推动高质量发展，广泛深入持久开展劳动和技能竞赛，大力弘扬劳模精神、劳动精神、工匠精神，充分调动职工群众积极性主动性创造性，发挥工人阶级在全面建成社会主义现代化强国中的主力军作用，以劳动和实干托起中国梦。

做好新时代职工思想政治工作，要以理想信念教育职工。人民有信仰、民族有希望、国家有力量。要推动理想信念教育常态化制度化，深化"中国梦·劳动美"主题宣传教育，加强爱国主义、集体主义、社会主义教育。在广大职工中唱响中国共产党好、社会主义好、改革开放好、伟大祖国好、各族人民好的时代主旋律。深化党史、新中国史、改革开放史、社会主义发展史宣传教育，引导职工群众了解党团结带领人民在百年奋斗中开辟的伟大道路、建立的伟大功业、铸就的伟大精神、积累的宝贵经验，深刻认识中国共产党为什么能、马克思主义为什么行、中国特色社会主义为什么好，自觉传承红色基因，赓续红色血脉，汲取不懈奋斗的强大精神力量，增强职工群众听党话、跟党走的思想自觉和行动自觉，不断巩固党执政的阶级基础和群众基础。

做好新时代职工思想政治工作，要加强职工文化建设，以先进职工文化感染职工。用中华优秀传统文化、革命文化和社会主义先进文化滋养职工心灵，打造"工"字系列职工文化特色品牌，广泛开展职工群众喜闻乐见、寓教于乐的文化体育活动，把思想引领融入职工文化建设中。社会主义核心价值体系是文化的核心要素，核心价值观是加强社会主义核心价值体系建设的重点内容。要加强社会主义核心价值观教育，坚持把社会主义核心价值观融入职工生产生活，深化以职业道德为重点的社会公德、职业道德、家庭美德、个人品德"四德"建设。积极参与群众性精神文明创建活动，推进家庭、家教、家风建设。要推动建立健全党委领导、行政支持、工会运作、职工参与的职工文化共建共享机制，丰富职工文化产品供给。建好、管好、用好职工书屋；搭建"互联网+职工文化"平台，推动职工文化网络化传播，为职工提供"菜单式""订单式"文化服务；加强职工文化人才队伍建设，打造健康文明、昂扬向上、全员参与的职工文化。

做好新时代职工思想政治工作，要切实做好维权服务工作。要认真履行维权服务的基本职责，不断完善维权机制，强化维权手段，提高维权效果，把职工合法权益实现好、维护好、发展好。要坚持以职工为中心的工作导向，着力健全联系广泛、服务职工的工会工作体系，努力为广大职工提供普惠性、常态性、精准性服务，以真诚服务赢得职工，在解决实际问题中解决思想问题。把思想政治工作同"我为群众办实事"实践活动结合起来，在有效服务职工中提升思想政治引领能力。更加注重人文关怀和心理疏导，把心理健康服务与困难帮扶、法律援助、志愿服务等结合起来，使职工思想政治工作更有情感、更有温度、更有力量。更加注重夯实思想政治工作的组织基础，健全组织体系、完善动员机制，把广大职工吸纳到工会组织中来，扩大工会思想政治工作的有效覆盖。

职工思想政治工作是一项方向性、长远性、战略性、系统性工作，要坚持党对职工思想政治工作的领导，建立党委统一领导、党政工齐抓共管、有关部门各负其责、全社会协同配合的工作格局，推动形成全党全社会努力加强对职工思想政治引领的良好氛围。要努力创新职工思想政治工作方式方法。更加注重传统工作方式与新媒体思政宣传工作的有机融合。职工思想政治工作要更加注重与中华优秀传统文化相结合，坚持以文化引领人、文化教育人，着力增强思想文化软实力，充分发挥先进典型示范引领作用，深化"时代楷模"、道德模范、最美人物、身边好人等学习宣传，持续讲好不同时期先进模范人物的光辉故事。要坚持以人为本，解放思想，更新观念，把培养人、造就人、激发人、成就人，作为职工思想政治工作的基本定位。要遵循为改革发展稳定大局服务，从职工队伍的实际出发，从社会发展的实际出发，既坚持先进性，又体现层次性，及时丰富有利于社会改革发展，有利于职工群众思想道德素质和科学文化素质提高的内容。要把职工思想政治工作与其他工作结合起来，把解决职工群众思想问题同解决实际问题结合起来，多办得人心、暖人心、稳人心的好事实事。要创新职工思想政治工作机制，研究新规律、新特点，着力思考和研究职工思想政治工作科学化、大众化、时代化、社会化、生活化、现代化的问题，不断完善新时代职工思想政治工作的运行机制、竞争机制、激励机制、保障机制、反馈机制。运用现代信息手段开展职工思想政治工作，通过生动活泼、灵活多样、喜闻乐见的方式，潜移默化地做好职工思想政治工作，增强时代性和实效性，推动新时代职工思想政治工作创新发展。

二、工会的工作方针

《中国工会章程》总则中规定，中国工会"坚持组织起来、切实维权的工作方针"。"组织起来、切实维权"工作方针是新时代工会工作总的要求和发展方向，体现了习近平总书记关于工人阶级和工会工作重要论述精神的本质要求，是工会组织坚持政治性、先进性、群众性的重要保障，是党的路线、方针、政策在工会组织的具体化，是对工会的社会职能和基本职责的理论化，紧紧抓住了为实现中华民族伟大复兴中国梦而奋斗的工人运动时代主题，集中反映了工会组织生存与发展的内在要求，突出了工会组织在新时代的神圣使命和历史作用。

组织起来，就是要把职工群众最广泛地组织到党领导的工会中来，把工会组织的活力最充分地激发出来，维护职工队伍的团结和工会组织的统一，把广大职工群众更加紧密地团结在党的周围，增强党的阶级基础，扩大党的群众基础，巩固党的执政地位。要不断创新组织形式，理顺组织体制，构建纵横交织、覆盖广泛的工会组织体系。坚持以党建带工建为引领，完善党委领导、政府支持、工会主导、社会力量参与的建会入会工作格局，着力扩大工会组织覆盖面，实现组建工会和发展会员工作持续稳步发展。在巩固传统领域建会入会基础上，重点加强"三新"领域工会组织建设，不断拓展建会入会新的增长点。着力推进规模较大的非公有制企业和社会组织依法规范建立工会组织。要切实加强区域性、行业性工会联合会建设，健全乡镇（街道）—村（社区）—企业"小三级"工会组织体系，不断扩大对小微企业的有效覆盖。要持续深化"八大群体"入会工作，聚焦货车司机、网约车司机、快递员、外卖配送员等重点群体，开展新就业形态劳动者入会集中行动。要探索单独建会、联合建会、行业建会、区域建会等建会方式，创新方式、优化程序，推行网上申请入会、集中入会仪式等做法，最大限度吸引新就业形态劳动者加入工会组织。要着力破解建会入会难题，最大限度把农民工、灵活就业、新就业形态劳动者组织到工会中来。要不断提高基层工会组织的建设质量，更好地发挥工会组织的作用。

切实维权，就是要认真履行"维护职工合法权益，竭诚服务职工群众"的基本职责，切实把职工合法权益实现好、维护好、发展好，增强职工群众获得感、幸福感、安全感。工会要协助党和政府解决劳动就业、收入分配、社会保障和劳动安全卫生等涉及职工切身利益的重大问题，积极参与涉及职工利益的法律法规政策的制定，不断完善工会维权机制，强化工会维权手段，提高工会维权的科学化水平。要把竭诚服务职工群众作为工会一切工作的出发点和落脚点，顺应职工对美好生活的新期待，健全服务职工体系，拓宽服务职工领域，提高服务职工能力，满腔热情地做好服务职工工作。要建立联系广泛、服务职工的工会工作体系，密切联系职工群众，听取和反映职工的意见和要求，关心职工的生活，帮助职工解决困难，全心全意为职工服务，不断提升职工生活品质。要加大新就业形态劳动者合法权益维护力度，聚焦新就业形态劳动者急难愁盼问题，从思想政治引领、建会入会、权益维护、强化服务、素质提升等方面加强工作，为新就业形态劳动者体面劳动、舒心工作保驾护航。要积极推动新就业形态劳动者参加社会保险制度，推动研究出台新就业形态劳动者职业伤害保障办法等相关政策措施。推动灵活用工集中的行业制定劳动定额指导标准。加强平台网约劳动者收入保障，推动平台企业、关联企业与劳动者就劳动报酬、支付周期、休息休假和职业安全保障等事项开展集体协商。推动平台网约劳动者民主参与，督促平台运营企业建立争议处理、投诉机制。各级工会特别是地方工会、行业工会，要注重通过集体协商、民主管理、相关争议联合处置、工会劳动法律监督、平台企业社会责任宣传等途径，更好地履行工会的职责，从根本上保障新就业形态劳动者合法权益。

"组织起来、切实维权"是相互联系、相互依存、互相补充、不可分割的统一整体。"组织起来"是"切实维权"的前提和基础，"切实维权"是"组织起来"的目标和宗旨；通过组织起来不断壮大力量，通过切实维权不断凝聚人心。只有实现两者的有机统一，才能全面、准确地把握"组织起来、切实维权"的科学内涵。各级工会必须把全面贯彻工会工作方针与推动新时代中国特色社会主义工会事业发展紧密结合起来，进一步厘清工作思路，坚定正确的政治方向，不断深化工会改革创新，进一步增强工会工作和工会组织的政治性、先进性、群众性，推动工会工作的创新发展。

 思考题

1. 如何理解我国工会的性质？
2. 如何理解我国工会的地位？
3. 我国工会有哪些作用？

4. 简述工会的社会职能。

5. 工会的根本活动准则是什么？

6. 工会的指导思想是什么？

7. 如何保持和增强工会组织和工会工作的政治性、先进性、群众性？

8. 简述我国工会的政治责任。

9. 工会的工作方针是什么？

 案例 1

走好新时代网上群众路线（节选）

2023 年 7 月 6 日　　来源：中工网——《河北工人报》

走好新时代网上群众路线，构建网上网下同心圆。五年来，河北全省工会深刻把握信息时代党的群众工作的特点和规律，把网上工会建设作为深化工会改革创新的重要抓手，提出让互联网这个"最大变量"变成推动工运事业发展的最大增量，大力推动工会工作上网、活动上网、服务上网，让职工"一键找到工会""一网享受服务"。

打造"智慧工会"让职工"一键找到工会"

"从基层工会服务平台榜单上看到各市的活跃度，我们还有一定差距，要以近期召开的张家口市工会二十五大为契机，好好抓一抓……"6 月 4 日，张家口市总工会宣教和网络工作部部长苏小燕和同事走进办公室，登录"冀工之家——基层工会服务平台"，点击活动数据模块，全省各地基层工会的平台活跃度数据一目了然。

借助网上平台推动工会工作，在全省各级工会已屡见不鲜。

五年来，全省工会把网上工会建设作为增强政治性、先进性、群众性的有效载体，以服务职工为中心，以服务基层工会为重点，积极探索"互联网+工会"的工作运行机制，努力构建一网联通、功能兼容、纵横交织、多端并行、数据共享的网络工作体系。"省总工会明确将工会网上工作作为'一把手'工程，集中资源、集中力量、强力推进。"省总工会宣教和网络工作部有关负责人表示。

——省总工会主要领导高度重视，亲自和网信工作人员一起对网上平台的整体风格、版块设置、展示栏目和服务项目进行"绣花"式雕琢。

——各级工会高度重视网上工作，敢于创新、敢于实践，攻坚克难，坚持线上线下相结合，除了精准对接省总工会各项"规定动作"之外，聚焦本地本行业职工需求，积极开发和打造特色服务项目，让职工在网上享受全方位、多层次服务。

……

如今，按照全省"一张网"的思路，集服务职工群众、服务基层工会、工会工作宣传、工会工作管理于一体的"冀工之家"工会网上工作"四大平台"已经建成并取得阶段性成效，吸引226.6万名职工注册，10.7万个基层工会入驻，累计办理各类业务94万余件，累计浏览量795.9万人次，实现了服务对象从特殊群体向全体会员转变，服务范围从"四季歌"服务向全天候服务转变，服务方式从工会"定菜单"向职工"点菜单"转变，形成了网上网下深度融合、互联互动的工会工作新格局。

打造职工群众诉求"集散地"让职工"一网享受服务"

5月22日，迁西县尹庄乡总工会依托"冀工之家——基层工会服务平台"，征集了10名困难职工群众的"微心愿"并在网上开展认领活动。

消息一发出，迁西县民政局工会便积极组织发动职工认领10户困难群众的微心愿。5月26日，由24名职工组成"爱心服务队"来到尹庄乡，为困难职工群众圆梦"微心愿"。一个书包、一套文具、一个水杯、一个行李箱、一条夏凉被、一身新衣服、一双运动鞋……这些平常人眼中看似微小的心愿，却在困难职工群众心中有着沉甸甸的分量。

实践证明，走好网上群众路线，虽然连着网线、隔着屏幕、相距千里，但必须把职工群众的呼声和诉求作为第一信号，始终同职工群众想在一起、干在一起，时时放心不下职工群众的"急难愁盼"问题。

——点燃正能量，传播真善美。各级工会充分利用工会网上工作平台，大力开展"中国梦·劳动美"主题宣传教育活动，全省职工诵读活动展播音视频作品3.31万部，全省职工"云"上运动会126.9万名职工参与，主办的全国"网聚职工正能量　争做中国好网民"创新活动累计投票81.8万人次，广泛凝聚起职工群众聚力新时代、奋进新征程的磅礴力量。

——切实做好业务处理，高质量办理职工诉求。各级工会不断提升服务水平和用户体验，保证线上有需求、线下有行动，努力实现"无纸化""零见面""一次清"，真正做到"让信息多跑路，职工少跑腿"。

——多频次策划开展活动，切实增强"黏"性吸引职工。各级工会通过场景式服务、智能式引导、多维化体验等形式，打造"工"字系列网上活动品牌。如秦皇岛市总工会在全国首家开设"职工频道"，出镜职工5.1万人次；邯郸市总工会开展"劳动创造幸福"等主题宣传，通过"郸条""学习强国"等转载，累计访问、点赞量300多万人次，开展正能量视频展播50余期，点赞转发40多万人次。

如今，全省工会尽可能地把服务职工的功能延伸到网上，最大限度地提高网上工会对广大基层职工的吸引力和凝聚力。

截至2023年6月28日，冀工之家订阅号粉丝为155万人；冀工之家视频号共发布1077条，单条最大播放量391.4万次；冀工之家抖音号共发布1118条，单条最大播放量847万次，真正实现了让职工"一键找到工会""一网享受服务"。

共情才能共赢，担当才出实干。党的二十大报告明确，"全党要坚持全心全意为人民服务的根本宗旨，树牢群众观点，贯彻群众路线"。

顺应时代新发展，满足职工新期待。工会网上工作是一项系统工程、长期工程。全省各级工会必将立足新形势、把握新要求，不断强化组织保障、网络安全、队伍建设、经费保障等举措，增强联系服务职工群众的穿透力，走实走深网上群众路线，为推动河北高质量发展贡献工会力量。

（河北工人报记者 高会坡）

 案例2

天津工会：唱响新时代"咱们工人有力量"（节选）

2023年2月16日 来源：中工网——《天津日报》

加强思想引领凝聚奋进力量

"党的二十大报告指出，要完成从制造大国向制造强国的转变。让我们这些新时代产业工人有了用武之地。"在天津港第一港埠有限公司，拖头队副队长、全国劳模成卫东面向工友宣讲党的二十大精神时，经常把这句话挂在嘴边。

为加强职工思想政治引领，市总工会 2018 年成立了天津市新时代劳模宣讲团，百名宣讲团成员活跃在田间地头、工厂车间、校园课堂，引领带动全市工会系统开展 3700 余场宣讲，聆听职工超过 35 万人，宣讲团被评为全国基层理论宣讲先进集体。

春节假期刚过，位于市总工会院内的"天津市弘扬劳模精神劳动精神工匠精神教育展"展厅内人流不断，两个星期内的预约档期已排满。自 2021 年"五一"前夕该展览开展以来，全市党员干部、职工群众、青年学生积极踊跃参观，已接待参观超过 3 万人次，有效发挥了思想政治引领作用，凝聚了广大职工奋进力量和推进全市高质量发展的强大精神力量。

过去五年，天津市工会大力选树劳模先进，充分发挥劳动模范、先进人物的示范引领作用。"时代楷模""全国劳动模范"张黎明，"大国工匠"崔蕴、管延安、成卫东等先进人物的典型事迹在职工中引起热烈反响。五年来，67 名同志荣获全国劳动模范和先进工作者称号；1042 名同志和 150 个集体获得市级劳动模范、模范集体称号；217 个单位荣获全国和市级五一劳动奖状、1263 名同志荣获全国和市级五一劳动奖章、776 个集体荣获全国和市级工人先锋号；27 个集体荣获全国五一巾帼标兵岗，29 名同志荣获全国五一巾帼标兵。

各级工会围绕推进天津高质量发展，大力弘扬劳模精神、劳动精神、工匠精神，聚焦重大战略、重大工程、重大项目、重点产业，广泛深入持久开展劳动和技能竞赛。

"我们及时跟进全市重大工程项目建设，将京津冀大数据智能算力中心等 7 个新一批重点工程项目，纳入市总工会直接推动的劳动竞赛示范工程，总数达到 33 个，带动各行业深入持久开展劳动和技能竞赛。"市总工会基层工作部部长张家翔介绍说。

在奋进新征程中，广大职工的劳动热情进一步焕发、创造潜能进一步释放，在基层单位、企业涌现出了 40 名"新时代职工创新创业之星"，107 家劳模和工匠人才创新工作室被命名为市级示范性工作室，10 家被评为全国示范性工作室。

聚焦"急难愁盼" 竭诚服务职工

五年来，全市各级工会按照市委面向基层、面向普通、面向弱势、面向急难的工作要求，用心用情用力服务职工，有效缓解了职工的急难愁盼问题。

天津某公司管理部困难职工患重病住院，2019年自负医药费达12.5万元，这让原本生活困难的家庭雪上加霜。2020年初，经过申报审核，市总工会给予他5万元大病救助金。让这位职工受益的是市总工会推出的大病救助政策。2018年，市总工会建立重病关爱和大病救助制度，截至目前投入资金3.37亿元，慰问和救助患病职工14.14万人次。这一做法被评为天津市"我为群众办实事"服务百姓暖心案例。

自2017年起市总工会每年承担全市20项民心工程子任务，纳入2022年民心工程的第二工人文化宫改造提升项目，新增六大绿化组团，改造建成了综合球馆、足球场、职工艺体培训中心、劳模疗休养中心、职工图书馆等一批职工文体活动阵地，受到职工群众欢迎，开园以来，累计接待职工群众超过150万人次，让承载了天津几代人美好记忆的"二宫"重新焕发蓬勃生机，成为名副其实的职工学校和乐园。

五年来，市总工会还累计投入9323.1万元，为21.4万余名农民工、困难职工和困难企业职工免费查体。实施工会会员服务卡持卡会员专享救助保障，发放救助金1.66亿元，救助了1.65万名会员。解决户外劳动者的实际困难，建立了570家工会户外劳动者服务站。针对职工退休前不少单位存在服务不到位问题，2021年推出"四个一"暖人心服务举措，通过举办一个小仪式、送上一封感谢信、赠送一份纪念品、送上一张服务卡，让广大职工在退休时充分感受到党和政府的关心关爱和工会组织的温暖。

（据天津工人报消息）

第二章　工会的基本职责

第一节　工会基本职责概述

一、维护职工合法权益、竭诚服务职工群众是工会的基本职责

职责即职务和责任，指职位上必须承担的工作范围、工作任务和工作责任。基本职责，指所有职责中根本的、首要的职责。工会基本职责，是指工会的根本职责和首要职责，是工会履行各项社会职能的基础工作和首要任务。我国工会的基本职责是由我国工会的性质、地位决定的，与我国工会的产生、目标和任务紧密相连。我国工会基本职责的发展和变化，折射出不同历史时期党对工会工作要求的变化、职工队伍的变化、工会目标任务的变化，其形成和发展历程，是我国工会在不同历史时期工作重心变化的集中反映。

《工会法》第6条第1款规定："维护职工合法权益、竭诚服务职工群众是工会的基本职责。工会在维护全国人民总体利益的同时，代表和维护职工的合法权益。"这一规定，明确了我国工会的基本职责是维护职工合法权益、竭诚服务职工群众。

维护职工合法权益、竭诚服务职工群众是工会组织的基本职责，也是发挥广大职工积极性、主动性、创造性最重要最基础的工作。维护职工合法权益、竭诚服务职工群众体现了中国工会的性质和特点，反映了党的要求和职工群众的愿望，是坚持党的"全心全意为人民服务"宗旨的重要体现，是协调劳动关系、推动构建社会主义和谐社会的必然途径，是法律赋予工会的神圣职责。工会要赢得职工群众信任和支持，必须高举维权服务的旗帜，扎扎实实解决好职工群众最忧虑最急迫的实际问题，使改革发展成果更多更公平惠及职工群众；要坚持职工利益无小事的理念，顺应职工对美好生活的新期待，把工作重心放在广大职工身上，从大处着眼、小处着手，满腔热情做好服务职工工作，不断提升维权服务的质量和水平，切实提升职工群众的获得

感、幸福感、安全感。2018 年 10 月 29 日，习近平同志在同中华全国总工会十七届领导班子成员集体谈话时指出，工会要坚持以职工为中心的工作导向，抓住职工群众最关心最直接最现实的利益问题，认真履行维护职工合法权益、竭诚服务职工群众的基本职责，把群众观念牢牢根植于心中，哪里的职工合法权益受到侵害，哪里的工会就要站出来说话。我国工会始终将维护职工合法权益的大旗牢牢掌握在手中，把竭诚服务职工群众作为一切工作的出发点和落脚点。事实证明，只有竭诚服务职工群众，工会才能密切联系职工群众，把广大职工群众团结、凝聚在党的周围。

二、确定维护职工合法权益、竭诚服务职工群众为工会基本职责的重要意义

《工会法》将工会基本职责定义为维护职工合法权益、竭诚服务职工群众，反映出党对工会工作要求的变化、工会目标任务的变化，与工会所处历史方位紧密相连，在党的工运事业和工会工作发展历程中具有重要意义。

（一）贯彻了习近平新时代中国特色社会主义思想特别是习近平总书记关于工人阶级和工会工作的重要论述，具有重大的政治意义。习近平总书记关于工人阶级和工会工作的重要论述，是习近平新时代中国特色社会主义思想的重要组成部分，为工会履行基本职责提供了理论指导和行动指南。确定维护职工合法权益、竭诚服务职工群众的基本职责，符合习近平总书记关于工人阶级和工会工作的重要论述的基本精神，贯彻了我们党以人民为中心的发展思想和全心全意依靠工人阶级方针，体现了工会组织的政治性、先进性、群众性，符合中国工会的性质、价值取向和目标任务。

（二）丰富了马克思主义工运学说和党的群众工作理论，具有重大的理论意义。多年来，广大理论工作者对工会职能和基本职责等问题进行了深入研究，取得了大量成果。有的对工会基本职责概念予以界定、对意义加以分析，认为维护职工合法权益是工会存在的基础，是建立社会主义市场经济体制的需要，是工会服从服务于党的中心任务的主要手段，是工会

职能的核心。有的对工会基本职责内涵的变化进行梳理，将变化归因于经济体制和国家职能的变化、侵害职工合法权益案件的急剧上升，等等。这些关于工会基本职责的研究，主要集中于维护职工合法权益方面，对工会基本职责的特点和规律做了必要的探索。《工会法》对基本职责的拓展，是对过去工会理论研究的总结、深化和集大成，是工会内外集体研究的结晶，丰富和发展了马克思主义工运学说和党的群众工作理论，体现了马克思主义与时俱进的理论品质，是工会理论创新的重要成果。

（三）适应了社会主要矛盾的新变化和职工群众的新期待，具有重大的现实意义。社会主要矛盾的变化是工会基本职责确立和发展的重要依据。经过40多年的改革开放，职工队伍的内部结构、就业形态、技能素质、权益实现等方面发生新变化，需求层次不断提升，这是中国特色社会主义进入新时代发展的必然走势，是经济发展和社会进步的重要标志。同时，随着新一轮科技革命和产业变革的不断深入，新技术新业态新模式的大量涌现，劳动关系的确立与运行出现不少新情况新问题，仅靠传统单一的维权方式难以实现和满足。在这种情况下，一方面，需要工会通过多种维权方式去维护职工权益；另一方面，需要工会从更多领域更多层次采取更多手段提供更高质量的服务，来满足职工日益增长的美好生活需要。工会基本职责的拓展，顺应了形势的发展，契合了职工的需要，符合工会的实际，具有历史必然性和现实紧迫性。

工会切实履行维权服务的基本职责，首先要正确处理二者关系，树立维权服务相统一的理念和认识，在做好维权工作基础上强化服务工作，通过服务工作更好地促进维权工作。要推动工会服务从"特惠"向"普惠"转变，不断扩大覆盖面和受益面，以帮扶中心为依托，探索"互联网+"服务，主动承接政府转移的公共服务职能，力所能及为广大职工提供具有工会特点的普惠性、常态性、精准性服务。要着力构建组织健全、职能清晰、资源共享、运转高效的服务职工工作体系，以职工需求为导向，以组织建设为基础，以作用发挥为关键，以互联网为依托，以健全机制为保障，实现从维权机制向维权、服务一体化机制的方向发展，逐步实现维权和服务工作机制平台的有机统一，实现工会维权服务的常态化、长效化、经常化、立体化。

第二节　维护职工合法权益

一、维护职工合法权益的重要性和必要性

（一）维护职工合法权益是工会性质的必然要求

工会的性质决定工会的基本职责。工会是中国共产党领导的职工自愿结合的工人阶级群众组织，也就是说工会是职工群众自己的组织，是职工利益的代表者和合法权益的维护者。这就要求工会必须站在职工的立场上，对职工负责，把竭诚为职工群众服务作为一切工作的出发点和落脚点，为职工群众办好事、办实事、解难事，把职工权利实现好、维护好、发展好。

（二）维护职工合法权益是我国的国体决定的

我国是工人阶级领导的、以工农联盟为基础的人民民主专政的社会主义国家，工人阶级是国家的领导阶级，广大职工依法享有当家作主的政治权利。这样的国体，决定了保障工人阶级和广大劳动群众的经济、政治、文化和社会权益，是社会主义制度的根本要求，是党和国家一切工作的根本基点，也是发挥工人阶级和广大劳动群众积极性、主动性、创造性的根本途径；保障工人阶级和广大劳动群众行使管理国家事务、管理经济和文化事业、管理社会事务的权利，是社会主义民主的必然要求。这样的国体，也决定了工会是党领导的工人阶级的群众组织，是党联系职工群众的桥梁和纽带，是国家政权的重要社会支柱，是职工利益的代表者和维护者，肩负着维护职工合法权益的基本职责。

（三）维护职工合法权益是坚持党的"全心全意为人民服务"宗旨的重要体现

我们党的根本宗旨是"全心全意为人民服务"，党的这一宗旨，鲜明

地昭示了党是代表全国各族人民利益的。党在任何时候都把群众利益放在第一位，任何情况下都必须全心全意依靠工人阶级，维护工人阶级的合法权益。在发展社会主义市场经济的过程中，由于经济关系和劳动关系的变化，特别是在非公企业中，仍然存在侵犯职工合法权益的现象。因此，强化工会维护职工合法权益的基本职责，是我们党的根本宗旨的突出体现，也是党对工会的基本要求。只有从代表和维护职工的切身利益出发，才能从根本上调动广大职工的积极性、主动性和创造性，才能确保国家的总体利益更快更好地得以实现。

（四）维护职工合法权益是构建和谐稳定劳动关系、维护劳动领域政治安全的根本途径

安全和稳定是经济社会发展的基本前提。坚持维权维稳相统一，认真履行维权服务基本职责，全面提升工会维权服务工作实效，切实把职工合法权益实现好、维护好、发展好，及时帮助职工群众解决急难愁盼问题，以扎实的维权服务增强职工群众获得感幸福感安全感，有利于及时化解劳动关系矛盾隐患，促进劳动关系和谐稳定，确保职工队伍稳定，维护劳动领域政治安全。

（五）维护职工合法权益是职工群众对工会的基本要求

职工群众加入工会的最主要目的就是通过工会组织来维护自己的合法权益。当前，职工的民主意识和法律意识越来越强，维护自己合法权益的愿望也越来越强烈。维权工作已成为摆在各级工会组织面前的一项重点工作。因此，工会组织要赢得职工群众的信赖和支持，就必须把突出维权当作工会工作职能的重点工作来抓，不断增强工会组织的凝聚力与向心力。

（六）维护职工合法权益是法律赋予工会的神圣职责

《工会法》第6条第1款规定："维护职工合法权益、竭诚服务职工群众是工会的基本职责。工会在维护全国人民总体利益的同时，代表和维护职工的合法权益。"《劳动法》第7条规定："劳动者有权依法参加和组织工会。工会代表和维护劳动者的合法权益，依法独立自主地开展活动。"

二、维护职工合法权益的主要内容

根据有关规定，工会维权的主要内容如下。

（一）劳动经济权益。这是劳动关系的核心内容。主要包括如下内容。

1. 劳动就业权

劳动就业是指具有劳动能力的公民在法定劳动年龄内自愿从事有一定劳动报酬或者经营收入的社会劳动。

劳动就业权，也叫就业权或者工作权，是指公民享有的使自己的劳动力与生产资料相结合实现职业劳动的权利。劳动就业权是劳动者各项权利的基础，是各国宪法确认和保护公民的一项重要的基本权利。我国《劳动法》规定，劳动者有平等就业和选择职业的权利。

2. 工资分配权

工资，是指用人单位依据法律法规规定或者劳动合同的约定，以货币形式直接支付给本单位劳动者的劳动报酬。《劳动法》第46条规定："工资分配应当遵循按劳分配原则，实行同工同酬。工资水平在经济发展的基础上逐步提高。国家对工资总量实行宏观调控。"

劳动报酬权包括劳动报酬协商权、劳动报酬请求权和劳动报酬支配权三方面基本内容。（1）劳动报酬协商权。是指劳动者与用人单位依法通过协商确定劳动报酬的形式和水平的权利。其核心是依法确定劳动者自己的劳动报酬。（2）劳动报酬请求权。即劳动者在与用人单位建立劳动关系、付出了劳动之后，有权请求用人单位按时足额支付劳动报酬。（3）劳动报酬支配权。即劳动者独立支配管理和处分自己劳动报酬的权利。劳动报酬支配权具有民法物权的属性，即劳动者有权自主地支配处分其劳动报酬，任何人都不能干涉和侵犯。

3. 休息休假权

休息休假权是指劳动者在享受劳动权的过程中，拥有为了保护自己身体健康和提高劳动效率，根据国家法律法规和规章制度的有关规定而享有的一系列休息权和休假权的总称。《宪法》第43条规定："中华人民共和国劳动者有休息的权利。国家发展劳动者休息和休养的设施，规定职工的工作时间和休假制度。"

4. 劳动安全卫生保护权

劳动安全卫生保护权，是指劳动者在劳动过程中获得必要的劳动条件和必要的保护措施的权利。主要目的就是防止生产安全事故和职业病的发生，保障劳动者在生产过程中的安全和健康。《宪法》第42条第2款规定："国家通过各种途径，创造劳动就业条件，加强劳动保护，改善劳动条件，并在发展生产的基础上，提高劳动报酬和福利待遇。"《安全生产法》第3条规定："安全生产工作坚持中国共产党的领导。安全生产工作应当以人为本，坚持人民至上、生命至上，把保护人民生命安全摆在首位，树牢安全发展理念，坚持安全第一、预防为主、综合治理的方针，从源头上防范化解重大安全风险。安全生产工作实行管行业必须管安全、管业务必须管安全、管生产经营必须管安全，强化和落实生产经营单位主体责任与政府监管责任，建立生产经营单位负责、职工参与、政府监管、行业自律和社会监督的机制。"

5. 社会保障权

社会保障制度是国家依法通过强制手段对暂时或永久丧失劳动能力以及由于各种原因而导致生活困难的社会成员提供基本生活保障的制度体系，其根本目的就是通过对国民收入的再分配，帮助社会成员分散并抵御各种社会风险。社会保障制度本质上是一种风险分散机制。社会保障的内容主要包括四个方面：社会保险、社会救助、社会福利、社会优抚。《宪法》第45条规定："中华人民共和国公民在年老、疾病或者丧失劳动能力的情况下，有从国家和社会获得物质帮助的权利。国家发展为公民享受这些权利所需要的社会保险、社会救济和医疗卫生事业。国家和社会保障残废军人的生活，抚恤烈士家属，优待军人家属。国家和社会帮助安排盲、聋、哑和其他有残疾的公民的劳动、生活和教育。"

（二）民主政治权利。主要包括以下方面。

1. 民主管理权

职工民主管理权是广大职工以主人翁的身份，依照法律规定，参与企事业单位管理的权利。职工民主管理权的基本内涵如下。（1）知情权。知情权指职工了解企事业单位生产经营管理、关系职工切身利益的重大问题等信息的权利。知情权是职工最基本的权利，是职工民主参与和民主监督的前提。（2）参与权。参与权是指职工依法通过各种途径和形式，参与管理企事业的权利。（3）表达权。表达权即话语权，主要指职工通过职代会、座谈会、民主信箱等各种途径公开发表自己的思想、观点、主张、意见、建议的权利。（4）监督权。监督权主要指职工对企事业单位管理人员的管理决策行为进行监督的权利。

2. 依法参加和组织工会的权利

《宪法》第 35 条规定："中华人民共和国公民有言论、出版、集会、结社、游行、示威的自由。"《工会法》第 3 条第 1 款规定："在中国境内的企业、事业单位、机关、社会组织（以下统称用人单位）中以工资收入为主要生活来源的劳动者，不分民族、种族、性别、职业、宗教信仰、教育程度，都有依法参加和组织工会的权利。任何组织和个人不得阻挠和限制。"

（三）精神文化权利

精神文化权利是指职工依法在接受教育培训，不断丰富精神文化生活，努力提高自身思想道德和科学文化素质，增强创业能力和竞争能力等方面享有的权益。主要包括如下内容。

1. 职业培训权

职业培训，也称职业技能培训，是指对准备就业和已经就业的人员，以开发其职业技能为目的而进行的技术业务知识和实际操作能力的教育和训练。《劳动法》规定，国家通过各种途径，采取各种措施，发展职业培训事业，开发劳动者的职业技能，提高劳动者素质，增强劳动者的就业能力和工作能力。

2. 参加文体活动权

文体活动是文艺活动和体育活动的总称。文体活动是一种有益的活动，它们不仅能够让人们体会到快乐，还能够丰富人们的精神生活，让人们放松身心，提高身体素质，增强文化素养，提高艺术修养。参加文体活动，让劳动者的生活更加丰富多彩，满足劳动者的精神文化生活。

（四）社会权利

工会组织和代表职工参与社会事务管理和社会利益关系协调的各项活动，保障职工在社会生活领域拥有的各项权益，享受社会公共事业服务与保障，如最低生活保障、教育救助、医疗救助、住房救助、临时救助等。

（五）生态文明权益

工会要大力推进生态文明建设，维护环境权益，弘扬环境文化，促进人与人、人与自然和谐，为劳动者创造优美的生产生活环境，保障劳动者身体健康。

另外，工会还要依法维护女职工与未成年工的合法权益和特殊利益。

要特别关注、维护新就业形态劳动者的合法权益。根据人社部等八部委发布的《关于维护新就业形态劳动者劳动保障权益的指导意见》，维护新就业形态劳动者劳动保障权益的重点如下。（1）落实公平就业制度，消除就业歧视。企业招用劳动者不得违法设置性别、民族、年龄等歧视性条件，不得以缴纳保证金、押金或者其他名义向劳动者收取财物，不得违法限制劳动者在多平台就业。（2）健全最低工资和支付保障制度，推动将不完全符合确立劳动关系情形的新就业形态劳动者纳入制度保障范围。督促企业向提供正常劳动的劳动者支付不低于当地最低工资标准的劳动报酬，按时足额支付，不得克扣或者无故拖欠。引导企业建立劳动报酬合理增长机制，逐步提高劳动报酬水平。（3）完善休息制度，推动行业明确劳动定员定额标准，科学确定劳动者工作量和劳动强度。督促企业按规定合理确定休息办法，在法定节假日支付高于正常工作时间劳动报酬的合理报酬。（4）健全并落实劳动安全卫生责任制，严格执行国家劳动安全卫生保护标准。企业要牢固树立安全"红线"意识，不得制定损害劳动者安全健康的考核指标。要严格遵守安全生产相关法律法规，落实全员安全生产责任制，建立健全安全生产规章制度和操作规程，配备必要的劳动安全卫生设施和劳动防护用品，及时对劳动工具的安全和合规状态进行检查，加强安全生产和职业卫生教育培训，重视劳动者身心健康，及时开展心理疏导。强化恶劣天气等特殊情形下的劳动保护，最大限度减少安全生产事故和职业病危害。（5）完善基本养老保险、医疗保险相关政策，各地要放开灵活就业人员在就业地参加基本养老、基本医疗保险的户籍限制，个别超大型城市难以一步实现的，要结合本地实际，积极创造条件逐步放开。组织未参加职工基本养老、职工基本医疗保险的灵活就业人员，按规定参加城乡居民基本养老、城乡居民基本医疗保险，做到应保尽保。督促企业依法参加社会保险。企业要引导和支持不完全符合确立劳动关系情形的新就业形态劳动者根据自身情况参加相应的社会保险。（6）强化职业伤害保障，以出行、外卖、即时配送、同城货运等行业的平台企业为重点，组织开展平台灵活就业人员职业伤害保障试点，平台企业应当按规定参加。采取政府主导、信息化引领和社会力量承办相结合的方式，建立健全职业伤害保障管理服务规范和运行机制。鼓励平台企业通过购买人身意外、雇主责任等商业保险，提升平台灵活就业人员保障水平。（7）督促企业制定修订平台进入退出、订单分配、计件单价、抽成比例、报酬构成及支付、工作时间、奖惩等直接涉及劳动者权益的制度规则和平台算法，充分听取工会或劳动者代表的意见建议，将结果公示并告知劳动者。工会或劳动者代表提出协商要求的，企业应当积极响应，并提供必要的信息和资料。指导企业建立健全劳动者申诉机制，保障劳动者的申诉得到及时回应和客观公正处理。

三、中国工会的维权观

中国工会的维权观是：以职工为本，主动依法科学维权。以职工为本是工会维权观的核心，体现了工会的性质。坚持以职工为本，就是要坚持一切依靠职工，一切为了职工，把职工群众的愿望与呼声作为工会维权工作的第一信号，把职工群众满意不满意作为衡量维权工作成效的重要依据。主动维权是做好维权工作的前提。坚持主动维权，就是要发扬主动精神，有主动的意识、超前的预见，充分发扬主观能动性，通过积极的、建设性的作为，通过推动发展、积极参与、加强沟通、平等协商，把维权工作做在前面。依法维权是做好维权工作的保障。坚持依法维权，就是要增强法治意识，运用法律手段，完善工会维权机制，把维权工作纳入规范化、制度化、法治化的轨道。科学维权是做好维权工作的关键。坚持科学维权就是要坚持用科学理论来指导，用科学态度来协调，用科学方法来推进，不断提高维权工作的科学化水平。

四、工会维权的有效机制

（一）劳动合同制度。劳动合同是劳动者与用人单位确立劳动关系、明确双方权利和义务的协议。建立劳动关系，应当订立劳动合同。工会应当帮助、指导职工与用人单位签订劳动合同，依法规范劳动合同订立、履行、变更、解除、终止等行为，切实提高劳动合同签订率和履行质量。

（二）平等协商与集体合同制度。《工会法》第6条第2款规定，"工会通过平等协商和集体合同制度等，推动健全劳动关系协调机制，维护职工劳动权益，构建和谐劳动关系"。平等协商，指用人单位和相应的工会组织（未建立工会的企业由职工民主推举代表），在法律地位完全平等的基础上，就劳动标准、劳动条件以及其他与劳动关系相关的问题，依据国家法律法规而进行沟通、协商的行为。集体合同指工会代表职工与用人单位代表依法就职工劳动就业、劳动报酬、工作时间、休息休假、劳动安全卫生、保险福利等与劳动关系有关的事项进行平等协商，在协商一致的基础上签订的书面协议。集体合同可以分为综合性集体合同和专项集体合同两种。专项集体合同是指用人单位与本单位职工根据法律、法规、规章的规定，就集体协商的某项内容签订的专项书面协议。《劳动合同法》第52条规定："企业职工一方与用人单位可以订立劳动安全卫生、女职工权益保护、工资调整机制等专项集体合同。"平等协商是签订集体合同的法定必经程序，集体合同是平等协商的结果。平等协商与集体合同制度作为一项劳动法律制度，是维护职工合法权益，建立和谐稳定的劳动关系的重要机制，是调动和发挥广大职工积极性、主动性、创造性，促进企业和职工加强沟通、共谋发展的重要手段。

工会要深入推进平等协商和集体合同制度，做好平等协商和集体合同工作，坚持所有企业都要推行平等协商和集体合同制度；坚持平等协商与签订集体合同相协调，重在平等协商；坚持把职工关心的热点、难点问题作为平等协商、集体合同的重点；坚持把工资集体协商作为推行集体合同制度的重要内容；坚持把推行集体合同制度与推行劳动合同制度有机衔接起来；坚持把集体合同和劳动合同制度与建立现代企业制度相结合。推进平等协商和集体合同工作要在建立机制、提高合同质量和讲求实效上下功夫，把工作的着力点和落脚点放在企业，以推动各类企业普遍建立集体合同制度为目标，以提高集体合同质量为重点，不断规范，逐步完善。要在普遍开展平等协商的基础上，积极推动不同类型的企业建立和完善集体合同制度，指导企业从各自的实际出发，因企制宜，合理确定集体合同具体内容和标准，增强实效性和可操作性。在签订集体合同的同时，还要签订女职工权益保护专项集体合同。在高风险行业和企业中签订劳动安全卫生专项集体合同。要大力推进行业性、区域性平等协商与集体合同制度。上级工会对下级工会开展平等协商与签订集体合同工作要给予支持和帮助，要加强专职集体协商指导员队伍建设，加强对从事集体协商工作的工会干部、专职集体协商指导员和职工方协商代表的培训力度，切实提高协商水平。

（三）健全协调劳动关系三方机制。完善协调劳动关系三方机制组织体系，建立健全由人力资源社会保障部门会同工会和企业联合会、工商联合会等企业代表组织组成的三方机制，根据实际需要推动工业园区、乡镇（街道）和产业系统建立三方机制。完善三方机制职能，健全工作制度，充分发挥政府、工会和企业代表组织共同研究解决有关劳动关系重大问题的重要作用。

（四）职工民主管理制度。职工民主管理，是企事业单位职工依照我国法律法规和有关政策规定，通过职工代表大会为基本形式的各种组织形式，参加用人单位民主管理，行使民主决策、民主参与、民主监督权力的活动。职工民主管理是社会主义民主的重要组成部分，是落实党的全心全意依靠工人阶级指导方针的根本途径，也是维护职工合法权益的重要机制。《工会法》第6条第3款规定："工会依照法律规定通过职工代表大会或者其他形式，组织职工参与本单位的民主选举、民主协商、民主决策、民主管理和民主监督。"要不断完善以职工代表大会为基本形式的企事业民主管理制度，丰富职工民主参与形式，畅通职工民主参与渠道，依法保障职工的知情权、参与权、表达权、监督权。推进企事业普遍建立职工代表大会，认真落实职工代表大会职权，充分发挥职工代表大会在企事业发展重大决策和涉及职工切身利益等重大事项上的重要作用。推进厂务公开制度化、规范化。进一步提高厂务公开建制率。推行职工董事、职工监事制度。按照公司法规定，在公司制企业建立职工董事、职工监事制度。依法规范职工董事、职工监事履职规则。在董事会、监事会研究决定公司重大问题时，职工董事、职工监事应充分发表意见，反映职工合理诉求，维护职工和公司合法权益。

（五）劳动法律监督制度。依法对用人单位劳动法律法规执行情况进行监督，是法律赋予工会的一项权利，也是工会维权的重要机制。应进一步规范和加强工会劳动法律监督工作，提升工会劳动法律监督实效和水平，充分发挥工会劳动法律监督在督促用人单位规范用工、贯彻落实劳动法律法规、推动构建和谐劳动关系等方面的作用。工会劳动法律监督工作应当遵循依法规范、客观公正、依靠职工、协调配合的原则。突出预防和协商的监督理念，强调工会建立隐患排查、风险研判和预警发布等制度机制，加强劳动关系矛盾预防预警、信息报送和多方沟通协商，把劳动关系矛盾风险隐患化解在基层、消除在萌芽状态。

（六）劳动争议处理制度。劳动争议是劳动关系不协调的表现，妥善处理劳动争议有利于维护双方当事人的合法权益。《工会法》规定："工会参加企业的劳动争议调解工作。地方劳动争议仲裁组织应当有同级工会代表参加。"要坚持预防为主、基层为主、调解为主的工作方针，加强企业劳动争议调解委员会建设，推动各类企业普遍建立内部劳动争议协商调解机制。完善劳动争议调解制度，大力加强专业性劳动争议调解工作。健全人民调解、行政调解、仲裁调解、司法调解联动工作体系，充分发挥协商、调解在处理劳动争议中的基础性作用。职工认为用人单位侵犯其劳动权益而申请劳动争议仲裁或者向人民法院提起诉讼的，工会应当给予支持和帮助。

工会维护职工合法权益要把坚持党政的主导性与发挥工会的主动性统一起来，加强与社会各方面的沟通、联系和配合，逐步实现政府调控机制同社会协调机制的互联，政府行政功能同社会自治功能的互补，政府管理力量同社会调节力量的互动，努力形成党委领导、政府支持、社会配合、工会运作、职工参与的维权格局，确保维权工作取得实实在在的成效。

第三节　竭诚服务职工群众

一、服务职工群众的主要内容

推进送温暖常态化，强化工会职工服务中心（困难职工帮扶中心）服务功能，培育一批职工群众受益面广、改善职工生活品质明显的工会品牌服务项目和社会资源。深入实施送温暖工程、金秋助学、农民工平安返乡、职工法律援助等品牌；继续实施职工健康促进工程。积极开展劳模和职工疗休养工作。支持开展职工互助保障活动。推进工会联系引导社会组织为职工提供专业化服务。开展创建学习型组织、争当知识型职工活动，开展健康活泼的职工文体活动。加强女职工休息哺乳室建设、工会爱心托管服务、"会聚良缘"工会婚恋服务、爱心驿站等工作。

二、建立联系广泛、服务职工的工会工作体系

《工会法》第6条第4款规定："工会建立联系广泛、服务职工的工会工作体系，密切联系职工，听取和反映职工的意见和要求，关心职工的生

活，帮助职工解决困难，全心全意为职工服务。"

职工群众关心的事、操心的事就是工会服务工作的方向。进入新时代，工会要适应职工群众对美好生活的向往，为广大职工提供具有工会特点的普惠性、常态性、精准性服务，把服务职工工作做得更具体更扎实更温暖。要健全服务职工体系，坚持职工需求导向，构建以精准帮扶为重点的工会服务职工体系，从一点一滴做起，落到具体、日常的工作中，不怕烦琐、日积月累。要拓宽服务职工领域，鼓励支持向社会购买服务，推动完善职工福利制度，加强工会志愿者队伍建设，注重对职工的人文关怀和心理疏导，在做好物质服务和生活服务的同时提供更高水平的精神和文化服务，让工会在职工需要时看得见、找得到、信得过、靠得住。

"十四五"期间，工会服务职工体系建设要聚焦主责主业，以职工需求为导向，建机制、强功能、增实效，重点抓好功能定位、服务体系、资源平台、业务体系、协同机制、智能工具、运行体系、保障机制等八个方面，构建起"帮扶中心+服务职工基地+基层工会"协同模式的服务职工综合体。

要加强综合服务功能，建设服务职工一体化平台。依托工会职工服务中心（困难职工帮扶中心），把工会服务职工、服务基层的各项业务统一到平台，实现一站式服务；聚焦职工多样性需求，拓展救助、维权、服务功能，实现"一门式"服务。通过合作、参与、孵化等方式，联合专业机构、企业、高校、公益慈善等各方力量，建设服务职工综合体，实现服务功能一体化。要提升工会职工服务中心（困难职工帮扶中心）服务能力，建设服务职工项目标准化体系。构建实体受理柜台、网上办事大厅、移动客户端、自助服务终端等相融合的服务载体。要促进内外资源集聚，建设社会资源与职工需求精准对接的枢纽型平台。以工会职工服务中心（困难职工帮扶中心）为载体，促进社会资源和职工需求供需对接，建设成满足职工需求的服务平台、供需对接的枢纽平台、社会资源孵化基地、服务项目培育平台。要培育多类型服务职工基地，为职工提供专业化、社会化优惠服务。要创新工会服务职工协作机制，建设多层次多领域项目融合平台。聚焦"帮扶中心+服务职工基地+基层工会"协作模式，建立上下、左右、内外分层分级分类协作机制，明确帮扶工作职能部门、帮扶中心、基层工会、服务职工基地工作清单，基层工会精准掌握职工需求并响应反馈帮扶中心，帮扶中心根据需求，对接工会阵地和社会资源、服务职工基地提供服务产品。要完善信息共享机制，建设网上网下深度融合的服务职工智能化平台。推进"互联网+"与服务职工工作深度融合，推进工会数据与民政、人社、卫健、住房等部门数据有效衔接、有机融合，建立"一门式综合受理、全流程规范服务"的综合服务平台。要打造一批精准服务职工需求的优秀特色服务品牌，建设服务职工项目创新孵化区。鼓励开展公益创投，建立以奖代补激励机制，引导社会资源开发服务项目，培育服务项目品牌，吸引公益组织、社会机构及专业人才参与项目实施。要提升服务产品的质量效益和社会效益，建设高质量服务职工示范区。要着力做好农民工入会和服务工作，进一步健全农民工帮扶救助、综合服务、培训创业、维护权益和网上服务平台机制，组织起来、稳固下来，使他们成为工人阶级坚定可靠的新生力量、助推乡村振兴的坚实力量。

新时代新起点，工会维权服务的途径、平台、形式、内容可能在变，但用心用情、担当作为的底色不变。只有忠诚履职、奋力作为，切实加大对职工群众的维权服务力度，工会组织才能成为名副其实的"职工之家"，工会干部才能真正成为职工群众信赖的娘家人、贴心人。

思考题

1. 确定维护职工合法权益、竭诚服务职工群众为工会基本职责的重要意义是什么？

2. 工会维护职工合法权益的重要性和必要性是什么？

3. 简述维护职工合法权益的主要内容。

4. 维护新就业形态劳动者劳动保障权益的重点是什么？

5. 简述工会维权的有效机制。

6. 工会服务职工群众的主要内容有哪些？

7. 如何建立联系广泛、服务职工的工会工作体系？

 **案例 1**

河南工会：创新维权服务新机制　善做职工"贴心人"（节选）

2021 年 11 月 11 日　来源：中工网

作为职工的"娘家人"，河南各级工会致力于打造越来越全面、完善的维权新机制，一次次深入实际的维权帮助为职工解忧解难，温暖着职工的心。

一直以来，河南省总工会紧紧围绕全省工作大局，聚焦职工关心关注的权益问题定期开展深入调研走访，形成产业结构调整中职工生产生活状况、防范化解职工队伍稳定重大风险、全省企业复工复产情况等调查报告，为帮助职工维权打下基础。

推行工会法律顾问制度，组建法律援助和志愿者团队，推广"三书一公布"制度，开辟职工维权"绿色通道"……河南省总工会统一部署，全省各级工会按照积极运用新思维，勇于创建工会维权工作的新格局，搭平台、建机制、造氛围、搞服务、争实效，在新字上做文章，在亮、转、活、好上下功夫，实现了服务对象全覆盖、服务时间全天候、服务质量全提升，有效提高了工会依法维护职工合法权益的效能，多元高效的劳动争议处理工作格局不断完善。

针对权益问题多发的农民工群体，河南各级工会开展"尊法守法·携手筑梦"服务农民工公益法律服务行动，做强法律援助品牌；针对广大的女职工群体，深入开展女职工关爱行动，推动出台《河南省女职工劳动保护特别规定》，做好全面二孩政策下女职工权益维护工作；拓展"安康杯"竞赛，参赛企业 5.6 万多家，参赛职工 960 万人；为 500 万高危行业职工建立职业健康档案，得到国务院安委会高度评价……桩桩件件背后的工会温情直达职工群众心底，每一次雪中送炭的维权故事，都让受助职工群众从心里认准了工会是最亲的"娘家人"。

除了传统的、有形的维权服务阵地，近年来河南各级工会组织也在尝试利用互联网，打造更加便捷、高效的维权服务阵地。通过"豫工惠"APP 等新媒体，河南省总率先在网上开通职工权益受理、网上信访、特殊困难救助互动三大平台，不管包括农民工群体在内的一线职工在哪里，通过平台提交权益维护、困难求助等各类诉求，工会组织都能第一时间受理、及时协调解决，在维权和服务中彰显工会作为。

数据显示，河南省总工会在和谐劳动关系创建活动中，积极健全协调劳动关系三方工作机制，全省集体协商动态建制率保持在90%以上；推进"2+N"企事业单位民主管理制度体系建设，建立职工（代表）大会制度的企事业单位14.2万家，建制率82.35%；实行厂务公开制度的企事业单位14.1万家，建制率81.79%。

"办好事、解难事关键在做实做细，真心实意地解决与职工群众工作、生活中切身利益息息相关的问题，才能让大家感受到党委政府和工会组织的关怀温暖，进而增强获得感、幸福感、安全感。"河南省总党组书记、常务副主席寇武江说，全省各级工会要按照省委和全总部署要求，以构建和谐劳动关系为抓手，切实守牢维护劳动领域政治安全底线，以推动新就业形态劳动者权益维护和建会入会为重点，加大创新和探索实践力度，把工会维权服务工作抓实抓细，切实做到职工在哪里、工会建设就跟进到哪里，职工需求在哪里、工会服务就覆盖到哪里，不断提升职工归属感、扩大工会凝聚力，把职工群众紧紧团结在党的周围。（工人日报—中工网记者 余嘉熙 通讯员 董君亚 赵敬娟）

 案例2

制作"体检报告" 开出"法律处方"

工会劳动法律监督 筑牢新业态劳动关系"防火墙"

2023年4月25日 来源：中国青年报

目前全国职工总数4.02亿人，其中新就业形态劳动者8400万人，主要包括货车司机、网约车司机、快递员、外卖配送员等——这是不久前中华全国总工会第九次全国职工队伍状况调查的一项结果。

随着新就业形态劳动者数量增多，用工关系形态更加多元，如何用足用好法律监督手段保障这些劳动者的权益，是全国各级工会面对的新挑战。

多方位、多层次的劳动法律监督体系初步形成

陕西某文化传媒公司是一家全产业链型企业，因公司规模快速扩张，劳动用工管理方面存在劳动合同不规范等问题，曾出现因公司与主播之间对竞业限制的对象、期限、违约金等约定不明晰，培养孵化的网红主播"出走"，给企业造成经济损失的情况。

陕西各级工会专门组建以工会干部、公职律师、专业律师为主体的"法治体检组"，梳理企业劳动用工方面可能存在的问题，宣讲劳动用工法律政策，对企业的管理运营合规性进行法律分析，提出整改措施，为这家文化传媒公司及其他新业态企业开展深度"法治体检"，妥善化解了企业劳动用工管理方面存在的风险隐患。

陕西省总工会为新就业形态直播企业开展劳动用工"法治体检"，是全国总工会近日推出的工会劳动法律监督十大优秀案例之一。十大优秀案例是从各地推荐的 89 个案例中，综合考虑案例的典型性、示范性、影响力以及当地工作开展的规范性、创新性等多方面因素而推出的。

"近年来，全国各级工会主动适应职工队伍和劳动关系新变化，着力推动构建和谐劳动关系，在工会劳动法律监督制度建设、工作运行机制建设等方面取得了较大进展，监督形式更加丰富，监督领域不断拓宽，初步形成了多方位、多层次的劳动法律监督体系。"全国总工会法律工作部负责人接受中青网记者采访时表示，为了完善制度保障，全国各级工会不断加强源头参与力度，积极推动和参与工会劳动法律监督专门立法及有关政策制定，为加强工会劳动法律监督工作，充分发挥工会劳动法律监督作用提供坚实的制度保障，"自 2000 年以来，广东、江苏、云南、浙江等地陆续完成工会劳动法律监督地方立法，截至目前，已有 12 个省（区、市）人大先后出台了《工会劳动法律监督条例》"。

劳动法律监督是法律赋予工会的权利

依法对劳动法律法规执行情况进行监督，是法律赋予工会的一项权利，也是工会应当履行的责任。1995 年，中华全国总工会印发了《工会劳动法律监督试行办法》，有效规范和保障了工会劳动法律监督工作的开展。

近年来，一些地方的用人单位在劳动关系领域打"擦边球"的现象依然存在。比如，有的用人单位违法安排职工超时加班，存在"996""白加黑"；有的用人单位为了减轻社会保险成本，让职工签署"自愿不缴纳社会保险费的承诺书"；有的用人单位制定内部劳动规则不经过职工代表大会或职工大会审议，也不向职工公示，严重侵害了职工的合法权益。

为更好发挥工会劳动法律监督作用，推动解决劳动关系领域新情况新问题，在深入调研、广泛征求意见基础上，2021年4月，中华全国总工会对1995年的试行办法进行了修订，起草印发了《工会劳动法律监督办法》，进一步规范和加强工会劳动法律监督工作。该办法立足预防为主的原则，细化了工会劳动法律监督的程序，明确了监督路径和处理原则，将工会法、劳动法、劳动合同法赋予工会的监督权利法定化、程序化，对解决劳动关系双方的权利义务失衡现象具有强有力的现实针对性。

2021年8月，上海市某企业因经营需要进行架构调整，拟裁减部分职工。静安区曹家渡街道总工会了解这一情况后立刻组织力量上门开展工会劳动法律监督。由于该企业裁员人数达到企业职工总数的25%，街道总工会会同区总工会劳动关系工作指导员以及专业的律师团队，上门就企业职工安置方案提出建议、给予指导。该企业根据建议及时调整方案，并加强与职工的民主协商，最终确保企业改革调整平稳实施。

2022年2月，天津市总工会接到一封职工匿名信。来信反映天津某公司存在旅检通道安检人员长期超时工作、劳动强度过大等问题，并详细描述了安检人员主班补班工作时长、工作强度以及休息倒班等有关情况。接到来信后，市总工会及时启动工会劳动法律监督程序，发送《工会劳动法律监督提示函》。同时，深入研判、细致分析找准工时制度及执行问题，发送《工会劳动法律监督意见书》，提出安检岗位综合计算工时折算政策适用不妥、工作时长计算缺乏准确性和科学性、履行职代会程序不规范等三方面问题，要求公司整改，最大限度地减少苗头性、倾向性、潜在性劳动用工风险隐患，维护劳动关系和谐稳定。

面对新形势，不断提升工会劳动法律监督质效

江苏省江阴市某互联网公司是一家一站式数字化集成公共服务平台，

目前入驻平台的企业有 1433 家，注册货车司机 1900 多名。2021 年 3 月，该公司向江阴市总工会"云监督"平台提出"法治体检"申请。接到申请后，江阴市总工会组建了市镇两级工会劳动法律监督员、法律专家、志愿者组成的监督小组，为该公司提供"法治体检"等工会劳动法律监督服务。通过检查发现，入驻平台企业与货车司机之间，绝大多数建立的是合作关系而非劳动关系，且合作协议仅涉及合作有关内容，没有货车司机权益保障的相关内容。监督小组从工会组建、职代会规范化召开、企业规章制度内容审议、工时制度等方面进行"一对一"监督指导，依法提出了整改建议。

江阴市总工会以帮助平台企业规范劳动用工管理为出发点，抓住用工关系这一主线，通过查验审核平台企业与劳动者之间的合作协议、企业规章制度等，寻找问题隐患，制作"体检报告"，开出"法律处方"，帮助企业建立完善"法律健康档案"，从源头上、制度上规范企业劳动用工行为，既维护了劳动者合法权益，也促进了企业健康发展，实现了劳资双赢，促进了劳动关系和谐稳定。

相关统计数据显示，近年来无论是劳动人事仲裁机构还是人民法院，受理的劳动争议案件都在逐年上升。这一方面说明随着劳动法律体系的逐步完善，职工法律意识逐步增强，通过法律途径解决劳动纠纷已经成为处理劳动关系矛盾的主要方式；另一方面也说明一些用人单位在劳动关系领域的违法违规行为还很多，侵害职工合法权益的现象依然严重。

近年来面对新形势、新情况、新问题，各级工会坚持问题导向、目标导向、结果导向相统一，通过创新监督理念、拓宽监督路径、完善监督机制，不断提升工会劳动法律监督质效。

"各级工会通过不断丰富监督方式，探索形成了'一函两书'、劳动用工法律体检、劳动用工监督评估、劳动关系诚信评价等经验做法，进一步延长监督链条，拓宽监督路径，提高监督实效。"全国总工会法律工作部负责人表示，围绕落实监督权利、强化监督职责，各级工会逐步形成了自主监督和联合监督有机结合的监督工作机制，"自主监督方面，各地工会普遍建立了劳动关系矛盾预警排查机制、劳动违法个案协调处理机制等，工会劳动法律监督的预防性、针对性、实效性不断提升；联合监督方面，各级工会不断加强与政府部门联动机制的建设，配合人社、应急管理、卫生健康等行政执法部门开展监督检查，推进工会监督与政府执法工作联动分工更优化、衔接更紧密、布局更合理，工会劳动法律监督的工作领域不断扩大"。（吴晓东）

第三章　产业工人队伍建设改革

第一节　产业工人队伍建设改革概述

一、产业工人

我国产业工人主要是指在第一产业的农场、林场，第二产业的采矿业、制造业、建筑业与电力、热气、燃气及水生产和供应业，以及第三产业的交通运输、仓储及邮政业与信息传输、软件和信息技术服务业等行业中从事集体生产劳动，以工资收入为生活来源的工人。近年来，新技术、新产业、新业态、新模式的不断产生和发展，使得新职业不断涌现，自 2015 年版《中华人民共和国职业分类大典》发布以来，国家共发布 4 批 56 个新职业，涵盖了制造、餐饮、建筑、金融、环保、新兴服务等多个行业。目前，超过八成产业工人集中在第二产业，近八成产业工人集中在制造业和建筑业。

产业工人是工人阶级中发挥支撑作用的主体力量，是创造社会财富的中坚力量，是创新驱动发展的骨干力量，是实施制造强国战略的有生力量。为了造就一支有理想守信念、懂技术会创新、敢担当讲奉献的宏大的产业工人队伍，2017 年 2 月 6 日，中共中央、国务院印发了《新时期产业工人队伍建设改革方案》（以下简称《改革方案》），自 2017 年 2 月 6 日起实施。

《工会法》第 8 条规定："工会推动产业工人队伍建设改革，提高产业工人队伍整体素质，发挥产业工人骨干作用，维护产业工人合法权益，保障产业工人主人翁地位，造就一支有理想守信念、懂技术会创新、敢担当讲奉献的宏大产业工人队伍。"产业工人队伍建设改革写进《工会法》，体现了中央对产业工人队伍建设改革的新要求，总结了近年来产业工人队伍建设改革的有益经验，为未来稳步推动产业工人队伍建设改革提供法治保障。

二、推动产业工人队伍建设改革的重大意义

我国是工人阶级领导的、以工农联盟为基础的人民民主专政的社会主义国家，工人阶级是国家的领导阶级，而产业工人是工人阶级中发挥支撑作用的主体力量，是创造社会财富的中坚力量，是创新驱动发展的骨干力量，是实施制造强国战略的有生力量。当前，国内经济运行仍存在不少问题，实体经济特别是制造业困难增大；国际产业结构深刻调整，科技革命和产业革命的蓬勃发展，给产业工人带来机遇也带来挑战；加上我国产业工人队伍建设在技术技能、素质结构、体制机制等方面还存在一些障碍，影响到产业工人队伍的发展壮大。可见，从党和国家性质着眼，推动产业工人队伍建设改革，是以习近平同志为核心的党中央坚持以人民为中心的发展思想和全心全意依靠工人阶级方针的重要体现，是巩固党的执政基础、实施制造强国战略、全面提高产业工人素质作出的重大决策部署，意义重大，势在必行。

（一）推动产业工人队伍建设改革，是巩固党长期执政的阶级基础和群众基础的迫切需要

工人阶级是我国的领导阶级，产业工人是工人阶级中发挥支撑作用的主体力量，是党最坚实最可靠的执政基础。不断深化产业工人队伍建设改革，加强对产业工人队伍的思想政治引领，健全保证产业工人主人翁地位的制度安排，坚定产业工人听党话、感党恩、跟党走的自觉信念，对巩固党的执政基础、扩大党的群众基础，有着极为重要的作用。

（二）推动产业工人队伍建设改革，是实施制造强国战略、推动高质量发展的迫切需要

产业工人是创造社会财富的中坚力量，是创新驱动发展的骨干力量，是实施制造强国战略的有生力量，在加快产业转型升级、推动技术创新、提高企业竞争力等方面具有基础性作用。努力打造一支宏大的高素质产业工人队伍，为高质量发展提供强大的人才支撑，对经济社会持续健康发展具有重要作用。

（三）推动产业工人队伍建设改革，是满足职工群众对美好生活向往的迫切需要

共同富裕是全体人民的富裕。实现高质量发展、促进共同富裕，就是要通过深化产业工人队伍建设改革，回应广大产业工人对美好生活的期待，多渠道助力产业工人享有更稳定的工作、更满意的收入、更可靠的社会保障、更充足的生活福利、更丰富的精神文化生活，切实增强广大产业工人的获得感、幸福感、安全感。

三、产业工人队伍建设改革的总体要求和目标任务

党中央历来高度重视产业工人队伍建设，特别是党的十八大以来，习近平总书记站在党和国家工作全局的战略高度，就产业工人队伍建设作出一系列重要论述，明确要求就新时期产业工人队伍建设改革提出总体思路和系统方案，为推进新时期产业工人队伍建设改革提供了基本遵循和行动指南。

《改革方案》强调要按照"政治上保证、制度上落实、素质上提高、权益上维护"的总体思路，改革不适应产业工人队伍建设要求的体制机制，充分调动广大产业工人的积极性、主动性、创造性，为全面建设社会主义现代化国家、实现中华民族伟大复兴的中国梦更好地发挥产业工人队伍的主力军作用。

改革的目标任务是把产业工人队伍建设作为实施科教兴国战略、人才强国战略、创新驱动发展战略的重要支撑和基础保障，纳入国家和地方经济社会发展规划，通过改革，产业工人队伍不断壮大、综合素质明显提高，保障产业工人地位的制度更加健全，产业工人合法权益进一步实现，劳动光荣、技能宝贵、创造伟大的时代风尚更加浓厚，造就一支有理想守信念、懂技术会创新、敢担当讲奉献的宏大的产业工人队伍。

主要改革举措包括加强和改进产业工人队伍思想政治建设、构建产业工人技能形成体系、运用互联网促进产业工人队伍建设、创新产业工人发展制度、强化产业工人队伍建设支撑保障五个方面25条具体措施。

四、产业工人队伍建设改革的组织推进

《改革方案》要求，由全国总工会牵头、各相关部门参与，加强对产业工人队伍建设改革的宏观指导政策协调和组织推进。

实施产业工人队伍建设改革以来，通过在国家和省（区、市）两个层面，健全协调领导机构，组织推进产业工人队伍建设改革。2017年，全国总工会会同中央组织部、国家发展和改革委员会、教育部、工业和信息化部、财政部、人力资源和社会保障部、国务院国有资产监督管理委员会八部委作为成员单位，中央宣传部等22个部委作为参与单位，组成全国推进产业工人队伍建设改革协调小组。2021年，全国总工会成立推进产业工人队伍建设改革工作领导小组。目前各省（区、市）均已成立推进产业工人队伍建设改革组织领导机构。

五、产业工人队伍建设改革的相关文件

《改革方案》要求：实现产业工人队伍建设与宏观政策、产业政策、就业政策、社会政策联动。5年来，党中央、国务院以及相关部委出台相关制度文件90多个，其中全国总工会出台相关制度文件20多个，涉及产业工人队伍思想政治建设、薪酬待遇、职业发展、技能培训、权益保障等多个方面。与产业工人切身利益相关的文件主要如下。

（一）思想引领方面：《加强和改进新时代产业工人队伍思想政治工作的意见》《关于加强新时代职工文化建设的指导意见》等。

（二）建功立业方面：《中华全国总工会关于进一步深化劳模和工匠人才创新工作室创建工作的意见》《中华全国总工会劳动和技能竞赛规划（2021—2025年）》等。

（三）素质提升方面：《国务院关于推行终身职业技能培训制度的意见》《中华全国总工会关于充分发挥工会在建设知识型、技术型、创新型技术工人队伍中作用的意见》《中华人民共和国职业教育法》修订等。

（四）地位提高方面：《中共中央办公厅　国务院办公厅关于提高技术

工人待遇的意见》《技能人才薪酬分配指引》《关于进一步加强中央企业职工代表大会制度建设的指导意见》等。

（五）权益维护方面：《保障农民工工资支付条例》《工会法》修订等。

（六）职业发展方面：《关于进一步加强高技能人才与专业技术人才职业发展贯通的实施意见》《关于健全完善新时代技能人才职业技能等级制度的意见（试行）》等。

第二节　产业工人队伍建设改革的举措

一、加强和改进产业工人队伍思想政治建设

当前，产业工人队伍拥护党、爱国家爱岗位、重实干，保持了积极向上、努力进取的先进性。但也要看到，由于受各种因素影响，部分产业工人也存在主人翁意识淡化自信心不足、缺乏身份认同感等问题。这就需要大力加强思想政治建设，充分发扬工人阶级的优良品格，不断增强工人阶级的凝聚力、向心力，引导他们听党话、跟党走，用实际行动汇聚起全面建成社会主义现代化强国的磅礴力量。

（一）强化和创新产业工人队伍党建工作

新形势下加强产业工人队伍党建工作，首先是加大在产业工人队伍中发展党员力度，把技术能手、青年专家、优秀工人吸收到党组织中来，注重推进在非公有制企业、社会组织及小微企业就业的工人中发展党员的工作。特别是针对农民工已成为产业工人主体的实际，更加重视发展农民工入党工作，把更多优秀农民工吸收到党组织中来。同时，加强企业党组织建设，实现党的组织、党的工作和党员作用的全覆盖，建设一个能够团结带领职工群众推进企业改革发展的坚强战斗堡垒。

随着我国产业工人队伍的不断壮大，越来越多的优秀产业工人加入了中国共产党，有的成为先进模范人物，有的走上了各级党政领导岗位，在构建和谐社会、推动高质量发展等方面都发挥了先锋模范作用，得到了全社会的充分肯定。

（二）突出产业工人思想政治引领

加强产业工人思想政治引领，是党赋予工会的重要政治责任，是工会法和工会章程确立的工会重大使命任务。在新时代新形势下，加强和改进职工思想政治工作，不断强化对产业工人队伍的思想引领，对于巩固扩大党执政的阶级基础和群众基础，对于工会组织有效发挥桥梁和纽带作用、充分展现国家政权的重要社会支柱作用，具有重大意义。

加强产业工人思想政治引领，要以习近平新时代中国特色社会主义思想为指导，全面贯彻党的二十大和二十届三中全会精神，增强"四个意识"、坚定"四个自信"、做到"两个维护"，在思想上政治上行动上同以习近平同志为核心的党中央保持高度一致。要把"大学习"的课堂搬到工厂车间、生产一线、发展前沿，推动习近平新时代中国特色社会主义思想进企业、进车间、进班组，走进广大职工心里，使之内化于心外化于行。要通过教育引导、舆论宣传、文化熏陶、行为实践、制度保障，加强对产业工人的理想信念教育，夯实产业工人的道路自信、理论自信、制度自信、文化自信。要用正确的世界观、人生观、价值观引领产业工人，大力弘扬劳模精神、劳动精神、工匠精神，在全社会宣传产业工人的社会贡献与价值，使劳动光荣、技能宝贵、创造伟大成为社会主流价值观。要在产业工人中进行爱岗敬业、甘于奉献的职业精神教育，引导和培育健康文明、昂扬向上、全员参与的职工文化，在精神文明建设中发挥示范导向作用。突出思想政治工作先导作用，积极创新思想政治工作的思路理念，充分运用"互联网+"、微博、微信、手机 APP 等新媒体，通过生动活泼、灵活多样、喜闻乐见的方式，潜移默化地做好职工思想政治工作。

（三）健全保证产业工人主人翁地位的制度安排

深入贯彻落实全心全意依靠工人阶级方针，通过制定有关法律法规和政策，采取有力措施，保障产业工人主人翁地位。在政治安排上，适当增加产业工人在党的代表大会代表和委员会委员、人民代表大会代表、政协委员、群团组织代表大会代表和委员会委员中的比例，探索实行产业工人在群团组织挂职和兼职等。落实产业工人主人翁地位，还需要从源头抓起，通过健全协调劳动关系三方机制、政府与工会联席（联系）会议制度等，组织和代表产业工人参与涉及自身权益法律法规政策的制定与实施。进一步落实和完善以职工代表大会为基本形式的民主管理制度，丰富民主参与形式，畅通民主参与渠道。针对不同所有制企业，探索符合各自特点的职工代表大会形式、权限和职能，在中小企业集中的地方建立区域性、行业性职工代表大会，依法保障产业工人的知情权、参与权、表达权、监督权。

（四）创新面向产业工人的工会工作

更好地面向产业工人开展工会工作，进一步改进工会组织体制、运行机制、活动方式、工作方法，保持和增强工会工作和工会组织的政治性、先进性、群众性。要创新组织体制，增强工会组织广泛性和代表性，进一步形成眼睛向下、面向基层、职责明确、运转高效的格局，把更多的资源向基层倾斜，把更多的精力投入基层一线，努力解决基层基础薄弱问题，充分激发基层工会活力。创新运行机制，通过完善维权服务机制，提高工会主动依法科学维权的水平，提高为职工群众服务的水平；健全技能导向的激励机制，鼓励产业工人学习新知识，钻研新技术，掌握新技能；落实帮扶救助的长效机制，增强帮扶实效，提高帮扶水平。创新建功立业的载体和方式，改进劳动和技能竞赛活动，改善劳动模范工作，拓展职工职业技能培训，发展工人阶级先进性。创新工作方法，以建立"职工之家"为抓手，以"互联网+"普惠性服务为平台，打造方便快捷、务实高效的服务产业工人新通道。

二、构建产业工人技能形成体系

素质是立身之基，技能是立业之本。《改革方案》提出"构建产业工人技能形成体系"，着力提升产业工人的技能素质。构建产业工人技能形成体系，就是要通过改革和完善相关制度，有效干预技能形成过程，形成有利于提高产业工人队伍技能水平的体制环境，为实施制造强国战略提供强大的技能支撑和人才保障。主要举措包括：完善现代职业教育制度、改革职业技能培训制度、统筹发展职业学校教育和职业培训、改进产业工人技能评价方式、打造更多高技能人才、促进农民工融入城市稳定就业等。

(一) 完善现代职业教育制度

职业教育是指入职前的各层次各类型职业院校（含技工院校）提供的技能教育，或是指未来产业工人的培养。发展现代职业教育，涉及理念转变、制度创新、体系构建、政策配套等方面。改革重点在于如下方面。一是坚持面向市场、服务发展、促进就业的办学方向。二是加强职业教育、继续教育、普通教育的有机衔接，形成定位清晰、科学合理的职业教育层次结构，改变职业教育仍是教育领域的短板局面，解决普通高等教育扩招挤压职业院校生源问题。三是着力解决教育模式问题，坚持产教融合、校企合作、工学结合、知行合一，创新各层次各类型职业教育模式，紧跟产业变革和市场需求，优化专业设置、健全教学标准、更新课程内容，深化教育链和产业链的有机融合，提升面向先进制造业、现代服务业、战略性新兴产业等领域的人才培养能力。四是引导社会特别是行业企业积极支持和直接参与职业教育，提高职业教育的针对性和实效性，通过制定校企合作促进办法，健全企业参与校企合作的成本补偿等政策，解决企业参与办学内生动力不足的问题。

(二) 改革职业技能培训制度

改革职业技能培训制度的重点，一是推进职业技能培训市场化、社会化、多元化改革，建立各类培训主体平等竞争、产业工人自主参加、政府购买服务的技能培训机制；二是强化和落实企业培养产业工人的主体责任，引导企业结合生产经营和技术创新需要，制定本单位技术工人培养规划和培训制度；三是加强技能培训基础能力建设，依托企业、职业院校（含技工院校）、职业培训机构，建立现代化产业人才培养培训基地（中心），改进技能提升培训方式；四是推行国家基本职业培训包制度，构建助力产业工人学习的公共服务机制。

（三）统筹发展职业学校教育和职业培训

统筹发展职业学校教育和职业培训的改革思路，一是建立覆盖广泛、形式多样、运作规范，行业、企业、院校、社会力量共同参与的职业教育培训体系；二是促进学历与非学历教育纵向衔接连通、横向互通互认，搭建产业工人教育培训"立交桥"，构建贯穿产业工人职业生涯全过程的终身职业培训体系；三是鼓励名师带高徒，推行学徒制培训。

（四）改进产业工人技能评价方式

技能评价方式和资格认证制度是技能形成体系的核心，包括职业技能等级设置、评价方式、资格认证、薪酬体系和集体协商等方面。这些制度直接影响工人自我学习提高技能的意愿、企业提供技能培训的积极性，甚至影响整个技能形成体系的效能。

《改革方案》提出了技能评价方式和资格认证制度改革思路，一是优化职业技能等级标准，在政府指导下，由行业协会、龙头企业牵头开发职业标准和评价规范，完善职业技能等级认定政策；二是健全职业技能多元化评价方式，引导和支持企业、行业组织和社会组织自主开展技能评价；三是推进技能人才评价制度改革，加大对技术工人创新能力、现场解决问题能力和业绩贡献的评价比重，加强面向非公有制企业、小微企业的职业技能鉴定；四是推进全国职业技能鉴定服务与监管平台建设，强化对技能鉴定机构的监督管理，提高服务水平。

产业工人想在晋升职业技能等级方面取得好成绩，要牢记一些重点事项。（1）要更加关注职业道德、职业操守和劳模精神、劳动精神、工匠精神的养成。（2）要按照职业技能等级标准勤学苦练，突出实际操作能力和解决关键生产技术难题的能力，提升掌握多项技能、从事多工种多岗位复杂工作的能力。（3）要了解不同职业技能等级的考核评价方式，如了解"新八级工"职业技能等级的相关考核方式。（4）要积极参加各级组织的岗位练兵活动和技能比赛，在国家级、省级等不同层次的职业技能竞赛中获得优秀等次的选手，可按规定晋升职业资格或职业技能等级。

（五）实施国家高技能人才振兴计划

高技能人才是我国人才队伍的重要组成部分，是产业工人大军的优秀代表，是技术工人队伍的核心骨干，在加快产业优化升级、提高企业竞争力、推动技术创新和科技成果转化等方面具有不可替代的重要作用。加强高级工以上的高技能人才队伍建设，对巩固和发展工人阶级先进性，增强国家核心竞争力和科技创新能力，缓解就业结构性矛盾，推动高质量发展具有重要意义。《改革方案》要求继续实施国家高技能人才振兴计划，加快高技能人才专业市场建设，孵化拔尖技能人才，培育更多"大国工匠"。中共中央办公厅、国务院办公厅《关于加强新时代高技能人才队伍建设的意见》提出，加强新时代高技能人才队伍建设，要以习近平新时代中国特色社会主义思想为指导，全面贯彻习近平总书记关于做好新时代人才工作的重要思想，坚持党管人才，立足新发展阶段、贯彻新发展理念、构建新发展格局，推动高质量发展，深入实施新时代人才强国战略，以服务发展、稳定就业为导向，大力弘扬劳模精神、劳动精神、工匠精神，全面实施"技能中国行动"，健全技能人才培养、使用、评价、激励制度，构建党委领导、政府主导、政策支持、企业主体、社会参与的高技能人才工作体系，打造一支爱党报国、敬业奉献、技艺精湛、素质优良、规模宏大、结构合理的高技能人才队伍。

（六）促进农民工融入城市、稳定就业

《改革方案》强调，深入实施农民工学历与能力提升行动计划、农民工职业技能提升计划，公平保障其作为用人单位职工、作为城镇常住人口的权益，平等享受城镇基本公共服务。

三、运用互联网促进产业工人队伍建设

要适应互联网迅速发展的新形势新要求，搭上信息技术革命的"快车"，更多更充分地运用信息化手段，特别是运用互联网促进产业工人队伍建设。《改革方案》对运用互联网促进产业工人队伍建设提出了三项举措。

（一）创新产业工人队伍建设网络载体

《改革方案》要求：创新产业工人队伍建设网络载体。提出要建立健

全产业工人队伍基础数据库建设。目前，全国总工会正在积极建设和不断完善结构清晰、信息完整、数据精确、动态管理的制造业产业工人队伍基础数据库，实施动态监测，逐步构建覆盖全国制造业产业工人的数据库系统。

（二）打造网络学习平台

打造网络学习平台，将促进产业工人终身学习纳入城乡信息化建设。产业工人可以通过以下方式开展网络学习，提升技术技能水平。（1）进入全国总工会开发的"技能强国——全国产业工人学习社区"、"全国职工技能培训与岗位练兵在线平台"、"中国职业培训在线"平台、"新时代工匠学院"网上平台、全国工会电子职工书屋、中国职工教育服务网等平台开展学习。（2）进入教育部开发的国家数字教育资源公共服务系统开展学习。（3）进入工业和信息化部开发的"工业和信息化技术技能人才网上学习平台"开展学习。（4）参与人力资源和社会保障部实施的"互联网+职业技能培训计划"，通过"技工教育网"或"学习强国"平台上的"技能频道"开展学习。

（三）推行"互联网+"工会普惠性服务

"互联网+"工会普惠性服务符合职工群众期待，有效破解了工会服务职工群众的"最后一公里"问题。通过互联网加强产业工人队伍的思想引领、技术交流、创新成果展示、文化建设等，举办多行业、多工种的网上练兵活动，建设网上"职工之家"，实现网上维权帮扶、提供公共服务，打造方便快捷、务实高效的服务产业工人新通道，形成网上网下深度融合、互相联动，共同推进产业工人队伍建设的新格局。

四、创新产业工人发展制度

目前，产业工人职业发展通道比较狭窄单一，发展空间受到限制，主要表现为晋升难、跨界难、流动难、出彩难。这些因素阻滞了产业工人的成长通道，影响了产业工人积极性主动性创造性的充分调动，也影响了社会生产力中这部分最积极最活跃要素的有效发挥，形成了产业工人个体与社会双重资源浪费，所以，必须创新产业工人发展制度。

（一）拓宽产业工人发展空间

要改革企业人事管理和工人劳动管理相区分的双轨管理体制，实行统一的人力资源管理制度。打破职业技能等级和专业技术职务之间界限，实现有效衔接，改变技术工人成长成才"独木桥"现象。要把优秀产业工人特别是高技能人才纳入党管人才总盘子统筹考虑，搭建产业工人职业成长平台，把产业工人中的技能型人才和专业技术型人才、管理型人才放在同等重要的位置，一视同仁，同样对待。

近年来，为落实《改革方案》要求，切实突破产业工人职业发展的"天花板"，国务院国有资产监督管理委员会指导推动中央企业打通技能人才职业发展通道，贯通"技能—技术""技能—管理"两条横向发展通道；教育部指导国家开放大学制定《职业教育国家学分银行建设工作规程（试行）》，形成学历教育课程和非学历教育行业证书的互认模式。2022年4月，人力资源和社会保障部制定出台的《关于健全完善新时代技能人才职业技能等级制度的意见（试行）》提出，将现有的"五级"职业技能等级延伸和发展为由学徒工、初级工、中级工、高级工、技师、高级技师、特级技师、首席技师构成的"新八级工"职业技能等级序列，大大拓展了产业工人的职业发展空间。

（二）畅通产业工人流动渠道

为了畅通产业工人的横向流动，《改革方案》提出了"健全公共就业服务体系，丰富就业服务内容，拓展服务功能，加强职业指导，完善就业信息服务制度，做好职业供求信息发布"等举措。

（三）创新技能导向的激励机制

创新技能导向的激励机制，建立健全培养、考核、使用、待遇相统一的激励机制，引导企业在关键岗位、关键工序培养使用高技能人才，提高高技能人才待遇、加大对技术工人创新创造的奖励力度等措施，实现多劳者多得、技高者多得。完善工资平等协商机制、正常增长机制、支付保障机制，健全向一线产业工人倾斜的分配制度，落实产业工人参与分配决定的权利，维护劳动收入的主体地位。建立技术工人创新成果按要素参与分配的制度，增加产业工人在劳动模范和先进代表等评选中的名额比例。让产业工人在提高技能、提升素质、不断创新中有所收获、增强信心、看到希望。

（四）改进劳动和技能竞赛体系

改进劳动和技能竞赛体系，建立以企业岗位练兵和技术比武为基础、以国家和行业职业技能竞赛为主体、国内竞赛与国际竞赛赛项相衔接的劳动和技能竞赛机制。形成服务发展、层层递进、内外衔接的完善竞赛体系，为产业工人搭建更多更好的竞技场。

（五）加大对产业工人创新创效扶持力度

加大对产业工人创新创效扶持力度，深化群众性技术创新活动，开展先进操作法总结、命名和推广，推动具备条件的行业企业建立职工创新工作室、劳模创新工作室和技能大师工作室。联合共建产业工人实验实训平台，为产业工人搭建起与企业管理、技术人员等人才同样的展示舞台，为产业工人实现自我价值创造条件。

（六）组织产业工人积极参与实施走出去战略和"一带一路"建设，加强产业工人技能国际交流与合作

从国际看，要在国家实施走出去战略和"一带一路"建设中彰显产业工人的作为。要把产业工人队伍建设纳入国家发展战略，寻求产业工人发展的机会，特别是要加强产业工人技能的国际交流与合作，多参与和举办国际性的产业工人技能交流活动，拓展产业工人的国际视野，在与国外产业工人的互学互鉴、友好交流中增强本领、提升技能，树立中国产业工人良好形象，同时也有利于提升中国在全球价值链上的分工地位，增强中国制造的国际竞争力，做到"让世界爱上中国造"。

五、强化产业工人队伍建设支撑保障

推进产业工人队伍建设改革是一项系统工程，必须建立健全支撑保障体系。《改革方案》提出：要加强有关产业工人队伍建设的法治保障，完

善财政投入机制，建立社会多元投入机制，完善产业工人劳动经济权益保障机制，深化产业工人队伍建设理论政策研究，营造尊重劳动、崇尚技能、鼓励创造的社会氛围。

（一）加强有关产业工人队伍建设的法治保障

从加强法治保障角度加强产业工人队伍建设，是制定《改革方案》的切入点和落脚点。《改革方案》特别强调职业教育、技术资格等方面法律法规的立改废释，切中产业工人队伍建设要害，具有现实针对性，从法治角度提供了切实可行的解决方案。研究制定企业民主管理、集体协商等方面的制度，从制度设计层面对加强民主管理、集体协商等工作提出了新要求，也是落实《工会法》《劳动法》《企业民主管理规定》等法律法规、推进构建中国特色和谐劳动关系的重要举措。可以说，在推进产业工人队伍建设改革中，要高度重视运用法治思维和法治方式，加强对相关立法工作的协调，根植法治思维、用好法治方式、提供法治保障。

（二）财政支持和资金投入

要进一步加强政府在职业教育培训投入方面的主体地位，发挥财政资金的杠杆和撬动作用，引导社会多元投入，形成以政府投入为主、多渠道筹措经费的多元投入体系。要加大就业专项资金对职业培训的支持力度，改进补贴方式，合理确定补贴标准和对象。加强对各项投入和专项经费使用情况的绩效考评，确保经费高效使用。

（三）保障产业工人劳动经济权益

劳动经济权益是产业工人的重要权益，涵盖了广大产业工人最关心最直接最现实的利益问题、最困难最忧虑最急迫的实际问题。保障产业工人劳动经济权益，不仅有利于充分调动产业工人的劳动热情和创造潜能，而且也是构建和谐劳动关系的出发点和落脚点。维权要讲全面，也要讲重点，工会要重点维护产业工人劳动就业、收入分配、职业培训、安全卫生、社会保障等方面合法权益。要完善维权机制，加大维权力度，提高维权效果，切实把产业工人合法权益实现好、维护好、发展好，不断提升产业工人的获得感、幸福感、安全感。

（四）深化产业工人队伍建设理论政策研究

理论是实践的先导。推进产业工人队伍建设改革，必须深化理论政策的研究与创新，发挥其先导先行作用。只有在理论政策层面把产业工人队伍建设的指导思想、基本原则、目标任务、主要举措等阐释清楚，才能在实践中方向明确、推进坚决。深化产业工人队伍建设理论政策研究，要加大调查研究力度，立足我国经济发展新常态、改革处于攻坚期、社会结构深刻变化的新形势，全面了解产业工人队伍总体状况和内部结构，准确把握当前产业工人队伍发展变化的新情况、新趋势、新特征，深化对产业工人队伍发展规律的认识。同时，整合社会资源加强产业工人问题研究，党政机关及其研究机构、高校、社会科学研究院所和社会各界与工运理论研究部门要加强联系合作，就新时期产业工人队伍建设的新情况新问题等加大科研力度，集中智慧力量，加快理论创新，与时俱进地丰富发展工人阶级理论。

（五）营造尊重劳动、崇尚技能、鼓励创造的社会氛围

《改革方案》要求：营造尊重劳动、崇尚技能、鼓励创造的社会氛围。这是优化产业工人成长环境、进一步提高产业工人社会地位的重要举措。各级工会要继续加大宣传力度，创新宣传方式方法，通过各种途径和形式大力宣传产业工人，形成主流价值导向，使全社会都充分认识到产业工人在社会主义现代化建设中的地位、作用，创造有利于产业工人成长的舆论环境。要大力弘扬劳模精神、劳动精神、工匠精神，引导广大文艺工作者创作更多展现产业工人风采的优秀文艺作品，组织劳模、工匠进学校、进课堂、进企业、进班组，讲好劳模故事、劳动故事、工匠故事，切实奏响"工人伟大、劳动光荣"的时代主旋律，让劳动最光荣、劳动最崇高、劳动最伟大、劳动最美丽的观念蔚然成风。

六、充分发挥工会在产业工人队伍建设改革中的重要作用

工会组织要站在实现第二个百年奋斗目标以中国式现代化全面推进中华民族伟大复兴的全局和战略高度，进一步深化对产业工人队伍建设改革

重要性的认识，在认真总结成效和经验、查找问题和不足的基础上，找准主攻方向，着力抓重点、补短板、强弱项，推动改革向纵深发展，取得更大成效。

(一) 要全面学习贯彻习近平总书记关于产业工人队伍建设改革的重要指示精神，牢牢把握改革的正确方向

党的十八大以来，习近平总书记围绕推进产业工人队伍建设改革发表一系列重要讲话、作出一系列重要指示批示，深刻回答了推进产业工人队伍建设改革中的重大理论和实践问题，为我们推进产业工人队伍建设改革提供了根本遵循和行动指南。各级工会必须不断深化对习近平总书记重要指示精神的学习，与学习贯彻习近平总书记关于工人阶级和工会工作的重要论述结合起来，深刻领会其丰富内涵、精神实质、实践要求。要深刻理解总书记对推进改革目标任务的要求，始终胸怀"两个大局"，从巩固党的执政基础、促进我国经济社会高质量发展的高度认识、谋划、推进改革，按照"政治上保证、制度上落实、素质上提高、权益上维护"的总体要求，落实产业工人思想引领、建功立业、素质提升、地位提高、队伍壮大等改革措施，全面深化产业工人队伍建设改革。

(二) 扎实做好产业工人思想政治工作

要运用多种形式、渠道和载体，广泛开展主题宣传教育活动，特别是要把工作的重点更多放到基层和企业、车间和班组，更好发挥基层工会主席、社会化工会工作者、工会积极分子和产业工会干部作用，把产业工人思想引领工作落到实处，不断增强思想政治工作的吸引力、感召力。

(三) 组织动员广大产业工人建功立业

经济建设是工会工作主战场，调动职工群众积极性主动性创造性是工会工作的中心任务。要继续围绕国家重大战略、重大工程、重大项目、重点产业，广泛深入持久开展多种形式的劳动和技能竞赛，深入开展技术革新、技术比武、"五小"竞赛等群众性创新活动，大力弘扬劳模精神、劳动精神、工匠精神，把亿万职工群众中蕴藏的创新创造活力充分激发出来，为经济社会发展建功立业。要引导产业工人立足岗位创新创造，围绕

实施制造强国战略、推动高质量发展，充分发挥劳模和工匠人才（职工）创新工作室、新时代工匠学院、"技能强国——全国产业工人学习社区"等作用，引导产业工人勤学苦练、深入钻研，提高创新意识和创新能力，为全面建成社会主义现代化强国作贡献。

（四）不断提高产业工人技术技能水平

要不断提高产业工人技术技能水平，加大产业工人职业技能培训力度，加快构建产业工人技能形成体系，建设一批产业工人技能实训基地，引导企业加大在岗培训力度，向产业工人提供普惠性、均等化、贯穿学习和职业生涯全过程的终身职业技能培训，大力深化职业教育改革，发挥职业教育在推进产业工人队伍建设改革中的重要作用。

（五）扎实做好产业工人维权服务工作

工会要赢得广大产业工人的信赖和支持，必须做好维护产业工人切身利益工作，促进社会公平正义。要坚持以职工为中心的工作导向，紧紧抓住产业工人最关心、最直接、最现实的利益问题，完善维权机制，加大维权力度，着力解决劳动就业、劳动报酬、职业培训、社会保障、安全生产等产业工人普遍关心的问题，不断推动提高技术工人待遇政策落实，助推实现多劳者多得、技高者多得，提高产业工人对改革的获得感。要建立健全联系产业工人的长效机制，构建覆盖广泛、快捷有效的服务职工工作体系，为基层工会和产业工人提供项目式、订单式服务，明确服务对象、服务项目、服务流程、服务标准，提高服务工作精准、精细度和项目运作制度化、规范化水平；要大力推进"互联网+"工会普惠性服务，加大对困难产业工人解困脱困工作力度，帮助他们解决实际困难；发挥服务职工阵地作用，不断提升产业工人生活品质，推动实现共同富裕。

（六）以实际举措壮大产业工人队伍

要加大对产业工人队伍发展状况的分析研判，聚焦存在的突出矛盾，推动解决影响队伍壮大的主要问题。要坚持"抓两头"，一头抓制造业工人队伍，以推动提高工资收入水平、加强技术技能培训、改善工作环境和条件、强化企业民主管理和社会保障、提升工作稳定性、畅通职业发展通道等为重点，着力破解劳动者不愿进工厂、当工人的难题，努力保持制造业工人队伍总体稳定并逐步壮大；一头抓新就业形态劳动者队伍，巩固拓展新就业形态劳动者建会入会成果，推动解决新就业形态劳动者反映强烈的劳动报酬、社会保险、休息休假、职业安全等突出问题，让新就业形态劳动者成为产业工人队伍的重要力量。

（七）发挥产业工人在维护社会大局稳定中的中坚作用

要围绕贯彻总体国家安全观，有针对性地对产业工人加强形势任务教育、国家安全教育，推动构建和谐劳动关系，筑牢维护劳动领域政治安全的群众防线，以实际行动维护企业和社会大局和谐稳定。

（八）要进一步加强改革的宣传交流推广，形成鲜明的舆论导向

要在全社会大力宣传习近平新时代中国特色社会主义思想，宣传习近平总书记对产业工人的高度重视、关心关怀关爱，宣传习近平总书记对产业工人队伍建设改革的重要指示精神，宣传党中央关于产业工人队伍建设改革的各项决策部署和政策举措，宣传各地各部门和企业推进改革取得的显著成效和典型经验，宣传产业工人队伍建设改革对于推动高质量发展、实施制造强国战略、全面建设社会主义现代化国家的重要作用，宣传以产业工人为代表的工人阶级对经济社会发展作出的重要贡献，大力弘扬劳模精神、劳动精神、工匠精神，努力推动全社会进一步形成尊重劳动、尊重知识、尊重人才、尊重创造的良好风尚。要加强改革经验和试点成果的推广转化。

第三节　深化产业工人队伍建设改革

2024年10月12日中共中央、国务院印发实施《关于深化产业工人队伍建设改革的意见》（以下简称《意见》），这是贯彻习近平总书记关于工人阶级和工会工作重要论述的重大举措，是贯彻党的二十届三中全会精神作出的重大部署。《意见》明确提出9个方面、27条重要举措，为进一

步深化产业工人队伍建设改革指明了方向。

一、总体要求

坚持以习近平新时代中国特色社会主义思想为指导，全面贯彻党的二十大和二十届二中、三中全会精神，深入贯彻习近平总书记关于工人阶级和工会工作的重要论述，坚持和加强党的全面领导，坚持全心全意依靠工人阶级的根本方针，深刻领悟"两个确立"的决定性意义，增强"四个意识"、坚定"四个自信"、做到"两个维护"，坚持系统观念、问题导向、守正创新，深化产业工人队伍建设改革，团结引导产业工人在中国式现代化建设中发挥主力军作用。

主要目标是：通过深化产业工人队伍建设改革，思想政治引领更加扎实，产业工人听党话跟党走的信念更加坚定，干事创业的激情动力更加高涨，主人翁地位更加显著，成就感获得感幸福感进一步增强；劳动光荣、技能宝贵、创造伟大的社会氛围更加浓厚；产业工人综合素质明显提升，大国工匠、高技能人才不断涌现，知识型技能型创新型产业工人队伍不断壮大。力争到2035年，培养造就2000名左右大国工匠、10000名左右省级工匠、50000名左右市级工匠，以培养更多大国工匠和各级工匠人才为引领，带动一流产业技术工人队伍建设，为以中国式现代化全面推进强国建设、民族复兴伟业提供有力人才保障和技能支撑。

二、强化思想政治引领，团结引导产业工人坚定不移听党话跟党走

《意见》在具体举措中开宗明义提出"强化思想政治引领，团结引导产业工人坚定不移听党话跟党走"，这既是贯彻落实习近平总书记重要讲话精神的重要体现，也是针对我国产业工人队伍状况作出的重要顶层设计。

各级工会要认真贯彻《意见》精神，持续强化产业工人队伍思想政治工作。坚持不懈用习近平新时代中国特色社会主义思想凝心铸魂，推动党

的创新理论在产业工人中落地生根，结合实际做好网上思想政治引领，持续抓好主题宣传教育。扎实开展"中国工人大思政课"，深入车间、班组、生产一线，宣传进一步全面深化改革的重大意义和战略举措，宣传中国式现代化的光明前景，宣传习近平总书记和党中央对广大产业工人的关心关怀关爱，引导广大产业工人坚定不移听党话、跟党走，坚定拥护改革、积极支持改革、自觉投身改革。创新思想政治工作形式方法，强化产业工人人文关怀和心理疏导，把思想政治工作融入日常、抓在经常、做在平常。大力弘扬劳模精神、劳动精神、工匠精神，加强劳模工匠选树服务，做好做实"中国梦·劳动美"主题宣传教育，推动全社会形成劳动光荣、技能宝贵、创造伟大的广泛共识。

三、发展全过程人民民主，保障产业工人主人翁地位

《意见》从发展全过程人民民主的高度，把保障产业工人主人翁地位摆在更加突出的位置，从落实产业工人参与国家治理的制度、完善企业民主管理制度、健全劳动关系协商协调机制等方面对保障产业工人主人翁地位作出全面部署，充分贯彻了全心全意依靠工人阶级的根本方针。

各级工会要认真贯彻《意见》精神，进一步推动提高优秀产业工人在党代表、人大代表、政协委员及群团组织代表大会代表中的比例，引导产业工人依法行使民主权利，有序参与国家治理、社会治理、基层治理。进一步健全以职工代表大会为基本形式的企事业单位民主管理制度，加强职工代表大会制度与厂务公开、职工董事职工监事制度的衔接，保障产业工人的知情权、参与权、表达权、监督权。健全劳动关系协商协调机制，全面落实劳动合同制度，推进集体协商和集体合同制度，建立健全协调劳动关系三方机制、地方政府和同级工会联席会议制度，把推进产业工人队伍建设改革列入重要议程。加大对产业工人主人翁地位的宣传力度，引导全社会正确认识产业工人、高度认可产业工人、充分尊重产业工人、关心爱护产业工人，营造崇尚劳模、尊重劳动、尊崇工匠的良好氛围，增强产业工人作为国家主人翁的自豪感荣誉感归属感。

四、适应新型工业化发展需求，完善产业工人技能形成体系

《意见》适应新型工业化发展需求，提出了完善产业工人技能形成体系的创新性举措，比如"支持大国工匠、高技能人才兼任职业学校实习实训教师""加大复合型技术技能人才培养力度""落实企业培养产业工人的责任"等。这些创新举措，立足产业工人队伍实际，着力推动解决制约我国高质量发展的高技能人才短缺问题，体现了鲜明的问题导向。我国是世界上唯一拥有联合国产业分类中所列全部工业门类的国家，但产业链供应链还存在诸多"断点""堵点"，关键核心技术受制于人的局面还没有得到根本改变，解决这些问题，不仅需要大量的科学家、高科技人才，也需要一大批高技能产业工人，完善产业工人技能形成体系，正是其中的重中之重。

各级工会要认真贯彻《意见》精神，推动加强产业工人教育培养，深化职业教育改革，强化校企合作、产学结合，加快构建职普融通、产教融合的职业教育体系。深化产业工人职业技能培训，推动构建以企业为主体、职业学校为基础，政府推动、社会支持、工会参与的技能人才培养体系，发挥各级工会、行业协会、社会培训机构在提升产业工人技术技能素质中的作用，向产业工人提供普惠性、均等化、贯穿学习和职业生涯全过程的终身职业技能培训。推动产业工人提高综合素质，鼓励更多高等学校、开放大学开设劳模和工匠人才、高技能人才学历教育班、高级研修班，打造全国产业工人智能化技能学习平台，促进产业工人技能和学历双提升。

五、健全职业发展体系，促进产业工人成长成才

《意见》围绕促进产业工人成长成才，提出健全职业发展体系，从畅通产业工人向上发展通道和贯通产业工人横向发展机制两个维度，对事关产业工人职业发展的重大问题进行了系统谋划。

各级工会要认真贯彻《意见》精神，推动把大国工匠和高技能人才纳

入党管人才总体安排统筹考虑，建立以创新能力、质量、效益、贡献为导向，注重劳模精神、劳动精神、工匠精神培育和职业道德养成的技能人才评价体系，健全落实产业工人"新八级工"职业技能等级制度，推动完善企业内部技能人才评价制度，在产业工人中形成清晰透明的向上发展职业预期。引导企业建立健全产业工人职业生涯指导规划，推进学历教育学习成果、非学历教育学习成果、职业技能等级学分转换互认，推动健全产业工人专业技术岗位、经营管理岗位、技能岗位横向互相贯通的长效机制。推动完善针对产业工人的就业信息服务制度，帮助产业工人充分了解就业岗位信息，逐步消除妨碍产业工人合理流动的制度性障碍，促进劳动力资源和工作岗位优化配置。

六、维护劳动经济权益，增强产业工人成就感获得感幸福感

《意见》把维护产业工人劳动经济权益独立成篇，出台了一系列重大举措，把提高产业工人经济收入放在首位，突出加强产业工人服务保障，有效维护产业工人安全健康权益和做好新就业形态劳动者维权服务工作等，充分体现了以人民为中心的发展思想。工会是会员和职工利益的代表，切实维护好产业工人合法权益尤其是劳动经济权益是工会的天职。

各级工会要认真贯彻《意见》精神，推动企业建立健全基于岗位价值、能力素质、创新创造、业绩贡献的技能人才薪酬分配制度和合理增长机制，以提高技能人才薪酬待遇为重点开展工资集体协商，助推产业工人实现多劳者多得、技高者多得、创新者多得。研究推动新就业形态领域立法，健全灵活就业人员、农民工、新就业形态劳动者社保制度，扩大新就业形态劳动者职业伤害保障试点，推动平台企业建立与工会、劳动者代表常态化沟通协商机制，推动解决新就业形态劳动者的急难愁盼问题。坚持和发展新时代"枫桥经验"，完善"工会+法院+检察院+人社+司法"劳动争议多元化解机制，落实工会劳动法律监督"一函两书"制度，发挥法治在化解劳动关系矛盾中的作用。完善"普惠性+特殊性"工会维权服务工作体系，建好用好"职工之家"APP，加强工会驿站等服务阵地建设，继续做实送温暖、送清凉、金秋助学、职工医疗互助、职工疗休养等工作，

强化产业工人安全生产、劳动保护工作，不断增强产业工人的成就感获得感幸福感。

七、搭建建功立业平台，发挥产业工人主力军作用

《意见》围绕发挥产业工人主力军作用，提出搭建产业工人建功立业平台，将一些被实践证明行之有效的做法上升为政策进一步固定下来，凸显了鲜明的工人特色、工会特色。面对新形势新任务，工会作为党领导下的工人阶级群众组织，必须紧扣党的中心任务，组织动员包括广大产业工人在内的亿万职工，立足岗位、争创一流，顽强拼搏、开拓创新，在推进中国式现代化中展现更大力量。

各级工会要认真贯彻《意见》精神，围绕国家重大战略、重大工程、重大项目、重点产业，广泛深入持久开展劳动和技能竞赛，推动竞赛同劳模评选、职称评定、技术等级认定、工资收入等相结合，不断提高竞赛的影响力、引领力。聚焦新质生产力、实体经济与数字经济及其融合、生产性服务业等，组织产业工人踊跃参加面向生产全过程的群众性创新创造活动，助力企业增强核心竞争力。加强劳模工匠创新工作室、职工创新工作室等平台建设，鼓励发展跨区域、跨行业、跨企业的创新工作室联盟，持续开展"劳模工匠助企行"专项行动，最大限度把劳模工匠的技能优势转化为企业创新创造的发展优势。

八、壮大产业工人队伍，不断巩固党长期执政的阶级基础和群众基础

《意见》围绕壮大产业工人队伍，不断巩固党长期执政的阶级基础和群众基础提出重大举措，强调稳定制造业产业工人队伍，大力培养大国工匠，吸引更多青年加入产业工人队伍，把农民工培养成高素质现代产业工人，把壮大产业工人队伍的着力点放在提高产业工人技能上。既在优化存量上下功夫，又在扩大增量上想办法，体现了系统思维、全局观念，对于不断发展壮大产业工人队伍，有效应对风险挑战，筑牢党长期执政、国家

长治久安的坚实阶级基础、群众基础具有重大意义。

各级工会要认真贯彻《意见》精神，从巩固党长期执政基础的高度出发，努力推动把更多优秀人才吸纳到产业工人队伍中来，加强对农民工的技能培训，把优秀农民工培养为现代产业工人，搭建高校毕业生与产业工人的交流平台，增进高校毕业生对产业工人的了解，引导高校毕业生走技能成才、技能报国之路。强化政治教育，引导产业工人树立大局观念，正确认识和对待改革发展过程中利益关系和利益格局的调整，自觉做维护企业和社会大局和谐稳定的中流砥柱。发挥产业工人在维护劳动领域政治安全中的重要作用，坚决防止敌对势力借所谓"维权"插手煽动、渗透破坏，坚决防止所谓"独立工会"、"民间工会"的出现，坚决维护职工队伍和工会组织的团结统一，坚决维护企业和社会大局和谐稳定，坚决捍卫中国共产党领导和我国社会主义制度。

 思考题

1. 推动产业工人队伍建设改革的重大意义是什么？

2. 如何加强和改进产业工人思想政治建设？

3. 如何构建产业工人技能形成体系？

4. 如何利用互联网促进产业工人队伍建设改革？

5. 强化产业工人队伍建设支撑保障措施有哪些？

6. 简述工会在产业工人队伍建设改革中的重要作用。

7. 如何进一步深化产业工人队伍建设改革？

 案例 1

山东省总积极搭建平台，激励职工学技能强素质当工匠，带动各级培育各类工匠人才两万多名

——擦亮"齐鲁工匠"品牌　锻造产业工人大军

2021 年 1 月 23 日　来源：中工网—工人日报

创新研发出连续流化工装备，率先冲破国外封锁的技术壁垒；深耕海

洋深水隔水管项目，成为国内第一家掌握该核心技术的公司，助力大国重器"海洋石油982"横空出世……

谁能想到，创造这些令人瞩目成绩的是一支平均年龄不到31岁的职工队伍。地处山东高密的豪迈集团，是山东省首批非公企业产业工人队伍建设改革全面试点单位。豪迈集团职工的成长，是山东创新体制机制，着力打造"齐鲁工匠"品牌，建设知识型、技能型、创新型产业工人大军的一个生动注脚。

强化技能提升，创新工匠培育机制

近日，泰安市组织开展了企业特级技师评审工作，山东省轻纺行业"齐鲁工匠"、泰安如意科技时尚产业有限公司高级技师王文革顺利通过评审，成为泰安市首位获得"特级技师"资格的高技能人才。

着眼促进更多高技能人才脱颖而出，山东各级工会积极搭建平台，激励职工学技能、强素质、当工匠。山东省总工会聚焦"十强"产业，每年组织开展80余项争先创优劳动和技能竞赛，带动各级开展各类竞赛2.69万项，参与职工超过1000万人次，成绩优异的选手授予省五一劳动奖章和省技术能手称号，符合条件的颁发相应等级职业资格证书或技能等级证书。

此外，山东省总还将推进企业全员创新摆在重要位置，2020年培育省级全员创新企业50家，带动各级培育全员创新企业1621家、"工匠"人才近万名。此外，积极开展职工创新创效竞赛和小发明、小创造、小革新、小设计、小建议活动，每年发布职工优秀技术创新成果5万余项，为职工岗位成才、创新创造提供有利条件。

日照市探索建设了集创新孵化、技术交流、成果展示、成果转化等功能于一体的职工创新服务中心，组建由260名劳模工匠、高技能人才组成的专家库，推动技术交流、技术对接、协同攻关，对接企业及职工创新需求120项，实现技术对接和成果转化12项。联合省冶金工会承办了2020年全国钢铁行业职工技术创新成果展示交流活动，来自全国钢铁行业的156项技术创新成果参展，一线职工5000余人参观。

强化典型引领，创新激励保障机制

牛德成是2020年1月被授予"齐鲁大工匠"荣誉称号的，和他一同获此殊荣的还有9人。近年来，山东省总聚焦新旧动能转换重点产业，每年培育"齐鲁大工匠"和"齐鲁工匠"。选树过程坚持竞争择优、好中选好，确保推选出的"齐鲁工匠"层次高、分量重、质量好。截至目前，已培育"齐鲁大工匠"30名、"齐鲁工匠"120名，带动各级培育各类工匠人才2.83万名。其中，5名"齐鲁工匠"被评为"泰山产业领军人才"。2018年10位"大国工匠年度人物"，山东独占2席。

为建立鲜明的政策导向，激励产业工人创业创新，山东省总多措并举让"齐鲁工匠"政治上有地位、经济上得实惠、社会上受尊重。

保障政治待遇。把"齐鲁工匠"纳入党委联系专家范围，积极推荐提名为各级党代会代表、人大代表、政协委员、职工代表等人选。保障经济待遇。对"齐鲁大工匠""齐鲁工匠"分别给予5万元、1万元的个人资助，对其领衔创建的"工匠创新工作室"，分别一次性给予25万元和5万元创新资金资助；鼓励企业为"齐鲁工匠"制定职业发展规划和年资（年功）工资制度，对于解决重大工艺技术难题和重大质量问题、技术创新成果获得省部级以上奖项、"师带徒"业绩突出的，可破格晋升技术技能等级或申请工程专业技术职称，"齐鲁大工匠"优先推荐申报"泰山产业领军人才"。保障社会待遇。把"齐鲁工匠"纳入劳模疗休养范围，每年组织部分工匠人才开展疗休养活动。

强化组织领导，创新工作推进机制

日前，"齐鲁首席技师"王伟明的讲课视频一上线，立马在"铸安翟煤"APP引起学习热潮。"铸安翟煤"APP的开发者之一李臻说："我们就是要利用王伟明的'明星效应'，让职工都爱上这个学习软件。"

山东能源集团翟镇煤矿构筑起"立体教学全覆盖、技术优势互补"的全员技能培训新体系，实现精准培训，"靶向"提升。翟镇煤矿夺得新矿集团职工技能大赛六连冠，有720名职工实现了技术提升，30余名职工被选拔参加国家、省、市各级职工技能大赛，并取得较好名次。

为打造新时期产业工人队伍建设改革品牌，山东将"齐鲁工匠"工程纳入省委人才工作领导小组统一领导，由省总工会牵头实施，列入各级党委、政府人才发展规划。山东省总将"齐鲁工匠"工程纳入全省工会年度重点工作，市、县两级工会每年都在所属区域、行业内开展工匠培育活动，形成了省、市（产业、大企业）、县（市、区）、企业（基层）4级联动、梯次培育的良好局面。

"为引领全省广大职工刻苦学习技能、争做工匠人才，我们安排专项资金1600余万元资助支持'齐鲁工匠'领衔创建劳模和工匠人才创新工作室，带动各级创建劳模和工匠人才工作室9430个，开展技术攻关和创新13.18万项，创造经济效益317.56亿元。"山东省总工会党组书记、常务副主席刘贵堂说。（工人日报—中工网记者 田国垒 郑莉）

 **案例 2**

推进产业工人队伍建设改革进行时

以工匠文化引领、班组文化助力，重庆市南供电以职工文化建设

激发职工昂扬斗志 用"文化之光"照亮职工队伍

2021年1月8日 来源：中工网—工人日报

山水之城，两江四岸，在重庆这座不夜城的璀璨灯海里，穿梭着电力职工忙碌的身影。

国家电网公司是全国产业工人队伍建设改革试点单位，在国网重庆电力众多的分公司中，承担着2087平方公里供电工作的重庆市南供电公司交出的成绩单格外醒目：先后培育全国劳模2名，省部级劳模6名，五一劳动奖章获得者5名，中华技能大奖、巴渝大工匠、技术能手等专家人才52名。

工匠文化引领职工成长

在市南供电，全国劳模、中华技能大奖获得者张毅的劳模创新工作室是最具人气的地方，这里聚集了众多业内人才。

"我们希望这里成为'铁打的营盘流水的兵'，培养更多人在电力行业发光发热。"市南供电党委委员、工会主席陈天旭告诉记者，该劳模创新工作室实行"'培训平台+资源平台+创新平台'的三级体系"，目前获国家专利授权106项，省部级及以上QC成果奖130项次，培养出一大批工匠人才。

曹雪菲是该劳模创新工作室"明星"之一。在营销部从事大客户管理工作的她，才入职 7 年就已经获得众多荣誉，2019 年获得重庆市总工会技能大赛第一名。"公司推出了各种培育机制，帮助我们快速成长。"她深有感触地说。

简称为"学联会"的"大学生联合会"是让职工津津乐道的一项培育机制。据介绍，新进符合条件的青年职工都可以加入学联会，围绕公司急难险重任务和创新创效工作开展协同攻关。身为学联会副会长，曹雪菲对这个平台赞叹不已，"在这里青年职工可以结合自己的工作，开展管理型创新、应用型创新、发明型创新"。同时，市南供电还开展青年职工交叉双培，开设生产、营销 2 个大类 12 个专业培训班，实现青年职工跨专业多元化培训。

除此之外，市南供电先后开展了"好工匠亮绝活""好工匠赛技艺"等好工匠系列活动，让职工职业风采得到全面展示。"要将劳模创新工作室打造成职工思想提升的阵地、技术创新的平台、素质提升的练兵场。"市南供电党委书记韦成国表示。

班组文化助力"百花齐放"

每周四，市南供电二次班的"班组微课堂"准时开讲。"这个课堂已经开展了一年多，每堂课都会请班组里的老师傅根据当前工作需要，讲解技能知识，攻坚技术难点，班员们都很喜欢。"班长张楷旋介绍道。

"举办'职工大讲堂''班组微课堂'目的就是筑牢班组安全生产根基，做好班组精益化管理经验交流。"国网重庆电力相关负责人透露，通过这样的形式，有力地促进了企业提质增效。

张楷旋是重庆电力行业的技术能手，一入职就来到了二次班，从班员成长为班长，他仅用了 5 年的时间。在二次班，每个班员都能获得一份"知识地图"，每个阶段该学习的知识、该掌握的技能、该达到的水平，都在这份"地图"上勾勒出了清晰的路径。此外，张楷旋透露，该班组绩效管理方案前后优化了七八次，愈加合理化的绩效考核方式让每一位班员心里服气、干事有劲。

二次班的微课堂只是市南供电班组文化的一个缩影，"百花齐放"才是最形象的写照。"我们还开展'特色工法'大比拼、'生命体'班组创建等活动，让班组这个企业细胞焕发出生机和活力。"市南供电工会副主席李承英介绍道，多个班组获得重庆市工人先锋号和国家电网公司"先进班组"荣誉称号。

职工文化激发昂扬斗志

"我们为城市点灯，每天有一盏灯在等待我们平安回家"……前不久，由市南供电创作的音乐MV《那盏灯》得到重庆电力职工的热烈转发。"通过作品的传播增强了职工保安全的责任意识和主动意识。"李承英道出了创作初衷。

据介绍，在职工文化建设方面，市南供电近年来成效突出，被国网重庆电力授予"职工文化建设示范基地"称号。"我们以'奋斗的幸福'为主题，打造了一批职工文化特色品牌，创作了《最美时刻》《猛哥和他的抢修队》等一批反映职工工作生活的文艺作品。"李承英表示，丰富的职工文化氛围，成为激发职工昂扬斗志的动力之源。

走进全国首批职工书屋示范点——市南供电职工音乐书吧，记者见到除了可以借阅书籍、上网娱乐，职工们还可以坐在落地窗边的沙发上交流谈心。在完成提档升级的职工活动中心，崭新的羽毛球馆、温馨的瑜伽室、窗明几净的健身房，为职工们创造了良好的文体活动场地。

"丰富的文化活动，一方面让职工的劳动风采、竞技风采、个人风采得到展示，另一方面也对职工队伍起到极佳的激励作用。"市南供电工会干事丰雪焓感慨说。(工人日报—中工网记者 黄仕强)

第四章　基层工会组织建设

第一节　工会的组织原则和组织结构

一、工会组织原则

《工会法》和《中国工会章程》明确规定，工会的组织原则是民主集中制。这一原则体现了中国工会作为工人阶级的群众组织的性质，体现了中国共产党领导下的中国工会的根本特征。民主集中制是民主基础上的集中和集中指导下的民主相结合的制度。工会的一切组织和会员都必须按照这个根本原则进行活动。

根据《中国工会章程》规定，工会民主集中制的组织原则体现在六个方面。(1) 个人服从组织，少数服从多数，下级组织服从上级组织。(2) 工会的各级领导机关，除它们派出的代表机关外，都由民主选举产生。(3) 工会的最高领导机关，是工会的全国代表大会和它所产生的中华全国总工会执行委员会。工会的地方各级领导机关，是工会的地方各级代表大会和它所产生的总工会委员会。(4) 工会各级委员会，向同级会员大会或者会员代表大会负责并报告工作，接受会员监督。会员大会和会员代表大会有权撤换或者罢免其所选举的代表和工会委员会组成人员。(5) 工会各级委员会，实行集体领导和分工负责相结合的制度。凡属重大问题由委员会民主讨论，作出决定，委员会成员根据集体的决定和分工，履行自己的职责。(6) 工会各级领导机关，加强对下级组织的领导和服务，经常向下级组织通报情况，听取下级组织和会员的意见，研究和解决他们提出的问题。下级组织应及时向上级组织请示报告工作。

二、工会的组织结构和组织系统

工会的组织结构是指工会组织构成和组建的形式。工会的组织系统是指工会会员与工会组织及各级组织之间的相互联系与相互作用所构成的具有一定结构和功能的整体。

中国工会的组织体制，是在中华全国总工会的统一领导下，分别建立地方工会和产业工会两大组织系统。

（一）中华全国总工会

中华全国总工会是中国工会全国代表大会选举产生的全国工会的最高领导机关。它领导全国工人运动，指导工会工作并在国际社会中代表中国工会组织。

中国工会最高领导机构是中国工会全国代表大会和它所产生的中华全国总工会执行委员会。工会全国代表大会每5年举行1次，由中华全国总工会执行委员会召集，在特殊情况下，由中华全国总工会执行委员会主席提议，经执行委员会全体会议通过，可以提前或延期举行。《中国工会章程》对中国工会全国代表大会职权规定有四项：（1）审议和批准中华全国总工会执行委员会的工作报告；（2）审议和批准中华全国总工会执行委员会的经费收支情况报告和经费审查委员会的工作报告；（3）修改中国工会章程；（4）选举中华全国总工会执行委员会和经费审查委员会。

中华全国总工会执行委员会由中国工会全国代表大会选举产生，是中国工会全国代表大会执行机构。执行委员会在全国代表大会闭会期间，负责贯彻执行全国代表大会的决议，领导全国工会工作。中华全国总工会执行委员会闭会期间，由主席团行使执行委员会的职权。主席团闭会期间，由主席、副主席组成的主席会议行使主席团职权。主席团下设书记处，书记处在主席团领导下主持中华全国总工会日常工作。

（二）地方总工会和产业工会

目前，我国各级地方总工会组织的建立与国家行政区划相统一，分为三级：省、自治区、直辖市总工会；设区的市和自治州总工会；县（旗）、自治县、不设区的市总工会。上述三级的工会代表大会，由同级总工会委员会召集，通常每5年举行1次。工会的地方各级代表大会的职权是：（1）审议和批准同级总工会委员会的工作报告；（2）审议和批准同级总工会委员会的经费收支情况报告和经费审查委员会的工作报告；（3）选举同级总工会委员会和经费审查委员会。各级地方总工会委员会，在代表大会闭会期间，执行上级工会的决定和同级工会代表大会的决议，领导本地区的工会工作，定期向上级总工会委员会报告工作。根据工作需要，省、自治区总工会可在地区设派出代表机关。直辖市和设区的市总工会在区一级建立总工会。

产业工会是按照产业系统建立起来的工会组织。《工会法》规定，同一行业或者性质相近的几个行业，可以根据需要建立全国的或者地方的产业工会。

产业工会组织设置主要分为全国产业工会和地方各级产业工会。产业工会全国组织的设置，由中华全国总工会根据需要确定。产业工会全国委员会的建立，经中华全国总工会批准，可以按照联合制、代表制原则组成，也可以由产业工会全国代表大会选举产生。全国委员会每届任期 5 年。任期届满，应当如期召开会议，进行换届选举。在特殊情况下，经中华全国总工会批准，可以提前或者延期举行。各级地方产业工会组织的设置，由同级地方总工会根据本地区的实际情况确定。除实行垂直领导的产业工会外，其余产业工会组织不要求上下对口，其建立委员会和工会领导机构的原则大体与全国产业工会相同。

（三）乡镇、街道工会

《工会法》第 11 条第 2 款规定："企业职工较多的乡镇、城市街道，可以建立基层工会的联合会。"《中国工会章程》规定：县和城市的区可在乡镇和街道建立乡镇工会和街道工会组织，具备条件的，建立总工会。改革开放以来，大量的企业集中在乡镇和街道。乡镇和街道作为政府的一级基层政权组织，是上联区县政府下联企业的一个中间环节，起着承上启下的重要作用。加强对这些企业工会工作的领导，必须建立向乡镇、街道一级延伸的工会组织体制。乡镇、街道工会具有地方工会和基层工会双重职能，在当前私营企业、外资企业和乡镇企业工会组织不十分健全、工会还相对薄弱的情况下，乡镇、街道工会应当更多地发挥基层工会的作用，直接承担和处理新建企业工会难以承担的工作以及遇到的新问题。

（四）基层工会

基层工会一般指在企业、事业单位、机关、社会组织等用人单位建立的工会组织，基层工会是工会组织体制中最基本的组织单位，它是工会的组织基础和工作基础。

第二节　基层工会的建立

一、建立基层工会应遵循的原则

（一）坚持党的领导的原则

建立基层工会组织是党的群众工作的重要内容，是与党建工作紧密联系的，必须在党的领导下进行。只有坚持党的领导，坚持党建带工建的原则，才能保证基层工会组建工作的正确方向，才能保证基层工会组建工作的顺利开展。

（二）坚持哪里有职工，哪里就要建立工会组织的原则

不论用人单位所有制性质如何、规模大小、职工人数多少，只要开业投产、开始从事业务活动就要依法建立工会组织；不管职工在用人单位工作时间长短、身份如何，都有加入工会的资格，都应及时把他们吸收到工会组织中来。要认真落实"组织起来、切实维权"的工会工作方针，坚持哪里有职工哪里就要建立工会的原则，不断提高工会组建率和职工入会率，切实维护和保障广大职工参加和组织工会的权利。

（三）坚持依法建会的原则

依法建会是推进工会组建的基本原则。要严格按照《工会法》和《中国工会章程》的有关规定，依法建立基层工会组织，不断提高职工入会率和建会质量。未按照《工会法》《中国工会章程》的规定成立的组织，不得称为工会组织。只有依法建立的工会，才能受到法律的保护。

（四）坚持依靠职工群众组建工会的原则

建立基层工会组织必须牢固树立群众观念，坚持开门办会，依靠职工群众组建工会，不得依靠某种行政指令。基层工会组建过程中，要加强对职工群众的宣传教育，提高他们的工会意识、法律意识和依法维护自身政治权益的意识，只有在职工自愿基础上建立的工会，才能发挥工会应有的作用。上级工会有支持和指导帮助职工组建工会的权力和责任，但只能是支持、帮助而绝不是包办、代替。还要进一步推进会务公开，切实保障职工的知情权，使职工群众共同参与、共同协商、共同决策、共同管理工会事务。

（五）坚持报上一级工会批准的原则

《工会法》第 12 条第 1 款规定："基层工会、地方各级总工会、全国或者地方产业工会组织的建立，必须报上一级工会批准。"选举结果经上一级工会批准以后才能够宣布工会组织正式成立。没有经过上一级工会批准成立的组织，不得称为工会组织。

二、基层工会建立的条件

《工会法》第 11 条第 1 款规定："用人单位有会员 25 人以上的，应当建立基层工会委员会；不足 25 人的，可以单独建立基层工会委员会，也可以由两个以上单位的会员联合建立基层工会委员会，也可以选举组织员 1人，组织会员开展活动。女职工人数较多的，可以建立工会女职工委员会，在同级工会领导下开展工作；女职工人数较少的，可以在工会委员会中设女职工委员。"《中国工会章程》第 25 条第 1、2 款规定："企业、事业单位、机关、社会组织等基层单位，应当依法建立工会组织。社区和行政村可以建立工会组织。从实际出发，建立区域性、行业性工会联合会，推进新经济组织、新社会组织工会组织建设。有会员 25 人以上的，应当成立基层工会委员会；不足 25 人的，可以单独建立基层工会委员会，也可以由两个以上单位的会员联合建立基层工会委员会，也可以选举组织员或者工会主席 1 人，主持基层工会工作。基层工会委员会有女会员 10 人以上的建立女职工委员会，不足 10 人的设女职工委员。"

基层工会委员会下设各类工作委员会，这些委员会是根据工作需要和工会业务活动的要求而设立的专门工作机构，一般由基层工会根据工作任务的状况自主确定，各类工作委员会的组成人选由基层工会委员会推选或聘任，其中多数成员为兼职。基层工会委员会工作委员会是基层工会组织机构中的重要组成部分，承担着基层工会主要的日常工作。在用人单位，基层工会工作委员会一般设立民主管理、组织宣传、劳动保护、生产生活、财务、女职工等委员会。这些委员会的主要任务是讨论和研究与本委员会有关的工作，组织职工开展有针对性的业务活动，处理有关建议、提案并检查、督促和协助行政有关部门贯彻基层工会委员会的有关决议，完成基层工会委员会交办的其他事项。

近年来，各地工会积极推进工会组织形式的创新，探索行业性、区域性、商务楼宇型、商圈市场型等工会组建形式，以便把大量分散、流动的职工特别是农民工组织到工会中来，为维护职工群众合法权益提供了组织保证。

基层工会委员会的委员，应当在会员或者会员代表充分酝酿协商的基础上选举产生；主席、副主席，可以由会员大会或者会员代表大会直接选举产生，也可以由基层工会委员会选举产生。大型企业、事业单位、社会组织的工会委员会，根据工作需要，经上级工会委员会批准，可以设立常务委员会。基层工会委员会、常务委员会和主席、副主席以及经费审查委员会的选举结果，报上一级工会批准。

基层工会委员会根据工作需要，可以在分厂、车间（科室）建立分厂、车间（科室）工会委员会。分厂、车间（科室）工会委员会由分厂、车间（科室）会员大会或者会员代表大会选举产生，任期和基层工会委员会相同。分厂、车间（科室）工会委员会在基层工会委员会领导下开展工作。基层工会委员会和分厂、车间（科室）工会委员会，可以根据需要设若干专门委员会或者专门小组。按照生产（行政）班组建立工会小组，民主选举工会小组长，积极开展工会小组活动。

三、建立基层工会的基本程序

(一) 提出建会申请，成立建会筹备组

建立基层工会，必须报请同级党组织同意。党组织同意后，向上一级工会以书面形式提出建立工会组织的请示报告。在报告中应说明以下几项内容：(1) 本基层单位的基本情况（企业成立时间、性质、职工人数、注册资本、流动资金、生产经营项目、党政领导人的配备等）；(2) 所在单位的职工人数；(3) 职工群众对于组建工会的意愿。申请落款处应当写单位全称，加盖单位党组织印章；未建立党组织不能盖章的，或拟建立联合基层工会的，可以由牵头建立工会筹备组的所在地方党组织或者工会组织或其上一级工会组织予以盖章。

上一级工会对建立工会请示报告批复后，应立即成立建会筹备组。在同级党组织领导和上级工会组织指导下，选派公道正派、热心工会工作、在职工群众中有一定威信、工作能力强、符合工会干部条件的人员组成工会筹备组。根据基层单位职工数量、集中程度，一般由3~7人组成，规模较大、职工人数较多和工作场所较分散的，可以适当增加筹备组人数。根据各地实践情况，基层单位党组织健全的，由党组织牵头建立工会筹备组。基层单位未建立党组织的，可以由该单位所在地方的党组织或工会组织，或者其上一级工会组织牵头建立工会筹备组。

对于规模小、职工人数较少的基层单位，可以由两个或者两个以上单位共同建立联合工会组织，其工会筹备组由联合建立工会单位的职工（会员）协商产生，也可以由所在地党组织或工会组织与联合建立工会单位的职工（会员）协商产生。

工会筹备组具体负责建会筹备期间的工作，在工会委员会选举产生之前暂时代行工会委员会职责。筹备组成员原来不是会员的，应先向上级工会申请入会，办理入会手续。工会筹备组经上一级工会审查同意后，即可开展工会组织的筹建工作。其主要任务包括：做好组建工会的宣传发动工作、发展工会会员（包括转入已是会员的会籍、恢复会籍）、建立工会小

组或工会分会并选举会员代表、组织工会委员会和经费审查委员会委员候选人推荐以及大会筹备工作等。

(二) 发展工会会员，建立工会小组

工会筹备组成立以后，首先要认真学习《工会法》和《中国工会章程》以及有关法律法规和工会知识，向职工群众广泛宣传工会组织的性质、职能、作用、任务以及工会会员的权利、义务，使职工进一步了解和熟悉工会组织，提高职工群众对工会组织的认识，增强工会意识，营造一个组建工会的良好氛围。在此基础上，做好发展会员工作，具体程序如下。对在原工作单位已经加入工会组织的，应恢复其关系，认真细致地做好会员登记、会员证核查、会员关系转接等工作。没有加入工会组织的职工，由个人口头或者书面提出加入工会组织的申请，并填写《中华全国总工会入会申请书》和《工会会员登记表》。按照规定，经上级工会批准建立的工会筹备组可代行发展新会员的职权，待工会委员会正式选举产生后完备入会手续。因此，在严格把握入会条件和自愿入会的前提下，入会方式要方便职工，简单快捷，灵活机动。在此基础上，应做好单位内已有会员情况的统计，登记造册。工会筹备组应当采取多种形式公布会员名单。

发展会员后，可根据本单位会员人数的多少和分布情况，以行政班组或者科室为单位建立工会小组。人数较多的，在车间或者部门可以建立分工会组织，并按照有关规定，民主选举产生工会小组长或分工会委员会委员及主席、副主席，在工会筹备组的领导下开展建会相关工作，其任职期限待基层工会委员会正式成立后确认。

(三) 召开会员大会或者会员代表大会，进行民主选举

《工会法》第10条中规定："各级工会委员会由会员大会或者会员代表大会民主选举产生。"《中国工会章程》第10条中规定："工会各级代表大会的代表和委员会的产生，要充分体现选举人的意志。"在各项筹备工作基本就绪后，工会筹备组应积极准备召开基层工会会员大会或者会员代表大会。经同级党组织和上一级工会批准后，召开会员大会或者会员代表大会，按照民主程序选举产生首届工会委员会、经费审查委员会和女职工委员会，选举工会主席、副主席，经费审查委员会主任、副主任，女职工

委员会主任、副主任。

（四）履行报批手续

工会会员大会或者会员代表大会召开后，对整个大会召开情况和选举产生的基层工会主席、副主席以及经费审查委员会和女职工委员会主任、副主任名单，工会各工作委员会分工情况等，应及时向上一级工会报告。在向上一级工会报告的同时，要向同级党组织报告，没有建立党组织的单位，只向上一级工会报告。

（五）公布工会成立

工会组建完成后，应向单位全体工会会员和全体职工正式公布本单位工会的成立，并公布工会主席、副主席以及经费审查委员会和女职工委员会的主任、副主任名单，工会各工作委员会的组成和分工等情况。

（六）刻制印章、制作标牌

基层工会组织建立后，应及时从上一级工会开具该单位建立工会组织的介绍信，到单位所在地公安部门登记，刻制工会印章，到银行申请建立工会经费账号。工会正式建立时，要挂工会标牌。

第三节　基层工会会员大会或会员代表大会

一、基层工会会员大会或会员代表大会概述

《工会法》第 17 条规定："基层工会委员会定期召开会员大会或者会员代表大会，讨论决定工会工作的重大问题。经基层工会委员会或者 1/3 以上的工会会员提议，可以临时召开会员大会或者会员代表大会。"为完善基层工会会员代表大会制度，推进基层工会民主化、规范化、法治化建设，增强基层工会政治性、先进性、群众性，激发基层工会活力，发挥基层工会作用，2019 年 1 月 15 日中华全国总工会发布了《基层工会会员代

表大会条例》，对会员代表大会的组成和职权、会员代表的条件及职责、会员代表大会的召开等作了明确规定。

（一）召开会员代表大会的人数规定

《基层工会会员代表大会条例》第 3 条规定："会员不足 100 人的基层工会组织，应召开会员大会；会员 100 人以上的基层工会组织，应召开会员大会或会员代表大会。"

会员大会或会员代表大会的不同之处在于，实行会员大会制度的工会，其会员的民主权利是由全体工会会员直接行使的；实行会员代表大会制度的工会，其会员的民主权利是通过会员选出的代表来实现的。规定会员大会和会员代表大会这两种形式，主要在于基层工会会员人数和生产工作岗位分布情况差别较大，采用一种方式行使民主权利有诸多不便。有些基层单位会员多、分布广，召开会员大会比较困难，所以就需要通过会员代表大会的方式来行使会员的民主权利。基层工会是召开会员大会还是会员代表大会，主要根据本单位会员人数多少和分布情况来定。会员人数不足 100 人的，应召开会员大会；会员人数 100 人以上的基层工会组织，应召开会员大会或会员代表大会。

（二）会员大会或会员代表大会的性质

基层工会会员大会或会员代表大会是基层工会的最高领导机构，讨论决定基层工会重大事项，选举基层工会领导机构，并对其进行监督。

（三）会员大会或会员代表大会的任期

会员代表大会实行届期制，每届任期 3 年或 5 年，具体任期由会员代表大会决定。会员代表大会任期届满，应按期换届。遇有特殊情况，经上一级工会批准，可以提前或延期换届，延期时间一般不超过半年。会员代表大会每年至少召开 1 次，经基层工会委员会、1/3 以上的会员或 1/3 以上的会员代表提议，可以临时召开会员大会或会员代表大会。

二、会员代表大会的代表

《中国工会章程》第 10 条规定："工会各级代表大会的代表和委员会

的产生，要充分体现选举人的意志。候选人名单，要反复酝酿，充分讨论。选举采用无记名投票方式，可以直接采用候选人数多于应选人数的差额选举办法进行正式选举，也可以先采用差额选举办法进行预选，产生候选人名单，然后进行正式选举。任何组织和个人，不得以任何方式强迫选举人选举或不选举某个人。"《基层工会会员代表大会条例》第 13 条规定："会员代表应由会员民主选举产生，不得指定会员代表。劳务派遣工会员民主权利的行使，如用人单位工会与用工单位工会有约定的，依照约定执行；如没有约定或约定不明确的，在劳务派遣工会员会籍所在工会行使。"

(一) 会员代表的条件

根据全国总工会颁发的《基层工会会员代表大会条例》的规定，会员代表应具备以下条件：

1. 工会会员，遵守工会章程，按期缴纳会费；
2. 拥护党的领导，有较强的政治觉悟；
3. 在生产、工作中起骨干作用，有议事能力；
4. 热爱工会工作，密切联系职工群众，热心为职工群众说话办事；
5. 在职工群众中有一定的威信，受到职工群众信赖。

在实践中，各基层单位结合本单位的实际情况，经过协商，还可以提出会员代表应当具备的其他条件。

(二) 会员代表的名额

根据全国总工会颁发的《基层工会会员代表大会条例》的规定，会员代表名额，按会员人数确定：会员 100 至 200 人的，设代表 30 至 40 人；会员 201 至 1000 人的，设代表 40 至 60 人；会员 1001 至 5000 人的，设代表 60 至 90 人；会员 5001 至 10000 人的，设代表 90 至 130 人；会员 10001 至 50000 人的，设代表 130 至 180 人；会员 50001 人以上的，设代表 180 至 240 人。

(三) 会员代表的组成

基层工会会员代表大会会员代表的组成应以一线职工为主，体现广泛性和代表性。中层正职以上管理人员和领导人员一般不得超过会员代表总数的 20%。女职工、青年职工、劳动模范（先进工作者）等会员代表应占一定比例。

(四) 选举会员代表的程序

1.代表名额的分配。由工会筹备组按照代表比例和会员构成情况，讨论确定各工会小组（车间、班组、科室）代表名额的数量。初步确定代表名额分配方案后，应当及时同各工会小组（车间、班组、科室）沟通，并向同级党组织和上一级工会组织汇报。

2.候选人提出。工会筹备组下达各工会小组会员代表名额数量后，由各工会小组长组织会员，按照代表条件讨论提出候选人名单；候选人名单应当报工会筹备组进行平衡。

3.民主选举。会员代表的选举，一般以下一级工会或工会小组为选举单位进行，两个以上会员人数较少的下一级工会或工会小组可作为一个选举单位。会员代表由选举单位会员大会选举产生。规模较大、管理层级较多的单位，会员代表可由下一级会员代表大会选举产生。选举单位按照基层工会确定的代表候选人名额和条件，组织会员讨论提出会员代表候选人，召开有 2/3 以上会员或会员代表参加的大会，采取无记名投票方式差额选举产生会员代表，差额率不低于 15%。会员代表候选人，获得选举单位全体会员过半数赞成票时，方能当选；由下一级会员代表大会选举时，其代表候选人获得应到会代表人数过半数赞成票时，方能当选。

4.审查公布。各工会小组（车间、班组、科室）选举产生会员代表后，应当呈报基层工会委员会或工会筹备组，由基层工会委员会或工会筹备组，对会员代表人数及人员结构进行审核，并对会员代表进行资格审查。审查的内容包括：会员代表酝酿提名、选举产生的程序和方法是否符合规定；会员代表是否符合规定的条件。如发现不符合规定的，应当让原工会小组（车间、班组、科室）重新选举。符合条件的会员代表人数少于原定代表人数的，可以把剩余的名额再分配，进行补选，也可以在符合规定人数情况下减少代表名额。审查合格后，各工会小组应当张榜公布会员代表名单。

（五）会员代表的任期

会员代表实行常任制，任期与会员代表大会届期一致，会员代表可以连选连任。

（六）会员代表的职责

根据全国总工会颁发的《基层工会会员代表大会条例》的规定，会员代表的职责是：

1. 带头执行党的路线、方针、政策，自觉遵守国家法律法规和本单位的规章制度，努力完成生产、工作任务；

2. 在广泛听取会员意见和建议的基础上，向会员代表大会提出提案；

3. 参加会员代表大会，听取基层工会委员会和经费审查委员会的工作报告，讨论和审议代表大会的各项议题，提出审议意见和建议；

4. 对基层工会委员会及代表大会各专门委员会（小组）的工作进行评议，提出批评、建议；对基层工会主席、副主席进行民主评议和民主测评，提出奖惩和任免建议；

5. 保持与选举单位会员群众的密切联系，热心为会员说话办事，积极为做好工会各项工作献计献策；

6. 积极宣传贯彻会员代表大会的决议精神，对工会委员会落实会员代表大会决议情况进行监督检查，团结和带动会员群众完成会员代表大会提出的各项任务。

（七）会员代表团（组）

选举单位可单独或联合组成代表团（组），推选团（组）长。团（组）长根据会员代表大会议程，组织会员代表参加大会各项活动；在会员代表大会闭会期间，按照基层工会的安排，组织会员代表开展日常工作。

基层工会讨论决定重要事项，可事先召开代表团（组）长会议征求意见，也可根据需要，邀请代表团（组）长列席会议。

（八）会员代表身份自然终止和罢免

1. 会员代表身份自然终止

有下列情形之一的，会员代表身份自然终止：

（1）在任期内工作岗位跨选举单位变动的；

（2）与用人单位解除、终止劳动（工作）关系的；

（3）停薪留职、长期病事假、内退、外派超过1年，不能履行会员代表职责的。

2. 会员代表的罢免

会员代表对选举单位会员负责，接受选举单位会员的监督。根据全国总工会颁发的《基层工会会员代表大会条例》的规定，会员代表有下列情形之一的，可以罢免：

（1）不履行会员代表职责的；

（2）严重违反劳动纪律或单位规章制度，对单位利益造成严重损害的；

（3）被依法追究刑事责任的；

（4）其他需要罢免的情形。

选举单位工会或1/3以上会员或会员代表有权提出罢免会员代表。会员或会员代表联名提出罢免的，选举单位工会应及时召开会员代表大会进行表决。

罢免会员代表，应经过选举单位全体会员过半数通过；由会员代表大会选举产生的代表，应经过会员代表大会应到会代表的过半数通过。

（九）会员代表的补选

会员代表出现缺额，原选举单位应及时补选。缺额超过会员代表总数1/4时，应在3个月内进行补选。补选会员代表应依照选举会员代表的程序，进行差额选举，差额率应按照《基层工会会员代表大会条例》第16条的规定执行。补选的会员代表应报基层工会委员会进行资格审查。

三、会员代表大会的职权

根据全国总工会颁发的《基层工会会员代表大会条例》的规定，会员代表大会的职权是：

（一）审议和批准基层工会委员会的工作报告；

（二）审议和批准基层工会委员会经费收支预算决算情况报告、经费审查委员会工作报告；

（三）开展会员评家，评议基层工会开展工作、建设职工之家情况，评议基层工会主席、副主席履行职责情况；

（四）选举和补选基层工会委员会和经费审查委员会组成人员；

（五）选举和补选出席上一级工会代表大会的代表；

（六）罢免其所选举的代表、基层工会委员会组成人员；

（七）讨论决定基层工会其他重大事项。

四、会员代表大会的召开

（一）向上一级工会组织报告

工会筹备组在征得同级党组织同意，并与行政方面进行沟通后，应向上一级工会组织提出书面报告。根据《基层工会会员代表大会条例》第31条规定，每届会员代表大会第一次会议召开前，应将会员代表大会的组织机构、会员代表的构成、会员代表大会主要议程等重要事项，向同级党组织和上一级工会书面报告。上一级工会接到报告后应于15日内批复。

（二）会员代表培训

为了保障会员代表大会质量，每届会员代表大会第一次会议召开前，基层工会委员会或工会筹备组应对会员代表进行专门培训，培训内容包括工会基本知识、会员代表大会的性质和职能、会员代表的权利和义务、大会选举办法等。

（三）会员代表大会的会务准备工作

单位工会筹备组在接到上一级工会组织的批复后，一般应在1个月内完成召开会员代表大会的会务准备工作。主要工作如下。

1. 会议文件。包括拟提交审议的各种报告、提案、选举办法、选票等起草、印制、分发工作。

2. 根据参加会议人数，准备好会议场所（包括分组讨论的会场），制作会议会标和横幅，以及会场布置。

3. 为不在召开会议地居住的会员代表，准备会议期间的住宿地，以及准备会议期间参加会议人员的餐饮。

4. 与单位行政方协商调整参加会议代表和工作人员在会议期间的工作安排，确保会议代表和工作人员按时参加会议。

5. 确定会议日常安排。

6. 印制和发放会议通知，做好参加会议人员报到的准备工作。根据规定，召开会员代表大会，应提前 5 个工作日将会议日期、议程和提交会议讨论的事项通知会员代表。

7. 印制会员代表名册和候选人情况介绍。

8. 确定大会工作人员。提名选举监票人建议名单，并征求会员代表的意见。

9. 会议的宣传报道准备工作。

10. 邀请特邀代表和列席代表。

11. 会员代表大会召开前，会员代表应充分听取会员意见建议，积极提出与会员切身利益和工会工作密切相关的提案，经基层工会委员会或工会筹备组审查后，决定是否列入大会议程。

12. 完成筹备工作报告。报告的主要内容包括：（1）成立工会筹备组申请和批复情况；（2）发展会员和成立工会小组情况；（3）推荐代表大会代表情况；（4）代表资格审查情况，如代表的条件和要求、现有代表基本情况（性别、党派、男女比例、岗位比例）、工作部门分布情况、代表的代表性（比例数字）、审查情况以及结论；（5）推荐工会委员会和经费审查委员会候选人情况，以及酝酿后拟提交工会委员会提名的女职工委员会情况；（6）成立工会委员会及召开会员代表大会申请和批复情况；（7）应当出席会议的会员代表情况；（8）会议其他工作准备情况。

（四）基层工会会员代表大会议程

基层工会会员代表大会议程分为两种情况：一是新建工会组织的第一次会员代表大会；二是已建工会组织的换届会员代表大会。这两种情况，在大会议程和内容上是有差别的。

1. 新建工会组织的第一次会员代表大会

大会的程序主要包括两个阶段。

（1）会员代表大会预备会议阶段

预备会议是在参会人员报到以后正式会议召开之前举行的会议。主要是会议上有些事情需要提前告诉大家，有些事情需要统一思想，为开好正式会议做准备。《基层工会会员代表大会条例》第 36 条规定："每届会员代表大会第一次会议召开前，可举行预备会议，听取会议筹备情况的报告，审议通过关于会员代表资格审查情况的报告，讨论通过选举办法，通过大会议程和其他有关事项。"这一阶段主要包括以下几步。

第一步，清点到会人数。确认到会人数达到应到会人数的 2/3 以上，方可开会。

召开会员代表大会时，未当选会员代表的经费审查委员会委员、女职工委员会委员应列席会议，也可以邀请有关方面的负责人或代表列席会议。可以邀请获得荣誉称号的人员、曾经作出突出贡献的人员作为特邀代表参加会议。列席人员和特邀代表仅限本次会议，可以参加分组讨论，不承担具体工作，不享有选举权、表决权。

第二步，宣布上级工会《关于对××（单位名称）召开第一次会员代表大会暨建立第一届工会委员会请示的批复》。

第三步，代表大会设立主席团的，表决通过大会主席团。同时，先行召开第一次主席团会议，然后再进行以下各项议程。

基层工会会员代表大会主席团成员的名额，可根据大会的规模和代表的总数，由召集会员代表大会的上届工会委员会或工会筹备组确定。主席团成员应是本次会员代表大会的代表，一般包括上届工会主席、副主席，常务委员会委员，经费审查委员会主任，工会筹备组成员，新提名的主席、副主席候选人，各代表团团长，先进人物代表，一线职工代表和女职工代表等。大会主席团设主席 1 人，副主席若干人，秘书长 1 人。秘书长一般由负责大会筹备工作的工会副主席担任，大会根据工作需要可以设副秘书长，副秘书长一般由负责大会筹备工作的人员担任，副秘书长可以不是主席团成员。新建立工会的，会员代表大会的主席团名额和人选可由同级党组织、工会筹备组协商确定。

大会主席团的任务包括：

①按照大会预备会议通过的议程主持大会。

②审议通过代表资格审查报告，确认代表资格。

③组织代表讨论、审议和修改大会的有关报告。

④组织代表讨论、确定新一届工会委员会委员和经费审查委员会委员候选人建议人选。如需选举出席上一级工会代表大会的代表，还应组织讨论、确定其代表候选人建议人选。

⑤主持大会选举。

⑥组织代表讨论大会的决议草案，提请大会审议通过。

⑦分别委托1名新当选的工会委员会委员和经费审查委员会委员主持本届委员会第一次全体会议。

⑧研究决定会议期间的其他重要事项。

第四步，明确工会筹备组主持大会。成立主席团的，应当明确由大会主席团主持大会。

第五步，工会筹备组负责人作大会代表资格审查结果的报告。审议通过大会代表资格审查结果的报告。

第六步，讨论通过选举办法。

第七步，通过大会议程和其他有关事项。

（2）正式大会阶段

第一步，宣布开会，唱国歌。

第二步，介绍参加大会的成员和嘉宾。

第三步，作筹备组建工会工作报告（可由筹备组负责人作报告；应安排会员代表讨论报告的时间；设立主席团的，召开第二次主席团会议）。

第四步，通过批准筹备组建工会工作报告的决议（草案）。

第五步，讨论通过《工会第一届委员会和经费审查委员会候选人建议名单》；讨论通过《总监票人和监票人建议名单》；通过工会委员会任期的决议（草案）。

第六步，大会选举（设立主席团的，召开第三次主席团会议）。

第七步，宣布选举结果。

第八步，新当选的工会主席（或者工会委员代表）讲话。

第九步，上级工会领导讲话。

第十步，本单位党政领导讲话。

第十一步，大会结束，唱国际歌。

2. 已建工会组织的会员代表大会

已建工会组织的基层单位，一般在召开会员代表大会进行换届选举时，工作程序也包括两个阶段。

（1）会员代表大会预备会议阶段

第一步，清点到会人数。确认到会人数达到应到会人数的 2/3 以上，方可开会。

第二步，宣读上级工会《关于对××（单位名称）工会委员会进行换届选举请示的批复》（或《关于对××（单位名称）工会委员会进行补选请示的批复》）。

第三步，表决通过大会主席团。同时，先行召开第一次主席团会议，然后再进行以下各项议程。

第四步，审议通过大会代表资格审查结果的报告（进行届中补选时，因为会员代表大会代表实行常任制，所以没有此项议程）。

第五步，讨论通过选举办法。

第六步，通过大会议程和日常安排及其他事项。

（2）正式大会阶段

第一步，宣布开会，唱国歌。

第二步，介绍参加大会的成员和嘉宾。

第三步，作工会委员会工作报告和经费审查委员会工作报告及工会财务工作报告。

第四步，会员代表分代表团或代表组讨论上述各项工作报告，提出修改意见（设立主席团的，召开第二次主席团会议）。

第五步，通过批准各项工作报告的决议（草案）。

第六步，讨论通过《工会第×届委员会和经费审查委员会候选人建议名单》；讨论通过《总监票人和监票人建议名单》；讨论通过工会委员会任期的决议（草案）。

第七步，大会选举（设立主席团的，召开第三次主席团会议）。

第八步，宣布选举结果。

第九步，新当选的工会主席（或者工会委员代表）讲话。

第十步，上级工会领导讲话。

第十一步，本单位党政领导讲话。

第十二步，大会结束，唱国际歌。

规模较大、人数众多、工作地点分散、工作时间不一致，会员代表难以集中的基层工会，可以通过电视电话会议、网络视频会议等方式召开会员代表大会。不涉及无记名投票的事项，可以通过网络进行表决，如进行无记名投票的，可在分会场设立票箱，在规定时间内统一投票、统一计票。

第四节　基层工会换届选举

一、基层工会换届选举概述

根据《工会法》、《中国工会章程》和《工会基层组织选举工作条例》等有关规定，基层工会委员会每届任期 3 年或 5 年。基层工会应按期进行换届选举。如遇特殊情况，不能按时进行换届应说明其原因，并报上一级工会批准。届期内的基层工会委员或主席，因工作变动调离工会工作岗位的，需要进行替补选举。

基层工会的换届选举工作，应由基层工会委员会在同级党组织和上级工会的领导下负责筹备和组织。代表大会正式召开时，由大会选举出的主席团主持和领导。会员人数较少的基层工会组织召开会员大会时不设主席团，由本届工会委员会主持和领导。在代表大会进行期间，在新的工会委员会选举产生之前，工会的日常工作，仍由本届工会委员会主持。新选举产生的工会委员会，在上一级工会批准之前，可以履行领导职权。

各级工会组织召开换届改选的工会代表大会的累计排列称为"次"，

就是工会代表大会召开的次数，每次代表大会选举产生的委员会的任期称为"届"，每届委员会任期内所举行的全体会议的累计排列也称为"次"，即委员会任期内召开全体委员会议的次数。每届委员会任期已满，改选换届后应重新排列，即增加 1 届。实行会员代表常任制的基层工会，在届内召开的会员代表大会，叫第×届第×次会员代表大会。

二、基层工会选举的基本规定

（一）基层工会组织选举应坚持的原则

基层工会组织选举工作是一项政治性、政策性很强的工作，关系到工会干部队伍的建设和工运事业的发展。《工会基层组织选举工作条例》第 5 条规定："选举工作应坚持党的领导，坚持民主集中制，遵循依法规范、公开公正的原则，尊重和保障会员的民主权利，体现选举人的意志。"

1. 坚持党的领导，是选举工作的根本政治保证

工会组织选举，是发挥基层工会作用的基础，是激发基层工会活力的源泉，具有很强的政治性、政策性和敏感性，必须把党的领导放在第一位。

2. 坚持民主集中制，是选举工作的根本组织原则。

必须坚持民主基础上的集中和集中指导下的民主相结合。只有坚持民主集中制，才能保证基层工会组织选举工作的顺利进行，才能选举出大多数职工信赖的工会组织。

3. 遵循依法规范、公开公正的原则，是选举工作的重要制度保障

基层工会组织选举必须依法依规有序进行，选举操作规程不得与国家法律法规相冲突，不得与《工会基层组织选举工作条例》规定相冲突。选举过程中，要做到操作规程公开、候选人公开、程序公开、选举结果公开。

4. 尊重和保障会员的民主权利，体现选举人的意志，是选举工作的基础和关键

进行基层工会组织选举，要尊重会员或者会员代表的民主权利，使会

员或者会员代表按照自己的意志行使民主权利，任何组织和个人，都无权以任何方式强迫选举人选举或不选举某个人。

（二）基层工会组织选举在同级党组织和上一级工会领导下进行

《工会基层组织选举工作条例》第 6 条规定："选举工作在同级党组织和上一级工会领导下进行。未建立党组织的在上一级工会领导下进行。"

（三）基层工会委员会委员名额

根据《工会基层组织选举工作条例》第 8 条规定，基层工会委员会委员名额，按会员人数确定：

不足 25 人，设委员 3 至 5 人，也可以设主席或组织员 1 人；

25 人至 200 人，设委员 3 至 7 人；

201 人至 1000 人，设委员 7 至 15 人；

1001 人至 5000 人，设委员 15 至 21 人；

5001 人至 10000 人，设委员 21 至 29 人；

10001 人至 50000 人，设委员 29 至 37 人；

50001 人以上，设委员 37 至 45 人。

（四）基层工会常务委员会的设立

《工会基层组织选举工作条例》第 9 条规定："大型企事业单位基层工会委员会，经上一级工会批准，可以设常务委员会，常务委员会由 9 至 11 人组成。"

基层工会设立常务委员会的范围是大型企事业单位工会委员会。一般大型企业、事业单位职工人数比较多，下属二级单位也比较多，为了确保基层工会委员会的代表性，委员名额设置也相应增加，按照《工会基层组织选举工作条例》规定，会员人数 5001 人至 10000 人，设委员 21 至 29人；10001 人至 50000 人，设委员 29 至 37 人；50001 人以上，设委员 37至 45 人。但基层工会委员会委员人数增加，也会带来新的问题，给召开委员会全体会议带来不便，时间成本、经济成本比较高，在实际操作中也存在一定难度。为此，《工会基层组织选举工作条例》明确规定大型企事业单位基层工会委员会可以设常务委员会，在基层工会委员会闭会期间，履行工会委员会职责，主持工会日常工作，研究决定工会工作中的重大问题。

设立常务委员会，必须经上一级工会批准。基层工会委员会新建、换届设立常务委员会的，可以将常务委员会的设置、人数、组成、职能等内容作为工会选举工作方案的重要内容，报上一级工会批准；也可以就常务委员会的设置提交专门报告，由上一级工会批准。常务委员会可以由会员大会或者会员代表大会民主选举产生，也可以由工会委员会选举产生，选举采取无记名投票和差额选举方式，差额率不低于10%。常务委员会委员应从新当选的工会委员会委员中产生，即常务委员会委员首先必须是工会委员会委员。

常务委员会由9~11人组成，包括主席1人、副主席若干人和常务委员会委员若干人。在工作实践中，委员一般包括主席、副主席、经费审查委员会主任、女职工委员会主任、工会业务部门、下属单位工会组织负责人等。工会常务委员会任期与本届工会委员会相同，每届任期3年或者5年。工会常务委员会应根据工会业务内容，对常务委员进行具体工作分工，确保常务委员尽职履职，充分发挥作用。

（五）基层工会组织候选人的提出

1. 基层工会组织候选人应具备的条件

《工会基层组织选举工作条例》第10条规定："基层工会委员会的委员、常务委员会委员和主席、副主席的选举均应设候选人。候选人应信念坚定、为民服务、勤政务实、敢于担当、清正廉洁，热爱工会工作，受到职工信赖。"这是对基层工会委员会委员、常务委员会委员和工会主席、副主席候选人条件的总体要求。

2. 基层工会委员会委员、常务委员会委员和工会主席、副主席的限制性条件

《工会法》第10条第2款规定："各级工会委员会由会员大会或者会员代表大会民主选举产生。企业主要负责人的近亲属不得作为本企业基层工会委员会成员的人选。"《工会基层组织选举工作条例》第11条规定："单位行政主要负责人、法定代表人、合伙人以及他们的近亲属不得作为

本单位工会委员会委员、常务委员会委员和主席、副主席候选人。"这是对基层工会委员会委员、常务委员会委员和工会主席、副主席的限制性条件的规定，明确了哪些人不能作为基层工会委员会委员、常务委员会委员和工会主席、副主席的候选人。

3. 基层工会委员会委员候选人的产生

《工会基层组织选举工作条例》第12条规定："基层工会委员会的委员候选人，应经会员充分酝酿讨论，一般以工会分会或工会小组为单位推荐。由上届工会委员会或工会筹备组根据多数工会分会或工会小组的意见，提出候选人建议名单，报经同级党组织和上一级工会审查同意后，提交会员大会或会员代表大会表决通过。"

4. 基层工会委员会的常务委员会委员、主席、副主席候选人的产生

《工会基层组织选举工作条例》第13条规定："基层工会委员会的常务委员会委员、主席、副主席候选人，可以由上届工会委员会或工会筹备组根据多数工会分会或工会小组的意见提出建议名单，报经同级党组织和上一级工会审查同意后提出；也可以由同级党组织与上一级工会协商提出建议名单，经工会分会或工会小组酝酿讨论后，由上届工会委员会或工会筹备组根据多数工会分会或工会小组的意见，报经同级党组织和上一级工会审查同意后提出。根据工作需要，经上一级工会与基层工会和同级党组织协商同意，上一级工会可以向基层工会推荐本单位以外人员作为工会主席、副主席候选人。"

三、基层工会选举的实施

(一) 基层工会组织实施选举前的准备工作

为保障基层工会组织选举工作依法规范有序进行，在实施选举前应当认真做好相关准备工作。《工会基层组织选举工作条例》第15条第1款规定："基层工会组织实施选举前应向同级党组织和上一级工会报告，制定选举工作方案和选举办法。"这里的"报告"，指的是报告选举准备工作情况。主要包括以下几个方面。

1. 作出选举工作决定。在基层工会任期届满或新成立工会之前，基层工会或者工会筹备组应按照有关规定，就召开会员大会或者会员代表大会换届选举或新成立工会一事作出决定。

2. 向同级党组织和上一级工会请示。基层工会或工会筹备组作出选举决定后，要向同级党组织和上一级工会报送《关于召开工会会员（代表）大会的请示》，内容包括：大会的指导思想和主要任务；大会主要议程；大会代表、工会委员会委员及经费审查委员会委员名额、条件、结构、产生办法；工会委员会委员、经费审查委员会委员及女职工委员会委员候选人名额分配原则及推荐程序；会期及其他事项。

3. 上一级工会予以批复。同级党组织和上一级工会在收到《关于召开工会会员（代表）大会的请示》以后，要及时研究，上一级工会应作出书面批复。

4. 做好大会筹备工作。基层工会要根据会议规模大小等实际情况，认真制定工作方案，做好相关筹备工作。若会议规模较大，可将筹备工作人员分为秘书组、组织组、会务组等，分别负责材料起草、会务安排、后勤服务保障等工作。

5. 制定代表名额分配方案和工会委员会委员、经费审查委员会委员及女职工委员会委员候选人名额分配方案。

6. 部署代表选举工作和委员候选人推荐工作。基层工会可通过下发通知、召开会议等形式，作出具体部署，提出工作要求。

7. 提出大会各类人员名单。在代表选举和委员候选人推荐工作完成后，要提出大会主席团建议名单，大会秘书长、副秘书长建议名单，代表团分组名单，代表团团长、副团长建议名单，大会选举监票人建议名单等。整理出工会委员会委员、经费审查委员会委员及女职工委员会委员候选人推荐名单。

8. 准备大会文件材料。包括大会工作报告、财务工作报告、经费审查委员会工作报告、大会议程（草案）、大会主持词、大会选举办法（草案）、选票等。

9. 向同级党组织和上一级工会汇报大会筹备情况。在完成代表选举工作和工会委员会委员、经费审查委员会委员及女职工委员会委员推荐工作以后，要主动向同级党组织和上一级工会汇报代表选举情况、3 个委员会候选人推荐情况。

(二) 召开会员大会或者会员代表大会选举

《工会基层组织选举工作条例》第 16 条第 1 款明确规定："会员不足 100 人的基层工会组织，应召开会员大会进行选举；会员 100 人以上的基层工会组织，应召开会员大会或会员代表大会进行选举。"

《工会基层组织选举工作条例》第 17 条第 1 款规定："参加选举的人数为应到会人数的 2/3 以上时，方可进行选举。"

《工会基层组织选举工作条例》第 17 条第 2 款规定："基层工会委员会委员和常务委员会委员应差额选举产生，可以直接采用候选人数多于应选人数的差额选举办法进行正式选举，也可以先采用差额选举办法进行预选产生候选人名单，然后进行正式选举。委员会委员和常务委员会委员的差额率分别不低于 5% 和 10%。常务委员会委员应从新当选的工会委员会委员中产生。"

(三) 基层工会主席、副主席的选举

《中国工会章程》第 27 条中规定："主席、副主席，可以由会员大会或者会员代表大会直接选举产生，也可以由基层工会委员会选举产生。"《工会基层组织选举工作条例》第 3 条规定："基层工会委员会由会员大会或会员代表大会选举产生。工会委员会的主席、副主席，可以由会员大会或会员代表大会直接选举产生，也可以由工会委员会选举产生。"第 18 条规定："基层工会主席、副主席可以等额选举产生，也可以差额选举产生。主席、副主席应从新当选的工会委员会委员中产生，设立常务委员会的应从新当选的常务委员会委员中产生。"根据上述规定，基层工会主席、副主席的选举，应理解、把握以下问题。

1. 由基层工会委员会选举产生主席、副主席

由基层工会委员会选举产生主席、副主席，也叫间接选举，是当前大多数基层工会采取的选举方式。与直接选举相比，这种选举方式更稳妥，

但选举的民主化程度不如直接选举。间接选举的程序主要分两步。第一步，召开会员大会或者会员代表大会，采取差额选举办法，依法选举产生基层工会委员会委员。第二步，在基层工会委员会召开的第一次全体委员会议上，由工会委员会委员选举产生主席、副主席。

2. 由会员大会或者会员代表大会直接选举产生主席、副主席

《工会基层组织选举工作条例》第 19 条规定："基层工会主席、副主席由会员大会或会员代表大会直接选举产生的，一般在经营管理正常、劳动关系和谐、职工队伍稳定的中小企事业单位进行。"这些基层工会会员人数一般较少、工作场所比较集中、职工接触较多，相互了解，适合召开会员大会或者会员代表大会直接选举产生工会主席、副主席。

（四）选举大会的主持

《工会基层组织选举工作条例》第 20 条规定："召开会员大会进行选举时，由上届工会委员会或工会筹备组主持；不设委员会的基层工会组织进行选举时，由上届工会主席或组织员主持。召开会员代表大会进行选举时，可以由大会主席团主持，也可以由上届工会委员会或工会筹备组主持。大会主席团成员由上届工会委员会或工会筹备组根据各代表团（组）的意见，提出建议名单，提交代表大会预备会议表决通过。召开基层工会委员会第一次全体会议选举常务委员会委员、主席、副主席时，由上届工会委员会或工会筹备组或大会主席团推荐一名新当选的工会委员会委员主持。"

（五）选举前候选人情况的介绍

《工会基层组织选举工作条例》第 21 条规定："选举前，上届工会委员会或工会筹备组或大会主席团应将候选人的名单、简历及有关情况向选举人介绍。"通过候选人情况的介绍，可以使选举人了解候选人，更好地进行比较、选择，好中选优，选出职工群众满意的工会委员会组成人员。

（六）监票人与计票人

1. 监票人

监票人是指进行选举时，对投票选举进行监督的人员。基层工会委员

会委员、常务委员会委员和主席、副主席的选举，应当在严格的民主下进行，以确保公平公正。选举监督的最基本形式就是设立监票人。《工会基层组织选举工作条例》第 22 条规定："选举设监票人，负责对选举全过程进行监督。召开会员大会或会员代表大会选举时，监票人由全体会员或会员代表、各代表团（组）从不是候选人的会员或会员代表中推选，经会员大会或会员代表大会表决通过。召开工会委员会第一次全体会议选举时，监票人从不是常务委员会委员、主席、副主席候选人的委员中推选，经全体委员会议表决通过。"

总监票人、监票人在上届工会委员会或工会筹备组或大会主席团的领导下，对选举的全过程进行监督。其职责主要是：

（1）按照选举办法负责监督选举投票全过程；

（2）负责向选举人说明填写选票的注意事项；

（3）对领票、发票、投票、计票负责监督；

（4）负责剩余选票的处理；

（5）宣布发出选票及收回选票的统计结果；

（6）负责监督计票并鉴别和解决选票中的问题，审查计票结果，签字后报大会主持人。

2. 计票人

计票工作人员一般由大会秘书处指定。计票工作人员在监票人监督下进行工作，其职责是：

（1）负责清点核实人数；

（2）按照大会选举办法的要求，对选票进行清点和计算；

（3）准确无误地进行计票；

（4）计票结束后，将计票结果报告总监票人。

（七）选举投票

1. 投票方式

根据《工会基层组织选举工作条例》第 23 条第 1 款中规定，选举采用无记名投票方式。无记名投票，是指在选票上不签署自己姓名的一种投票方式。

2. 不得委托他人代为投票

《工会基层组织选举工作条例》第 23 条第 1 款中规定："不能出席会议的选举人，不得委托他人代为投票。"

3. 选票上候选人的名单排序

《工会基层组织选举工作条例》第 23 条第 2 款规定："选票上候选人的名单按姓氏笔画为序排列。"

4. 选票制作和划写选票

选票制作：印制选票应使用质量较好的纸张。采取工会委员会、经费审查委员会同步选举时，应分别印制选票，并用不同辨色予以区别。

选票上应包括以下项目和内容：选票名称、候选人姓名、划写选票空格、另选他人及划写选票空格、划写选票说明等。建议在每一张选票上加盖工会公章或代章。

选票上候选人的名单按姓氏笔画为序排列。

划写选票：《工会基层组织选举工作条例》第 24 条规定："选举人可以投赞成票或不赞成票，也可以投弃权票。投不赞成票者可以另选他人。"

划写选票时，应用钢笔、圆珠笔、水笔等不可擦拭的工具写出选票。选举人可以投赞成票或不赞成票，也可以投弃权票。投不赞成票者，可以另选他人。如果对候选人没有投不赞成票，则不能另选他人。否则，另选他人为无效。

5. 投票顺序

监票人、计票人首先投票，然后主席台的会员代表投票，最后其他会员代表按规定顺序、线路、票箱进行投票。

6. 流动票箱

基层工会组织选举时，选举人出席会员大会或者会员代表大会，在会场投票是投票的主要形式。但是，有一些会员或会员代表因工作原因无法到现场投票，为保证他们行使民主选举权利，《工会基层组织选举工作条例》第 25 条规定："会员或会员代表在选举期间，如不能离开生产、工作岗位，在监票人的监督下，可以在选举单位设立的流动票箱投票。"

（八）选举有效性的确认

确认选举是否有效，是基层工会选举的一个关键环节。要严格按照《工会基层组织选举工作条例》的相关规定作出认定。选举不能与有关法律法规相违背，不能违反《工会基层组织选举工作条例》规定的条件和程序，否则即可认定为无效。具体从以下几个方面来判断。

1. 候选人应当符合任职条件。

2. 选举前履行了有关规定程序。

3. 参加选举的人数符合规定。

4. 选举收回的票数是否等于或少于发出的选票。

5. 检查选举中有无违反《中国工会章程》和有关选举规定的行为。

（九）被选举人当选的规定

《工会基层组织选举工作条例》第 27 条规定："被选举人获得应到会人数的过半数赞成票时，始得当选。获得过半数赞成票的被选举人人数超过应选名额时，得赞成票多的当选。如遇赞成票数相等不能确定当选人时，应就票数相等的被选举人再次投票，得赞成票多的当选。当选人数少于应选名额时，对不足的名额可以另行选举。如果接近应选名额且符合第八条规定，也可以由大会征得多数会员或会员代表的同意减少名额，不再进行选举。"

（十）选举结果报批

《工会基层组织选举工作条例》第 29 条第 1 款规定："基层工会委员会、常务委员会和主席、副主席的选举结果，报上一级工会批准。上一级工会自接到报告 15 日内应予批复。违反规定程序选举的，上一级工会不得批准，应重新选举。"会员大会或者会员代表大会选举结束后，如果工会主席、副主席或常务委员会委员是由工会委员会选举产生的，应当立即召开新一届工会委员会会议，完成各项选举任务后，将选举结果报上一级工会批准。《工会法》第 12 条第 1 款规定："基层工会、地方各级总工会、全国或者地方产业工会组织的建立，必须报上一级工会批准。"

（十一）基层工会委员会任期的规定

关于基层工会委员会的任期，《工会法》第 16 条规定："基层工会委员会每届任期 3 年或者 5 年。各级地方总工会委员会和产业工会委员会每届任期 5 年。"《工会基层组织选举工作条例》第 30 条规定："基层工会委员会每届任期 3 年或 5 年，具体任期由会员大会或会员代表大会决定。经选举产生的工会委员会委员、常务委员会委员和主席、副主席可连选连任。基层工会委员会任期届满，应按期换届选举。遇有特殊情况，经上一级工会批准，可以提前或延期换届，延期时间一般不超过半年。上一级工会负责督促指导基层工会组织按期换届。"

第五节　基层工会组织的分会建设和工会小组工作

一、基层工会组织的分会建设

《中国工会章程》第 30 条第 1 款规定："基层工会委员会根据工作需要，可以在分厂、车间（科室）建立分厂、车间（科室）工会委员会。分厂、车间（科室）工会委员会由分厂、车间（科室）会员大会或者会员代表大会选举产生，任期和基层工会委员会相同。"

分厂、车间（科室）工会的成立，可以先由筹备组负责发展会员，再由会员选举分厂、车间（科室）工会。也可以先由筹备组发展少数会员，成立临时分厂和车间（科室）工会，再由临时分厂和车间（科室）工会负责发展会员，最后由会员选举分厂和车间（科室）工会。

分厂、车间（科室）工会称工会分会。根据《工会法》《中国工会章程》等规定，工会分会有以下职权。

（一）有权依法保证分厂和车间（科室）、班组工会会员的民主权利，维护工会会员合法权益，代表工会会员向上级工会反映情况。

（二）有权负责分厂和车间（科室）及班组民主管理的日常工作，组织实施民主管理，其中，分厂和车间分工会是分厂和车间职工代表大会的工作机构。

（三）工会分会有权对本车间（科室）和班组职工的奖惩、奖金分配、聘用、解聘、辞退、处分等涉及职工切身利益的重大问题提出意见。

（四）有权组织职工开展有利于保证车间、班组生产工作任务完成和提高职工素质的各项群众性经济技术活动。

（五）有权按照上级工会要求和布置开展工会活动，完成上级工会提出的各项工作任务。

二、工会小组建设

工会小组依托生产（行政）班组建立，是工会组织中最小的单位，是工会会员学习、工作、活动的场所，是工会会员直接行使会员权利和履行会员义务的最基本单位。加强工会小组建设，使所有工会小组作用发挥好，企业工会才会有生机活力。因此，要做好以下工作。

（一）依照《中国工会章程》关于"按照生产（行政）班组建立工会小组，民主选举工会小组长，积极开展工会小组活动"的规定，建立健全工会小组，通过全体会员民主选举政治素质比较好，对班组生产（工作）比较熟悉，有一定组织领导能力，受到大家拥护和信赖的会员担任工会小组长，做到组织建全、工作有人管。

（二）从实际出发，制定工会小组工作制度。例如：学习制度、家访制度、民主生活会制度、民主管理制度，开展适合小组全体会员的工会活动，做到工作有制度，活动经常化。

（三）明确工会小组职责和任务，突出抓好重点，发挥好工会小组作用。从实践经验看，工会小组任务不宜太多，主要抓好以下几件事：做好小组日常思想政治工作；围绕生产（工作）任务，开展劳动和技能竞赛、合理化建议和技术革新活动，加强安全生产检查，保证生产（工作）任务的完成；加强班组民主管理，做到生产任务、分配、奖罚等公开；组织政治和科学文化技术学习，提高职工的素质；开展生活互助，做到有事必访，有困难互帮互助，建立和谐友好的小组氛围。

（四）开展建设"职工小家"活动。建设"职工小家"目的是通过强化工会小组建设，活跃工会小组工作，密切工会同职工群众的联系，把工会工作与行政班组的工作结合起来，促进班组、科室建设，引导职工努力完成生产和各项工作任务。

三、加强基层工会干部队伍建设

工会干部是党的干部队伍的重要组成部分，是党和国家人才资源的重要组成部分。建设绝对忠诚党的事业、竭诚服务职工群众的高素质工会干部队伍，是坚持走中国特色社会主义工会发展道路，开创工会工作和工运事业新局面的重要保障。《中国工会章程》第31条规定："各级工会组织按照革命化、年轻化、知识化、专业化的要求，落实新时代好干部标准，努力建设一支坚持党的基本路线，熟悉本职业务，热爱工会工作，受到职工信赖的干部队伍。"

（一）工会干部的设置

《工会法》第14条规定："职工二百人以上的企业、事业单位、社会组织的工会，可以设专职工会主席。工会专职工作人员的人数由工会与企业、事业单位、社会组织协商确定。"这是关于工会专职干部的规定。

《企业工会工作条例》第13条规定："企业工会委员会根据工作需要，设立相关工作机构或专门工作委员会、工作小组。工会专职工作人员一般按不低于企业职工人数的3‰配备，具体人数由上级工会、企业工会与企业行政协商确定。根据工作需要和经费许可，工会可从社会聘用工会工作人员，建立专兼职相结合的干部队伍。"第23条规定："职工二百人以上的企业工会依法配备专职工会主席。由同级党组织负责人担任工会主席的，应配备专职工会副主席。"

根据《企业工会工作条例》规定，企业工会主席应当具备下列条件。

1. 政治立场坚定，热爱工会工作。

2. 具有与履行职责相应的文化程度、法律法规和生产经营管理知识。

3. 作风民主，密切联系群众，热心为会员和职工服务。

4. 有较强的协调劳动关系和组织活动能力。

企业行政负责人（含行政副职）、合伙人及其近亲属，人力资源部门负责人，外籍职工不得作为本企业工会主席候选人。

根据《企业工会工作条例》规定，企业工会主席的职权如下。

1. 负责召集工会委员会会议，主持工会日常工作。

2. 参加企业涉及职工切身利益和有关生产经营重大问题的会议，反映职工的意愿和要求，提出工会的意见。

3. 以职工方首席代表的身份，代表和组织职工与企业进行平等协商、签订集体合同。

4. 代表和组织职工参与企业民主管理。

5. 代表和组织职工依法监督企业执行劳动安全卫生等法律法规，要求纠正侵犯职工和工会合法权益的行为。

6. 担任劳动争议调解委员会主任，主持企业劳动争议调解委员会的工作。

7. 向上级工会报告重要信息。

8. 负责管理工会资产和经费。

（二）工会干部的保护

加大对工会干部的保护力度，切实维护工会干部的合法权益，有利于调动工会干部的积极性、主动性，充分发挥工会干部的作用。

1. 对工会干部职务的法律保障

《工会法》第18条规定："工会主席、副主席任期未满时，不得随意调动其工作。因工作需要调动时，应当征得本级工会委员会和上一级工会的同意。罢免工会主席、副主席必须召开会员大会或者会员代表大会讨论，非经会员大会全体会员或者会员代表大会全体代表过半数通过，不得罢免。"这是对工会干部职务保障的规定。

（1）对任期内的工会主席、副主席不得随意调动。《工会法》规定，"工会主席、副主席任期未满时，不得随意调动其工作。因工作需要调动时，应当征得本级工会委员会和上一级工会的同意"。《工会法》这样规定是为了保障和体现选举人的意志，尊重选举人的民主权利，实现会员大会或者会员代表大会的权利，也是保证各级工会主席、副主席向选举人负责，接受选举人监督的需要，以促使其更好地履行职责。对确因工作需要调动的，应当按照民主程序和组织程序，经征得本级工会委员会和上一级工会的同意。

（2）不得非法罢免工会主席、副主席。《工会法》规定，"罢免工会主席、副主席必须召开会员大会或者会员代表大会讨论，非经会员大会全体会员或者会员代表大会全体代表过半数通过，不得罢免"。这一规定既从法律上规定了工会主席、副主席的罢免程序，也从法律上起到了保护工会主要工作人员的作用。根据民主选举的原则，工会主席、副主席是由会员大会全体会员或者会员代表大会全体代表过半数通过选举产生的，所以，罢免工会主席、副主席也必须履行这一法定程序。

2. 对工会干部劳动合同的法律保障

《工会法》第 19 条规定："基层工会专职主席、副主席或者委员自任职之日起，其劳动合同期限自动延长，延长期限相当于其任职期间；非专职主席、副主席或者委员自任职之日起，其尚未履行的劳动合同期限短于任期的，劳动合同期限自动延长至任期期满。但是，任职期间个人严重过失或者达到法定退休年龄的除外。"这是对工会干部劳动合同保障的规定，是从劳动合同方面对工会干部的保护。

（三）对工会干部的基本要求

根据《中国工会章程》规定，工会干部要努力做到以下方面。

1. 认真学习马克思列宁主义、毛泽东思想、邓小平理论、"三个代表"重要思想、科学发展观、习近平新时代中国特色社会主义思想，学习党的基本知识和党的历史，学习政治、经济、历史、文化、法律、科技和工会业务等知识，提高政治能力、思维能力、实践能力，增强推动高质量发展本领、服务群众本领、防范化解风险本领。

2. 执行党的基本路线和各项方针政策，遵守国家法律、法规，在改革开放和社会主义现代化建设中勇于开拓创新。

3. 信念坚定，忠于职守，勤奋工作，敢于担当，廉洁奉公，顾全大局，维护团结。

4. 坚持实事求是，认真调查研究，如实反映职工的意见、愿望和要求。

5. 坚持原则，不谋私利，热心为职工说话办事，依法维护职工的合法权益。

6. 作风民主，联系群众，增强群众意识和群众感情，自觉接受职工群众的批评和监督。

四、工会积极分子工作

工会积极分子是指由工会会员选举或被工会聘请，不脱离生产（工作）岗位担任工会某项工作的人员。工会积极分子是工会专兼职干部的助手。工会积极分子的特点体现在有热情、有意愿、有专长、有威信等。对此，基层工会组织应注重和加强工会积极分子队伍建设，尤其应着力做好对工会积极分子的培养及工作上的关心与支持。

第六节　基层工会的组织制度与工会会员

一、基层工会的组织制度

（一）定期召开会员大会或会员代表大会制度

基层工会会员大会或会员代表大会是基层工会的最高领导机构。只有定期召开会员大会或会员代表大会，才能充分体现其作为基层工会最高领导机关的作用，才能更好地把党的中心任务以及对工会工作的要求深入广大会员群众的心中，才能切实加强和改善各级工会的领导，实现工会组织的群众化、民主化。

按照《中国工会章程》的规定，基层工会会员大会或者会员代表大会，每年至少召开1次。经基层工会委员会或者1/3以上的工会会员提议，可以临时召开会员大会或者会员代表大会。

基层工会委员会每届任期 3 年或者 5 年，具体任期由会员大会或者会员代表大会决定。任期届满，应当如期召开会议，进行换届选举。在特殊情况下，经上一级工会批准，可以提前或者延期举行。

会员代表大会的代表实行常任制，任期与本单位工会委员会相同。

（二）重大问题的民主决策制度

在基层企事业单位，从基层工会委员会到下属各分会和工会小组，涉及工会工作有关重大问题，都应经过集体讨论民主决策，使工会工作的各项决策和工作布置，符合广大会员群众的意愿和要求，并切合本单位工会工作实际。工会工作的各项决策只有建立在民主和倾听会员群众意见的基础上，工会的实际工作才能取得成效并得到会员群众的支持。相反，如果基层工会各项决策的制定缺乏民主的基础，少数工会领导人主观武断，就会导致工会工作脱离实际，工会工作的决策就会背离广大会员的意愿和要求。为了保证基层工会民主决策制度，基层工会委员会议事决策机构的组成人员，除工会主席、副主席和有关业务工作委员会负责人之外，应尽可能多地吸收基层工会分会（如车间、科室）负责人参加。同样，基层各分会议事决策机构，应尽可能吸收下属各分工会和工会小组负责人参加。在议事决策过程中，充分酝酿和听取各方面意见，工会主席或有关负责人最后将各种意见和看法加以集中。议事决策遵循的原则是少数服从多数。决策一经制定必须执行，个人应服从组织。

（三）日常工作分工负责制度

工会工作的各项决策和工作布置经民主程序确定之后，基层工会各级组织和成员都应努力贯彻实施。在工会日常工作中，为了保证各项决策和工作部署落实到位，建立科学细密的分工负责制度是不可或缺的条件。实行分工负责制，就是按照决策意图和工作部署的统一要求，将具体工作加以分解，使工会各业务工作委员会和各分会明确分工，各司其职，各负其责，出色完成各自本职工作范围内的工会工作。各业务工作委员会和各分会工会工作负责人，对属于分内管理的各项工作全面负责，属于与有关部门交叉的工作，要主动协商积极配合。工作中不应推诿和玩忽职守，应当广泛团结下属和会员群众，共同做好工会工作。为了落实分工负责制，基层工会委员会应将工会日常工作层层分解，落实到人，并相应地制定严格的考核制度。

（四）会员监督评议制度

基层工会委员会各级干部和工会工作者，应自觉接受广大会员的监督。一方面，通过基层会员代表大会或会员大会，将工会各个时期确定的工作计划、打算和工作意向向群众交底，征求广大会员意见，采纳其中好的建议。另一方面，工会主席、副主席和各业务工作委员会负责人，应定期向会员大会或会员代表大会进行述职报告，介绍有关工作开展情况，包括工会经费使用情况，检讨工作中存在的不足。增强工会工作的透明度，为会员群众监督工会工作创造条件。对于不称职的工会干部，会员有权提议给予罢免，并实行会员民主评议制度。

会员民主评议制度主要包括两个方面：一是对工会工作情况的定期评议，二是在前项评议的基础上对个人进行评议。对工作的评议，主要是检查工作的落实情况，发扬成绩，总结经验，克服不足；对个人的评议，主要是检查个人对待工作的态度和本职工作的完成情况，表彰奖励先进，鼓励或批评后进。工会系统内的评议工作应经常化，并以群众评议为基础。评议工作要取得成效，必须同工会各项工作的考核指标紧密结合，这样才能使评议工作对工会工作产生实际推动作用。

二、工会会员

（一）劳动者有参加和组织工会的权利

《工会法》在宪法有关结社权规定的基础上，对劳动者参加和组建工会组织的结社权进一步作出具体规定，即中国境内的企业、事业单位、机关、社会组织中以工资收入为主要生活来源的劳动者，都有依法参加和组织工会的权利，任何组织和个人不得阻挠和限制。参加工会，是指劳动者可以依法申请加入已经成立于各企业、事业单位、机关、社会组织之内的基层工会委员会或者这些单位之外的基层工会联合会。组织工会，是指劳动者可以依法在各企业、事业单位、机关、社会组织中组建基层工会委员会或者可以在这些单位之外联合组建基层工会委员会。

违反工会法，侵犯劳动者参加和组织工会权利的，将依法追究其法律责任。《工会法》第51条规定："违反本法第3条、第12条规定，阻挠职工依法参加和组织工会或者阻挠上级工会帮助、指导职工筹建工会的，由劳动行政部门责令其改正；拒不改正的，由劳动行政部门提请县级以上人民政府处理；以暴力、威胁等手段阻挠造成严重后果，构成犯罪的，依法追究刑事责任。"

（二）职工加入工会的条件

根据《工会法》和《中国工会章程》规定，职工加入工会成为会员的必备条件有以下三个。

1. 所有加入工会的会员，必须是在中国境内企业、事业单位、机关、社会组织中的劳动者

在我国境内，无论是中国的企业还是外国的企业，抑或是外国企业在我国的办事机构、代表处、代理处，以及在我国从事其他活动的事业单位、机关、社会团体和各种类型的社会组织，只要在我国境内，都应依照我国《工会法》及有关法律法规组建工会。

2. 所有入会会员必须是以工资收入为主要生活来源

以工资收入为主要生活来源，这是职工加入工会的必要条件之一。以工资收入为主要生活来源，是指生活费用支出的大部分是依赖于个人的工资、津贴、奖金或者其他工资性收入。改革开放以来，我国职工获取劳动报酬的方式和用人单位的分配方式发生了深刻变化，除传统的计时、计件两种基本工资形式外，还有奖金、津贴和浮动工资等新的劳动报酬形式，这些仍属于职工工资性收入。工会是工人阶级的群众组织，加入工会必须是工人阶级的成员。因此，以工资收入为主要生活来源，就成为在企业、事业单位、机关、社会组织中的劳动者加入工会的必要条件。

3. 所有入会会员都必须承认中国工会章程

承认工会章程，这是职工加入工会的前提条件。工会是工人阶级的群

众组织，把众多的职工组织在一起，必须有一个共同遵守的章程。《中国工会章程》是中国工会全国代表大会通过的规定工会组织性质、指导思想、奋斗目标、组织原则、体制机制和工会会员的权利义务等工会重大问题的规章，是处理工会内部事务的基本准则。《中国工会章程》在根据《宪法》《工会法》及其他有关法律、法规的前提下，严格规定了中国工会组织的性质、指导思想、工作方针、组织制度和机构、工会会员的权利和义务、工会经费的收支及审查等各个方面的具体内容。因此，一方面，《中国工会章程》是中国工会各级组织和工会会员必须认真遵守的一项内部规章；另一方面，《中国工会章程》也必须根据实际情况的变化进行修改，以使之更加完善。

申请加入工会的职工，必须首先承认《中国工会章程》，这样才能使全体会员为共同的目标、共同的利益，努力形成共同的意志，采取一致的行动，使工会成为充满生机和活力的工人阶级群众组织。这是因为《中国工会章程》涉及的内容很多也很明确，如工会的性质、工会的指导思想、工会的职责任务、会员入会的条件和程序、会员的权利和义务、组织制度、组织体系、工会干部、工会的经费和财产等。加入工会的申请人对《中国工会章程》的所有规定都应当"承认"。"承认"区别于"遵守"和"服从"，它本质上是要求入会申请人对自愿加入工会有一个自觉的态度。会员承认工会章程，在现阶段就是要努力为全面建成社会主义现代化强国、实现第二个百年奋斗目标，以中国式现代化全面推进中华民族伟大复兴而努力奋斗、建功立业，服从工会组织的领导，执行工会决议，参加工会组织生活，行使会员权利，履行会员义务，并按时缴纳会费等。

除了上述三个方面条件外，我国工会章程没有对申请加入工会的劳动者设置其他限制性条件，也没有设置国籍限制、民族限制、性别限制、年龄限制、文化程度限制、健康状况限制等，从而充分保障了劳动者参加和组织工会的权利。

（三）职工加入工会的程序

《中国工会章程》第2条规定："职工加入工会，由本人自愿申请，经基层工会委员会批准并发给会员证。"按照这一规定，凡是符合入会条件的职工，只有自愿申请，才可以加入工会成为工会会员。根据中华全国总工会印发的《工会会员会籍管理办法》规定，职工加入工会的基本程序如下。

1. 本人自愿申请

凡是符合条件的职工，均可自愿申请加入工会。职工申请加入工会的方式主要有两种。

（1）口头或书面申请入会

即由职工本人通过口头或书面形式提出入会申请，填写《中华全国总工会入会申请书》和《工会会员登记表》，报基层工会委员会。

（2）网上申请入会

即由职工通过网站、微博、邮件等网络渠道，向工会组织提供相关信息，表达自己的入会愿望；工会按照线上申请、线下受理、分级审核、全程跟踪等程序，及时受理职工需求，办理相关审批手续。

2. 基层工会委员会审核

基层工会委员会接到职工入会申请书后，应及时召开会议，研究审查接纳职工入会事项。审查的主要内容如下。（1）申请人是否符合入会条件。（2）是否自愿。（3）是否符合入会手续。符合条件和手续的，应当接纳入会，并在职工入会申请书上签署意见。

3. 基层工会委员会批准并发给会员证

经基层工会委员会审核批准，即为中华全国总工会会员，发给《中华全国总工会会员证》（以下简称会员证），取得会员会籍，享有会员权利，履行会员义务。工会会员卡（以下简称会员卡）也可以作为会员身份凭证。

基层工会可以通过举行入会仪式、集体发放会员证或会员卡等形式，增强会员意识。

基层工会应当建立会员档案，实行会员实名制，动态管理会员信息，保障会员信息安全。

（四）新就业形态劳动者参加和组织工会的权利

《工会法》第 3 条第 2 款规定："工会适应企业组织形式、职工队伍结构、劳动关系、就业形态等方面的发展变化，依法维护劳动者参加和组织工会的权利。"这一规定，明确了新就业形态劳动者参加和组织工会的权利，为新就业形态劳动者参加和组织工会提供了重要法律保障。

新就业形态劳动者，是指伴随着互联网、大数据等现代信息科技进步，依托互联网平台实现就业，其就业方式有别于传统的稳定就业和灵活就业的劳动者，例如：网约配送员、网约车驾驶员、快递员、代驾司机、互联网营销师、淘宝店主等，都属于新就业形态劳动者。其中，既有建立劳动关系或符合确认为劳动关系的劳动者，也有在平台上灵活就业的劳动者。既有依托互联网平台通过提供劳动获取劳动报酬的劳动者，也有依托平台开展经营活动获取经营收入的劳动者。既有在平台上从事全职工作、作为其收入主要来源的劳动者，也有从事兼职工作以增加收入的劳动者。

与传统意义上的职工相比，新就业形态群体具有组织方式平台化、工作机会互联网化、工作时间碎片化、就业契约去劳动关系化及流动性强、组织程度偏低等特点，权益维护面临许多困难问题。工会作为职工自愿结合的工人阶级群众组织，维护职工合法权益、竭诚服务职工群众是工会的基本职责。新就业形态劳动者是职工队伍的重要组成部分，在推动经济社会高质量发展中发挥着重要作用，工会要把维护他们合法权益的大旗牢牢扛在肩上。组织他们入会是为其提供维权服务最基础的环节，必须放在突出重要的位置予以强调。

将职工群众组织起来，切实维护好他们的合法权益，是工会的法定职责，也是党交给工会的一项重大政治任务。2018 年 10 月 29 日，习近平总书记在同全国总工会十七届领导班子成员集体谈话时指出，工会要通过多种有效方式，把快递员、送餐员、卡车司机等灵活就业群体、各类平台就业群体吸引过来、组织起来、稳固下来，使工会成为他们愿意依靠的组织。组织新就业形态劳动者加入工会是落实习近平总书记重要指示精神和党中央决策部署的必然要求，是工会组织向新兴领域新兴群体延伸、适应工会工作实践发展的现实任务，也是吸引凝聚职工、维护职工队伍团结稳定的迫切需要，对于扩大工会组织有效覆盖、密切工会与职工群众联系、巩固党执政的阶级基础和群众基础具有重要意义。对于平台企业而言，支持所属从业人员组建工会、加入工会，可以通过工会了解他们的意愿，代表他们反映诉求、与企业沟通协商，能够大幅降低企业管理成本，及时化解劳资矛盾，有效激发从业者劳动热情和创造力，不断助力企业可持续高质量发展。

人力资源社会保障部、国家发展改革委、交通运输部、应急部、市场监管总局、国家医保局、最高人民法院、中华全国总工会《关于维护新就业形态劳动者劳动保障权益的指导意见》（人社部发〔2021〕56号）明确提出，"各级工会组织要加强组织和工作有效覆盖，拓宽维权和服务范围，积极吸纳新就业形态劳动者加入工会。加强对劳动者的思想政治引领，引导劳动者理性合法维权。监督企业履行用工责任，维护好劳动者权益。积极与行业协会、头部企业或企业代表组织开展协商，签订行业集体合同或协议，推动制定行业劳动标准"。中华全国总工会《关于切实维护新就业形态劳动者劳动保障权益的意见》（总工发〔2021〕12号）提出："加快推进建会入会。加强对新就业形态劳动者入会问题的研究，加快制定出台相关指导性文件，对建立平台企业工会组织和新就业形态劳动者入会予以引导和规范。强化分类指导，明确时间节点，集中推动重点行业企业特别是头部企业及其下属企业、关联企业依法普遍建立工会组织，积极探索适应货车司机、网约车司机、快递员、外卖配送员等不同职业特点的建会入会方式，通过单独建会、联合建会、行业建会、区域建会等多种方式扩大工会组织覆盖面，最大限度吸引新就业形态劳动者加入工会。保持高度政治责任感和敏锐性，切实维护工人阶级和工会组织的团结统一。"

中华全国总工会办公厅印发《关于推进新就业形态劳动者入会工作的若干意见（试行）》的通知，对推进新就业形态劳动者入会工作提出了明确要求。

（五）劳务派遣工、农民工、灵活就业人员和外籍职工参加和组织工会的规定

1. 劳务派遣工

劳务派遣工是我国工人阶级的重要组成部分，有权依法参加和组织工会。根据《劳动合同法》第64条规定，被派遣劳动者有权在劳务派遣单

位或者用工单位依法参加或者组织工会，维护自身的合法权益。被派遣劳动者无论是在劳务派遣单位，还是在用工单位都可以有依法参加和组织工会的权利。劳务派遣工参加工会的情况比较特殊，劳务派遣单位由于将职工都派遣出去了，职工很分散，所处的环境又不同，因此很少有组建工会的，即使组建了，工会工作也很难开展。同时，劳务派遣工尽管在接受单位工作，但不是接受单位的职工，且涉及工会会费等问题，因此劳务派遣工一般也不被允许参加接受单位的工会。正是考虑到这些特殊情况，《劳动合同法》明确规定了劳务派遣工参加和组织工会的权利，以维护自身的合法权益。至于是参加劳务派遣单位的工会，还是参加用工单位的工会，可以根据实际情况而定。

为最大限度地把包括劳务派遣工在内的广大职工组织到工会中来，切实维护其合法权益，根据《工会法》《中国工会章程》的相关规定，2009年4月30日，中华全国总工会发布了《关于组织劳务派遣工加入工会的规定》（总工发〔2009〕21号），对组织劳务派遣工加入工会作出了明确规定，主要内容如下。

（1）劳务派遣单位和用工单位都应依法建立工会组织，吸收劳务派遣工加入工会，任何组织和个人不得阻挠和限制。劳务派遣工应首先选择参加劳务派遣单位工会，劳务派遣单位工会委员会中应有相应比例的劳务派遣工会员作为委员会成员。劳务派遣单位没有建立工会组织的，劳务派遣工直接参加用工单位工会。

（2）在劳务派遣工会员接受派遣期间，劳务派遣单位工会可以委托用工单位工会代管。劳务派遣单位工会与用工单位工会签订委托管理协议，明确双方对会员组织活动、权益维护等的责任与义务。

（3）劳务派遣工的工会经费应由用工单位按劳务派遣工工资总额的2%提取并拨付劳务派遣单位工会，属于应上缴上级工会的经费，由劳务派遣单位工会按规定比例上缴。用工单位工会接受委托管理劳务派遣工会员的，工会经费留用部分由用工单位工会使用或由劳务派遣单位工会和用工单位工会协商确定。

（4）劳务派遣工会员人数由会籍所在单位统计。加入劳务派遣单位工会的，包括委托用工单位管理的劳务派遣工会员，由劳务派遣单位工会统计，直接加入用工单位工会的由用工单位工会统计。

（5）劳务派遣单位工会牵头、由使用其劳务派遣工的跨区域的用工单位工会建立的基层工会联合会，不符合建立区域性、行业性基层会联合会的规定，应予纠正。

（6）上级工会应加强督促检查，切实指导和帮助劳务派遣单位和用工单位工会做好劳务派遣工加入工会和维护权益工作。

2. 农民工

农民工也是以工资收入为主要生活来源的劳动者，农民工有加入工会组织的权利，任何组织和个人不得阻挠和限制。《国务院关于解决农民工问题的若干意见》第30条指出：用人单位要依法保障农民工参加工会的权利。

凡是以工资收入为主要生活来源的农民工，不论户籍所在，用工形式如何，工作时间长短，都要依法把他们组织到工会中来。任何单位和个人，不得以任何理由拒绝农民工加入工会组织的要求。

要逐步完善农民工"源头入会、凭证接转、属地管理"机制，健全城乡一体的农民工会员管理及流转服务工作制度。探索建立包括农民工会员在内的工会会员会籍信息化、动态化管理制度，增强会员统计和管理工作的准确性和实效性。

3. 灵活就业人员

根据2016年全国总工会印发的《工会会员会籍管理办法》的规定，非全日制等形式灵活就业的职工，可以申请加入所在单位工会，也可以申请加入所在地的乡镇（街道）、开发区（工业园区）、村（社区）工会和区域（行业）工会联合会等。

4. 外籍职工

外籍职工是指具有外国国籍的职工。根据《中华人民共和国出境入境管理法》的规定，外国人在中国境内工作，应当按照规定取得工作许可和工作类居留证件，未按照规定取得工作许可和工作类居留证件在中国境内工作的，属于"非法就业"。

全总于 1979 年下发的《关于外籍职工参加工会的意见》规定："凡在我国厂矿企业、事业单位和学校从事体力或脑力劳动的外籍职工，自愿申请参加中国工会，符合会员条件的，可按照工会章程的规定同意其加入工会。在外籍职工回国时，收回会员证，不转会员的组织关系，可由省、市、自治区总工会发给参加过中国工会的证明信。"同时，根据《企业工会主席产生办法（试行）》第 6 条中规定，外籍职工不得作为本企业工会主席候选人。

（六）积极推行工会会员实名制管理

工会会员实名制管理，主要是指依托互联网，建立工会会员实名制管理数据库，搭建会员信息统计平台，借助信息技术手段实现对会员会籍管理的规范化、及时化、动态化、便捷化和智能化，实现动态统计分析工会组织和会员情况，为部署指导工作需要提供方便快捷的基层工会和会员信息数据服务。

（七）工会会员的权利和义务

1. 工会会员的权利

根据《中国工会章程》第 3 条的规定，工会会员享有的权利主要包括以下几方面。

（1）选举权、被选举权和表决权。

（2）对工会工作进行监督，提出意见和建议，要求撤换或者罢免不称职的工会工作人员。

（3）对国家和社会生活问题及本单位工作提出批评与建议，要求工会组织向有关方面如实反映。

（4）在合法权益受到侵犯时，要求工会给予保护。

（5）工会提供的文化、教育、体育、旅游、疗休养、互助保障、生活救助、法律服务、就业服务等优惠待遇；工会给予的各种奖励。

（6）在工会会议和工会媒体上，参加关于工会工作和职工关心问题的讨论。

2. 工会会员的义务

（1）认真学习贯彻习近平新时代中国特色社会主义思想，学习政治、经济、文化、法律、科技和工会基本知识等。

（2）积极参加民主管理，努力完成生产和工作任务，立足本职岗位建功立业。

（3）遵守宪法和法律，践行社会主义核心价值观，弘扬中华民族传统美德，恪守社会公德、职业道德、家庭美德、个人品德，遵守劳动纪律。

（4）正确处理国家、集体、个人三者利益关系，向危害国家、社会利益的行为作斗争。

（5）维护中国工人阶级和工会组织的团结统一，发扬阶级友爱，搞好互助互济。

（6）遵守工会章程，执行工会决议，参加工会活动，按月交纳会费。

思考题

1. 工会民主集中制原则体现在哪些方面？

2. 建立基层工会应遵循的原则有哪些？

3. 基层工会建立的条件是什么？

4. 简述建立基层工会的基本程序。

5. 基层工会会员代表的条件、名额、组成、选举程序有什么规定？

6. 基层工会会员代表的职责是什么？

7. 基层工会会员代表大会的职权有哪些？

8. 简述基层工会会员代表大会的召开。

9. 基层工会组织选举应坚持哪些原则？

10. 简述基层工会选举的实施。

11. 工会分会有哪些职权？

12. 如何加强基层工会干部队伍建设？

13. 职工加入工会的条件和程序是什么？

14. 新就业形态劳动者如何参加和组织工会？

15. 工会会员的权利和义务有哪些?

 **案例 1**

满洲里市总工会持续推进基层工会组织建设

2023 年 1 月 10 日　来源：中工网

2022 年，内蒙古满洲里市总工会始终坚持把加强基层工会组织建设作为工会组织服务大局的着力点，按照"哪里有职工，工会组织就建到哪里，工会工作就延伸到哪里"的原则，多措并举推进基层工会组织建设，织密基层工会组织覆盖网，不断推进工会组建和会员发展工作创新发展。

细化工作任务。满洲里市总工会抓重点、攻难点，实行分片包干，将全市企业按照所属社区进行精准划分，由社会化工会工作者认领工作任务，将建会工作责任落实到人，建立工作汇报制度，及时掌握建会工作进展；掌握企业动态。社会化工会工作者深入所负责辖区，进行企业摸排走访，全面细致调查企业性质、经营状况、职工人数、人员构成等情况，建立企业基本情况档案，做到对辖区内企业底数清、情况明；加强政策宣传。积极与企业沟通联系，向企业释明成立工会的好处与意义，推广宣传工会会员普惠制、职工医疗互助、困难职工帮扶等各项惠及职工会员的政策，提高企业职工对工会组织的认识；加快"新就业形态劳动者"集中入会。以开展集中入会行动为重要抓手，对新就业形态劳动者入会情况及企业权益状况进行走访调研、召开维护新就业形态劳动者权益座谈会、开展问卷调查，详细掌握全市新业态劳动者从业情况。积极与交通运输局、市场监管局和邮政管理中心等相关政府部门联系沟通，以行业系统为建会主体，行业主管行政部门牵头，建立了满洲里市快递行业工会联合会，推动新就业形态劳动者建会入会工作扩面增量；分类指导组建。按照企业实际情况提出建会建议，对职工多于 3 人的企业建议单独成立工会，对于不具备单独建会条件的企业，由社区工会组织承担其入会"兜底"功能，建立社区小微企业联合基层工会，广泛"吸收"职工入会，推进工会组建工作取得新进展。

2022 年，满洲里市新建工会组织 153 家，发展会员 1067 人（其中新就业形态企业 5 家，会员 102 人）。截至目前，全市累计建立工会组织 2117 家，发展会员 3.11 万人（其中新就业形态企业累计建立工会组织 49 家，会员 1086 人），全市机关事业单位建会达到全覆盖。（王晶）

 **案例 2**

福建泉州：建制度强队伍拓服务，加强基层工会规范化建设

2022 年 12 月 20 日　来源：中工网

近期，福建泉州市总工会以规范基层工会经费收支管理工作为抓手，多措并举加强基层工会规范化建设，进一步发挥基层工会作用，增强工会组织的吸引力、凝聚力和战斗力。

建制度，绘制基层工会经费管理"规划图"。为确保工会经费取之于职工用之于职工，泉州市总工会结合"再学习、再调研、再落实"活动，以《福建省基层工会经费收支管理实施办法》为主要依据，对 1600 余家基层工会进行审查，全面梳理基层工会经费收支管理工作。并以此为基础和范例，以点带面，带动全市各级工会通过自查和督查，在原有基础上健全工会财务、经审管理制度，指导基层工会建立财务公开制度、完善预算管理制度，同时强化监管、加强审计，进一步规范工会经费收支管理工作，让职工心里有本"明白账"。

强队伍，打造基层工会经费管理"生力军"。为推动《福建省基层工会经费收支管理实施办法》落实，建立专业工会经费管理人才队伍，泉州市各级工会注重在解读辅导和业务培训上用实功、求实效。通过开展培训活动，指导基层工会经审、财务人员学习掌握、落地执行相关政策，今年以来，市县两级已举办相关培训 13 场，培训工会财务、审计人员近万人。走进基层工会实地调研走访，与基层工会负责人和财务人员座谈交流，了解他们遇到的问题和困惑，面对面指导基层工会管好用好工会经费。此外，还以工会审计和"1+X"专项督查等工作为契机，延伸基层工会经费使用情况的审计监督，进一步推动全市基层工会经费收支管理的规范加强。

拓服务，增强基层工会组织"活力值"。为了让工会经费真正惠及职

工群众，泉州市总工会着眼于"有钱花""怎么花""出成效"，通过办实"三件好事"，不断拓宽服务职工领域。一是为职工提供送温暖帮扶、法律咨询、学习培训等工会服务；二是推进职工之家、劳模创新工作室、职工培训基地等阵地建设；三是开展文体比赛、春游秋游等职工集体活动，进一步增强工会组织的吸引力和凝聚力。通过切实为职工群众办实事、做好事、解难事，更好地发挥工会经费在增强基层工会实力，激发职工群众干事创业热情，提升基层工会组织力、凝聚力和战斗力的保障作用。

接下来，泉州市总工会将继续指导全市各级工会规范强化工会经费收支管理，全面加强财务、审计干部队伍建设，不断加大审计监督力度，完善制度体系建设，引领全市工会和职工群众围绕中心、服务大局。（谢秋菊）

第五章　职工民主管理

第一节　职工民主管理概述

一、职工民主管理及其基本特征

(一) 职工民主管理

职工民主管理指企事业单位的职工依据有关法律与制度，通过一定的组织形式，直接或间接地参与企事业管理与决策的各种行为的总称。职工民主管理是我国基层民主政治建设的重要内容，是社会主义民主制度的重要组成部分。党的二十大报告强调："全心全意依靠工人阶级，健全以职工代表大会为基本形式的企事业单位民主管理制度，维护职工合法权益。"

(二) 职工民主管理的基本特征

1. 职工民主管理的基本表现形式是参与

参与作为职工民主管理的一种基本表现形式，主要特点是通过自下而上的方式得以实现的，这与自上而下的行政管理方式有着显著的不同。因此，在职工民主参与企事业管理的各项活动中，"参与"是一个具有关键性的概念。

2. 职工民主管理的主体是普通职工

这里所讲的普通职工，主要是指劳动关系双方中的劳动者一方，通常不应包括企事业单位的经营者以及其他高级管理人员。

3. 职工民主管理具有合法性和应有的权威性

合法性是指职工民主管理不仅受到国家法律的保护，而且依照法律及相关制度规范得以推行。作为一种民主和法律制度，使得职工能够通过一定的组织形式和依照相应法律程序行使民主管理的权利，并对企事业管理与决策产生重要影响力，因而体现出应有的权威性。

4.职工民主管理具有层次性和广泛性

职工民主管理主要是以参与管理与决策的形式表现出来，而在社会组织结构中，管理和决策又是分层级的。因此，适应管理和决策的层级化与宽广领域，各个层级的职工都可以参与到民主管理中来，使职工民主管理具有层次性与广泛性的特点。

二、职工民主管理的职能

（一）审议与决策职能

审议与决策职能是指职工或职工代表通过一定的形式，对企事业单位的重大决策方案进行审议，提出改进建议，并就方案的实施作出决定或决议的一种有组织的民主参与活动。这一职能的履行，不仅体现出职工在企事业中的主体地位，也是保证决策的民主化、科学化的有效手段。

（二）监督职能

监督职能是指在企事业各项管理活动中，通过职工民主参与，对决策过程和决策执行情况进行检查督促，并通过考核、评议、奖惩等方式，对发现的问题及时予以纠正，以确保企事业各项活动按既定目标并遵循一定的制度规范有效开展。

（三）维护职能

维护职能是指通过职工民主管理、行使法律赋予的权利，在维护职工合法权益和国家及企事业整体利益方面发挥的作用。职工参与管理的一个重要目的，就是使自身合法权益得到维护。职工民主管理只有很好地履行这项职能，才能获得职工群众的广泛支持。职工民主管理在维护职工合法权益的同时，也担负着维护国家和企事业整体利益的责任。

（四）协调职能

职工民主管理的协调职能是指协调和处理基层组织内部的各种利益关系及矛盾，在经营者与劳动者之间、管理者与被管理者之间、部门之间、职工群众之间建立起良好的人际和工作关系，增强组织的凝聚力和向心力，促进基层组织和谐发展，有效实现组织管理目标的功能。发挥好职工民主管理的协调职能，就是要通过建立科学的决策制度、管理制度、议事制度、监督制度，规范各利益主体之间的权利义务关系。

（五）教育职能

职工民主管理的教育职能是指通过各种教育手段和广泛的民主参与活动，使职工的思想政治素质、文化素质、劳动技能以及参与能力不断提高的功能。

三、职工民主管理的重要性和必要性

（一）职工民主管理是社会主义民主政治的基础

《宪法》第2条规定："中华人民共和国的一切权力属于人民。人民行使国家权力的机关是全国人民代表大会和地方各级人民代表大会。人民依照法律规定，通过各种途径和形式，管理国家事务，管理经济和文化事业，管理社会事务。"我国社会主义民主是维护人民根本利益的最广泛、最真实、最管用的民主。发展社会主义民主政治就是要体现人民意志、保障人民权益、激发人民创造活力，用制度体系保障人民当家作主。民主是社会主义的本质属性和内在要求，没有民主就没有社会主义，也就没有社会主义现代化，我国政治体制改革的目标就是建设有中国特色的社会主义民主政治。

社会主义民主有着极其丰富的内容，它体现在人民生活各个方面、各个层面。扩大基层民主，实行职工民主管理，是社会主义民主的重要内容，是社会主义民主的重要组成部分，也是社会主义企事业单位的本质属性。只有加强职工民主管理，切实保障职工的主人翁地位，实实在在地使每一个职工享有《宪法》所赋予的民主管理权利，才能使社会主义民主落到实处，从而巩固和发展社会主义的民主政治制度。

（二）职工民主管理是贯彻全心全意依靠工人阶级指导方针的基本要求

全心全意依靠工人阶级是我们党的根本方针。在百年奋斗历程中，中国共产党始终重视加强对工人运动的领导，始终贯彻全心全意依靠工人阶级方针，始终注重发挥工人阶级主力军作用。习近平总书记 2013 年 4 月 28 日到全总机关与劳模座谈并发表的重要讲话中强调，坚持和发展中国特色社会主义，必须全心全意依靠工人阶级、巩固工人阶级的领导阶级地位，充分发挥工人阶级的主力军作用；全心全意依靠工人阶级不能只当口号喊、贴标签，而要贯彻到党和国家政策制定、工作推进全过程，落实到企业生产经营各方面。2015 年 4 月 28 日，习近平总书记在庆祝"五一"国际劳动节暨表彰全国劳动模范和先进工作者大会上发表重要讲话，他指出，不论时代怎样变迁，不论社会怎样变化，我们党全心全意依靠工人阶级的根本方针都不能忘记、不能淡化，我国工人阶级地位和作用都不容动摇、不容忽视。

贯彻落实全心全意依靠工人阶级指导方针，不仅要体现在政治、经济和社会生活各个方面，而且要落实到企事业单位，做到相信职工、尊重职工、依靠职工、为了职工，使职工真正感受到主人翁的地位，切实感受到自己的责任和使命。而职工民主管理是工人阶级当家作主的最基本、最直接、最有效的形式，是全心全意依靠工人阶级的重要体现和基本保障。

（三）职工民主管理是促进企事业单位高质量发展的重要保障

高质量发展是全面建设社会主义现代化国家的首要任务。通过实行职工民主管理，重大决策让职工参与，提交职工代表大会审议，集中群众智慧，就可以避免决策失误，使决策更加科学、完善。而且，通过实行民主管理，也有利于充分调动和发挥职工群众积极性、主动性、创造性，提高劳动生产率和经济效益，从而促进企事业单位高质量发展。

（四）职工民主管理是维护职工合法权益的有效机制

维护职工合法权益、竭诚服务职工群众是工会的性质决定的，是我们党全心全意为人民服务宗旨的重要体现，是职工群众对工会的基本要求，是工会服从服务于党和国家工作大局的根本基点和途径，是工会的基本职责和神圣使命。工会要切实履行维权服务基本职责，必须立足我国经济社会发展实际，不断完善维权机制。工会维权的一个重要机制就是职工民主管理制度。《工会法》第 6 条第 3 款规定："工会依照法律规定通过职工代表大会或者其他形式，组织职工参与本单位的民主选举、民主协商、民主决策、民主管理和民主监督。"在企事业单位，涉及职工合法权益的重大问题，提交职工代表大会审议、通过，充分尊重和听取职工群众的意见，可以体现广大职工的意志，有效地防止侵权现象的发生。

（五）职工民主管理是协调劳动关系的有效途径

职工民主管理是在市场经济条件下调整劳动关系的一项制度，其作用表现在以下三个方面。其一，职工民主管理确立了职工的政治地位和政治权利。职工通过法律规定的形式，对企事业单位管理有权知情、有权参与、有权监督，体现和保障了职工作为国家主人翁和企事业劳动主体的地位。其二，职工民主管理促进了劳资双方的和谐关系。职工代表大会、厂务公开、平等协商与集体合同、职工董事和职工监事、职工民主议事会等，这些形式构筑了劳动者与企事业单位的协商沟通渠道，有利于实现利益兼顾，共同发展。其三，职工民主管理集中了广大职工的共同意志。经过一定形式和程序的民主与集中，按照多数原则形成广大职工的共同意志，并把这种意志体现在劳动关系的调整中。职工民主管理在协调劳动关系中的作用，主要表现为职工意志对用人单位意志的影响和制约，用人单位意志对职工意志的吸收和体现，从而使劳动关系建立在民主的基础上，从而促进劳动关系和谐稳定。

（六）职工民主管理是加强廉政建设的重要措施

惩治和有效预防腐败，监督是关键，只有完善监督机制，才能有效遏制腐败现象。党的二十大报告指出："健全党统一领导、全面覆盖、权威高效的监督体系，完善权力监督制约机制，以党内监督为主导，促进各类监督贯通协调，让权力在阳光下运行。"监督的一个重要方面就是民主监督，民主监督是监督体系的重要组成部分。个别单位发生领导干部的违法乱纪和腐败问题，一个重要原因就是漠视包括职工群众监督在内的各种形式监督。通过实行民主管理和民主监督，建立健全职工代表大会制度和厂务公开制度，使职工群众的监督权真正落到实处，形成自上而下和自下而上相结合的监督制约机制，推进企事业单位的领导班子建设和党风廉政建设。

四、职工民主管理的形式

（一）职工代表大会

职工代表大会制度是职工实行民主管理的基本形式，是职工通过民主选举产生职工代表，组成职工代表大会，在企事业内部行使民主管理权力的一种制度。它是中国基层民主制度的重要组成部分。

（二）集体协商制度

《工会法》第6条第2款规定："工会通过平等协商和集体合同制度等，推动健全劳动关系协调机制，维护职工劳动权益，构建和谐劳动关系。"平等协商，也叫集体协商，它是工会作为职工方代表与企事业单位就涉及职工权利的事项，为达成一致意见而建立的沟通和协商解决机制。平等协商的内容包括职工的民主管理，签订集体合同和监督集体合同的履行，涉及职工权利的重要规章制度的制定、修改，企事业单位职工的劳动报酬、工作时间和休息休假、保险福利、劳动安全卫生、女职工和未成年工的特殊保护、职工培训及职工文化体育生活，劳动争议的预防和处理以及双方认为需要协商的其他事项。企事业单位工会与用人单位建立平等协商机制，定期或不定期地就上述事项进行平等协商，经协商达成一致意见的，工会一方应当向职工传达，要求职工遵守执行；企事业单位也应当按照协商结果执行。平等协商是工会代表职工与企事业进行商谈的行为，它主要体现了职工的意愿和要求，是职工参与企事业重大问题决策的重要体现。因此，平等协商、签订集体合同制度也是职工民主管理的重要形式。

（三）职工董事、职工监事制度

职工董事、职工监事制度，是指在公司制企业中，由职工民主选举出的职工代表进入董事会、监事会，担任董事、监事，代表职工参与企事业管理、决策和监督的制度。职工董事、职工监事制度的建立是现代企业制度的客观要求，是职工代表大会制度的延伸和发展，是公司制企业实行民主协商、民主决策、民主管理和民主监督的必要途径。

（四）职工持股会

在一些公司制企业，职工购买了本公司的股票，成为企业的股东，与公司之间又增加了一层股权关系。他们作为股东参加股东会，参与对股权的管理，享受股东权利。但一般来说，职工持股数量有限，而且每人的股份数持有量也不均等，职工分别参加股东会，难以形成统一的意见和维护职工共同利益的力量。因此，有条件的企业应建立职工持股会。顾名思义，职工持股会是由持有本公司股权的职工自愿建立的群众性组织。成立职工持股会的意义在于：有利于集中持股职工的意见和要求，并通过选派代表参加股东大会等形式，充分表达自己的意愿，增加影响企业决策的力度，更好地维护持股职工的利益。

（五）厂务公开

把企事业重大决策，生产经营管理的重要问题，涉及职工切身利益的问题以及与企事业单位领导班子建设和党风廉政建设密切相关的问题，根据有关法规和制度，通过职工代表大会、厂务公开栏等多种形式，向企事业单位广大职工公开，使职工及时了解厂情，更好地参与企事业决策、管理和监督。

（六）合理化建议活动

职工合理化建议活动也称"点子工程"，它是职工民主管理的一项重要内容。通过开展这一活动，切实提高职工民主参政意识，最大限度地发掘职工中蕴藏的智慧和热情，为领导层改进工作方法、进行正确决策提供了依据。开展合理化建议活动也是企事业革新挖潜、降低成本、提高劳动生产率、增加经济效益的重要途径，是企事业发展的内在动力。它能够充分调动起全体职工参与企事业管理的积极性，对改善企事业单位管理，提高经济社会效益有着举足轻重的作用。

（七）其他形式

如班组民主管理会、民主接待日、民主信箱、民主议事会、民主恳谈会等。

第二节　职工代表大会制度

一、职工代表大会是职工民主管理的基本形式

在我国，职工代表大会是企事业实行民主管理的基本形式，是职工行使民主管理权力的机构。企事业应当按照合法、有序、公开、公正的原则，建立以职工代表大会为基本形式的民主管理制度。

职工代表大会作为职工民主管理的基本形式，其特点表现在以下几个方面。

（一）职工代表大会具有充分的民主性与广泛的代表性

充分的民主性是指职工代表大会各项活动的开展、方案的提出和决议的作出，都要经过一定的民主程序。广泛的代表性主要体现在职工代表大会是由全体职工选举的职工代表组成的，而职工代表是按一定的比例和一定的民主程序经由职工直接选举产生，他们来自企事业的各个部门，几乎包括企事业各个方面的代表。

（二）职工代表大会具有充分的法律依据

我国《宪法》第16、17条规定："……国有企业依照法律规定，通过职工代表大会和其他形式，实行民主管理。""……集体经济组织实行民主管理，依照法律规定选举和罢免管理人员，决定经营管理的重大问题。"此外，我国《企业法》《公司法》《工会法》和《劳动法》也都就职工代表大会制度作出相关规定。

（三）职工代表大会具有完整的组织体系

主要表现在职工代表大会有自己的工作机构——基层工会委员会；下设各种专门工作委员会或小组；在基层选举单位，如车间和班组建立有职工代表团或小组等。此外，职代会闭会期间可以通过代表大会团（组）长

和专门委员会（小组）负责人联席会议形式，处理职代会职权所涉及的日常问题。

二、职工代表大会的职权

按照《企业民主管理规定》，职工代表大会行使下列职权。

（一）审议建议权

即听取企业主要负责人关于企业发展规划、年度生产经营管理情况，企业改革和制定重要规章制度情况，企业用工、劳动合同和集体合同签订履行情况，企业安全生产情况，企业缴纳社会保险费和住房公积金情况等报告，提出意见和建议。

审议企业制定、修改或者决定的有关劳动报酬、工作时间、休息休假、劳动安全卫生、保险福利、职工培训、劳动纪律以及劳动定额管理等直接涉及劳动者切身利益的规章制度或者重大事项方案，提出意见和建议。

（二）审议通过权

即审议通过集体合同草案，按照国家有关规定提取的职工福利基金使用方案、住房公积金和社会保险费缴纳比例和时间的调整方案，劳动模范的推荐人选等重大事项。

（三）民主评议权

即职工代表大会民主评议企业领导人员，并提出奖惩建议。民主评议对象包括：职工董事、职工监事，国有、集体及其控股企业领导班子成员，法律法规规定或企业行政管理方与企业工会委员会协商确定应当接受职工代表大会民主评议的其他人员。国有、集体及其控股企业可根据实际情况，制定切实可行的实施方案或办法，与干部人事制度、企业领导班子考核紧密结合，用好民主评议结果，将其按一定权重纳入干部考核体系。

（四）选举或推荐权

即依法选举或者罢免职工董事、职工监事，选举依法进入破产程序企业的债权人会议和债权人委员会中的职工代表，根据授权推荐或者选举企业经营管理人员。

（五）审查监督权

即审查监督企业执行劳动法律法规和劳动规章制度情况。

（六）法律法规规定的其他职权。

根据《企业民主管理规定》，国有企业和国有控股企业职工代表大会除按第 13 条规定行使职权外，行使下列职权：

（一）听取和审议企业经营管理主要负责人关于企业投资和重大技术改造、财务预决算、企业业务招待费使用等情况的报告，专业技术职称的评聘、企业公积金的使用、企业的改制等方案，并提出意见和建议；

（二）审议通过企业合并、分立、改制、解散、破产实施方案中职工的裁减、分流和安置方案；

（三）依照法律、行政法规、行政规章规定的其他职权。

三、职工代表大会组织机构

（一）职工代表大会主席团

职工代表大会主席团，是由职工代表大会预备会议选举产生，负责职工代表大会会议期间的组织领导工作的机构。主席团成员应有工人、技术人员、管理人员和领导干部，其中工人、技术人员、管理人员应超过半数。根据需要可从主席团成员中选举产生大会秘书长。秘书长一般由工会主席或副主席担任为宜。职工代表大会主席团主要负责职工代表大会会议期间的组织领导工作。职工代表大会全体会议由大会主席团成员轮流主持。

职工代表大会主席团的具体职责是：

1. 主持召开大会，负责大会期间的各项工作；

2. 研究需要大会通过和表决的事项，草拟大会决议；

3. 听取和综合各项职工代表团（组）对各项议案的审议意见和建议，对提案进行修改；

4. 主持大会的表决和选举工作；

5. 处理大会的其他重要事务。

（二）职工代表大会专门委员会（专门小组）

职工代表大会专门委员会（小组），是为职工代表大会行使各项职权服务的专门工作机构。企事业工会委员会主要根据企事业职工人数、分布情况和实际需要来确定是否设立职工代表大会专门机构，即专门委员会（小组）。如有需要，可结合职工代表大会的职权内容和实际需要设立职工代表大会专门机构，负责办理职工代表大会交办的事项。一般可以设立职工代表提案、集体合同、劳动法律监督、劳动保护、薪酬福利、评议监督等常设的专门委员会（小组）。规模较小的企事业可以设立一个综合性的民主管理专门委员会（小组）。企事业还可以根据工作需要，设立一些临时性的专门委员会（小组），待承担的特定工作结束后予以撤销。

专门委员会（小组）负责人一般在职工代表中提名，成员可以聘请熟悉相关业务的非职工代表，但必须经职工代表大会审议通过。专门小组的成员，应具有一定的业务水平和组织活动能力，办事公道，在群众中有一定的威信。专门小组一般由5~9人组成，大型企事业单位可适当增加。专门小组设组长1名，副组长1至2名。实践中，企事业的相关职能部门负责人不担任对口专门委员会（小组）的负责人，以确保专门委员会（小组）的监督作用落到实处。一般设立专门委员会（小组）的流程包括：

1. 企事业工会委员会拟定组建专门委员会（小组）及确定其组成人员的具体方案；

2. 由职工代表团（组）提出具体候选人（名单）；

3. 经职工代表大会主席团审议后，正式提出各专门委员会（小组）候选人名单，提请职工代表大会审议通过。

职工代表大会专门委员会（小组）的主要工作是：审议提交职工代表大会的有关议案；在职工代表大会闭会期间，根据职工代表大会的授权，审定属本专门小组分工范围内需要临时决定的问题，并向职工代表大会报告予以确认；检查、督促有关部门贯彻执行职工代表大会决议和职工提案的处理；办理职工代表大会交办的其他事项。

（三）职工代表团（组）长和专门小组负责人联席会议

职工代表团（组）长和专门小组负责人联席会议，是在职工代表大会闭会期间，为解决临时需要职工代表大会审议或审查的某些重要问题，而由工会委员会召集的会议，是职工代表大会制度的重要组成部分。

联席会议成员由三方面人员组成：一是工会委员会委员；二是职工代表团（组）长；三是专门小组负责人。根据《企业民主管理规定》，可以设立职工代表大会团（组）长和专门委员会（小组）负责人联席会议，根据职工代表大会授权，在职工代表大会闭会期间负责处理临时需要解决的重要问题，并提请下一次职工代表大会确认。联席会议由企业工会负责召集，联席会议可以根据会议内容邀请企业领导人员或其他有关人员参加。

联席会议至少每季度召开1次，遇有工作需要，可随时召开。联席会议由工会委员会召集，工会主席主持。

（四）职工代表大会工作机构

《工会法》规定："国有企业的工会委员会是职工代表大会的工作机构，负责职工代表大会的日常工作，检查、督促职工代表大会决议的执行。"企业工会委员会是职工代表大会的工作机构，负责职工代表大会的日常工作，履行下列职责：

1.提出职工代表大会代表选举方案，组织职工选举职工代表和代表团（组）长；

2.征集职工代表提案，提出职工代表大会议题的建议；

3.负责职工代表大会会议的筹备和组织工作，提出职工代表大会的议程建议；

4.提出职工代表大会主席团组成方案和组成人员建议名单；提出专门委员会（小组）的设立方案和组成人员建议名单；

5.向职工代表大会报告职工代表大会决议的执行情况和职工代表大会提案的办理情况、厂务公开的实行情况等；

6.在职工代表大会闭会期间，负责组织专门委员会（小组）和职工代表就企业职工代表大会决议的执行情况和职工代表大会提案的办理情况、厂务公开的实行情况等，开展巡视、检查、质询等监督活动；

7. 受理职工代表的申诉和建议，维护职工代表的合法权益；

8. 向职工进行民主管理的宣传教育，组织职工代表开展学习和培训，提高职工代表素质；

9. 建立和管理职工代表大会工作档案。

四、职工代表大会会议制度

职工代表大会每年至少召开 1 次。职工代表大会全体会议必须有 2/3 以上的职工代表出席。遇有重大事项，经行政主要领导、企事业单位工会或 1/3 以上职工代表的提议，可召开临时会议。职工代表大会进行选举和作出重要决议、决定，一般采用无记名投票方式进行，必须经全体职工代表过半数通过。

五、职工代表大会的议题和提案

（一）职工代表大会议题

职工代表大会议题是指列入职工代表大会议程和提交职工代表大会审议的问题。职工代表大会要针对企业生产经营管理以及职工切身利益方面的重大问题确定中心议题。

确定职工代表大会议题。一般程序如下。

1. 通知征集。企事业工会委员会通过各种途径广泛征求、充分听取职工群众的意见和建议。

2. 提出草案。企事业工会委员会依据职工代表大会职权，与企事业行政管理方协商，初步形成议题和议案的草案。

3. 形成正式意见。企事业工会委员会将议题和议案的草案补充修改后形成正式意见，书面报同级党组织同意。

4. 提前送达职工代表，征集意见建议。职工代表大会议题和议案应当在会议召开 7 日前以书面形式送达职工代表。职工代表在收到材料后，应及时征求所在选区职工的意见和建议，在审议讨论过程中将这些意见和建议反映出来，认真参与团（组）讨论。企事业工会委员会要做好职工代表讨论审议意见的收集、整理并反馈相关职能部门。对分歧较大的事项，企事业行政管理方和企事业工会委员会应当根据职工代表意见进行协商修改后，交由职工代表重新组织讨论。

（5）职工代表大会预备会议审议通过。由企事业工会委员会向职工代表大会预备会议提出议题和议案建议稿，经预备会议审议通过后作为职工代表大会正式议题和议案。

（二）职工代表大会提案

1. 提案：提请职工代表大会讨论、决定、处理的方案和建议。

2. 提案的内容：主要涉及企业生产经营管理、企业改革改制、内部分配、规章制度、职业培训、劳动保护、社会保险和生活福利等方面问题。

3. 提案的形式：采用书面形式，包括提案的理由、依据、具体要求和解决办法，并由提案人和附议人署名。

4. 提案征集和处理的程序如下。

（1）发出征集提案通知，发放提案征集表。

（2）职工代表在征集选区职工意见，充分调研的基础上提出提案。

（3）收集提案并送交工会或提案委员会。

（4）对提案进行审查，符合条件的立案，不符合条件的退回并予以说明。

（5）对已立案的提案进行整理、分类、登记。

（6）处理。分送有关领导或有关部门负责处理实施。有关重大问题的提案应提交职代会讨论。

（7）监督检查。工会或提案委员会对提案落实情况进行监督检查，并在下届职代会上报告提案处理及落实情况。

六、召开职工代表大会的程序

（一）预备会议

职工代表大会预备会议一般由企业工会委员会主持召开，全体职工代表参加，对召开本次职工代表大会需要确认的事项履行民主程序，确保正式会议合法、有效。

预备会议具体职责主要包括：

1. 选举产生大会主席团；

2. 听取本届（次）职工代表大会的筹备情况汇报，提出大会议题和议程的建议；

3. 通过职工代表资格审查委员会（小组）作的职工代表资格审查情况的报告；

4. 通过本届（次）职工代表大会的议题和议程；

5. 决定大会其他准备事项。

（二）正式会议

职工代表大会正式会议的主要程序一般包括如下方面。

1. 宣布开会。大会执行主席核实出席大会的职工代表人数。到会职工代表超过代表总数的 2/3，即可宣布开会。开幕词应简要讲清本次大会的目的、意义、中心议题和主要任务。此后宣布大会议程。应当注意会前正式通知职工代表，企业行政方面应安排好生产、工作，保证代表的出席率。职工代表有特殊情况不能出席会议的，应向代表团（组）长请假。

2. 由企事业领导人做工作报告。报告主要内容应包括生产经营管理情况、存在的问题及改进措施，企事业发展计划、基本建设和重大技术改造方案，有关改善职工生活福利的情况等。如工作报告已事先发给代表进行过充分讨论，可针对职工代表提出的意见，作出说明。

3. 由企事业行政有关负责人做专题议案的报告。凡应提交职工代表大会审查或审议的方案，均应由行政有关负责人向大会报告，说明制定的依据、目的和具体实施办法，也可针对职工代表对议案的意见，作出说明。

4. 由工会主席及职工代表大会专门委员会（小组）负责人就上次职工代表大会决议落实情况、职工代表提案处理情况、集体合同执行情况等向大会作出报告。

5. 企事业工会主席就职工代表大会闭会期间，职工代表团（组）长和专门小组负责人联席会议处理的重大事项，向大会作出说明，提请大会确认。

6. 以职工代表团（组）为单位，就以上报告、议案分组进行讨论。同时对大会的各项决议草案和需经大会选举的候选人进行酝酿。大会主席团成员分别参加本代表团（组）的讨论。

7. 各代表团（组）应指定专人认真记录职工代表的讨论发言，整理归纳后，将讨论意见向主席团汇报。

8. 大会发言。应安排时间让代表在大会上发言，可由各代表团（组）推选代表，在大会上陈述本团（组）讨论审议的意见和建议，也可让职工代表自由发言。

9. 民主评议。民主评议一般程序为：（1）被评议人员在职工代表大会上作述职述廉报告，接受职工代表质询；（2）组织职工代表进行无记名测评；（3）汇总测评结果和评议意见；（4）向职工代表和被评议人员反馈测评结果；（5）按照干部管理权限将民主测评结果报送人事主管部门。

10. 选举。根据有关决定和实际需要，选举参加董事会、监事会、劳动争议调解委员会的职工代表，参加工资协商的职工代表和企事业领导人等；根据大会主席团的提名，表决通过职工代表大会专门小组的人选；表决通过其他需经职工代表大会选举的人员。

11. 对有关的各项方案和大会决议、决定草案进行表决。

12. 致闭幕词，宣布大会结束。

七、职工代表

（一）职工代表的产生

1. 职工代表的条件：与企事业签订劳动合同建立劳动关系以及与企事业存在事实劳动关系的职工，有选举和被选举为职工代表大会代表的权利。

2. 职工代表的人数：企业召开职工代表大会的，职工代表人数按照不少于全体职工人数的5%确定，最少不少于30人。职工代表人数超过100人的，超出的代表人数可以由企业与工会协商确定。

职工代表在一届任期内实行常任制，职工代表大会换届时，职工代表经过民主选举可以连选连任，不受任期次数的限制。

3. 职工代表的比例：职工代表大会的代表由工人、技术人员、管理人员、企事业领导人员和其他方面的职工组成。其中，企事业中层以上管理人员和领导人员一般不得超过职工代表总人数的20%。所属单位多、分布广的企业集团，中层以上管理人员和领导人员一般不超过代表总数的35%。促进女职工代表比例与企业女职工比例相适应，有被派遣劳动者的企事业，职工代表中应有被派遣劳动者代表。

4. 职工代表选举的基本程序：

（1）制定选举方案，确定选区分配名额；

（2）进行宣传发动；

（3）推荐职代表候选人；

（4）选举职工代表；

（5）资格审查，确认职工代表资格；

（6）组成各代表团。

职工代表因罢免、岗位变动、离职退休、解除或终止劳动合同等原因出现缺额时，企事业工会委员会依照规定的民主程序，组织原选区，按原比例结构补选职工代表，补选的民主程序与选举的民主程序相同。

（二）职工代表的权利和义务

1. 职工代表享有下列权利：

（1）选举权、被选举权和表决权；

（2）参加职工代表大会及其工作机构组织的民主管理活动；

（3）对企事业领导人员进行评议和质询；

（4）在职代表大会闭会期间对企事业执行职工代表大会决议情况进行监督、检查。

2. 职工代表应当履行下列义务：

（1）遵守法律法规、企事业规章制度，提高自身素质，积极参与企事业民主管理；

（2）依法履行职工代表职责，听取职工对企事业生产经营管理等方面的意见和建议，以及涉及职工切身利益问题的意见和要求，并客观真实地向企事业反映；

（3）参加企事业职工代表大会组织的各项活动，执行职工代表大会通过的决议，完成职工代表大会交办的工作；

（4）向选举单位的职工报告参加职工代表大会活动和履行职责情况，接受职工的评议和监督；

（5）保守企事业的商业秘密和与知识产权相关的保密事项。

职工代表履行职责受法律保护，任何组织和个人不得阻挠和打击报复。职工代表在法定工作时间内依法参加职工代表大会及其组织的各项活动，企事业应当正常支付劳动报酬，不得降低其工资和其他福利待遇。

（三）如何当好职工代表

第一，职工代表必须能够真正担负起代表的职责，具有较强的主人翁责任感，能够密切联系群众，勇于维护职工合法权益，并能够宣传群众、引导群众、做好群众工作。

第二，职工代表应具备良好的思想政治素质和管理与业务素质。能够随时了解国家的法律、相关政策和时事形势，不断学习新知识、新经验，掌握经营管理、组织建设的基本常识，提高参政议政的能力。只有这样，职工代表大会的各项工作才能有效展开，职工群众的合法权益才能得到更好维护。

第三，职工代表只有在日常生活中主动热情地为职工群众排忧解难，与职工群众打成一片、事事以身作则、处处作出榜样、遇事主动找群众商量、虚心听取群众意见、把自己处于群众的监督之下，才会得到职工群众拥戴和支持，同时也才能够从职工群众中得到智慧和力量。职工代表在参加各项活动时，要对职工群众负责，要敢于如实、全面地表达和反映职工群众的意见和要求。

第四，职工代表应主动参与到职代会的各项活动中，在会前深入调研征求职工群众意见，撰写职工提案；会中通过审议工作报告和议案、评议行政领导，充分行使职代会的各项职权；会后向职工宣传职代会通过的决议和决定，监督职代会议案的落实。通过这一系列活动，从源头上主动参与到维护职工的合法权益中，这既是职工代表职责的体现，也是职工代表充分发挥自身作用的原动力。

第五，要注意调查研究，全面把握事物的本质。职工代表在参与管理中，要想使自己的意见、建议能够提到点子上，得到大多数职工代表的认可和采纳，就必须对所反映的问题有全面、正确的认识，能够抓住问题要害并提出科学的解决办法。

第三节　厂务公开

一、厂务公开的基本概念

厂务公开是指企事业依照有关法律法规的规定和相关政策要求，将与本单位改革发展稳定和职工切身利益密切相关的重大问题和重要事项，通过职工代表大会和其他适当形式向广大职工公开，组织职工参与决策、管理和监督的民主管理制度。厂务公开是对所有的企事业单位的公开制度的简称，这里讲的"厂"，泛指包括工业、交通、建筑、金融、财贸等各行各业各种类型和形式的公司、工厂在内的企业和事业单位。具体到某个企事业单位，也可以称企务公开、司务公开、局务公开、院务公开、所务公开、校务公开等。随着村务公开制度的发展，厂务公开与村务公开、政务公开一同成为基层民主政治建设的有机组成部分，是一项重要的民主政治制度。

二、厂务公开遵循的原则

（一）扩大基层民主的原则

除了有关法律法规规定的企事业机密、技术机密和组织机密外，企事业各项重大问题、重大决策都要扩大向职工的公开度，加强职工民主参与的力度，接受职工的民主监督。

（二）以职代会为企事业民主管理基本形式与厂务公开多种形式和途径相统一的原则

以坚持和完善职工代表大会为基本形式的企事业民主管理制度为基础，以公开企业办事制度、深化民主参与、民主管理、民主监督工作为主要内容，结合企事业具体情况广开多种民主渠道，探索多种民主形式，分层次、有步骤地落实厂务公开的内容。

（三）依法办事的原则

厂务公开要以国家的方针政策、法律法规为依据，既要保护各级领导干部依法行使经营管理的权利，又要依法维护职工民主参与、民主管理、民主监督的合法权益。

（四）实事求是的原则

厂务公开要坚持从企事业实际情况出发，注重实效，不断调整、充实和完善公开的内容、渠道和方式。

（五）有利于企事业改革发展的原则

厂务公开要与企事业改革发展方向相一致，要有利于调动广大干部和职工群众的积极性。

（六）注重实效的原则

要通过厂务公开不断完善企事业民主管理制度和监督制约机制，加强企事业领导班子建设，提高企事业安全生产和经营管理水平，促进企事业经济效益的增长，切忌形式主义。

三、厂务公开的主要内容

根据《企业民主管理规定》，企业应当向职工公开下列事项：

（一）经营管理的基本情况；

（二）招用职工及签订劳动合同的情况；

（三）集体合同文本和劳动规章制度的内容；

（四）奖励处罚职工、单方解除劳动合同的情况以及裁员的方案和结果，评选劳动模范和优秀职工的条件、名额和结果；

（五）劳动安全卫生标准、安全事故发生情况及处理结果；

（六）社会保险以及企业年金的缴费情况；

（七）职工教育经费提取、使用和职工培训计划及执行的情况；

（八）劳动争议及处理结果情况；

（九）法律法规规定的其他事项。

国有企业、集体企业及其控股企业除公开《企业民主管理规定》第13条、第14条和第34条规定的相关事项外，还应当公开下列事项：

（一）投资和生产经营管理重大决策方案等重大事项，企业中长期发展规划；

（二）年度生产经营目标及完成情况，企业担保，大额资金使用、大额资产处置情况，工程建设项目的招投标，大宗物资采购供应，产品销售和盈亏情况，承包租赁合同履行情况，内部经济责任制落实情况，重要规章制度制定等重大事项；

（三）职工提薪晋级、工资奖金收入分配情况；专业技术职称的评聘情况；

（四）中层领导人员、重要岗位人员的选聘和任用情况，企业领导人员薪酬、职务消费和兼职情况，以及出国出境费用支出等廉洁自律规定执行情况，职工代表大会民主评议企业领导人员的结果；

（五）依照国家有关规定应当公开的其他事项。

四、厂务公开的主要形式

实行厂务公开的主要载体是职工代表大会。因此，厂务公开是与职工代表大会制度密切联系在一起的，两者相辅相成、互为依托。同时，厂务公开又是一项经常性的工作，因此除了职工代表大会外，还需要借助其他形式，比如：（1）厂情发布会；（2）厂务公开栏；（3）党政工联席会议、中层干部会议；（4）厂务公开信息网络；（5）企事业内部文化传播媒介；（6）其他形式如意见箱、接待日、职工座谈会、联络员等。

五、厂务公开的实践探索与创新

企事业领导作为厂务公开的主体，是厂务公开能否取得成效的关键。对此，企事业领导也应充分认识厂务公开对于构建和谐劳动关系的重要意义，克服"不想公开、不愿公开、不敢公开、不会公开"的思想障碍，积极支持厂务公开工作的开展。现实中，厂务公开不仅是对企事业领导的一项监督制度，也是促进其改进工作，提高思想和工作水平的保障措施。实践证明，那些管理有能力，工作有业绩，干群关系良好的企业领导干部，大多能够积极支持厂务公开工作。

厂务公开发挥作用的关键所在，是企事业向职工公开的情况和信息必须是真实的。如果厂务公开的是假情况、假信息，那么此工作就会流于形式。创新和发展厂务公开的形式与内容是一项长期任务。由于厂务公开的内容和形式涉及各种各样的利益，尤其与当事人的利益紧密相关，因此内容公开、形式创新会有一定难度，这就需要各级政府、工会组织、企事业经营者和广大职工充分认识做好这项工作的长期性和艰巨性，不断为创新发展厂务公开注入活力。

第四节　职工董事、职工监事制度

我国的职工董事、职工监事制度是伴随着社会主义市场经济体制的确立而发展起来的一种新型的企业民主管理制度，是现代企业制度下企业民主管理的重要形式。

一、职工董事、职工监事制度

职工董事、职工监事是指由职工大会或职工代表大会民主选举产生，依照法律程序进入董事会、监事会，代表职工行使决策和监督权利的职工代表。职工董事、职工监事制度的建立是建立现代企业制度的客观要求，是职工代表大会制度的延伸和发展，是公司制企业实行民主决策、民主管理和民主监督的必要途径。

二、建立职工董事、职工监事制度的重要意义

职工董事、职工监事制度是在国有企业建立现代企业制度的背景下产生和发展起来的。随着《公司法》的颁布和实施，过去由《企业法》规定的国有企业领导体制，开始转变为依据《公司法》形成的由股东会、董事会、监事会和党委会、工会、职代会共同组成的公司治理结构。在新的公司治理结构中，职工董事、职工监事制度开始建立，并且随着公司制度的不断发展而逐步得到完善。建立职工董事制度、职工监事的重要意义和作用在于以下几个方面。

（一）有利于推动党的全心全意依靠工人阶级方针的贯彻落实。工人阶级是我们党最坚实最可靠的阶级基础，是我国的领导阶级，是先进生产力和生产关系的代表。全心全意依靠工人阶级，是由我们党和国家的性质决定的，是我们党的一贯主张，是我们党的突出政治优势，也是中国特色社会主义的一个鲜明特点。2023 年 10 月 23 日，习近平总书记在同中华全国总工会新一届领导班子成员集体谈话时发表重要讲话强调："要坚持全心全意依靠工人阶级的根本方针，充分调动广大职工群众的积极性、主动性、创造性，积极投身全面推进强国建设、民族复兴的伟大事业。"党的二十大报告指出："全心全意依靠工人阶级，健全以职工代表大会为基本形式的企事业单位民主管理制度，维护职工合法权益。"通过建立职工董事、职工监事制度，由职工董事、职工监事代表职工参与企业的决策、管理与监督，落实职工群众的知情权、参与权、表达权、监督权，从制度上保障了职工主人翁地位，体现了依靠职工群众办企业的理念，把全心全意依靠工人阶级的指导方针贯穿于生产经营各个方面、各个环节，推动全心全意依靠工人阶级指导方针在企业的贯彻落实。

（二）有利于从制度上保证董事会的决策更加正确和科学，促进企业高质量发展。通过建立职工董事制度，职工董事代表职工群众参与企业决

策和管理，可以充分反映职工群众的意见和建议，使董事会能够集中职工群众的智慧，实现决策科学化、民主化，使董事会的决策更加具有权威性。而且职工董事不仅可以为董事会收集和反映来自广大职工群众的意见、建议，还可以在参与决策的过程中，把董事会的决策向职工群众作出说明，起到重要的桥梁纽带作用，使董事会的决策能够赢得广大职工的信任、理解和支持，充分调动职工的积极性、主动性、创造性，提高劳动生产率，推动企业高质量发展。

（三）有利于进一步完善公司治理结构。公司治理结构是现代企业制度的核心内容。公司治理结构，是一种对公司进行管理和控制的体系，是为实现公司最佳经营业绩，公司所有权与经营权基于信托责任而形成相互制衡关系的结构性制度安排。具体来说，是指由所有者、董事会和经理层三者组成的一种组织结构。职工代表参加董事会、监事会，依法参与公司决策管理与监督，可以代表和反映广大职工的利益，使董事会的决策在考虑企业整体利益的同时兼顾到职工的具体利益，使监事会的监督更加权威、严密。这样，就可以通过职工董事、职工监事制度，将民主管理融入公司治理结构中，对于进一步完善公司法人治理结构，协调各方利益关系，推进企业党风廉政建设具有重要意义。

（四）有利于加强社会主义民主政治建设。社会主义民主政治是中国特色社会主义政治文明的集中体现。党的二十大报告强调："人民民主是社会主义的生命，是全面建设社会主义现代化国家的应有之义。全过程人民民主是社会主义民主政治的本质属性，是最广泛、最真实、最管用的民主。"职工民主管理是社会主义民主的重要组成部分，是全过程人民民主的重要体现。职工董事、职工监事制度作为企业民主管理制度的一项重要内容，是职工代表大会制度在公司制企业中的延伸和发展，是公司制企业实行民主管理的重要形式，有利于维护职工民主管理权利，保障职工主人翁地位，推进社会主义民主政治建设。

（五）有利于从源头上维护职工合法权益。维护职工合法权益、竭诚服务职工群众是工会的基本职责，是工会的性质决定的，是职工群众的要求和期望，是法律赋予工会的神圣使命。工会维护职工合法权益的重要机制之一就是职工董事、职工监事制度。通过建立职工董事、职工监事制度，职工董事、职工监事可以直接参与公司的决策与监督，直接反映职工群众的利益诉求，从而使工会维护职工合法权益更为直接、更为有效，真正从源头上维护职工的合法权益，切实把职工合法权益实现好、维护好、发展好。

（六）有利于构建和谐劳动关系。劳动关系是生产关系的重要组成部分，是最基本最重要的社会关系，劳动关系的和谐稳定关系到社会的和谐稳定。建立职工董事、职工监事制度，不仅能拓展职工依法表达利益诉求、有序参与管理和监督的渠道，而且能够丰富和完善企业的管理制度，为企业和职工共同发展搭建共建共享的平台，有利于企业与职工形成利益共同体、事业共同体和命运共同体；有利于增进双方相互理解、相互信任、相互支持，实现劳动关系双方合作共赢；有利于消除隔阂、化解矛盾，推动社会主义和谐劳动关系的建立和完善。

三、职工董事、职工监事制度的法律依据

《公司法》第68条规定，有限责任公司董事会成员为3人以上，其成员中可以有公司职工代表。职工人数300人以上的有限责任公司，除依法设监事会并有公司职工代表的外，其董事会成员中应当有公司职工代表。董事会中的职工代表由公司职工通过职工代表大会、职工大会或者其他形式民主选举产生。

《公司法》第76条第2款规定，监事会成员为3人以上。监事会成员应当包括股东代表和适当比例的公司职工代表，其中职工代表的比例不得低于1/3，具体比例由公司章程规定。监事会中的职工代表由公司职工通过职工代表大会、职工大会或者其他形式民主选举产生。

《公司法》第130条第1、2款规定："股份有限公司设监事会，本法第121条第1款、第133条另有规定的除外。监事会成员为3人以上。监事会成员应当包括股东代表和适当比例的公司职工代表，其中职工代表的比例不得低于1/3，具体比例由公司章程规定。监事会中的职工代表由公司职工通过职工代表大会、职工大会或者其他形式民主选举产生。"

2006 年 3 月 3 日国务院国有资产监督管理委员会印发《国有独资公司董事会试点企业职工董事管理办法（试行）》明确规定："公司董事会成员中，至少有 1 名职工董事。"并对职工董事的任职条件，职工董事的提名、选举、聘任，职工董事的权利、义务、责任，职工董事的任期、补选、罢免等作出了明确规定。

2009 年 3 月国资委发布的《董事会试点中央企业职工董事履行职责管理办法》，对职工董事的特别职责、履行特别职责的基本方法、履行特别职责应承担的相应义务和履职的工作条件等作出了明确规定。

2016 年 12 月全国总工会印发的《关于加强公司制企业职工董事制度、职工监事制度建设的意见》，明确提出要依法推进公司建立职工董事制度、职工监事制度，依法规范了职工董事、职工监事履行职责规则，明确了如何正确处理职工董事、职工监事与公司相关组织机构的关系，就切实加强对职工董事制度、职工监事制度建设的组织领导提出意见。

四、职工董事、职工监事候选人的条件和人数比例

（一）职工董事、职工监事候选人应符合以下基本条件：与公司存在劳动关系；能够代表和反映职工合理诉求，维护职工和公司合法权益，为职工群众信赖和拥护；熟悉公司经营管理或具有相关的工作经验，熟知劳动法律法规，有较强的协调沟通能力；遵纪守法，品行端正，秉公办事，廉洁自律；符合法律法规和公司章程规定的其他条件。遵循职工董事、职工监事任职回避原则，坚持公司高级管理人员和监事不得兼任职工董事，公司高级管理人员和董事不得兼任职工监事。公司高管的近亲属，不宜担（兼）任职工董事、职工监事。

（二）职工董事、职工监事的人数和具体比例应依法在公司章程中作出明确规定。国有及国有控股公司，其董事会成员中应当有公司职工代表；引导和支持国有及国有控股公司以外的其他公司董事会成员中配备适当比例的职工董事，力促董事会成员中至少有 1 名职工董事。所有公司监事会中职工监事的比例不低于 1/3。督促公司在设立（或改制）的初始阶段，依照相关法律规定在董事会、监事会中预留职工董事、职工监事的席

位，并在公司章程中予以明确规定。

五、职工董事、职工监事的产生程序

（一）职工董事、职工监事的候选人，可以由公司工会根据自荐、推荐情况，在充分听取职工意见的基础上提名，也可以由 1/3 以上的职工代表或者 1/10 以上的职工联名推举，还可以由职代会联席会议提名。公司工会主席、副主席一般应作为职工董事、职工监事候选人人选。

（二）职工董事、职工监事应由公司职代会以无记名投票方式差额选举，并经职代会全体代表的过半数同意方可当选。尚未建立职代会的，应在企业党组织的领导和上级工会的指导下，先行建立职代会。

（三）职工董事、职工监事由职代会选举产生后，应进行任前公示，与其他董事、监事一样履行相关手续，并报上级工会和有关部门（机构）备案。公司工会应做好向上级工会报备的相关工作。

六、职工董事、职工监事的职权、义务和责任

职工董事、职工监事依法享有与公司其他董事、监事同等权利，在董事会、监事会研究决定公司重大问题时，职工董事、职工监事应充分发表意见，履行代表职工利益、反映职工合理诉求、维护职工和公司合法权益的职责与义务，并承担相应责任。

1. 职工董事依法行使下列职权：参加董事会会议，行使董事的发言权和表决权；在董事会研究决定公司重大问题时充分发表意见，确定公司高级管理人员的聘任、解聘时，如实反映职代会民主评议高级管理人员情况；对涉及职工合法权益或大多数职工切身利益的董事会议案、方案提出意见和建议；就涉及职工切身利益的规章制度或者重大事项，提出董事会议题，依法提请召开董事会会议，反映职工合理要求，维护职工合法权益；列席与其职责相关的公司行政办公会议和有关生产经营工作的重要会议；要求公司工会、公司有关部门通报相关情况，提供相关资料；向公司工会、上级工会或有关部门如实反映情况；法律法规、规章制度和公司章

程规定的其他权利。

2.职工监事依法行使下列职权：参加监事会会议，行使监事的发言权和表决权；参与监督检查公司对涉及职工切身利益的法律法规、规章制度和公司章程的贯彻执行情况；监督检查公司职工工资、劳动保护、社会保险、福利及劳动合同、集体合同等制度规定的落实情况；听取和监督公司的经营管理情况；参与对公司的财务检查和对公司董事会、经理层人员履行职责的监督；就涉及职工切身利益的规章制度或者重大事项，提出监事会议题，提议召开监事会会议；列席董事会会议，可对董事会决议事项提出质询或者建议；列席与其职责相关的公司行政办公会议和有关生产经营工作的重要会议；要求公司工会、公司有关部门通报相关情况，提供相关资料；向公司工会、上级工会或有关部门如实反映情况；法律法规、规章制度和公司章程规定的其他权利。

3.职工董事、职工监事应当履行以下义务：认真学习党的理论和路线方针政策，学习国家法律法规，积极参加相关培训，提高自身思想政治素质和相关业务素质；遵守法律法规和公司章程及各项规章制度，执行股东会、董事会、监事会的决议，保守公司秘密，认真履行职责；及时了解企业管理和发展状况，经常深入职工群众广泛听取意见和建议，在董事会、监事会上真实准确、全面、充分地反映职工的合理诉求；执行职代会的决议，在董事会、监事会会议上，按照职代会的相关决议或在充分考虑职代会决议和意见的基础上发表意见，行使表决权；建立履职档案，对履行职责情况进行书面记录并妥善保存；每年至少1次向公司职代会报告工作，接受监督、质询、民主评议；法律法规和公司章程规定的其他义务。

职工董事、职工监事向公司职代会作述职报告的主要内容包括：（1）全年出席董事会、监事会会议情况，包括未出席会议的原因、次数；（2）在董事会、监事会会议上发表意见和参与表决的情况，包括投出弃权或者反对票的情况及原因；（3）对公司劳动关系重大问题和职工切身利益重要事项进行调查，反映职代会意见和职工利益诉求，与董事会、监事会其他成员及公司管理层进行交流磋商等情况；（4）参加教育培训情况；（5）根据相关法律法规、规范性文件和公司章程，履行职工董事、职工监事权利义务其他需要报告的情况。

4.职工董事、职工监事应担负的责任。董事会、监事会的决议、决定违反法律法规或者公司章程、股东大会决议，致使公司遭受严重损失的，参与决议或决定的职工董事、职工监事应当按照有关法律法规和公司章程的规定，承担相应责任。但经证明在表决时曾表明异议或者代表职代会意见并载于会议记录的，可以免除责任。

职工董事、职工监事在收到董事会、监事会议题议案，审议发现有损害职工利益的内容，或者与已有的职代会意见相悖，必要时应向董事长、监事会主席提出暂缓审议该项议题或议案的建议，并及时向职代会报告。因故不能参加董事会、监事会会议时，应以书面形式委托其他董事、监事代为反映意见，并在委托书中明确授权范围。

七、充分发挥职工董事和职工监事的作用

（一）职工董事、职工监事人选产生应引入竞争机制

发挥职工董事、职工监事作用的关键在于其自身素质，因此企业应把优秀的职工代表选拔为职工董事和职工监事。为此，一是选拔人选的视野应关注普通职工中的佼佼者；二是人选的产生应体现公平公正原则，引入竞争机制，以确保那些真正懂管理且有较强责任意识的职工被选举为职工董事或职工监事。

（二）通过制度创新，发挥职工董事、职工监事作用

为使职工董事、职工监事更好地发挥作用，企业有必要健全完善相应的制度规范和履职管理机制，如职工董事和职工监事的知情制度、保密制度、报告制度、委托制度、培训制度、述职制度、评议制度、奖惩制度等。通过实施这些制度，保障职工董事和职工监事发挥应有作用。此外，各级政府也应为职工董事、职工监事发挥作用创造有利条件。

（三）为职工董事、职工监事履行职责提供必要的保障

包括提供履职权益保障、工作制度保障、信息服务保障，等等。

思考题

1. 职工民主管理的重要性和必要性是什么？

2. 为什么说职工代表大会是职工民主管理的基本形式？

3. 职工代表大会的职权有哪些？

4. 简述职工代表大会的组织结构。

5. 如何确定职工代表大会的议题？

6. 职工代表大会提案征集和处理的程序是什么？

7. 工会作为职工代表大会工作机构应履行哪些职责？

8. 职工代表如何选举产生？

9. 职工代表有哪些权利和义务？

10. 厂务公开的主要内容有哪些？

11. 建立职工董事、职工监事制度的重要意义是什么？

12. 职工董事、职工监事履行职责的规则是什么？

 案例1

江西省奉新县总工会推进园区区域性、行业性厂务公开民主管理工作

2021 年 12 月 23 日　来源：中工网

近年来，江西省宜春市奉新县总工会以完善职代会制度为重点，强化分类指导，协助园区企业健全组织体制，完善工作机制，创新工作方法，规范操作程序，不断探索园区区域性、行业性厂务公开民主管理工作，在促进园区企业改革发展稳定、维护职工合法权益、加强基层民主政治建设、构建和谐劳动关系方面发挥了积极作用。

奉新县总工会主动跟进，强化宣传指导，向企业负责人和职工进行政策法规的宣讲，帮助企业建立健全以职代会为基本形式的民主参与、民主管理、民主监督机制，通过典型引路，精准施策，园区企业职代会、厂务公开、职工董事、监事制度不断健全完善，建制率逐年提高，规范化建设持续强化。

××药业股份有限公司在广泛征求职工意见的基础上，结合企业管理实

际，创建了薪酬管理体系，所有岗位薪酬由高管、中层、工会、党支部、工人代表公开评定并由职代会审议通过；由党支部、工会、人事部组成谈话小组，每月与职工开展谈心谈话，了解职工工作生活状况；通过一系列由职工参与制定的规章制度来管理企业日常事务，让一切工作都有章可循、无情可讲。2020年，该企业获得了"全国厂务公开民主管理工作先进单位"。

××竹业股份有限公司制定董事长巡访制度，确保职工作为企业主人翁的知情权、参与权、表达权、监督权得到落实。董事长经常深入生产车间，和一线职工探讨解决生产过程中遇到的阻力和难题；走进职工宿舍和职工拉家常，了解职工生活中的困难。

为做好电子行业小微企业厂务公开民主管理工作，奉新县成立了电子行业工会联合会。电子行业工会扎实组织开展行业性职代会，在电子行业小微企业设置民主管理监督员，畅通了和谐劳动关系的"神经末梢"，帮助小微企业职工维护合法权益，织密和谐劳动关系之网。

奉新县总工会通过与政府召开联席会议等途径，为园区职工落实了"六个配套"。由县总工会投资1800多万元，在园区建成"职工之家"，内设图书室、乒乓球室、健身房、室内体育馆、健康驿站等场所；依托红卫水库和职工之家，建设劳动公园；为外来务工人员提供一周的免费食宿，方便外来务工人员找工作期间的饮食起居；为企业中、高层管理人员和技术工人提供免费住宿，为企业留住人才助力；帮助单身职工解决个人问题；将园区道路整修纳入了全县的道路提升改造计划，提升道路的品质，保障了人员和车辆出行的安全。（工人日报—中工网记者 卢翔 通讯员 刘晗）

案例 2

加强和改进民主管理　助力企业高质量发展

2022年10月19日　来源：大众日报

位于潍坊市坊子区的潍坊××机械有限公司，以"民主治企"为目标，通过强化工作体系、规范制度支撑、创新实施路径，让广大职工知企情、参企政、监企政，不断提高民主管理水平，助力企业实现高质量发展。具体路径如下。

坚持"三个强化",构筑常态化工作体系

强化组织领导,坚持高位推动。公司建立了以行政领导为组长,工会主席为副组长、各部门主要负责人为成员的厂务公开领导小组,明确在党委统一领导下,总经理是厂务公开民主管理"第一责任人"。将民主管理作为激发职工劳动热情和创造活力、弘扬"三种精神"、发挥主力军作用的重要途径,作为维护职工合法权益、构建和谐劳动关系的有效措施,放到工作全局中去谋划、部署、落实,定期听取汇报、研究问题,提出要求。形成了"党委领导坚强有力、行政主体主动到位、工会组织协调认真、纪委监督检查有序、职工参与积极热情"的良好局面。

强化考核监督,推动责任落实。成立由行政、纪检、工会等组成的企业民主管理监督检查小组,把职工群众知情率和满意度作为考量工作的重要指标,职代会每年至少召开一次,遇有急要事随时召开;厂务公开工作每半年进行一次民主测评;工会与行政沟通协商机制每季度召开一次协商会议,及时解决职工关注的"大事小情"。监督检查小组每季度进行重点抽查,年终全面检查,测评、检查结果作为考核各级负责人的重要依据,并与奖惩任免挂钩。通过考核兑现和问责,倒逼有关领导和部门不断深化认识、改进工作,进一步提高企业民主管理水平。

强化源头管控,确保工作实效。将提升职工代表素质和履职能力当作提高民主管理质效的重要手段,坚持标准,严格执行职工代表推荐选举制度,真正选举出那些懂职工、精业务、敢发言、善监督、职工信任的职工担任代表。同时建立起职工代表评价体系,提出具体目标任务和考核标准,采取述职与评价相结合的方式,通过述职把职工关心的难点热点问题、贯彻落实职代会决议的情况等摆在职工面前,由所在工会小组每月对职工代表进行评价考核,并对考评结果进行公示。对不能履行代表职责、职工不满意的代表限期整改或建议撤换,促使他们增强使命感、责任感。每年年底结合职工代表变动情况和当年工作绩效、履行职责等情况,反馈到代表所在车间、部室,对表现优秀、绩效突出的职工代表进行表彰奖励。

突出"三个重点"，提供规范化制度支撑

规范职代会制度。以此作为职工参与企业民主决策、民主管理、民主监督的基本制度，做到"三个规范"：一是规范代表产生。按照职工代表中一线职工和科研人员比例不低于80%的要求，在职工代表换届选举前，按照各种岗位职工代表比例要求将名额分配到各车间、部室，确定31名职工代表的构成，并根据实际情况设置了当选职工代表的基本条件和优先条件。二是规范会议召开。为充分发挥职代会"议大事、作决策、定方向"的重要作用，每年在职代会正式会议前都召开预备会议、职工代表进行培训，审议通过筹备工作报告和有关事项的报告，把事关企业发展的重大决策、生产经营的重要问题、与职工切身利益相关的重要事项、企业领导廉洁自律情况等提交职代会审议，做到不审议不出台、不通过不实施，采取无记名投票表决方式，充分体现职工意愿。例如经过职代会审议通过，先后出台《补充养老保险》《员工子女上大学资助》《困难职工帮扶》《大病救助》《退休职工走访慰问》等多项制度，直接惠及广大职工。三是规范会后落实。一般在职代会闭幕后3日内公开会议决议、决定，采取文件传达、公告栏宣传、网上公示等方式，让职工知道表决结果和评议情况，做好大会提案、决定、决议落实的监督检查工作，将执行目标、落实措施及完成时限落实到责任部室，强化监督，保证时效。真正让职工充分拥有知情权、参与权和决策权，最大限度地保障职工的根本利益。近年来，企业职工稳定率一直保持在97%以上。

完善厂务公开制度。将厂务公开作为做好民主管理工作的重中之重，突出抓好三个环节。一是科学确定公开内容。在广度上向企业生产经营、人才管理、福利政策及党风廉政建设等诸多领域延伸。重点上突出生产经营管理方面的重大问题，包括年度生产经营目标及完成情况、财务预决算、大额资金使用、工程项目招投标、机械设备采购等。深度上及时发布职工切身利益事项，包括每年80人以上的职称晋升、每年不低于5%的工资薪酬调整、每人每年不少于5500元的职工福利、创新大赛优胜者和工艺改进及科研成果奖励、据实缴纳职工社会保险等内容全部公开，接受监督。二是创新公开模式。打造双向沟通渠道，实现公司管理层与职工的零

距离沟通，有效消除了职工与企业间的矛盾隔阂。形式上由发布公开向互动公开深化，综合利用微信公众平台、视频号、厂务公开栏、短信公众平台、合理化建议、提案办理回复等多种形式，有效拓宽了公开渠道，真正实现了厂务公开无"死角"，职工参与方式更加灵活多样。时间上由定期公开向常态化公开深化，阶段性工作、热点、重点问题及时公开，做到及时、准确、高效。层次上向开放式公开深化，不断完善网络公开流程，设立厂务公开意见箱、总经理接待日、工会主席信箱、举报电话等多种形式、多渠道，使厂务公开层次深化到班组、个人，时效性、覆盖面大幅提升，民主管理深度和广度不断拓展。三是做好结合文章。将厂务公开与改革发展结合起来，把企业的改革、经营、管理、稳定等各项工作决策的确定、计划的制定、实施的过程全程向职工公开；将厂务公开与推进企业文化建设结合起来，把"打造百年企业"的企业愿景、"诚信为本"的经营理念、发展目标、改革创新举措等进行公开，使广大职工都能在一个共同价值观的引领下，形成强大精神动力；将厂务公开与形势任务教育相结合，将企业发展过程中遇到的难点和矛盾进行公开，让每一名职工树立荣辱与共的信念，画好"同心圆"，增强凝聚力和内生动力。

规范工会与行政沟通协商制度。为切实做好职代会闭会期间的企业民主管理工作，公司加强工会与行政沟通协商机制建设。通过多渠道征集、反馈问题，确定协商议题。始终把工资分配制度、奖金、津贴、补贴等分配办法、职工年度平均工资水平及增长幅度等职工最关心、最现实、最直接的利益问题作为协商重点，尽力找准双方的利益平衡点，确保沟通协商为企业和职工都带来实实在在的利益。职工工资在协商的基础上，按照职代会决议，确定"两个高于"的目标，即职工平均工资高于全区同行业职工平均工资，一线职工平均工资高于公司基层管理者平均工资。从2017年开始，一直严格执行职工工资每年5%~20%的增长机制。对职工建议、诉求，能够及时解决的，当场拍板，提出办理时限，将协商结果、整改意见反馈给职工，接受监督。不能及时解决的，职能部门负责人现场解答，形成的处理意见须现场征得职工满意。有些诉求会直接上报董事长，董事长召集工会与相关部门再次沟通协商，直至问题解决，职工满意度测评一直保持在 100%。

创新"三项举措"，探索多样化实施路径

首先，提升职工代表履职能力。通过定期举办培训班、召开职工代表座谈交流会、外出参观考察等方式，不断对职工代表进行民主管理法规和有关知识培训，组织学习《工会法》《劳动法》《山东省职工代表大会条例》《山东省厂务公开条例》等民主管理、职工权益保护法律法规，增强他们的责任意识、法规意识、履职意识。充分利用职工书屋、职工大讲堂等平台进行专项培训，让职工代表了解民主管理的基本内容，明晰自身职责、权利和义务，提高表达和沟通能力，不断增强职工代表参政议政水平。

其次，创新形式，畅通渠道，搭建职工参与平台。一是坚持开展职工代表巡视，职工代表巡视小组由公司党政工负责人牵头，有关业务部室负责人和职工代表组成。巡视内容主要包括现场管理、安全生产、两堂一舍管理、环境卫生、经济指标完成情况、经营措施落实情况等，采取听汇报、看资料、查现场等方式，检查职代会决议和提案落实情况等，让职工代表及时了解企业发展状况和职工需求，为参与管理、参与决策、参与监督创造条件。二是坚持开展职工代表质询活动，由公司工会负责组织，围绕合同签订、薪酬分配、劳动关系等涉及职工切身利益的事项进行沟通交流，对职工代表提出的一些重大事项和问题召开专题会议，研究解决方案，逐一抓好落实。三是坚持抓好提案督办工作，职代会结束后，工会对职工代表提案进行整理分类、登记编号、督促办理，提案办结后及时进行反馈，开展满意度测评。每年开展优质提案评选活动，对优秀提案人进行表彰奖励。投资 80 多万元的职工停车场 9000 平方米硬化改造、餐厅重新整修、澡堂升级改造、门禁更新、安装丰巢快递柜、设立职工书屋、车间增设通风设施、与村委合办幼儿园等项目，都是落实职工代表提案的结果。

最后，强素提能，发挥企业工会职能作用。实行企业民主管理，不仅取决于企业领导有没有依靠职工群众办好企业的思想，还取决于企业工会干部的综合素质，取决于工会组织能否充分发挥作用。公司工会组织从自

身特点出发，坚持做到"三有"。有"能"，有良好的理论水平，有良好的沟通协调能力，善于在"说"上下功夫。一方面，对上协调好与公司老板和高层领导的关系，做好相关的工作汇报和反映，取得领导的关心和帮助。另一方面，主动与行政和相关部室协调沟通，取得对问题的理解和认同，赢得他们的配合和支持。既保证上传下达，又保证下情上达，使工会工作和谐发展。有"为"，不断增强"听"的能力，了解掌握职工的工作、生活和最关心、反映最强烈、要求最迫切的热点问题，做到件件有回应、事事有着落，积极为他们提供服务。有"位"，精准工作定位，既充分发挥党委行政联系职工群众的桥梁纽带作用，又主动作为，当好党委行政的参谋助手。立足企业实际，超前思考，针对企业发展的关键措施，职工群众关注的难点热点问题，提前进行对策研究，力争提出切合实际、可操作、成效明显的实施方案，力求参到点子上、谋到关键处。通过扎实有效的工作，不断增强企业工会组织的号召力、影响力、吸引力。

第六章　集体协商与集体合同制度

第一节　集体协商与集体合同概述

一、集体协商与集体合同

集体协商指工会代表职工与用人单位就涉及职工合法权益等事项依据法律规定而进行平等商谈的行为。用人单位工会应当与用人单位之间围绕有关调整劳动关系事宜和集体合同的订立进行集体协商，并建立集体协商制度。

集体合同是指工会代表职工与用人单位根据法律、法规、规章的制定，就劳动报酬、工作时间、休息休假、劳动安全卫生、职业培训、保险福利等事项，通过集体协商签订的书面协议。我国《劳动法》规定："企业职工一方与企业可以就劳动报酬、工作时间、休息休假、劳动安全卫生、保险福利等事项，签订集体合同。""集体合同由工会代表职工与企业签订；没有建立工会的企业，由职工推举的代表与企业签订。"《工会法》规定："工会代表职工与企业、实行企业化管理的事业单位、社会组织进行平等协商，依法签订集体合同。集体合同草案应当提交职工代表大会或者全体职工讨论通过。"

二、集体协商与集体合同的基本特征

(一) 集体协商和集体合同具有特定的当事人

集体协商和集体合同的当事人中，用人单位方面可以是团体，也可以是单个雇主；但劳动者一方必须是团体，一般是具有社团法人资格的工会；未建立工会的，则由职工推举的职工代表担任。

(二) 集体协商和集体合同的签订是一种合法的法律行为

既然是一种法律行为，就意味着双方当事人按照法律法规，经过集体协商达成一致意见，签订集体合同后，互相之间就产生了权利义务关系，这种权利义务关系对双方具有法律约束力，受国家法律保护。任何一方不履行义务，就要承担相应的责任。

（三）当事人双方的义务性质不同

集体合同双方当事人互相承担义务，但又不同于一般的商务合同。集体合同规定用人单位承担的义务都具有法律性质。用人单位不履行义务，责任人就要承担法律责任。

（四）集体合同是当事人之间有关劳动关系的协议，是劳动合同的依据

从集体合同的内容和目的看，集体合同是有关劳动关系的协议。签订集体合同，从用人单位一方看，有利于调动劳动者的积极性，提高劳动效率；从劳动者一方看，则有利于改善劳动和生活条件。集体合同作为用人单位和劳动者双方的劳动关系协议，是用人单位劳动关系的准则，其法律效力高于劳动合同，因此也就成了劳动合同的依据。

（五）集体合同是要式合同

集体合同签订必须符合国家法律法规的要求。同时，集体合同要以书面形式订立，并经过主管机关登记备案，才具有法律效力。

（六）集体协商和集体合同制度的推行，适用于各类不同所有制企业和企业化管理的事业单位、社会组织

三、集体合同的种类

（一）按照集体合同的主体范围划分

1.企业集体合同。由企业工会代表企业全体职工与企业签订的集体合同。

2.行业集体合同。由行业工会与相应的行业的雇主团体或行业主管部门签订的集体合同。

3.区域集体合同。由地区工会和雇主团体签订的集体合同。

（二）按照集体合同的内容划分

1.综合性集体合同。由企业工会或行业、地区工会和企业、行业协

会、地区的经济管理部门签订的内容比较全面的集体合同。

2. 专项集体合同。就某一专项内容由工会和企业或行业协会、政府管理部门签订的集体合同。如：工资集体合同、劳动安全卫生集体合同、女职工权益保护集体合同、企业改制职工合法权益保护的集体合同等。

四、集体协商和签订集体合同的原则

（一）合法原则

集体协商和签订集体合同双方主体的资格、程序、内容、形式等必须符合《劳动法》和其他有关法律、法规的规定。

（二）平等合作和协商一致的原则

参与协商的工会组织与用人单位不存在隶属关系，双方法律地位是平等的。任何一方不能倚仗权势，通过胁迫手段把自己的意志强加给对方，订立不平等合同。双方要本着合作的态度，力求协商一致解决问题。

（三）权利与义务相结合的原则

《劳动法》虽然是以保障劳动者权益为宗旨的，但这种权利是与义务相结合的。因此，参加集体协商的双方既享有权利也承担义务。

（四）兼顾各方利益的原则

工会在代表职工与用人单位进行协商谈判时，既要维护职工的合法利益，又要从用人单位实际出发，把改善职工劳动、生活条件与本单位的发展结合起来。

（五）维护正常生产、工作秩序的原则

在集体协商的过程中，双方应保持良好的合作态度。当意见僵持难以形成统一时，可暂时休会，其间，必须保证生产经营的正常秩序。

五、集体合同的效力

（一）集体合同对人的法律效力

集体合同对人的法律效力是指集体合同对什么人具有法律约束力。根据《劳动法》的规定，依法签订的集体合同对企业和企业全体职工具有约

束力。这种约束力表现在：集体合同双方当事人必须全面履行集体合同规定的义务，任何一方都不得擅自变更或解除集体合同。如果集体合同的当事人违反集体合同的规定就要承担相应的法律责任。劳动者个人与用人单位订立的劳动合同中有关劳动条件和劳动报酬等标准不得低于集体合同的规定。

（二）集体合同的时间效力

集体合同的时间效力是指集体合同从什么时间开始发生效力，什么时间终止其效力。集体合同的时间效力通常以其存续时间为标准，一般从集体合同成立之日起生效。如果当事人另有约定的，应在集体合同中明确规定。集体合同的期限届满，其效力终止。

（三）集体合同的空间效力

集体合同的空间效力是指集体合同规定的对于哪些地域、哪些从事同一产业的劳动者、用人单位所具有的约束力。

第二节　集体协商与集体合同的内容

一、涉及职工利益的有关方面

（一）劳动报酬

主要包括：职工工资水平、工资分配制度、工资标准和工资分配方式；工资支付办法；加班、加点工资及津贴、补贴标准和奖金分配办法；工资调整办法；试用期及病假、事假等期间的工资待遇；特殊情况下职工工资（生活费）支付办法，其他劳动报酬分配办法；等等。

（二）工作时间

主要包括企业的工时制度、加班加点办法、特殊工种的工作时间、劳动定额标准。

（三）休息休假

主要包括日休息时间、周休息安排、年休假办法，不能实行标准工时职工的休息休假，其他假期。

（四）劳动安全卫生

主要包括企业劳动安全卫生责任制、劳动条件和技术措施、安全操作规程、劳动保护用品发放标准、定期健康检查等。

（五）补充保险和福利

主要包括社会保险的种类和范围、基本福利制度和福利设施、医疗期延长等。

（六）女职工和未成年工的特殊保护

主要包括女职工和未成年工禁忌从事的劳动、女职工"四期"保护、女职工和未成年工的定期健康检查、未成年工的使用和登记制度。

（七）职业技能培训

主要包括职业技能培训项目规划及培训计划、职业技能培训费用的提取和使用、保障和改善职业技能培训的措施。

（八）劳动合同管理

主要包括劳动合同签订时间，确定劳动合同期限的条件，劳动合同变更、解除、续订的一般原则及无固定期限劳动合同的终止条件，试用期的条件和期限。

（九）奖惩与裁员

奖惩主要包括劳动纪律、考核奖惩制度、奖惩程序。裁员主要包括裁员的方案、裁员的程序、裁员的实施办法和补偿标准。

二、有关集体合同本身的一般性规定

有关集体合同本身程序性规定是集体合同的必备内容。根据《劳动法》《集体合同规定》等有关法律法规的规定，这部分内容主要如下。

（一）集体合同期限

集体合同期限，即集体合同的有效时间。根据规定，集体合同或专项集体合同期限一般为 1 至 3 年，期满或双方约定的终止条件出现，即行终止。

（二）变更、解除集体合同的条件和程序

集体合同的变更，是指在集体合同没有履行或没有完全履行之前，因订立集体合同时所依据的主客观情况发生某些变化，需要依据法律规定的条件和程序，对原合同中的某些条款进行修改补充。集体合同的解除，是指集体合同在没有履行或没有完全履行之前，因订立集体合同时所依据的主客观情况发生变化，致使合同的履行成为不可能或不必要，当事人依照法定条件和程序，终止原集体合同法律关系。集体合同的变更或解除，必须具备一定的条件，符合法定程序。

（三）履行集体合同发生争议时的协商处理办法

履行集体合同发生争议时的协商处理办法，包括协商处理争议的参加人员、范围、原则、程序、办法以及申请仲裁的条件等。

（四）违反集体合同的责任

违反集体合同的责任，简称违约责任，是指集体合同当事人由于过错造成集体合同不能履行或者不能完全履行，依照法律或者集体合同的规定所应承担的法律后果。承担违反集体合同的责任，必须同时具备以下两个条件。第一，当事人有违反集体合同的行为。违反集体合同的行为是当事人承担责任的客观依据。违反集体合同的行为有完全不履行行为和不完全履行行为。完全不履行行为就是根本不履行集体合同规定的任何义务；不完全履行行为是指没有全面履行集体合同规定的义务或没有按规定的标准条件、履行方式履行义务。第二，当事人要有违反集体合同的过错。过错，是指企事业单位或工会及职工在实施违反集体合同责任时的主观心理状态，包括故意和过失两种。集体合同订立后，当事人无论是故意还是过失造成集体合同不能履行或不能全面履行，都应当承担责任。如属双方过错造成集体合同不能履行，应由双方分别承担各自应负的责任。

三、双方认为需要协商的其他事项

如劳动争议的预防和处理，工会工作和民主管理。

第三节　集体协商与集体合同的签订程序

开展集体协商要严格履行程序，协商过程要充分表达职工群众和企业方的意愿和要求，协商内容要得到双方的一致认可。

一、集体协商前的准备工作

（一）深入调查企业工会在协商前要深入本企业广泛调查，摸清情况，收集职工和有关部门对集体协商、集体合同的意见和建议

（二）产生集体协商代表

集体协商代表是指按照法定程序产生并有权代表本方利益进行集体协商的人员。

1.集体协商代表的人数、构成及产生

集体协商双方的代表人数应当对等，每方至少3人，并各确定1名首席代表。

职工一方的协商代表由本单位工会选派。未建立工会的，由本单位职工民主推荐，并经本单位半数以上职工同意。职工一方的首席代表由本单位工会主席担任。工会主席可以书面委托其他协商代表代理首席代表。工会主席空缺的，首席代表由工会主要负责人担任。未建立工会的，职工一方的首席代表从协商代表中民主推举产生。

用人单位一方的协商代表，由用人单位法定代表人指派，首席代表由单位法定代表人担任或由其书面委托的其他管理人员担任。

集体协商双方首席代表可以书面委托本单位以外的专业人员作为本方协商代表。委托人数不得超过本方协商代表的1/3。但首席代表不得由非本单位人员代理。

用人单位协商代表与职工代表不得兼任。

集体协商代表因特殊情况造成空缺，应按上述规定，在空缺之日起 15 日内产生新的代表。

2. 集体协商代表的职责

（1）参加集体协商。

（2）接受本方人员质询，及时向本方人员公布协商情况并征求意见。

（3）提供与集体协商有关的情况和资料。

（4）代表本方参加集体协商争议处理。

（5）监督集体合同或专项集体合同的履行。

（6）保守在集体协商过程中知悉的用人单位的商业秘密以及协商过程中个人意见。

（7）维护本单位正常的生产、工作秩序。

（8）法律、法规和规章规定的其他职责。

3. 集体协商代表的保护

（1）用人单位一方不得以任何借口，对工会干部和职工协商代表进行打击报复。

（2）职工一方的协商代表担任协商代表期间，用人单位无正当理由不得调整其工作岗位。

（3）职工协商代表在其履行协商代表职责期间劳动合同期满的，劳动合同期限自动延长至完成履行其协商代表职责之时。

（三）收集有关资料和数据

广泛收集有关资料，包括国家、地方的有关劳动法律、法规、政策，企事业外部的信息资料和企事业内部的信息资料，作为拟定协商议题和起草集体合同文本的依据。

（四）拟定协商的议题

根据职工的要求和企事业提供的生产经营情况和国家的有关法律法规拟定切实可行的协商议题。集体协商议题可由提出协商一方起草，也可由双方指派代表共同起草。

（五）拟定协商方案

集体协商议题确定后，就要着手拟定平等协商方案。确定协商的时间、地点等事项。

二、集体协商的进行

（一）提出要约，商定规则

集体协商的双方均可就签订集体合同或专项集体合同以及相关事宜，以书面形式向对方提出进行集体协商的要求。

一方提出集体协商要求的，另一方应当在收到集体协商要求之日起 20 日内以书面形式给予回应。如果应允，双方应确定协商意向，并共同商定协商时间、地点、参加人员、协商议程等程序性规定。同时，协商双方共同确定 1 名非协商代表担任集体协商记录员。

（二）正式协商

集体协商采取协商会议形式，由双方首席代表轮流主持，基本议程如下。

1. 宣布议程和会议纪律。

2. 协商发起方首席代表提出协商的具体内容和要求，协商受约方首席代表就对方的要求作出回应。

3. 协商双方代表本着互相信任、以诚相待和良好的合作态度，就商谈事项发表各自意见，开展充分讨论。

4. 双方首席代表归纳意见，就协商一致的意见提出共同确认的表述方法。

（三）集体协商的结果

集体协商的结果可分为签订集体合同和协商中止两种情况。

1. 签订集体合同

可以是专项集体合同，也可以是全面的集体合同。集体合同草案由职工代表大会或职工大会审议通过，由双方首席代表签字盖章，报送登记，公布实施。

2. 协商中止

如在集体协商中未能达成一致意见或出现事先未预料的问题时，经双

方同意，可以中止协商。中止期限及下次协商时间、地点、内容由双方协商。

三、签订集体合同

（一）审议

集体协商的双方在协商一致的基础上形成的集体合同草案，要经用人单位职工代表大会或职工大会（2/3以上职工代表或者职工出席）审议通过。

（二）签字

集体合同草案文本经用人单位职工代表大会或职工大会审议通过，由双方首席代表签字。

（三）审核备案

集体合同签订或变更后，应自双方首席代表签字之日起10日内，由企业方协商代表将集体合同报送当地劳动保障行政部门审查备案。

集体合同审查实行属地管辖，具体管辖范围由省级劳动保障行政部门规定。

集体合同报送的主要内容有：

1. 用人单位基本情况及法人资格证明；

2. 双方协商代表材料、首席代表的基本情况及代表资格证明材料；

3. 集体协商记录；

4. 职代会或职工大会审议意见；

5. 集体合同文本；

6. 对集体协商以及对集体合同的说明；

7. 集体合同附件材料。

劳动保障行政部门应当对报送的集体合同的下列事项进行合法性审查：

1. 集体协商双方的主体资格是否符合法律、法规和规章规定；

2. 集体协商程序是否违反法律、法规、规章规定；

3. 集体合同内容是否与国家规定相抵触。

劳动保障行政部门对集体合同有异议的，应在收到集体合同报审材料后 15 日内将《审查意见书》送达双方协商代表。《审查意见书》的内容应包括：集体合同当事人双方的名称和地址、劳动保障行政部门收到集体合同的时间、审查意见、作出审查意见的时间等，并加盖劳动保障行政部门的印章。

劳动保障部门自收到集体合同文本之日起 15 日内未提出异议的，集体合同即行生效。

（四）公布

集体合同生效后，由协商代表以适当方式及时向本方人员公布。

第四节　集体合同的履行、变更、解除、终止与监督检查

一、集体合同的履行

合同的履行是指合同依法成立后，当事人双方按照合同约定的各项内容，全面地完成各自承担的义务，从而使合同的权利义务得到全部实现的整个行为过程。集体合同的履行是集体合同制度实现的基本形式。集体合同一旦生效，就具有法律效力，合同双方必须遵守执行。

集体合同履行必须坚持以下原则。

（一）全面履行的原则

全面履行是指集体合同生效以后，当事人双方要按照集体合同规定的时间、地点、履行方式以及数量、质量的要求，全面履行义务。

（二）实际履行的原则

实际履行是指当事人按照合同约定的义务履行。合同中约定了什么义务就履行什么义务。

（三）协作履行的原则

协作履行是指当事人之间要团结合作、相互支持、紧密配合，完成集体合同所规定的义务。协作履行是实际履行和全面履行的保证。

二、集体合同的变更、解除

（一）集体合同变更、解除的概念

集体合同的变更，是指双方当事人在集体合同没有履行或虽已开始履行但尚未完全履行之前，因订立集体合同的主客观条件发生了变化，依照法律规定的条件与程序，对原合同中的部分条款进行修改、补充的法律行为。集体合同的解除，是指集体合同依法签订后未履行完前，由于某种原因导致当事人一方或双方提前终止集体合同的法律效力，停止履行双方劳动权利义务关系的法律行为。

（二）变更或解除集体合同的条件

1.用人单位因被兼并、解散、破产等原因，致使集体合同无法履行的。

2.因不可抗力等原因致使集体合同无法履行的。

3.集体合同约定的变更或解除条件出现的。

4.法律、法规、规章规定的其他情形。

（三）变更或解除集体合同的程序

变更或解除集体合同的程序与签订集体合同的程序基本相同。

三、集体合同的终止

集体合同的法律关系是当事人之间具有一定时间性的权利义务关系，这种关系不会永远存在下去，任何合同在时间上都是有期限的。当集体合同期满或双方约定的终止条件出现时，集体合同即行终止。在集体合同终止前，要着手做好签订新的集体合同的准备工作。

四、集体合同的监督检查

集体合同监督检查是签订集体合同的主体双方依照国家有关法律法

规，对已经生效的集体合同以检查的形式，督促其全面履行的行为。加强对集体合同的监督检查，有利于及时发现和解决在集体合同履行中出现的问题，有利于建立协调劳动关系的有效机制，预防集体劳动争议的发生，保证职工队伍的稳定，促进企事业生产、经营、改革、管理等各项工作的健康发展。

凡已经签订集体合同的单位，要在各级党组织的领导下，按照精干、高效、熟悉业务的原则，成立本级集体合同监督检查领导小组和集体合同监督检查工作小组（人数可根据企事业实际，自行确定），在职工人数较多的单位可设立集体合同监督检查员。集体合同监督检查领导小组，由企事业单位党委、行政、工会领导及有关职能部门负责人组成。集体合同监督检查工作小组由企事业单位党委负责牵头，单位行政和工会各派等额代表组成。成员应包括：单位劳资、财务、技术设备、安全等职能部门代表；集体合同协商代表；职工代表和女职工委员会主任；等等。

集体合同监督检查工作小组定期或不定期对履行集体合同的情况进行监督检查，发现问题，及时协商解决。

企事业单位工会应当建立集体合同履行情况的群众性监督检查网络，可以以工会小组和车间（分厂、分公司）为单位设立工会劳动法律监督员，在依法对劳动法律、法规的执行情况进行群众监督的同时，对集体合同的履行情况进行监督检查；定期听取工会小组和分工会对集体合同履行情况的报告，定期向职工（代表）大会通报集体合同的履行情况。

第五节　集体协商和集体合同争议的处理

一、集体协商和集体合同争议处理的原则

集体协商争议，是指在集体协商的过程中，当事人双方就一些问题不能达成一致意见而发生的争议。在处理集体协商争议和集体合同争议时，

应遵循以下原则：

第一，争议双方不得采取过激行为；

第二，注重双方自行协商解决分歧；

第三，遵循"三方原则"；

第四，客观、及时、公正。

二、集体协商争议处理的机构、程序

（一）集体协商争议处理机构

集体协商过程中发生争议，双方当事人不能协商解决的，当事人一方或双方可以书面形式向劳动保障行政部门提出协调处理申请；未提出申请的，劳动保障行政部门认为必要时也可以协调处理。劳动保障行政部门应当组织同级工会和用人单位等三方面的人员，共同协调处理集体协商争议。

（二）集体协商争议处理的管辖

集体协商争议处理实行属地管辖，具体管辖范围由省级劳动保障行政部门规定。

（三）集体协商争议处理的期限

协调处理集体协商争议，应当自受理协调处理申请之日起30日内结束协调处理工作。期满未结束的，可以适当延长协调期限，但延长期限不得超过15日。

（四）集体协商争议协调处理程序

1. 受理协商争议处理申请。

2. 调查了解争议的情况。

3. 研究制定协调处理争议的方案。

4. 对争议进行协调处理。

5. 制作《协调处理协议书》。

（五）《协调处理协议书》的内容

《协调处理协议书》应当载明协调处理申请、争议的事实和协商结果，双方当事人就某些协商事项不能达成一致的，应将继续协商的有关事项予以载明。《协调处理协议书》由集体协商争议处理人员和争议双方首席代表签字盖章后生效。

三、履行集体合同争议的处理

《劳动法》第 84 条第 2 款规定：“因履行集体合同发生争议，当事人协商解决不成的，可以向劳动争议仲裁委员会申请仲裁；对仲裁裁决不服的，可以自收到仲裁裁决书之日起十五日内向人民法院提起诉讼。”

第六节　专项集体合同

一、专项集体合同

专项集体合同指用人单位与劳动者根据法律、法规、规章的规定，就集体协商的某项内容签订的专项书面协议。专项集体合同的订立、效力及发生争议的处理同集体合同。

《劳动合同法》规定：“企业职工一方与用人单位可以订立劳动安全卫生、女职工权益保护、工资调整机制等专项集体合同。”

二、劳动安全卫生的专项集体合同

随着保护劳动者权益的认识逐渐深入，劳动安全卫生标准越来越为社会所关注。在已有《劳动法》《工会法》《安全生产法》《职业病防治法》《矿山安全法》《消防法》《危险化学品安全管理条例》等劳动安全卫生法律、法规及标准的前提下，为进一步规范企业与职工双方在生产经营活动中的行为，加强安全生产的管理和监督，防止和减少安全生产事故的发生，维护职工的安全健康合法权益，促进企业的稳步发展，依据有关规定，结合本行业、本单位实际订立劳动安全卫生专项协议，已经越来越受到人民群众的关注。

劳动安全卫生专项集体合同，就是企业工会代表职工与企业根据法律法规的规定，专门就劳动安全与劳动卫生方面的内容，通过集体协商签订的书面协议。

三、关于女职工权益保护专项集体合同

女职工权益保护专项集体合同，是用人单位与本单位女职工根据法律、法规、规章的规定，就女职工合法权益和特殊利益方面的内容通过集体协商签订的专项协议，它对用人单位和本单位的全体女职工具有法律约束力。

结合本单位的工作实际签订的女职工权益保护专项集体合同，往往具有较强的针对性、实效性和可操作性，是切实维护女职工合法权益和特殊利益的重要机制和手段。例如，专项集体合同里规定企业与女职工建立劳动关系应当订立劳动合同，实行男女同工同酬；在企事业工会委员会、职工民主管理和进修、培训、出国考察、挂职锻炼时企业必须安排一定比例的女职工参加；根据女职工的生理特点，对月经期、孕期、产期和哺乳期的女职工给予特殊保护；企业不得在孕期、产期、哺乳期降低其基本工资或终止、解除其劳动合同；单位每年对女职工（含离退休女职工）进行1次妇科检查；集体合同还对合同的检查和监督等方面进行了明确规定，使女职工合法权益得到了切实的维护和保障。

四、工资调整机制专项集体合同

工资集体协商指职工代表与企业代表依法就企业内部工资分配制度、工资分配形式、工资收入水平进行平等协商，并在协商一致的基础上签订工资协议的一种制度安排。在企业工资集体协商过程中，职工一方明显处于弱势。代表企业利益的一方往往组织严密，具有很强的专业素质，而代表职工利益的一方往往是由选举、任命等方式临时产生，缺乏谈判的动力

与技能，致使工资集体协商常常走过场，难有实际效果。为此，企业职工一方需要借助有组织的工会力量，能够真正与企业一方平等协商，订立工资调整机制方面的专项集体合同。

第七节　区域性行业性集体协商与集体合同

一、区域性行业性集体协商与集体合同的内涵

区域性行业性集体协商是指在一定区域和行业范围内，由街道、乡镇、社区以及行业工会组织，与相应的企业组织或所属企业，依据法律法规，就劳动报酬、工作时间、休息休假、劳动安全卫生、保险福利等事项，开展集体协商签订集体合同的行为。

协商范围主要是在小型企业或同行业企业比较集中的乡镇、街道、社区和工业园区开展。

二、区域性行业性集体协商与集体合同的特点

区域性行业性集体协商和集体合同与企业的集体协商和集体合同相比，有以下几个特点。

（一）主体不同。企业集体协商和集体合同的主体一方是企业或企业化管理的事业单位工会，另一方是企业或企业化管理的事业单位。而区域性行业性集体合同的主体一方是地方工会联合会或乡镇、街道工会或行业工会组织，另一方是相应的企业组织或所属企业。

（二）内容不同。虽然两者的内容都是有关劳动标准、职工劳动权益问题，但企业集体协商和集体合同是从企业的实际情况出发，确定本企业的劳动标准，解决本企业职工的劳动问题，内容比较具体、特定。而区域性行业性集体协商和集体合同确定的是带有共性的劳动问题，内容比较

宽泛。

（三）作用不同。企业集体协商和集体合同调整本企业的劳动关系，区域性行业性集体协商和集体合同调整本地区或本行业的劳动关系。

（四）效力不同。企业集体协商和集体合同只适用于本企业，对企业劳动关系双方具有约束力。而区域性行业性集体协商和集体合同适用于本地区本行业，本地区本行业的有关企业都应当执行。

三、开展区域性行业性集体协商与集体合同工作的重要性

（一）推行区域性行业性集体协商与集体合同是维护非公企业职工合法权益的需要

随着非公有制经济迅速发展，在一些私营企业、乡镇企业、外商投资企业，侵犯职工合法权益的现象时有发生。由于非公企业大多集中在乡镇、街道、社区、各类经济开发区和工业园区，规模较小，管理不够规范，企业工会力量薄弱，职工权益缺乏保障。由企业单独签订集体合同难度很大，推行区域性行业性集体协商签订集体合同制度就显得重要且迫切。《劳动合同法》第53条的规定为推行区域性行业性集体合同提供了法律依据。区域性行业性集体协商和集体合同已经成为深化集体协商签订集体合同工作，提高建制率、扩大覆盖面、增强实效性、切实发挥其作用的重要形式。

（二）推行区域性行业性集体协商与集体合同是适应区域工业经济结构发展变化的需要

随着经济体制改革的不断深化，区域工业经济结构发生了很大变化，其显著特征是多种所有制经济共同发展。民营经济逐渐成为区（县）域经济的主体。一方面，在政府不直接干预企业经营管理的新形势下，企业经营者为了追求最大利润，不同程度地存在着对职工的侵权现象，而集体合同和劳动合同的缺位给政府职能部门协调劳动纠纷和工会依法维权带来了很多困难；另一方面，区域民营企业大多小而分散，资本处于原始积累阶段，企业工会工作基础较差，企业主对建立集体合同制度怀有一定程度的

抵触情绪，依靠基层工会单独推进集体合同制度难度很大。

（三）推行区域性行业性集体协商与集体合同制度是协调劳动关系、促进社会安定团结的客观要求

私营企业、乡镇企业、外商投资企业的劳动关系比较复杂，在这种情况下，单靠各个企业自身调整，力度都很不够。这就需要由有关地方工会组织和行业工会组织，紧紧抓住共性的、带倾向性的、对劳动关系影响较大的问题与相应的企业组织进行协商，签订集体合同，从而指导、规范各企业的劳动关系，预防劳动争议发生。

（四）推行区域性行业性集体协商与集体合同是适应乡镇、街道、社区工会工作发展的需要

通过近几年强化工会组织建设，全国大部分地方已经形成了"乡镇、街道工会—社区工会—企业工会"小三级工会组织网络体系，目的是加强对基层工会的领导。如何发挥乡镇、街道工会、社区工会在基层工会的前沿管理作用，实现"切实维权"，成为广大工会干部议论的焦点。理论和实践表明：乡镇、街道、社区工会要发挥作用，必须履行维权服务的基本职责。实行区域性集体合同，为协调劳动纠纷、维护职工的合法权益提供了有效的载体。

（五）推行区域性行业性集体协商与集体合同是小三级工会履行职责的需要

"乡镇、街道工会—社区工会—企业工会"小三级工会如何履行维护职能，工作的着力点不能仅仅停留在个案维权上，必须根据基层企业点多线长面广的特点，指导和帮助乡镇、街道、社区工会签订好区域性集体合同，实现主动维权、整体维权。

四、企业集体合同与区域性行业性集体合同的效力

一般来讲，区域性行业性集体合同的效力优于企业集体合同。在企业集体合同与区域性行业性集体合同内容不一致时，一般应当优先适用后者；但是如果企业集体合同就某一事项作了特别规定，而又不与区域性行

业性集体合同基本原则相冲突，则优先适用该规定；如果效力等级相同的区域性行业性集体合同适用于同一劳动关系且内容又相异时，效力发生在前的集体合同作了特别规定，则依其规定；区域性行业性集体合同没有特别规定时，适用职业范围较小的集体合同；如果不是关于职业性质规定的，优先适用行业或地方性的范围较大的集体合同。

五、区域性行业性集体协商的范围

区域性行业性集体协商是指区域内的工会组织或行业工会组织与企业代表或企业代表组织，就劳动报酬、工作时间、休息休假、劳动安全卫生、保险福利等事项，开展集体协商签订集体合同的行为。

区域性行业性集体协商一般在小型企业或同行业企业比较集中的乡镇、街道、社区和工业园区（经济技术开发区、高新技术产业园区）开展。在行业特点明显的区域要重点推行行业性集体协商和集体合同工作，具备条件的地区可以根据实际情况在县（区）一级开展区域性行业性集体协商签订集体合同。

六、区域性行业性集体协商代表的产生方式

区域性行业性集体协商代表应按照规范程序产生。职工一方的协商代表由区域内的工会组织或行业工会组织选派，首席代表由工会主席担任。企业一方的协商代表由区域内的企业联合会/企业家协会或其他企业组织、行业协会选派，也可以由上级企业联合会/企业家协会组织区域内的企业主经民主推选或授权委托等方式产生，首席代表由企业方代表民主推选产生。

集体协商双方的代表人数应当对等，每方至少3人。双方首席代表可以书面委托专家、学者、律师等专业人员作为本方的协商代表。

七、区域性行业性集体协商的内容

开展区域性行业性集体协商工作，要从本区域、本行业劳动关系的特

点和企业实际出发，紧紧围绕劳动报酬、劳动定额、工作时间、休息休假、劳动安全卫生、保险福利、女职工和未成年工特殊劳动保护等问题进行。通过协商签订的区域性行业性集体合同可以是综合性的，也可以是专项的。在协商过程中要力求重点突出，议题集中，措施可行。签订集体合同的条款要具体，标准要量化，切实增强针对性和实效性。

当前，要将职工工资水平、工作时间以及与此直接相关的劳动定额、计件单价等劳动标准作为区域性行业性集体协商的重点，通过集体协商妥善处理各方的利益分配关系，推动企业建立正常的工资决定机制。

八、区域性行业性集体协商的程序

开展区域性行业性集体协商要严格履行程序，协商过程要充分表达职工群众和企业方的意愿和要求，协商内容要得到双方的一致认可。一般应按照以下程序进行。

（一）一方协商代表应以书面形式向另一方提出协商要求，另一方应以书面形式回应。

（二）双方协商代表在分别广泛征求职工和企业方的意见基础上，拟定集体协商议题。

（三）召开集体协商会议，在协商一致的基础上形成集体合同草案。

（四）集体合同草案要经区域职工代表大会或区域内企业的职工代表大会或职工大会审议通过，并经区域内企业主签字（或盖公章）确认后，由集体协商双方首席代表签字。

（五）企业方协商代表将集体合同报送当地劳动保障行政部门审核备案。

（六）劳动保障行政部门在收到文本之日起 15 日内未提出异议的，集体合同即行生效。

（七）区域性行业性集体合同生效后，由企业方代表采取适当方式及时向全体职工公布。

企业方代表向劳动保障行政部门报送集体合同时，除报送《劳动部关于加强集体合同审核管理工作的通知》（劳部发〔1996〕360 号）规定的

材料外，还须报送企业主对集体合同的签字确认件以及职工代表大会或职工大会审议通过的文件。

九、区域性行业性集体合同的效力和争议处理

按照规定签订的区域性行业性集体合同，对辖区内签约的所有企业和职工具有约束力。企业签订的集体合同，其标准不得低于区域性行业性集体合同的规定。

对在区域性行业性集体协商过程中发生的争议，双方当事人不能协商解决的，当事人一方或双方可以书面向辖区内的劳动保障行政部门提出协调处理申请；未提出申请的，劳动保障行政部门认为必要时也可以进行协调处理。劳动保障行政部门应当组织同级工会和企业代表组织等三方面的人员，共同协调处理集体协商争议。

对在区域性行业性集体合同履行过程中发生的争议，按照《劳动法》和《集体合同规定》的有关规定协调和处理。

 思考题

1. 集体协商与集体合同有哪些特征？
2. 集体协商与签订集体合同应遵循的原则是什么？
3. 集体协商和集体合同的主要内容有哪些？
4. 签订集体合同的程序是什么？
5. 集体合同监督检查的形式有哪些？
6. 集体协商与集体合同争议如何处理？
7. 简述区域性行业性集体协商的内容。

 **案例 1**

北海市总工会采取有效办法推进集体协商工作

2022 年 10 月 27 日　来源：中工网

在推进集体协商工作时，北海市总工会在该市积极开展集体协商"要

约行动"，突破不愿协商的难题；加强对集体协商工作的分类指导，突破怎么协商的难题；加强集体协商指导员队伍建设，突破不会协商的难题；加强集体协商工作制度建设，突破协商不好的难题。在下一阶段推进集体协商工作中，北海市各级工会将要采取有效办法做好集体协商线上线下核验工作，大力开展集体协商质效评估和知晓率、满意度测评，加强集体合同台账管理，要培育集体协商典型案例，在新就业形态企业开展集体协商试点工作，加大集体协商工作宣传力度，把集体协商工作落到实处，落到老百姓的心坎中。

同时在推进工作中，全市各级工会要积极争取支持，主动合作，加强协商，选树典型，加强宣传，加强督导，形成推进集体协商工作的强大合力，进一步构建和谐劳动关系，为建设品质北海魅力北海作出新的更大贡献。(广西工人报记者　曾寿梅　通讯员　黄春霞)

 案例2

北京市推进新业态领域头部企业开展集体协商
合同涵盖劳动报酬、劳动安全、保险福利等内容

2022年3月9日　来源：中工网

为维护新就业形态劳动者合法权益，近日，北京市人力资源和社会保障局对新就业形态领域头部企业××集团和××物流进行了集体合同备案，并推动落地实施，覆盖职工约31.8万人。

集体合同通过用人单位与工会或劳动者推举的代表开展集体协商的方式订立，明确劳动者一方的劳动报酬和劳动条件等最低劳动标准。在此基础上，用人单位与劳动者双方共同协商具体劳动标准，有利于整体提升劳动者的劳动保障权益水平。

为此，北京市人社部门和工会联手，充分发挥集体协商和集体合同制度在维护新就业形态劳动者权益中的独特作用，积极推动和指导新就业形态领域企业开展集体协商。在本次集体合同协商中，××集团职工方协商代表10名，××物流职工方协商代表共6名，主要是快递员、仓储分拣员、货运司机等一线职工。他们提前收集和汇总了集体合同协商议题，最终选

定包括劳动报酬、保险福利、劳动安全、职业技能培训、女职工特殊权益五个方面的协商内容。经双方充分协商，最终达成一致，形成《××集团集体合同（草案）》《××物流集体合同（草案）》，经民主程序后审议通过，并报北京市人社局备案。

其中，本次备案的《××物流集体合同》，主要是根据快递员、仓储分拣员、货运司机等新业态劳动者的职业特点，涵盖了劳动合同管理、劳动报酬、劳动安全、保险福利、职业技能培训、就业保障等劳动权益内容。例如，在国家规定的五项社会保险基础上，对这些劳动者额外提供一定保额的补充意外伤害保险。同时，针对上述岗位的劳动者，根据一线岗位对技能的不同要求，提供多种职业技能培训以及培训补贴。《××物流集体合同》全面保障了劳动者的劳动保障权益，在新就业形态行业内发挥了示范引领作用。（工人日报—中工网记者 甘皙）

 案例3

苏州首份快递行业集体合同签订

2022 年 9 月 8 日　来源：中工网

近日，苏州市快递协会和苏州市快递行业工联会签订《苏州市快递行业集体合同》，标志着苏州市快递集体协商工作迈上新台阶。作为全市新就业形态领域首份集体合同，合同明确一线收派员投递普通件每件不低于1元，该标准目前为全省最高。

今年以来，为进一步维护快递行业劳动者的合法权益，在苏州市总工会、市邮政管理局、市人社局的指导下，苏州市快递行业工联会经过前期走访调研、征求职工代表意见，向行业协会提出协商要约等程序，市快递行业工会和市快递行业协会各派5名代表就行业关注的议题展开协商，形成了《苏州市快递行业集体合同（草案）》《苏州市快递行业工资专项集体合同（草案）》。在市快递行业一届一次职代会上，两份草案经审议通过，双方首席代表正式签约，将覆盖9家快递企业、近万名员工。

据介绍，《苏州市快递行业集体合同》涵盖规范劳动用工管理、劳动报酬、工作时间和休息休假、劳动安全卫生、女性劳动者特殊保护、社会保险和福利、劳动者成长与职业技能培训等七项集体协商重点内容。现场还同步签订了《苏州市快递行业工资专项集体合同》，明确了快递员单派费标准、行业最低工资标准。根据合同，今年快递行业最低工资标准，全日制计时工资制岗位按照 3500 元/月结算，全日制计件工资制按照收派员、驾驶员、客服员岗位加以区分，分别为 3500 元/月、3000 元/月、4000 元/月，体现了对快递行业劳动者权益的刚性保障。

市总工会权益保障部部长陈钰根表示，市总工会将联合市邮政管理局、市人社局深入推动各市、区快递行业建立集体协商和集体合同制度，最大限度发挥集体协商成效，促进快递行业劳动关系和谐发展。（江苏工人报通讯员　钱茹冰）

第七章　工资集体协商工作

第一节　工资集体协商概述

一、工资集体协商

工资集体协商指工会代表职工与用人单位依法就用人单位内部工资分配制度、工资分配形式、工资支付办法、工资标准等事项，为签订工资专项集体合同而进行商谈的行为。

工资集体协商的结果既可以形成工资专项集体合同，也可以作为集体合同的一个组成部分或附件，与集体合同具有同等的法律效力。

二、开展工资集体协商的重要意义

（一）开展工资集体协商，是深入贯彻落实党的二十大精神，提高职工收入水平的需要。

党的二十大报告指出："坚持按劳分配为主体、多种分配方式并存，构建初次分配、再分配、第三次分配协调配套的制度体系。努力提高居民收入在国民收入分配中的比重，提高劳动报酬在初次分配中的比重。坚持多劳多得，鼓励勤劳致富，促进机会公平，增加低收入者收入，扩大中等收入群体。完善按要素分配政策制度，探索多种渠道增加中低收入群众要素收入，多渠道增加城乡居民财产性收入。"通过开展工资集体协商，推动企业建立科学规范的工资决定机制、支付保障机制与正常增长机制，可以使职工工资增长与经济发展和企业经济效益相适应，逐步提高职工工资收入，确保每个职工分享企业发展的成果。

（二）开展工资集体协商，是顺应经济社会发展规律，推进依法治会的内在需要。推行企业工资集体协商制度，是《工会法》《劳动法》《劳动合同法》等法律法规的刚性要求。企业工资集体协商作为市场经济条件下一种新的工资分配决定机制，用合同的形式来规范市场主体的权利和义务，符合市场经济的平等性、契约性原则。

（三）开展工资集体协商是深化分配制度改革、建立适应社会主义市场经济要求的企业工资分配机制的关键环节。通过开展工资集体协商，建立适应社会主义市场经济要求的企业工资分配共决机制和正常的调整机制，既能保障职工的合法权益，又能保障企业的经营效益，从而达到维护职工合法权益与促进企业健康发展的"双赢"目标，真正实现在共建中共享，在共享中共建。

（四）开展工资集体协商，是工会维权的重要手段。工会的基本职责是维护职工合法权益、竭诚服务职工群众。工会维护职工工资权益的重要机制就是工资集体协商。工会代表职工与企业方进行工资集体协商，不但是时代赋予的重要职责，更是工会安身立命的根本所在。

（五）开展工资集体协商，是加强企业民主管理的现实需要。通过开展工资集体协商这项工作，保障了广大职工在工资决策中与企业经营者平等对话、民主协商的地位，强化职工的主人翁意识，从而增强了企业的凝聚力和向心力，推动了企业健康快速发展。

第二节　工资集体协商的内容

一、工资

工资是劳动者被用人单位录用后按照规定参加劳动而作为劳动报酬领取的、由该用人单位定期支付的一定数额的货币。从企业来说，工资是一种资本性投入，是企业的人工成本。从职工来说，工资是将劳动力使用权暂时让渡给企业，在企业支配下劳动而获得的一种报酬，是职工的主要经济来源。

在我国，工资分配主要坚持按劳分配、同工同酬、工资水平随着经济发展逐步提高的原则。

二、工资集体协商的内容

工资集体协商的内容，是指在工资集体协商中需要协商的并应当在工资专项集体合同中明确规定的双方当事人的权利和义务以及其他问题。它是工资集体协商的核心问题，也是广大职工非常关心的问题。根据有关规定，工资集体协商主要包括以下内容。

（一）工资分配制度

工资分配制度是确定和支付职工劳动报酬的原则、形式、办法和规定的总称。

我国现行工资分配制度如下。

1. 等级工资制。即根据工作的复杂程度、繁重程度、风险程度、精确程度等因素将各类工作进行等级划分并规定相应的工资标准的一种工资制度。主要包括技术等级工资制、岗位等级工资制、职务等级工资制。

2. 结构工资制。指基于工资的不同职能，将工资总额划分为若干相对独立的工资单元，一般包括六部分，即基本工资、岗位工资、绩效工资、技能工资、浮动工资、年功工资。

3. 岗位技能工资制。以按劳分配为原则，以劳动技能、劳动责任、劳动强度和劳动条件等基本劳动要素评价为基础，以岗位和技能为主要内容的企业基本工资制度。

4. 岗位薪点工资制。即在对岗位的劳动责任、劳动技能、劳动强度和劳动条件评价的基础上，用点数和点值来确定职工实际劳动报酬的一种工资分配制度。

5. 绩效工资制。即将职工的工资与个人工作业绩挂钩的一种工资制度。业绩是一个综合的概念，比产品的数量和质量内涵更为宽泛，它不仅包括产品数量和质量，还包括职工对企业其他贡献。与传统工资制相比，绩效工资制的主要特点：一是有利于职工工资与可量化的业绩挂钩，将激励机制融于企业目标和个人业绩的联系之中；二是有利于工资向业绩优秀者倾斜,提高企业效率和节省工资成本;三是有利于突出团队精神和企业形象,增强激励力度和职工的凝聚力;四是绩效工资占总体工资的比例较高,增强了企业付薪的有效性。

6. 提成工资制。提成工资制是企业实际销售收入减去成本开支和应缴纳的各种税费后,剩余部分在企业和职工之间按不同比例分成。提成的方式主要有全额提成和超额提成两种。

(二) 工资分配形式

工资分配形式,也叫工资形式,是对职工实际劳动付出量和相应劳动报酬所得量进行具体的计算与支付的方法。可划分为计时工资和计件工资两种基本形式。

计时工资是最基本的工资形式之一。它是根据劳动者本人的技术、业务等级水平,或者劳动者所在岗位、职务的劳动等级,预先规定相应的工资标准,按照劳动者的实际有效工作时间计付工资的形式。包括小时工资制、日工资制、月工资制和年薪制等具体形式。我国主要实行的是月工资制。

计件工资是目前我国大部分企业采用的工资形式。计件工资是企业按照劳动者生产的合格产品的数量和预先规定的计件单价来计发工资的一种形式。具体形式主要有:无限计件工资、有限计件工资、超额计件工资、累进计件工资、直接计件工资、间接计件工资。

(三) 职工年度平均工资水平及其调整幅度

职工年度平均工资水平,即职工在某一年度平均工资的高低程度。生产决定分配,只有经济发展才能提供更多的可分配的社会产品。《劳动法》规定:"工资水平在经济发展的基础上逐步提高。国家对工资总量实行宏观调控。"

职工工资水平及其调整幅度是工资集体协商的重点。

(四) 加班加点工资

1. 用人单位依法安排劳动者在日法定标准工作时间以外延长工作时间的,按照不低于劳动合同规定的劳动者本人小时工资标准的150%支付劳动者工资。

2. 用人单位依法安排劳动者在休息日工作，而又不能安排补休的，按照不低于劳动合同规定的劳动者本人日或小时工资标准的 200% 支付劳动者工资。

3. 用人单位依法安排劳动者在法定节假日工作的，按照不低于劳动合同规定的劳动者本人日或小时工资标准的 300% 支付劳动者工资。

（五）最低工资

最低工资是指劳动者在法定工作时间或依法签订的劳动合同约定的工作时间内提供了正常劳动的前提下，用人单位依法应支付的最低劳动报酬。

正常劳动指劳动者按依法签订的劳动合同约定，在法定工作时间或劳动合同约定的工作时间内从事的劳动。劳动者依法享受带薪年休假、探亲假、婚丧假、生育（产）假、节育手术假等国家规定的休假期间，以及法定工作时间内依法参加社会活动期间，视为提供了正常劳动。

《劳动法》第 49 条规定，确定和调整最低工资标准应当综合参考下列因素：①劳动者本人及平均赡养人口的最低生活费用；②社会平均工资水平；③劳动生产率；④就业状况；⑤地区之间经济发展水平的差异。

《最低工资规定》第 10 条中规定："最低工资标准每两年至少调整1 次。"

在不低于当地最低工资标准的基础上，双方协商代表可以协商确定本企业最低工资标准。

（六）奖金、津贴、补贴

奖金是一种以货币形式支付的物质奖励形式，是对在劳动工作中有突出贡献的职工的劳动报酬，是一种工资辅助形式。

津贴是指为了补偿职工额外和特殊的劳动消耗，或为了保障职工的工资水平不受特殊条件影响而给予物质补偿的一种辅助工资形式。

补贴也是一种辅助工资形式。一般把属于工作（生产）性质的叫津贴，把属于生活性质的叫补贴。

（七）试用期工资

试用期是指劳动关系还处于非正式状态，用人单位对劳动者是否合格进行考核，劳动者对用人单位是否符合自己要求进行了解的期限，包括在劳动合同期限内。

《劳动合同法》规定，劳动合同期限 3 个月以上不满 1 年的，试用期不得超过 1 个月；劳动合同期限 1 年以上不满 3 年的，试用期不得超过 2 个月；3 年以上固定期限和无固定期限的劳动合同，试用期不得超过 6 个月。

《劳动合同法实施条例》第 15 条规定："劳动者在试用期的工资不得低于本单位相同岗位最低档工资的 80% 或者不得低于劳动合同约定工资的 80%，并不得低于用人单位所在地的最低工资标准。"

（八）工资支付办法

企业工资支付制度主要包括：工资支付项目、工资支付形式、工资支付对象、工资支付时间、工资支付要求、特殊情况下的工资支付。

《劳动法》规定："工资应当以货币形式按月支付给劳动者本人。不得克扣或者无故拖欠劳动者的工资。"

（九）工资专项集体合同的期限

工资专项集体合同的期限，是指工资专项集体合同的有效存续期间。根据《工资集体协商试行办法》规定，工资集体协商一般情况下 1 年进行 1 次。因此，工资专项集体合同的期限一般为 1 年。

（十）变更、解除工资专项集体合同的程序

变更、解除工资专项集体合同的条件，可以由工会与企业平等协商，在工资专项集体合同中约定。

（十一）工资专项集体合同的终止条件

工资专项集体合同终止，是指由于一定法律事实的出现而使工资专项集体合同当事人之间的权利义务关系消灭。一般工资专项集体合同终止的主要原因有工资专项集体合同因完全履行而终止、工资专项集体合同期满而终止、工资专项集体合同当事人一方发出解约通知而终止、工资专项集

体合同因免除而终止。

（十二）工资专项集体合同履行情况的监督检查

（十三）工资专项集体合同履行过程中发生争议的处理

（十四）工资专项集体合同的违约责任。违约责任的形式一般有支付违约金、支付赔偿金、继续履行、行政责任等

（十五）双方认为应当协商约定的其他事项

第三节　工资集体协商的程序

一、工资集体协商代表

工资集体协商代表是指按照法定程序产生并有权代表本方利益进行工资集体协商的人员。

二、工资集体协商代表的产生和构成

（一）工资集体协商代表应依照法定程序产生

工资集体协商双方的代表人数应当对等，每方至少3人，并各确定1名首席代表。

1. 职工一方的工资集体协商代表由本单位工会选派。未建立工会的，由上级工会指导本单位职工推举职工为工资集体协商代表，并经本单位半数以上职工同意。

2. 职工一方的首席代表由本单位工会主席担任。工会主席不能参加的，可以书面形式委托其他协商代表代理首席代表。工会主席空缺的，首席代表由工会主要负责人担任。未建立工会的，职工一方的首席代表从职工集体协商代表中民主推举产生。

3. 用人单位一方的工资集体协商代表，由用人单位法定代表人指派，

首席代表由用人单位法定代表人担任或由其书面委托的其他管理人员担任。

4. 工资集体协商双方首席代表可以书面委托本单位以外的专业人员作为本方协商代表，委托人数不得超过 1/3。首席代表不得由非本单位人员担任。

5. 用人单位协商代表与职工协商代表不得相互兼任。

（二）工资集体协商代表的职责

1. 参加工资集体协商。

2. 接受本方人员质询，及时向本方人员公布协商情况并征求意见。

3. 提供与工资集体协商有关的情况和资料。

4. 代表本方参加工资集体协商争议的处理。

5. 监督工资专项集体合同的履行。

6. 法律、法规和规章规定的其他职责。

（三）工资集体协商代表的权利和义务

工资集体协商代表有以下权利。

1. 提出工资集体协商的要求及协商事项。

2. 要求对方提供与工资集体协商有关的情况和资料。

3. 对协商规则等程序性事项提出意见和建议。

4. 依法进行工资集体协商。

5. 代表本方参与订立、变更、解除工资专项集体合同。

6. 接受首席代表委托，代签合同。

7. 企业内的协商代表参加工资集体协商视为提供了正常劳动。

同时，工资集体协商代表还应承担下列义务。

1. 应当维护本单位正常的生产、工作秩序，不得采取威胁、收买、欺骗等行为。

2. 应当如实向对方提供与工资集体协商有关情况和资料。

3. 应当保守在工资集体协商过程中知悉的用人单位的商业秘密。

4. 依照有关法律、法规和平等合作的原则，从企业的实际情况出发，进行工资集体协商。

5. 尊重对方协商代表的人格，不得采取歧视性、胁迫性行为。

6. 切实代表本方的利益，及时与所代表方沟通工资集体协商的情况。

7. 协商代表和记录员对协商过程中的个人意见保密。

三、提出协商要约

工资集体协商要约行动，是工资集体协商主体的任何一方依法就签订工资专项集体合同相关事宜，以书面形式向对方提出进行工资集体协商要求的行为。

职工和企业任何一方均可提出进行工资集体协商的要求。工资集体协商的提出方应向另一方提出书面的协商意向书，明确协商的时间、地点、内容等，另一方接到协商意向书后，应于 20 日内予以书面答复。同意协商的，双方应当约定协商开始的日期。

企业工会提出协商要约有困难的或在其他特殊情况下，其上级工会可依法代替基层工会向企业提出协商要约。工会提出协商要约后，企业方不按期回应或拒绝进行工资集体协商的，上级工会应依法下达"整改建议书"，提出整改建议；对逾期不改的企业，工会可提请劳动保障部门责令其改正，直至追究其行政或法律责任。

四、做好协商准备

（一）大力宣传，营造氛围。

（二）认真学习，熟悉和掌握有关法律法规。

（三）广泛搜集了解与工资集体协商有关的情况和资料。

（四）充分征求职工的意见。

（五）明确协商代表分工。

（六）制定工资集体协商实施方案。

（七）确定工资集体协商记录员。

（八）起草工资集体协商文本。

五、正式协商

工资集体协商采取协商会议形式进行，协商会议由双方首席代表轮流主持。协商会议的一般程序是：宣布议程和会议纪律；一方首席代表提出协商的具体内容和要求，另一方首席代表就对方的要求作出回应；协商双方就商谈事项发表各自意见，开展充分讨论；双方首席代表归纳意见；达成一致的，应当形成工资专项集体合同草案，由双方首席代表签字。

协商未达成一致意见或出现事先未预料到的情况时，经双方同意，可以暂时中止协商。具体中止期限及下次协商的时间、地点和内容由双方共同商定。

六、职工（代表）大会讨论通过

工资专项集体合同草案应当提交职工（代表）大会讨论通过，召开职工（代表）大会讨论工资专项集体合同草案时，会议工作程序与职工（代表）召开的程序一样。

七、首席代表签字

工资专项集体合同草案经职工（代表）大会审议通过后，由工资集体协商双方首席代表在正式文本上签字。

八、审查备案

工资专项集体合同签订后，应当自双方首席代表签字之日起 10 日内，由用人单位一方将文本 1 式 3 份报送劳动保障行政部门审查。劳动保障行政部门对报送的工资专项集体合同应当办理登记手续。同时，由企业工会报送上一级工会备案。

劳动保障行政部门经审查对工资专项集体合同无异议，应及时向协商双方送达《工资专项集体合同审查意见书》，工资专项集体合同即行生效。工资专项集体合同向劳动保障行政部门报送经过 15 日后，合同双方未收到劳动保障行政部门的《工资专项集体合同审查意见书》，视为已经劳动保障行政部门同意，该工资专项集体合同即行生效。

九、公布实施

工资专项集体合同生效后，协商双方应于 5 日内将工资专项集体合同以适当形式向本方全体人员公布。

第四节　行业性工资集体协商

一、行业性工资集体协商

行业性工资集体协商是指在同行业企业相对集中的区域由行业工会组织代表职工与同级企业代表或企业代表组织，就行业内企业职工工资水平、劳动定额标准、最低工资标准等事项，进行集体协商、签订行业性工资专项集体合同的行为。

开展行业性工资集体协商是市场经济不断发展、完善的必然要求，是产业结构调整、企业转型升级的必然要求，是加强行业管理、完善行业制度的必然要求，是促进行业良性发展、实现企业和职工双赢的必然要求。

推进行业集体协商，建立行业性工资集体协商制度，是我国平等协商、集体合同制度的一种重要形式，适应了我国非公有制中小企业快速发展和劳动关系深刻变化的需要，是加快建立行业内劳动关系协调机制、实现工会主动依法科学维权的重要手段，也是扩大工资集体协商覆盖面、增强工资集体合同实效性的重要举措。开展行业性工资集体协商工作，有利于推动建立企业职工工资共决机制、正常增长机制和支付保障机制，构建职工对工资分配的民主参与和监督机制；有利于完善劳动用工管理，促进建立统一、规范、有序的劳动力市场，为企业持续健康发展创造良好环境，促进建立规范有序、公正合理、互利共赢、和谐稳定的社会主义新型劳动关系。各级工会要充分认识开展行业性工资集体协商工作的重要性和必要性，进一步增强推动建立行业性工资集体协商机制的责任感和自觉性，扩大工资集体协商覆盖面，增强实效性，使行业性工资集体协商在维护职工权益、促进劳动关系和谐方面发挥更大作用。

二、开展行业性工资集体协商要把握好的几个问题

（一）把握协商范围。同一行业的企业，特别是同行业非公有制中小企业、劳动密集型企业相对集中的地区，是开展行业性工资集体协商工作的重点。行业性工资集体协商依法在县级以下区域内的乡镇、街道、社区和工业园区开展。有条件的地方也可以从实际出发，探索在县（区）及以上开展行业性工资集体协商工作。

（二）明确协商主体。开展行业性工资集体协商，可根据实际确定协商主体：由行业工会（或工会联合会）与行业内企业代表组织进行协商；由行业工会与行业内企业方推举产生的代表进行协商；由行业工会与行业所属各企业行政进行协商；未组建行业工会的，可由行业所在区域的工会代行行业工会的职能，与企业代表组织进行协商。

（三）选出协商代表。行业性工资集体协商代表要按照《集体合同规定》所规定的程序产生。职工方协商代表由行业工会选派，职工方首席协商代表一般由行业工会主席担任。未组建行业工会的，职工方协商代表由行业所在区域工会选派，职工方首席协商代表可由行业所在区域相应一级的工会主席担任，也可由上级工会选派或在上级工会指导下从本行业内企业工会主席中民主推举产生。

（四）突出协商重点。行业性工资集体协商的重点是：行业最低工资标准、工资调整幅度、劳动定额和工资支付办法等。当前，应重点围绕劳动定额、工时工价标准进行协商，逐步建立和完善劳动定额标准的协商共决机制。劳动定额和工时工价标准的确定，必须符合国家和地方有关法律法规的规定，以"在法定工作时间内、正常劳动条件下、90%以上职工能

够完成"为原则，做到科学合理。随着先进技术的应用和劳动生产率的提高，双方应通过集体协商及时修订劳动定额和工时工价标准。行业内各企业工会，还可以根据本企业实际，通过平等协商，就劳动定额、工时工价标准或工资标准等相关问题与企业行政签订补充协议。

（五）规范协商程序。开展行业性工资集体协商，要严格履行协商程序，充分表达行业职工的意愿要求，协议内容应得到双方的一致认可。一般应按照以下程序进行。

1. 以书面形式向企业方提出协商要约或回复企业方提出的协商要约。

2. 做好协商前的各项准备工作，特别是熟悉掌握相关法律、法规、政策规定，收集了解相关资料、信息及企业和职工意见，确定行业性工资集体协商议题。

3. 进行行业性工资集体协商，在双方协商一致的基础上形成行业工资集体合同（草案）。

4. 建立了行业职工代表大会的地方，行业工资集体合同（草案）应该提交行业职工代表大会讨论通过。

在行业工资集体合同框架下，企业结合自身实际开展二次工资集体协商的，其确定的劳动报酬标准不应低于行业工资集体合同规定的标准，具体做法应参照《工资集体协商试行办法》等有关规定进行。

5. 行业工资集体合同签订后 10 日内，工会应当协助企业方将行业工资集体合同文本 1 式 3 份及说明，报送当地劳动行政部门审查。劳动行政部门审查同意后，行业工资集体合同即行生效。双方协商代表应将已经生效的行业工资集体合同以适当形式及时向行业内企业和全体职工公布。

6. 行业性工资集体协商未达成一致意见或出现未预料的问题时，经双方同意中止协商的，工会应积极做好向职工说明情况和下次协商的相关准备工作。

行业性工资集体协商一般每年进行 1 次。工会可在原行业工资集体合同期满前 3 个月内，向企业方书面提出重新签订或续订的要求，并发出协商要约。

三、企业、行业性、区域性工资集体协商的区别

（一）协商主体不同

企业工资集体协商是以企业工会和企业行政方代表为协商主体的。企业方协商代表的产生是由企业方法定代表人指定的；职工方协商代表由本单位工会选派，未建工会的企业由职工民主推举代表，并得到半数以上职工的同意。在企业工会向企业行政方提出要约存在困难时，也可以由上级工会代为向企业行政方提出要约。

行业性工资集体协商主体的确定一般有四种：由行业工会或联合会与行业内企业代表组织进行协商；由行业工会与行业内企业方推荐产生的代表进行协商；由行业工会与行业所属各企业行政进行协商；未组建行业工会的，可以由行业所在区域的工会代行行业工会职能，与企业代表组织进行协商。行业性工资集体协商时，职工方协商代表由行业工会选派，首席代表由行业工会主席担任。

区域性工资集体协商主体的确定通常有三种：以区域工会组织与对应的企业代表组织为主体协商；在没有区域企业代表组织的情况下，由区域工会组织与区域内所属企业分别进行平等协商；由区域工会组织与区域内以全体企业民主推选或授权委托等方式产生的企业方协商代表进行平等协商。

（二）协商程序的简繁程度不同

企业工资集体协商，由于只涉及企业内部，因此，所需资料和协商程序都相对比较简单。行业性、区域性工资集体协商由于涉及企业多，因而资料收集和协商程序相对而言就复杂一些。

（三）协商内容的侧重点不同

企业开展工资集体协商，主要是就单个企业内部的工资分配制度、工资分配形式、工资收入水平、企业年度工资收入水平及调整幅度等事项进行平等协商；区域性工资集体协商的重点是制定本区域内职工最低工资标准；行业性工资集体协商主要是协商确定行业工资标准，制定行业统一的

劳动者定额、工时工价标准等。

（四）法律效力不同

企业签订的工资专项集体合同，其法律效力只限于本企业和企业内的全体职工；区域性工资专项集体合同具有约束本区域内所有企业和职工的法律效力；行业性工资专项集体合同具有约束本行业内所有企业和职工的法律效力。区域性、行业性工资专项集体合同覆盖范围，远远大于企业工资专项集体合同。

 思考题

1. 工资集体协商的重要意义是什么？

2. 工资集体协商的主要内容有哪些？

3. 工资集体协商的主要程序是什么？

4. 工资集体协商代表有哪些权利和义务？

5. 什么是行业性工资集体协商？

6. 开展行业性工资集体协商要把握好哪几个问题？

 案例 1

工资集体协商谈出"甜头"

2022 年 6 月 27 日 来源：中工网

"油价涨得猛，幸好我们工资提前涨喽。"说这话时，康××正结束 6 月 21 日的"旅游"。将货车熄火，他攀着车头把手，一跃而下。

前些年，康××可没觉着出车等同于"旅游"，"现在我们出车不仅算工资，还日日有补贴。心情好了，怎么不算'旅游'？"

康××的好心情，源于两场工资集体协商……

康××在××物流有限公司"跑"货车运输 7 年有余。

"跑多少，赚多少。""多劳多得"的背后，是康××等货运司机个体户体味的劳累与辛酸。"收入没保障，忙起来累人，闲着又累心。"康××看着同行走了一批又一批。

××矿业所在的娄底新化县祥星村是煤炭大村，煤炭产业稳定的背后，却面临着货运司机队伍的不稳定。用工急、招工难的局促，令××矿业负责人刘克头痛不已。"组建一支稳定的司机队伍，是公司发展亟待解决的难题。"

彼时，新就业形态劳动者建会入会集结号已在湖南省工会系统吹响。2019年，在新化县总工会指导下，××物流工会小组正式成立。

"货车司机群体成为县域经济发展的重要部分，如何做好这一群体的权益保障工作？"在新化县总工会党组成员曾自新看来，基层工会组建后该发挥怎样的作用，才是关键。

××物流有了工会，刘×兼任工会主席。紧接着，第一次工资集体协商排上日程。"公司要留人，职工要保障，说到底，还是钱的问题。"分管工资集体协商工作的新化县总工会一级主任科员李××表示。

通过一次次座谈走访、问卷调研，新化县总工会全面了解了××物流货车司机的收入、休息休假等具体情况，积极收集职工诉求和意见，并在司机群体中选出职工代表，开展工资集体协商培训。

在首次工资集体协商现场，××物流公司代表和货车司机代表分别就薪资、出车补贴、休息休假等问题进行面对面交流，双方据理力争，谈判气氛热烈。经过多个回合的平等协商，最终，公司、职工双方抱着相互支持、共同发展的理念达成共识。

"协商最大的收获是司机以车辆入股公司，每季度实现49%的分红。"××物流车队队长正是参与首次协商的职工代表一员。"分红也代表着我们每人每月都有3500元的固定收入。"

不单单是司机成了股东，协商所带来的成效，更有车辆维修、保养费由公司、职工按分红占比51%、49%共同分担；司机出车日均消费补贴50元；司机每月固定5天假期等。

"队伍稳了，人心聚了。"工资集体协商让公司的煤炭运输有了用工保障。

与此同时，××物流工会小组还专设了"司机之家"，桌椅、空调、运动器械等一应俱全，为货车司机改善劳动环境。2020年，××物流工会小组被中华全国总工会授予"全国模范职工小家"。

2021年，为数不多的职工诉求再次摆上台面，新化县总工会指导的××物流第二次工资集体协商现场却不再"剑拔弩张"。

基于物价、油费等日常开支上涨的实际情况，货车司机职工代表与公司再次协商达成一致：固定分红由每月3500元上涨至4000元；司机出车日均消费补贴增加至70元，另外还设置了一笔30元的运输补贴费。

"用和谐稳定的劳动关系换来公司效益的增长。"工资集体协商谈出了"甜头"，刘×更为坚定地认为，职工"可以谈"、公司"谈得成"，"职工成了股东，更愿意为公司多考虑；公司有了工会，也会基于职工的角度来解决问题。这是发展，更是共赢"。

（据湖南工人报消息　湖南工人报全媒体记者　黄雅群　见习记者　罗晓芳）

 案例2

湖北樊城探索园区工资集体协商模式

2022年6月23日　来源：工人日报客户端

劳动合同是否签订？不同岗位职工薪酬标准是什么？园区工会如何作为？湖北省襄阳市樊城区总工会通过开展园区企业工资集体协商，维护了新经济、新就业形态劳动者合法权益，让企业和园区形成紧密的利益共同体。

高庄社区创办的蓝光孵化园始建于20世纪80年代，是一家大型综合性创业基地，目前有会计咨询、工程管理、通信电子等10余种行业120多家各业态企业入驻，覆盖职工7000余人。

"互联网用工平台企业的涌现，造就了一大批依托互联网为社会提供商品或服务的新型劳动者，这带来了劳动关系领域新的变化。"高庄社区党委书记说。

针对园区因报酬问题引发劳动争议等新问题，樊城区总工会和高庄社区党委着手在园区建立楼宇工资集体协商制度，引导园区企业和职工积极主动地通过集体协商方式解决纠纷。

今年年初，蓝光孵化园园区管理方从120多家企业中选出7家企业的负责人作为企业方协商代表，推选襄阳市安驰网络科技有限公司总经理张××为企业方首席代表；园区联合基层工会召开园区职工（代表）大会，选出7名职工方协商代表，推选园区联合基层工会主席熊×担任职工方首席代表开展工资集体协商。

今年3月初，蓝光楼宇联合基层工会委员会通过微信、QQ、座谈、发放调查表等方式征求意见，对新就业形态劳动者公平就业、劳动报酬、劳动安全等诉求进行归纳、梳理，形成协商议题。

3月14日，蓝光楼宇联合基层工会委员会向企业方发出协商要约，就规范劳动用工议题开展协商。

一周后，第二次协商会议召开，企业方和职工方就薪酬待遇涨幅问题进行了协商。

随后，园区管理方、企业方、职工方召开了三方联席协商会，就园区生产生活保障问题进行了友好协商。

经过三轮集体协商，双方协商代表与园区管理方达成一致意见，并签订了蓝光孵化园集体合同（草案）。

"之前在别处打工，和老板有啥矛盾了，多半都是吃吃亏、忍一忍，要么就重新换份工作。现在，园区通过集体协商让我们的诉求和权益得到了有效保障。"企业员工刘×说。

在集体协商中，园区7000多名员工正式签订劳动合同或用工协议，6000多名员工工资得到调升，享受到职工社保，有了工伤保险。

同时，园区管理方也积极回应企业和职工的意见建议，配备了职工食堂和职工议事吧、心理健康咨询室、快递收件柜、电动车充电桩等，使职工工作和生活更加舒适体面，进一步提升了职工幸福感、归属感，企业、员工和园区全面形成"和而不同 幸福共荣"的利益共同体。

"经过三次集体协商，员工合理诉求达成。从工资、福利，到孵化园后勤保障等，员工都很满意。相信在大家的共同努力下，蓝光孵化园的发展会越来越好，员工幸福感会越来越强。"职工方代表潘×说。

"开展集体协商，企业更加了解职工的真实想法与需求；通过平等对话，提升了职工的凝聚力，构建了和谐劳动关系。"企业方代表刘××说。

在蓝光孵化园的带动下，樊城区工资集体协商工作也取得重大进展。目前，全区共签订工资集体合同（协议）740份，涵盖企业1383家，覆盖职工41208人，工资集体合同建制率、签约率为92%，开展工资集体协商企业履约率达90%。（工人日报—中工网记者 邹明强 通讯员 郭文华 李蕊）

第八章　工会宣传教育工作

工会宣传教育工作是党的宣传思想工作的重要组成部分，是工会工作的重要组成部分。在新时代，工会宣教工作应以习近平新时代中国特色社会主义思想为指导，加强职工思想政治工作，以理想信念教育职工，以社会主义核心价值观引领职工，以先进职工文化感染职工，全面提高职工素质，为全面建成社会主义现代化强国、实现中华民族伟大复兴的中国梦提供坚实的人才保障、精神动力、智力支持、舆论环境和思想保证。

第一节　工会宣传教育工作概述

一、工会宣传教育工作的指导思想

工会宣传教育工作在工会工作中具有基础性、全局性、先导性的作用，是工会履行引导职工听党话跟党走政治职责的重要体现。工会宣传教育工作应服从于党和国家工作大局、服务于职工群众、服务于工运事业。当前，工会宣传教育工作的指导思想是：以毛泽东思想、邓小平理论、"三个代表"重要思想、科学发展观、习近平新时代中国特色社会主义思想为指导，紧紧围绕全面建成社会主义现代化强国、实现中华民族伟大复兴中国梦，认真学习宣传贯彻习近平总书记关于工人阶级和工会工作重要论述，坚持用党的创新理论武装职工，用先进的文化培育职工，用正确的舆论引导职工，用高尚的精神塑造职工，用优秀的作品鼓舞职工，用真诚的服务赢得职工。坚持正确政治方向、舆论导向、价值取向，增强"四个意识"、坚定"四个自信"、做到"两个维护"，引导广大职工坚定不移听党话、矢志不渝跟党走。

二、工会宣传教育工作的作用

在新时代工会宣传教育工作的作用主要体现在以下几个方面。

（一）有利于坚定广大职工的马克思主义信仰和建设中国特色社会主义的信念，巩固职工队伍在党的方针政策指导下团结奋斗的共同思想基础。

（二）有利于进一步贯彻落实新发展理念，团结动员广大职工为全面建成社会主义现代化强国，实现第二个百年奋斗目标，以中国式现代化全面推进中华民族伟大复兴而奋斗。

（三）有利于全面提高职工素质，更好地保持和发展工人阶级先进性，巩固党执政的阶级基础和群众基础，加强党的执政能力建设。

（四）有利于工会更好地履职维护职工合法权益、竭诚服务职工群众的基本职责，推进工会自身建设与改革，增强工会组织的活力和凝聚力。

三、工会宣传教育工作的主要任务

（一）以习近平新时代中国特色社会主义思想武装职工

做好工会宣传教育工作的重中之重是用习近平新时代中国特色社会主义思想武装广大职工。完善党的创新理论和工会理论下基层长效机制，落实基层联系点、送教到基层等制度，建立健全企业班组常态化学习制度，组织专家、学者、先进人物等广泛开展有特色、接地气、入人心的宣传宣讲活动，推动习近平新时代中国特色社会主义思想进企业、进车间、进学校、进教材、进头脑，打牢广大职工团结奋斗的思想基础。

（二）以理想信念教育职工

深化中国特色社会主义和中国梦宣传教育，加强爱国主义、集体主义、社会主义教育，弘扬党和人民在各个历史时期奋斗中形成的伟大精神，深入开展"永远跟党走""党旗在基层一线高高飘扬"等系列主题宣传教育活动，在广大职工中唱响中国共产党好、社会主义好、改革开放好、伟大祖国好、各族人民好的时代主旋律。广泛开展党史学习教育，高质量完成学习教育各项任务，引领广大职工学史明理、学史增信、学史崇德、学史力行。深入开展党史、新中国史、改革开放史、社会主义发展史宣传教育，引导广大职工群众深刻认识中国共产党为什么能、马克思主义为什么行、中国特色社会主义为什么好，增强听党话、跟党走的思想自觉和行动自觉。

（三）以社会主义核心价值观引领职工

坚持把社会主义核心价值观融入职工生产生活，内化为职工的情感认同和行为习惯。深入开展以劳动创造幸福为主题的宣传教育，推动建立健全新时代劳动教育理论和实践体系。积极参与群众性精神文明创建活动，推进家庭、家教、家风建设，广泛开展学雷锋志愿活动，展示新时代职工文明形象。

（四）以先进职工文化感染职工

推动建立健全党委领导、行政支持、工会运作、职工参与的职工文化共建共享机制。丰富职工文化产品供给。打造"中国梦·劳动美"系列职工文化品牌，广泛组织开展职工运动会、职工文艺展演、职工艺术节等职工文体活动。加强职工文化阵地建设，推动在街道社区、产业园区、商圈楼宇等职工聚集区建设职工文化场馆，构建立体化、多元化职工文化服务网络。建好、管好、用好职工书屋。创新文化服务方式。搭建"互联网＋职工文化"平台，推动职工文化网络化传播，为职工提供"菜单式""订单式"文化服务；持续开展"阅读经典好书　争当时代工匠""玫瑰书香"等主题阅读活动。加强职工文化人才队伍建设。打造一支专业化、社团化、志愿化相结合的职工文化人才队伍，培育一批德艺双馨、具有一定社会影响力的职工文化建设领军人才，创作一批思想性强、艺术性高、社会影响大、群众口碑好的精品力作。

（五）大力宣传先进典型和工会重点工作

1. 要加强典型选树宣传，深入做好"大国工匠""最美职工"品牌，讲好劳模故事、劳动故事、工匠故事。

2. 深入宣传工人阶级主力军作用和工会工作创新发展所取得的成绩。

3. 广泛宣传工人阶级的伟大品格和劳模精神、劳动精神、工匠精神。

4. 要聚焦社会关注、群体关切、维权服务，突出建会入会，提高工会新闻宣传的指导性、时效性、针对性，加强新就业形态劳动者宣传引导。

5. 全面宣传报道工会组织在构建和谐劳动关系、维护职工合法权益、服务职工群众中发挥的积极作用，进一步扩大工会工作的影响力、凝聚力，推动工运事业的发展。

第二节　新时代加强和改进思想政治工作

思想政治工作是党的优良传统、鲜明特色和突出政治优势，是一切工作的生命线。加强和改进思想政治工作，事关党的前途命运，事关国家长治久安，事关民族凝聚力和向心力。

一、新时代加强和改进思想政治工作的指导思想

中共中央、国务院《关于新时代加强和改进思想政治工作的意见》明确指出，新时代加强和改进思想政治工作的指导思想是：以习近平新时代中国特色社会主义思想为指导，全面贯彻党的十九大和十九届二中、三中、四中、五中全会精神，增强"四个意识"、坚定"四个自信"、做到"两个维护"，紧紧围绕统筹推进"五位一体"总体布局和协调推进"四个全面"战略布局，坚持稳中求进工作总基调，围绕巩固马克思主义在意识形态领域的指导地位、巩固全党全国人民团结奋斗的共同思想基础这一根本任务，自觉承担起举旗帜、聚民心、育新人、兴文化、展形象的职责使命，把思想政治工作作为治党治国的重要方式，着力固根基、扬优势、补短板、强弱项，提高科学化规范化制度化水平，充分调动一切积极因素，广泛团结一切可以团结的力量，为人民服务，为中国共产党治国理政服务，为巩固和发展中国特色社会主义制度服务，为改革开放和社会主义现代化建设服务。

二、新时代加强和改进思想政治工作的方针原则

新时代加强和改进思想政治工作的方针原则是：坚持和加强党的全面

领导，把思想政治工作贯穿党的建设和国家治理各领域各方面各环节，牢牢掌握工作的领导权和主动权。坚持以人民为中心，践行党的群众路线，把人民对美好生活的向往作为奋斗目标，组织群众、宣传群众、教育群众、服务群众，强信心、聚民心、暖人心、筑同心。坚持服务党和国家工作大局，全面贯彻党的基本理论、基本路线、基本方略，坚持系统观念，把思想政治工作与经济建设和其他各项工作结合起来，为党和国家中心工作提供有力政治和思想保障。坚持遵循思想政治工作规律，把显性教育与隐性教育、解决思想问题与解决实际问题、广泛覆盖与分类指导结合起来，因地、因人、因事、因时制宜开展工作。坚持守正创新，推进理念创新、手段创新、基层工作创新，使新时代思想政治工作始终保持生机活力。

三、把思想政治工作作为治党治国的重要方式

中共中央、国务院《关于新时代加强和改进思想政治工作的意见》强调，要把思想政治工作作为治党治国的重要方式。强化党委（党组）主体责任，各级党委（党组）要切实负起政治责任和领导责任，建立健全思想政治工作责任制，制定思想政治工作责任清单，明确落实措施和推进步骤。党的基层组织要认真贯彻党章党规要求，做好党员和群众的思想政治工作。坚持党要管党、全面从严治党，以党的政治建设为统领，坚持思想建党和制度治党相统一，把思想政治工作落实到党的各项建设之中。加强党对国家和社会的全面领导，善于运用思想政治工作和体制制度优势，推动经济社会发展、管理社会事务、服务人民群众，保证党和国家各项事业始终沿着正确方向前进。

四、深入开展思想政治教育

中共中央、国务院《关于新时代加强和改进思想政治工作的意见》强调，要深入开展思想政治教育。坚持用习近平新时代中国特色社会主义思想武装全党、教育人民，健全用党的创新理论武装全党、教育人民工作体

系，增进对习近平新时代中国特色社会主义思想的政治认同、思想认同、理论认同、情感认同。推动理想信念教育常态化制度化，广泛开展中国特色社会主义和中国梦宣传教育，弘扬民族精神和时代精神，加强爱国主义、集体主义、社会主义教育，加强马克思主义唯物论和无神论教育。培育和践行社会主义核心价值观，加强教育引导、实践养成、制度保障，推动社会主义核心价值观融入社会发展和百姓生活。加强党史、新中国史、改革开放史、社会主义发展史和形势政策教育，引导党员、干部、群众继往开来走好新时代长征路。加强社会主义法治教育，深入学习宣传习近平法治思想，在全社会普遍开展宪法宣传教育，有针对性地宣传普及法律、法规和法理常识，加大党章党规党纪宣传力度。增强忧患意识、发扬斗争精神，广泛开展防范化解重大风险宣传教育，以自觉的斗争实践打开新天地、夺取新胜利。

五、提升基层思想政治工作质量和水平

中共中央、国务院《关于新时代加强和改进思想政治工作的意见》强调，要提升基层思想政治工作质量和水平。加强企业思想政治工作，把思想政治工作同生产经营管理、人力资源开发、企业精神培育、企业文化建设等工作结合起来，在思想上解惑、精神上解忧、文化上解渴、心理上解压。加强农村思想政治工作，加强农村精神文明和思想道德建设，开展弘扬时代新风和移风易俗行动，抵制腐朽落后文化侵蚀，培养有理想、有道德、有文化、有纪律的新时代农民。加强机关思想政治工作，坚持把带头做到"两个维护"作为机关思想政治工作的首要任务，深化政治机关意识教育，开展模范机关创建活动，开展对党忠诚教育，开展作风建设专项整治行动，努力建设讲政治、守纪律、负责任、有效率的模范机关。加强学校思想政治工作，加快构建学校思想政治工作体系，实施时代新人培育工程，完善青少年理想信念教育齐抓共管机制，培养德智体美劳全面发展的社会主义建设者和接班人。加强社区思想政治工作，健全社区党组织领导基层群众性自治组织开展思想政治工作的相关制度，加强社区思想政治工作网格化建设，统筹发挥社会力量协同作用，使思想政治工作真正深入群

众生产和生活中去。加强网络思想政治工作，深入实施网络内容建设工程，加强网络传播能力建设，依法加强网络社会管理，推动思想政治工作传统优势与信息技术深度融合，使互联网这个最大变量变成事业发展的最大增量。做好各类群体的思想政治工作，开展思想政治引领行动，把广大群众团结凝聚在中国特色社会主义伟大旗帜下。

六、推动新时代思想政治工作守正创新发展

中共中央、国务院《关于新时代加强和改进思想政治工作的意见》强调，要推动新时代思想政治工作守正创新发展。巩固壮大主流思想舆论，坚持正确政治方向、舆论导向、价值取向，把思想政治工作融入主题宣传、形势宣传、政策宣传、成就宣传、典型宣传中，落实到党报党刊、电台电视台、都市类报刊和新媒体等各级各类媒体，不断提高新闻舆论传播力、引导力、影响力、公信力。深化拓展群众性主题实践，充分利用重要传统节日、重大节庆日纪念日，发挥礼仪制度的教化作用，丰富道德实践活动，推动形成适应新时代要求的思想观念、精神面貌、文明风尚、行为规范。更加注重以文化人以文育人，深入实施文艺作品质量提升工程，深入实施中华优秀传统文化传承发展工程，推进城乡公共文化服务体系一体建设，更好满足人民精神文化生活新期待。充分发挥先进典型示范引领作用，深化"时代楷模"、道德模范、最美人物、身边好人等学习宣传，持续讲好不同时期英雄模范的感人故事，探索完善先进模范发挥作用的长效机制，把榜样力量转化为亿万群众的生动实践。切实加强人文关怀和心理疏导，健全党员领导干部联系基层、党员联系群众的工作制度，健全社会心理服务体系和疏导机制、危机干预机制，建立社会思想动态调查与分析研判机制，培育自尊自信、理性平和、积极向上的社会心态。

七、加强新时代职工思想政治教育工作

职工思想政治教育工作是引导职工群众明确工人阶级历史使命，帮助职工群众提高思想政治水平、树立正确的世界观、人生观、价值观的教育

活动。新时代职工思想政治教育工作主要任务是：坚持用习近平新时代中国特色社会主义思想武装职工头脑，统一思想，凝聚力量，增强"四个意识"、坚定"四个自信"、做到"两个维护"。不断增强职工的国家主人翁意识和责任感，坚定建设中国特色社会主义的共同理想。自觉维护职工队伍和社会政治稳定，最大限度地调动和发挥广大职工投身改革和建设事业的巨大热情和创造活力，为全面建成社会主义现代化强国提供强有力的精神支撑和思想保证。

职工思想政治教育工作的主要内容如下。（1）系统的政治理论知识学习。对职工进行习近平新时代中国特色社会主义思想宣传教育，进行理想信念教育和社会主义核心价值观教育，进行系统的爱国主义、集体主义、社会主义、共产主义教育，进行党史、新中国史、改革开放史、社会主义发展史和形势政策教育。（2）职业道德教育。职业道德是指人们在职业生活中应遵循的基本道德，即一般社会道德在职业生活中的具体体现。工人阶级是人类历史上最先进的阶级，作为国家的主人，应该具有高尚的道德品质。（3）进行观念变革的教育。要从实际出发，坚持唯物辩证法，引导、帮助职工抛弃对社会生活起阻碍作用的陈旧观念，并在改革和现代化建设中继续发扬勤俭建国、奋发图强、自力更生、艰苦奋斗、大公无私、勇于献身等优良传统。（4）在职工中建立新型的团结、互助的人际关系。在工人阶级内部，大力提倡团结、互助精神，是工会思想政治工作的重要内容。这不仅有助于各项改革政策的贯彻实施，而且有利于在竞争的环境中，通过职工之间的各种互助活动，在构建社会主义和谐社会中发挥工人阶级的整体作用，调动广大职工的积极性，促进社会生产力的发展。

工会开展新时代职工思想政治教育工作的方法和途径主要如下。（1）充分发挥新闻媒体的导向作用。（2）开展形式多样的主题教育。（3）以群众性精神文明创建活动为重要载体。（4）重视和发挥文化的教育功能。（5）注重运用先进典型影响带动职工群众。涌现出来的先进集体和先进人物，体现了时代精神，是职工群众的楷模。要采取多种形式，大力宣传他们的感人事迹和高尚品质。

第三节　工会职工教育工作

一、工会职工教育工作的内容

工会职工教育工作是指工会帮助职工不断提高思想政治素质、职业道德水平、科学文化素养、业务技术能力等所开展的活动。工会职工教育工作是工会教育职能的体现，是工会发挥"大学校"作用的基本要求。

在思想政治素质和职业道德教育方面，工会要在职工群众中着力开展中国特色社会主义理论、党的路线方针政策、爱国主义、集体主义、社会主义、民主与法治教育，开展社会主义核心价值观和理想信念教育，增强职工的民族自强心和自信心。同时，要经常开展工人阶级优良传统和伟大品格的教育，大力弘扬新时代劳模精神、劳动精神、工匠精神。

在科学文化知识、业务技术能力教育方面，工会可以通过多种灵活有效的形式把职业教育或技能培训、技能竞赛贯穿于生产实践活动之中，倡导、鼓励、帮助和引导职工群众自主学习、岗位成才、创新立业。

二、工会职工教育工作的基本任务与主要措施

（一）工会职工教育工作的基本任务

1. 加强思想道德素质建设。始终把学习贯彻习近平新时代中国特色社会主义思想作为首要政治任务，落实加强和改进新时代产业工人队伍思想政治工作要求，打牢广大职工团结奋斗的共同思想基础，引领职工坚定不移听党话、矢志不渝跟党走。

2. 加强科学文化素质建设，提升职工队伍知识化水平。实施全民科学素质行动，弘扬科学精神，增加职工提升学历层次、科学文化素养和从业能力的机会与途径。引导职工养成善于学习、勤于思考的习惯，实现学以

养德、学以增智、学以致用。

3. 加强技术技能素质建设，促进优秀技术工人脱颖而出。贯彻尊重劳动、尊重知识、尊重人才、尊重创造方针，推动落实《关于推行终身职业技能培训制度的意见》《关于提高技术工人待遇的意见》，激励更多劳动者特别是青年人走技能成才、技能报国之路，培养更多高技能人才和大国工匠。

4. 加强民主法治素质建设，提高职工守法自觉和维权能力。完善工会维权服务工作体系，加强新就业形态群体权益保障，推动健全保障职工主人翁地位的各项制度安排。增强职工法律意识，提高职工依法维权的能力。

5. 加强健康安全素质建设，促进安全生产和体面劳动。传播普及健康理念和传染病防控知识，促进群众性安全生产和职业病防治工作，增强职工安全生产、健康生活以及应对突发公共卫生事件的素养和能力。

6. 加强社会文明素质建设，培育健康文明、昂扬向上、全员参与的职工文化。深化群众性精神文明创建活动，推动广大职工形成适应新时代要求的思想观念、精神风貌、文明风尚、行为规范。

7. 加强工会教育工作者队伍建设，不断提升工会教育工作者的业务水平和工作能力，为实现工会教育工作的整体推进提供坚强的组织保证。

（二）工会职工教育工作的主要措施

1. 思想道德素质建设方面

强化理论武装。紧密结合职工生产生活实际，运用传播领域新技术新手段，开展多形式、分层次、广覆盖的习近平新时代中国特色社会主义思想学习宣传教育。通过理论宣讲、演讲比赛、知识竞赛等方式，用职工群众听得懂、听得进的语言，把党的创新理论讲透彻、讲鲜活。建立健全企业班组常态化学习制度，用"小故事"讲"大道理"，推动习近平新时代中国特色社会主义思想进基层、进企业、进车间、进头脑。

突出理想信念教育。深化中国特色社会主义和"中国梦·劳动美""网聚职工正能量争做中国好网民"等主题宣传教育活动，壮大网络思政教育力量，推动形势任务、理想信念教育常态化制度化。

加强道德修养。坚持以社会主义核心价值观为引领，结合传统节日、重大节庆，传承勤俭节约、艰苦奋斗等中华民族传统美德，动员职工广泛参与"四德"建设，加强家庭、家教、家风建设。开展以劳动创造幸福为主题的宣传教育，选树宣传劳动模范、大国工匠、最美职工，组织"大国工匠进校园""劳模进校园"等活动，弘扬劳模精神、劳动精神、工匠精神。

2. 科学文化素质建设方面

传播科学思想。充分利用工会媒体，结合科普日、科技周、健康中国行等活动，发挥职工技协作用，开展形式多样的主题科普活动，宣传创新、协调、绿色、开放、共享的新发展理念，宣传节约资源、保护生态、改善环境等知识和观念。倡导科学方法，提升科学素养，抵制愚昧落后。

践行终身学习理念。推动完善现代职业教育制度，促进学历、非学历教育与职业培训衔接互认。利用现有资源及资源服务平台，搭建职工优质网络学习资源公共服务平台，建立网络课程、视频公开课、微课等多种类型的网络资源开放目录，发展在线教育和远程教育。

鼓励职工提升学历。深化农民工"求学圆梦行动"，资助奖励更多职工实现学历与能力双提升。鼓励教育机构为职工提供网上报名、学习、考试、补贴申领等优质便捷的入学和学习方式。

3. 技术技能素质建设方面

广泛开展岗位练兵和技能竞赛。围绕国家重大战略、重大工程、重大项目、重点产业，组织职工广泛深入持久开展各种形式的劳动和技能竞赛。健全完善劳动和技能竞赛机制体系，推动竞赛在促进区域联动、体现产业特色、丰富载体内容、加强机制建设等方面实现新突破，取得新进展。组织职工积极参与"五小"等群众性经济技术创新活动。

落实终身职业技能培训制度。推动各级工会整合培训资源，把学历教育、技能提升与就业培训统一起来，为产业工人提供普惠性、均等化的职业技能培训。实施"互联网+职业技能培训计划"，加强工匠学院、线下培训基地建设，丰富培训形式内容，为职工技能鉴定考试、职业生涯规划提供咨询服务。

促进形成尊重技能的社会风尚。推进高技能人才待遇、技能要素参与分配等纳入工资集体协商范围，推动完善和落实技术工人培养、使用、评价、考核机制，支持劳模和工匠人才（职工）创新工作室创建活动，打造大国工匠品牌。

4. 民主法治素质建设方面

加大普法力度。开展"宪法宣传周""法治宣传周"等各种形式的法律宣传活动，重点宣传《宪法》《民法典》《工会法》《劳动法》《劳动合同法》法律法规。

扩大法律服务覆盖面。贯彻落实总体国家安全观，推动建立健全劳动争议协商解决机制、企业劳动争议调解委员会和行业性区域性调解组织。建设工会法律服务网上平台，组织开展网上法律服务工作。

组织职工参与民主管理和集体协商工作。健全以职工代表大会为基本形式的企业民主管理制度体系，推进厂务公开制度化、规范化，完善职工董事、职工监事制度。围绕就业培训、工资收入、劳动保护、职工福利、职业培训等劳动关系重要问题开展协商协调。开展形式多样的职工代表提案征集活动，丰富职工民主参与形式。

5. 健康安全素质建设方面

开展职业安全健康教育。聚焦重点行业、重点项目、重点人群，加强安全教育培训，围绕安全生产薄弱环节，加大重点行业领域开展"安康杯"竞赛活动力度。

提升健康教育质量。灵活运用各类媒体，通过健康讲堂、讲座等形式，普及传染病及各类职业病防治科学知识，传播公共卫生健康知识。推广建立企业"心理驿站"，加大对职工的人文关怀，帮助职工缓解心理压力。

推动工会劳动保护工作创新发展。发挥工会劳动保护监督检查员和特聘煤矿安全群众监督员作用，通过集体协商、职工代表大会等途径，督促用人单位按照《工会法》《安全生产法》《职业病防治法》等要求，落实劳动保护主体责任。

6.社会文明素质建设方面

打造职工志愿服务品牌。推进以"农民工平安返乡""关爱困难职工"等为主题的"送温暖"职工志愿服务，拓展职工志愿服务内容，推动岗位学雷锋活动覆盖各行各业。发挥产业工会作用，常态化开展以文明礼仪知识普及、法律宣传、扶贫助困、教育医疗服务等为主要内容的职工志愿服务活动，引导职工积极参与文明企业、文明车间、文明班组等群众性精神文明创建活动。

推进职工文化建设。推动特色鲜明、思想性艺术性俱佳的职工文化品牌和精品不断涌现。发挥各类职工文化体育阵地和职工文艺团体作用，传播传承弘扬中华优秀传统文化、革命文化、社会主义先进文化。开展形式多样的线上线下阅读学习活动和"文化送温暖"活动，发展积极健康的工会网络文化。

第四节 工会新闻宣传工作

一、工会新闻宣传工作

工会新闻宣传工作既是党的工运事业的重要组成部分，也是党的新闻宣传工作的重要组成部分。我国各级工会拥有不同形式的从事新闻工作的媒介平台，为工会宣传工作的开展提供了有利条件。实践中，只有正确地把握好宣传工作的思想导向性与新闻工作的客观真实性之间的关系，才能使工会宣传工作取得成效。

二、工会新闻宣传工作概述

（一）工会新闻宣传工作的内涵、原则与要求

工会新闻宣传工作的内涵是：服务工会会员、服务广大职工群众、服

务工运事业。在工会各项工作中，宣传工作发挥着不可替代的思想政治引领、理想信念教育，弘扬社会主义核心价值观，塑造职工群体特色文化等重要作用。这些作用紧紧围绕着引导职工、影响职工、宣传职工，把职工群众紧密团结在以习近平同志为核心的党中央周围，以高尚的精神、崇高的理想、伟大的事业不断激励职工以巨大热情和创造才能投身党和国家的工作大局。

工会新闻宣传工作的原则是：以马列主义、毛泽东思想、邓小平理论、"三个代表"重要思想、科学发展观、习近平新时代中国特色社会主义思想为指导，认真学习宣传习近平总书记关于工人阶级和工会工作的重要论述，学习宣传贯彻党的二十大及二十届二中、三中全会精神，坚定不移地走中国特色社会主义工会发展道路，推动落实党的全心全意依靠工人阶级根本指导方针，解放思想，实事求是，与时俱进，用科学的思想影响职工，用正确的宣传引领职工，用崇高的信仰鼓舞职工，以优秀的作品感染职工，坚持"团结、稳定、鼓劲和正面宣传为主"的方针，切实遵循宣传工作贴近实际、贴近生活、贴近群众的"三贴近"原则。

工会新闻宣传工作的要求主要是：坚持和贯彻党的路线、方针和政策；深化"中国梦·劳动美"主题教育，大力弘扬劳模精神、劳动精神、工匠精神，发挥工会报刊、职工书屋、互联网平台等宣传阵地作用，增强传播力、引导力、影响力；聚焦社会关注、群体关切、维权服务，提高工会新闻宣传的指导性、时效性、针对性，加强新就业形态劳动者宣传引导。树立"大宣传"理念，强化组织领导，聚焦主责主业，加强协调配合，突出融合发展，创新方式方法，提升工作本领，引导工会宣传干部走好群众路线，团结动员亿万职工为全面建成社会主义现代化强国作出新的更大贡献。

（二）工会新闻宣传工作的职责与特点

工会新闻宣传工作的职责主要如下。

1. 引导广大职工积极践行社会主义核心价值观，汇聚为实现中国梦奋斗的正能量，使职工能够自觉把个人愿望与中国梦紧密联系在一起，以领跑者的风貌解读中国梦、以劳动者的佳绩共创中国梦、以创新者的姿态拥抱中国梦。

2. 着力壮大新时代主流思想舆论,大力宣传工人阶级和工会工作,深入做好新就业形态劳动者宣传引导工作,做好"最美职工""大国工匠"等宣传品牌,提升工会网上舆论引导力,坚决维护劳动领域意识形态安全。

3. 创新职工宣传思想工作形式,把宣传工作与帮扶和解决职工切身利益问题和实际困难结合起来。

4. 加强法治宣传,培养职工树立自尊自信、理性平和、积极向上的社会心态以及应有的社会公德、职业道德、家庭美德和个人品德。

5. 以全新的宣传形式激发广大职工创造活力,为全面深化改革、推动高质量发展、全面建设社会主义现代化国家建功立业,唱响"劳动光荣、工人伟大"的时代主旋律,让劳动最光荣、劳动最崇高、劳动最伟大、劳动最美丽在全社会蔚然成风。

6. 大力促进广大职工精神生活共同富裕,把提升职工队伍整体素质作为战略任务来抓,打造健康文明、昂扬向上、全员参与的职工文化,打造"工"字系列职工文化特色品牌,发挥好各类职工文化阵地作用。

7. 始终把群众路线作为宣传工作的根本路线,牢固树立群众观点,坚持以职工为本,宣传职工、服务职工、引导职工自觉做坚持中国道路的实践者、弘扬中国精神的承载者、凝聚中国力量的主力军。

8. 要坚持党对工会宣传教育工作的全面领导,建强工会宣传教育干部人才队伍,构建工会大宣传工作格局。

9. 创新方式方法增强工作实效,不断提升工会宣传教育工作质量水平,努力在潜移默化中强化引导、在润物无声中成风化人。

工会新闻宣传工作的特点主要表现如下。一是围绕工会的基本职责来开展,把握正确舆论导向,全面、准确、及时地表达广大职工的意愿与诉求。二是始终聚焦主题,突出热点,直面难点,打造亮点,重点关注职工群众关心的问题。三是拓宽渠道、创新方式,丰富宣传媒介形式,展现工会宣传工作的正能量。四是以人为本,强化宣传工作的针对性、实效性、吸引力和感染力。

（三）工会新闻宣传工作与媒介传播

工会新闻宣传工作应当有效借助工会自有媒介和社会公共媒介，并通过二者的有机结合推阐自己的宣传理念、导向和主张，以期起到教育职工、影响职工、团结职工和鼓舞职工的社会作用。

三、工会新闻宣传工作的主要途径

（一）舆论

舆论是公众关于现实社会以及社会中的各种现象、问题所表达的信念、态度、意见和情绪表现的总和。坚持正确的舆论引导，是推动经济社会发展的一项极其重要的任务。舆论是工会宣传工作的重要途径，其特点是工会针对特定的问题或社会现象，通过公开表达某种意见、主张、呼声或态度来反映自己的立场。一般而言，舆论的表达对受众并没有强制性，而是由受众通过对舆论表达是非曲直的客观判断形成自己的看法、评价或观点。

（二）媒体

纸媒体是以纸张为载体发布新闻或者资讯的媒体，如报纸、杂志等。影视媒体是科学技术与艺术发展的结晶，有很强兼容性，是一种以视觉形象为主，时空兼备，声画结合的媒体。长期以来，传统纸媒体始终是工会宣传工作媒介选择的主要途径之一，然而伴随现代传媒科技的发展，影视媒介日益成为各级工会宣传工作创新拓展的重要领域，并成为工会宣传工作以其生动、鲜活、直观方式贴近职工、影响受众的重要途径。

网络和传统的电视、报纸、杂志、广播等媒体一样，都是传播信息的渠道，是交流、传播信息的工具和载体。其特点是，信息量大、传播范围广、保留时间长、开放性强、交互性沟通性强、实效性强，而且成本低、效率高。在互联网时代，随着网络媒体的深度发展，自媒体应运而生，其特点是公民个人参与度高，成为普通大众经由数字科技与全球知识体系相连后，获得或分享传播者亲历的事实、新闻等信息的便捷途径。在这种背景下，客观上就要求工会的宣传工作能够紧随时代步伐，树立重视使用网络媒体的理念，建设工会网络媒体运行的长效机制，建设工会网络媒体的工会宣传队伍，建设科学高效的工会网络媒体运行模式，使工会宣传的内容更加理性、客观和公正，更加贴近职工群众的需求，进一步提高工会工作的影响力。

四、工会新闻宣传工作的组织保障

（一）加强工会宣传工作组织建设

1.高度重视工会宣传工作，不仅应认识到位、目标明确，而且要措施得力、组织健全。

2.应始终关注媒介传播的发展变化，积极主动地应对新传播媒介的挑战。

3.加强对工会宣传工作专兼职干部的教育培训，提高工会宣教干部的政治素养、业务能力、新闻宣传工作能力，建设讲政治、顾大局、善学习、勤思考、精业务的工会宣教队伍。

（二）做好工会新闻宣传工作的策划

1.科学制订工会宣传工作日常计划，如年度、季度、月度工作计划并把握好彼此衔接；

2.为推动完成某项工作而周密地做好配套的宣传工作策划；

3.以创新举措和务实方式设计出内容新颖、针对性强、形式独特、广受欢迎的策划方案等。

（三）健全完善工会新闻宣传工作考核标准

健全完善考核标准应把握以下原则：

1.工会新闻宣传工作应具有针对性且达到预期目标；

2.工会新闻宣传工作能够为广大职工受众所喜爱、所接受；

3.工会新闻宣传工作能够与党和国家整体宣传工作的基本要求保持一致；

4.工会新闻宣传工作能够同工会其他工作相融合，并为工会整体工作推进创造有利条件。

第五节　工会职工文化体育工作

一、职工文化概述

（一）职工文化

在社会主义文化大发展大繁荣和实现中华民族伟大复兴的时代背景下，职工文化写进了《中国工会章程》。

职工文化是以劳模为代表的先进职工群体在长期实践中创造的，被广大职工和企事业认同共享的，由工会提炼和塑造并在职工群众中推广、践行和展示的职工价值理念、职工行为规范和职工精神风貌的总和。职工文化是中国特色社会主义文化的重要组成部分，是强化思想政治引领、凝聚职工奋斗力量的重要内容。职工文化的内容主要包括团队精神、职工道德风尚、职工文化素质、职工文化阵地建设、职工文化体育活动等方面。

文化的本质功能是以文化人。职工文化建设是全面提高职工素质、丰富职工精神文化生活、激发职工劳动热情和创造活力的重要载体。加强职工文化建设，对维护职工精神文化权益、促进劳动关系和谐稳定发展、推动社会主义文化大发展大繁荣具有十分重要的意义。2018 年 10 月 29 日，习近平总书记在中南海同中华全国总工会十七届领导班子成员集体谈话时强调，要坚持以社会主义核心价值观引领职工，深化"中国梦·劳动美"主题教育，打造健康文明、昂扬向上、全员参与的职工文化。

为深入贯彻落实习近平总书记关于新时代中国特色社会主义文化建设、关于工人阶级和工会工作的重要论述精神，打造健康文明、昂扬向上、全员参与的职工文化，推动新时代职工文化繁荣发展，助力实现 2035 年建成文化强国的奋斗目标，全国总工会办公厅于 2020 年印发了《中华全国总工会关于加强新时代职工文化建设的指导意见》（以下简称《意见》），对新时代职工文化建设的指导思想、基本原则、任务目标、重大举措等提出了明确要求。

（二）职工文化的特点

职工文化的特点主要体现在：

1. 职工文化的本质是"文化"，职工文化是由先进职工群体创造的；

2. 职工文化具有先进性，即以劳模为代表的先进职工群体的先进价值理念是职工文化的灵魂；

3. 职工文化具有有效性，是培养和塑造先进职工群体的一种有效手段；

4. 职工文化具有管理属性，是在企业认同和支持下开展的职工群众自我教育、自我管理和自我提升的一种方式；

5. 职工文化是由工会提炼和塑造的，是工会宣传教育工作的核心内容；

6. 职工文化是职工群众的文化，源于职工、作用于职工。

（三）职工文化建设的主要内容

1. 塑造职工价值理念

职工价值理念是指职工群众的人生目标、伦理观念、理想信念、个人信仰和审美情趣等价值观念的总和。其主要特点表现在以下方面。

（1）内生性，即职工价值理念是先进职工群体在长期的成功实践中自然形成的。

（2）实用性，即职工价值理念对提升职工群众整体素质具有较强的指导意义和实用价值。

（3）差异性，即职工价值理念是不同职工群体间差异的本质特征。职工价值理念的内容主要涉及职工责任、职工理想和职工信念等方面。

2. 形成职工行为规范

职工行为规范是将职工价值理念具体化为职工群众日常行为应遵循的相关制度和规范。推动形成职工行为规范应把握的主要原则有：

（1）发挥职工价值理念的指导作用；

（2）营造良好的职工文化氛围；

（3）体现职工群众的主体作用；

（4）明确职工行为规范的内容。

3. 展示职工精神风貌

职工精神风貌是指职工群众的行为风格、精神气质、道德修养、心理状态、生活志趣、业余爱好、身心素质的总和。

塑造职工精神风貌应遵循的原则主要包括：

（1）以铸魂为核心；

（2）以素质提升为手段；

（3）以化人为目标。

在上述原则指导下，职工精神风貌的内容主要涉及职工行为习惯、职工道德品质、职工文体特长等。

（四）职工文化与企业文化的关系

1. 地位对等

企业的发展寓于职工文化和企业文化相互结合与转换之中。也就是说，职工文化包含着企业文化的内容，同样企业文化也包含着职工文化的内容。这是因为，职工是企业的，企业也是职工的；职工离不开企业，企业更离不开职工。因此，职工文化与企业文化是并列关系，二者地位对等。

2. 内容互补

职工文化建设是职工提高职业技能素质、丰富精神文化生活、激发劳动热情和创造活力的重要载体，企业文化建设是体现企业形象特点、增强凝聚力、提高竞争力的必要手段。可见，职工文化建设提高职工素质的核心在于为职工立魂，引导职工实现其人生追求和展现其应有的精神风貌；企业文化建设提高企业核心竞争力的关键则在于为企业立心，描绘企业蓝图和统一职工的思想观念。两者相互融合和互动，共同构成企业的整体文化体系。

3. 相得益彰

实践表明，企业文化历经百年而不衰的"长寿"基因不仅在于企业文化，还在于职工文化。职工文化是企业"长寿"基因的基石，企业文化是企业"长寿"基因的动因。职工文化助职工成功，企业文化促企业成功，只有二者共同成长、协调发展、相得益彰，企业方能保持可持续发展。

4. 目标一致

两种文化在发展重点上各有侧重，分别以提升企业职工群众整体素质和提高企业市场竞争力为战略重点，但二者在终极目标上是一致的，都是为了实现企业高质量的发展。

二、工会在职工文化建设中的主要任务与活动方式

（一）工会在职工文化建设中的主要任务

工会在职工文化建设中的主要任务重点包括以下几个方面：

1. 加强职工思想政治引领；

2. 发现、选树、表彰和培养劳动模范和先进典型人物；

3. 挖掘和提炼先进职工文化；

4. 宣传和推广先进职工文化；

5. 推动实施和建设先进职工文化。

（二）工会在职工文化建设中的活动方式

1. 创建活动平台，如组织职工群众开展集学习、创新、娱乐于一体的知识竞赛、演讲比赛、体育比赛、文艺演出等多种文体活动。

2. 创建阵地平台，诸如工人文化宫、俱乐部、职工书屋、体育馆、健身房等职工文化活动阵地。

3. 创建品牌平台，努力打造"工"字品牌，诸如发挥职工文化基地的示范作用，实施职工素质建设工程，举办各种健康向上的职工艺术节、职工运动会、职工书屋等以培育各具特色的职工文化品牌。

4. 创建人才平台，诸如培养和扶持职工群众中涌现出的各类职工文化人才和积极分子，形成专业文化工作者和职工文化积极分子专兼结合的职工文化建设队伍。

三、加强新时代职工文化建设

（一）基本原则

1. 坚持党的领导。各级工会党组织要切实担负起政治责任，加强对职

工文化建设的政治领导、思想领导、组织领导。

2. 坚持正确导向。职工文化建设必须始终把坚持正确方向、价值取向和艺术导向放在首位，充分发挥思想政治引领作用，促进广大职工在理想信念、价值理念、道德观念上紧紧团结在一起。

3. 坚持公益性方向。职工文化阵地是国家公共文化服务体系的有机组成部分。要始终坚持把社会效益放在首位，推动建立政府、工会、企业、社会等多渠道的资金保障体系，使其充分履行公益性服务职能。

4. 坚持共建共享。坚持党委领导、行政支持、工会运作、职工参与的职工文化共建机制，坚持力量和资源向基层倾斜，使发展成果惠及更多职工。

5. 坚持改革创新。适应新时代的发展和要求，充分运用互联网技术，推进职工文化建设理念思路、内容形式、方法手段改革创新，提升职工文化感召力和影响力。

（二）任务目标

坚持中国特色社会主义文化发展道路，坚持弘扬中华优秀传统文化、革命文化和社会主义先进文化，加强职工思想政治引领，培育践行社会主义核心价值观，积极推进职业道德建设，繁荣发展职工文艺，团结带领广大职工听党话跟党走。推动党委领导、行政支持、工会运作、职工参与的职工文化共建机制不断健全，布局合理、契合需求、作用突出、公益彰显的职工文化阵地管理、运行和保障机制日趋完善，特色鲜明、思想性艺术性俱佳的职工文化品牌和精品不断涌现，专业化、社团化、志愿化相结合的职工文化人才队伍优化壮大，职工群众文化获得感显著增强，推出一批职工文化阵地建设示范典型，打造一批职工文化创作培训基地，培育一批德艺双馨、具有一定社会影响力的职工文化建设领军人才，创作一批思想性强、艺术性高、社会影响大、群众口碑好的精品力作。

（三）重大举措

1. 坚持正确导向。坚持用习近平新时代中国特色社会主义思想教育引导职工，通过接地气、易于被职工接受的方式推动党的创新理论进企业、进车间、进班组，引导广大职工坚定理想信念，增强"四个意识"、坚定

"四个自信"、做到"两个维护"。

2.着力打造"中国梦·劳动美"系列职工文化品牌。持续深化"中国梦·劳动美"品牌内涵，创新载体和形式，广泛开展"中国梦·劳动美"主题全国职工演讲比赛、知识竞赛、摄影、视频和书画大赛、全健排舞比赛以及各类群众性健身活动，不断提升吸引力和感染力。

3.鼓励地方广泛开展"工"字特色职工文化活动。探索项目制培育创作带有"工"字特征、体现"工"字内涵、彰显"工"字精神的优秀职工文化活动和作品。

4.丰富职工文化产品供给。把满足职工精神文化需求作为职工文化建设的出发点和落脚点，因地制宜、因时制宜，采用职工群众喜闻乐见的方式，提供丰富多彩的文化服务。

5.加强职工文化阵地建设。深入落实《公共文化服务保障法》，落实《中华全国总工会关于加强和规范工人文化宫管理的意见（试行）》等文件精神，推进工人文化宫、职工书屋等职工文化阵地建设，积极争取当地政府将工人文化宫、职工书屋建设纳入地方公共文化服务体系建设范围，在建设资金、场地、税费减免等方面给予优惠扶持，以购买服务、项目补贴、定向资助、贷款贴息等方式，对工人文化宫、职工书屋提供公共文化服务给予支持。

6.构建面向社区园区便利化、普惠化的文化设施网络。着力优化职工文化阵地布局，聚焦中小企业和农民工、新就业形态职工，积极争取政府部门支持，发挥企业积极性，在街道社区、产业园区、商圈楼宇等职工聚集区建设职工文化场馆、职工书屋等，构建"企业—产业园区—社区—镇街—楼宇"圈层式文化服务网络，打造布局合理、覆盖广泛、资源集成、服务共享的职工文化服务体系，让职工就近、便捷、高效地得到文化服务。

7.提升职工文化阵地管理和服务水平。工人文化宫、职工书屋等各类职工文体活动场馆，以及职工文艺院团、文化团体是意识形态的重要阵地，各级工会要严格落实意识形态工作责任制，按照谁主管谁负责和属地管理原则，管好导向、管好阵地、管好队伍，做到守土有责、守土担责、守土尽责。

8.推动职工文化与新技术、新模式、新媒体有机融合,提高网络文化产品制作和供给能力。

9.推动职工文体活动线上线下齐头并进。推广健康文明的网络文体活动,广泛开展网上健步走比赛、工间操网络展播,以及网上摄影书画展、文艺会演、微视频展播、"随手拍"、云上演出等线上线下并行的灵活多样、趣味便利、大众化文体活动。

四、职工体育工作

体育是社会发展与人类文明进步的一个标志,体育事业发展水平是一个国家综合国力和社会文明程度的重要体现。职工体育是在企业、事业单位、机关、社会组织等单位职工中开展的体育锻炼活动。职工体育是国家群众体育的重要组成部分,是职工群众广泛参与的体育活动。职工体育以职工喜闻乐见的运动项目和适合职业岗位劳动特点的各种有益于健身和娱乐的锻炼项目为主。目的是提高职工健康水平,调节情绪,增强对环境的适应能力和防治职业病。

(一)职工体育工作的主要任务

1.制定职工体育工作的发展规划,充分调动职工群众参与体育活动的积极性,最大限度地满足广大职工体育健身需求,提高职工身体素质,达到全民健身的目标。

2.改善职工体育健身的条件与环境,为职工群众参加体育健身活动提供必要的设施和良好的服务。

3.依托各级职工文化体育协会,推进职工体育工作机制创新,健全职工体育活动组织。

(二)职工体育工作的途径和方式

1.以中国职工文化体育协会为龙头,健全完善职工文化体育工作体系;

2.开展不同层次、不同类型、丰富多彩的职工文体活动;

3.通过评比表彰,选树职工文体工作优秀单位,促进工会文体工作整体水平不断提高。

 思考题

1. 工会宣传教育工作的作用有哪些？

2. 工会宣传教育工作的主要任务是什么？

3. 新时代加强和改进思想政治工作的指导思想和方针原则是什么？

4. 如何开展思想政治教育？

5. 如何提升基层思想政治工作的质量和水平？

6. 工会职工教育工作的基本任务是什么？

7. 工会职工教育工作的主要措施有哪些？

8. 工会宣传工作的原则和要求是什么？

9. 职工文化建设的主要内容是什么？

10. 工会在职工文化建设中主要任务和活动方式是什么？

11. 如何加强职工文化建设？

12. 职工体育工作的主要任务是什么？

 案例 1

黑龙江工会创新形式、丰富载体宣讲党的创新理论， 教育引导职工听党话、跟党走

——黑龙江工会：加强思想政治引领　凝聚发展"工力量"

2023 年 8 月 24 日　来源：中工网—工人日报

近年来，黑龙江工会将过去"课桌式"宣讲改为到生产一线宣讲，变把职工"请上来"为把宣讲"送下去"，推动党的创新理论在职工中入眼入脑更入心，为黑龙江高质量发展汇聚磅礴力量。

日前，在黑龙江省三江口航道船舶卧泊基地，十几名船员在作业船的甲板上席地而坐，聆听一场由黑龙江省海员工会组织的党的二十大精神宣讲会。

这是一场专门为在边远地区、分散作业的水运系统职工举行的系列宣

讲会，从祖国的东极抚远市出发，经同江市、嘉荫县、黑河市等地区，一直讲到祖国的北极漠河市。

将过去"课桌式"宣讲改为到生产一线宣讲，把职工"请上来"的组织模式变为把宣讲"送下去"的操作方法，近年来，在黑龙江省总工会的推动下，像这种内容丰富、形式新颖、效果明显的宣讲活动在全省范围内遍地开花。通过这些活动，黑龙江省各级工会组织积极宣讲党的创新理论，教育引导职工听党话、跟党走，推动产业工人队伍建设改革，助力老工业基地转型发展。

顶层设计　夯实基础

黑龙江省总工会始终把职工思想政治引领工作摆在工会工作的重要位置，多年来，不断加强顶层设计，通过制度建设，为思想政治引领工作开展提供坚实保障。

2020年，黑龙江省印发《〈关于加强和改进新时代产业工人队伍思想政治工作的具体措施〉的通知》。2021年，黑龙江省工会第十二次代表大会工作报告明确提出，"未来5年，打造'万名职工思想政治引领骨干'品牌，培训5万名骨干，形成一支规模宏大的思想政治引领骨干队伍"。

在黑龙江省总工会的引领下，全省各市（地）工会组织也积极行动起来，加强思想政治引领工作的顶层设计。

哈尔滨市委、市政府出台加强和改进新时代产业工人队伍思想政治工作的具体措施，把产业工人思想政治建设纳入市委思想教育道德计划；鸡西市总工会积极推进培育"百名职工思想政治工作骨干"行动计划，成立由市委讲师团、劳模代表等成员组成的市总工会职工思想政治引领骨干队伍；齐齐哈尔市制定"产改"工作要点，要求高质量、高标准完成职工思想政治引领骨干培训任务。

与时俱进　活化载体

职工思想政治引领骨干培训班是黑龙江省总工会的一项品牌工作。两年来，省总工会本级举办线上线下43期全省万名职工思想政治引领骨干培训班。2021年、2022年，省总工会共投入经费712万元，培训2.5万余名骨干。今年，又投入预算164万元，计划再培训1万人，目前已培训

5869 人。

在课程设置方面，培训班紧紧围绕党中央的方针政策，重点突出党对工人阶级、工会组织的系列重要要求。讲授课程的除了有专家学者，还有一线先模人物。

今年是铁人王进喜诞辰 100 周年，黑龙江省总工会与时俱进地开展了大庆精神（铁人精神）示范性宣讲活动，同时组织了"永远的铁人——王进喜生平业绩展览"进企业进基层活动，促进大庆精神（铁人精神）深入人心。

此外，为方便职工就近培训，哈尔滨、齐齐哈尔、牡丹江、佳木斯、大庆、鸡西等地结合当地红色资源，开展属地培训。在大庆新时代产业工人思想教育基地，学员重温大庆精神（铁人精神）的历史脉络；牡丹江市宣讲工作走进非公企业现场，一场活动就有 700 余名职工收听收看。

丰富形式　深入基层

思想政治引领工作的深入开展，带来了职工在行动上实打实的变化。

黑龙江省总工会开展劳模工匠职工宣讲活动，组建劳模工匠（职工）宣讲团，开展"沉浸式""体验式"宣讲活动。全省各级工会组建"工"字号宣讲队伍 1024 支，成员 4.8 万人，宣讲 4.3 万场次，辐射职工 430.7 万人次。

在黑龙江省总工会的示范引领下，大庆油田依托"大庆油田工会"APP 开展"云讲述"活动，全油田各岗位职工结合岗位工作畅谈理想信念，打造职工自我教育新范式。（工人日报—中工网记者　张世光）

 案例 2

各级工会着力提升职工队伍整体素质，大力实施职工素质建设工程
——工会"大学校"成为职工素质提升"加油站"

2023 年 9 月 7 日　来源：中工网—工人日报

今年 2 月，江苏省的常州工学院迎来了一批备受关注的新生——首批来自常州市 9 家快递公司的 37 名快递员走入校园，参加常州市快递行业"求学圆梦"合作班的开学典礼，开启为期两年半的物流管理专业学习。据悉，常州市总工会还将为 1800 名包括新就业形态劳动者在内的农民工和一线职工提供学历提升补助，对于成绩优异者还将发放"工会励志奖学金"。在全国，工会组织持续发挥"大学校"作用，着力提升职工队伍整体素质，大力推进包括"求学圆梦行动"在内的各项职工教育工作，职工队伍整体素质得到明显提升。

今年春天，全国总工会发布了第九次全国职工队伍状况调查结果。数据显示，95.3%的职工有兴趣学习新的职业技能或知识，70.1%的职工希望单位工会开展职工职业技能培训。职工的需求就是工会工作努力的方向。围绕提升职工队伍整体素质、提高职工职业技能水平，全总和各级工会长期发力，做好顶层设计，打造示范品牌，搭建阵地平台，各项工作有力有效展开。

——全总连续制定3个《全国职工素质建设工程五年规划》，围绕提高职工队伍思想道德素质、科学文化素质、技术技能素质、法治素质、健康安全素质和社会文明素质等作出安排部署。各地工会成立领导小组，制定配套方案，以实施职工素质建设工程为抓手，扎实推进职工教育工作。

——联合教育部自2016年起开展农民工"求学圆梦行动"，资助奖励更多职工实现学历与能力双提升。截至2022年底，全国各级工会累计投入资金4.37亿元，帮助210多万名一线职工特别是农民工接受学历继续教育。

——大力推进阵地建设。全总命名全国职工教育培训示范点4600家、全国职工爱国主义教育基地56个，推进建设职工技能实训基地130家。同时，建成职工书屋超过15万家，覆盖职工9000多万人，电子职工书屋为2000多万职工提供学习服务。各级工会还打造了一批服务功能齐备的基层职工教育培训阵地。

——拓展技能培训渠道。打造"技能强国——全国产业工人学习社区"，培训职工2亿人次，并建设中国职工经济技术信息化服务平台、职工技能培训与岗位练兵在线平台、中国职工教育服务网等，开展网络学习培训。

特别的是，聚焦产业工人这一群体，各级工会以推进产业工人队伍建设改革为抓手，联合相关部门，从加强职业教育、加大资金投入、支持企业加强职工教育培训、提供培训资源等方面，为产业工人技术技能提升提供多方支持保障，引导更多劳动者走上技能成才、技能报国之路。比如，广泛开展技术技能培训，建成各类"工匠学院"300余家；鼓励企业提取使用职工教育经费，用于职工技术技能提升；推动职业教育制度改革，深化产教融合，引导企业加大在岗培训力度，推行现代学徒制和新型学徒制；联合举办4届全国职工职业技能大赛，基本建立起具有中国特色的职业技能竞赛体系；推进实施国家高技能人才振兴计划、高技能领军人才境外培训计划等。

　　如今，工会"大学校"已经成为职工素质提升的"加油站"，越来越多的产业工人、一线职工立足岗位，提高技术技能水平和整体素质，一支知识型、技能型、创新型的劳动者大军正逐渐壮大。（工人日报—中工网记者　郝赫）

第九章　工会劳动保护工作

第一节　劳动保护概述

一、劳动保护

劳动保护是国家和用人单位为保护劳动者在劳动生产过程中的安全和健康所采取的立法、组织和技术措施的总称。它是根据国家法律、法规、规章，依靠技术进步和科学管理，采取组织措施和技术措施，消除危及人身安全健康的不良条件和行为，防止事故和职业病，保护劳动者在劳动过程中的安全与健康。劳动保护的工作内容包括：不断改善劳动条件，预防工伤事故和职业病的发生，为劳动者创造安全、卫生、舒适的劳动条件；合理组织劳动和休息；实行女职工和未成年工的特殊保护，解决她们在劳动中由于生理关系而引起的一些特殊问题。

二、劳动保护的对象

劳动保护的对象是从事劳动生产的劳动者，即全社会从事职业活动的劳动者。从用人单位类型来说，既包括企业，也包括机关、事业单位、社会组织。从用人单位的性质来说，既包括国有企事业单位的劳动者，也包括各种非公有制企事业单位的劳动者。总之，只要是中华人民共和国境内依靠劳动取得工资收入的劳动者，都是劳动保护的对象。

三、劳动保护的范围

劳动保护是对劳动者在生产劳动过程中人身安全与健康的保护，是对劳动者最基本、最重要的保护。

四、劳动保护的作用

加强劳动保护，事关人民群众的生命和财产安全，国民经济全面、协调、可持续发展以及社会稳定的大局，是我们党和国家的一项基本政策，也是企业管理的一项基本原则。劳动保护的作用主要如下。

(一) 有利于保障人民群众生命和财产安全，维护劳动者的合法权益

劳动者是社会物质财富和精神财富的创造者，是生产力中最积极、最活跃的因素，也是生产安全事故的最直接、最严重的受伤害对象。劳动者在从事生产经营活动中存在许多不安全因素和不确定状态，如果不具备安全生产条件，不采取安全保护措施，或者违反安全操作规程，往往容易引发安全生产事故，造成人身伤亡。这不仅会给劳动者和他们的家庭带来很大痛苦，而且也会给国家和社会造成很大危害。因此，在劳动过程中，必须随着经济发展和科技进步，不断改善劳动条件，切实搞好安全生产，最大限度地减少伤亡事故的发生，从而保障人民群众的生命和财产安全。

(二) 有利于确保生产经营活动的正常进行，促进社会生产力的发展

社会主义的根本任务是发展社会生产力。而发展社会生产力，首先要保护生产力，最主要就是保护劳动者。只有高度重视劳动保护，不断改善劳动条件，消除劳动生产中的各种不安全因素，防止伤亡事故的发生，才能保障劳动者的安全，才能保障生产经营活动的正常进行。同时，加强劳动保护是和采用先进技术，实现生产过程的机械化、自动化以及改进操作方法等密切相连的，这样，不仅可以大大改善劳动条件，也能促进劳动生产率的提高。而且，加强劳动保护，改善劳动条件，还有利于激发广大劳动者的劳动热情和劳动积极性，促进社会生产力的发展。

(三) 有利于保持社会稳定，并在此基础上保证社会和谐

社会稳定是社会和谐的基础，是改革发展的前提条件。如果生产安全事故经常发生，劳动者生命得不到保障，将会使广大劳动者感到不满，严

重时还可能使人民群众对党和政府为人民服务的根本宗旨产生疑虑和动摇。生产安全事故的发生，不但会给国家和用人单位带来经济损失，也会给劳动者本人造成伤害和痛苦，给其家庭带来不幸，还可能给社会带来不安定因素。因此，只有切实加强安全生产，防止生产安全事故的发生，才能从根本上消除这些影响安定团结的因素。

五、劳动保护的综合措施

劳动保护的综合措施，就是针对造成伤亡事故的各种因素，从技术、管理等方面采取综合治理措施，即通过采取技术手段，提高生产劳动中工艺、技术、设备的本质安全水平；通过采取管理手段，提高劳动者的安全意识，避免违章作业。

第二节 工会劳动保护工作

一、工会劳动保护工作

工会劳动保护工作指工会组织根据自己的性质和特点，为确保劳动者在生产过程中的安全和健康，发动劳动者积极参与各项劳动保护监督检查活动，也称群众劳动保护工作。做好工会劳动保护工作是由工会的性质和职能所决定的；是党和国家赋予工会的职责和权利；是社会主义经济建设的客观需要。

二、劳动保护工作的意义

（一）劳动保护是党和国家的一项基本政策

为改善劳动条件、保护劳动者在生产劳动过程中的安全和健康，国家制定了包括《安全生产法》《职业病防治法》在内的一系列法律、法规和国家标准。党的十八大以来，党中央、国务院历来高度重视安全生产工作，作出一系列重大决策部署，2016 年 12 月 9 日中共中央、国务院发布了《关于推进安全生产领域改革发展的意见》，推动全国安全生产工作取得积极进展。

（二）劳动保护是工会履行维权职责的客观需要

坚持以人民为中心的发展思想，把人民的利益作为一切工作的出发点和落脚点，不断实现发展为了人民、发展依靠人民、发展成果由人民共享。从人民群众的根本利益出发谋发展、促发展。这对工会劳动保护工作提出了更高要求。作为职工权益代表者和维护者的工会，应积极主动地参与到劳动安全卫生工作中去，履行好自己的维护职责。

（三）劳动保护是构建和谐劳动关系的必然要求

劳动者是劳动关系一方当事人，获得劳动安全卫生保护是其基本权利；而企业为了实现利润最大化，往往降低劳动安全卫生条件、减少劳动保护支出。劳动关系主体双方由于利益目标不同，必然导致矛盾的产生。而工会在劳动关系矛盾中则起着缓冲和协调的作用，这就要求工会应积极主动地维护职工的切身权益，促进稳定和谐劳动关系的形成。

三、劳动保护工作的内容

劳动保护工作的任务是采取积极有效的组织管理措施和工程技术措施，保护劳动者在生产过程中的安全与健康，促进社会主义建设事业的顺利发展。劳动保护工作的内容包括以下几个方面。

（一）劳动安全卫生工作

劳动安全卫生工作分为劳动安全工作、劳动卫生工作两个部分。劳动安全工作主要是指采取各种保证安全生产的技术措施，控制和消除生产过程中容易造成劳动者伤害的各种不安全因素，预防、减少和杜绝伤亡事故，保障劳动者人身安全的技术措施和管理工作。劳动卫生工作主要是指采取各种保证劳动卫生的技术措施，改善作业环境，预防职业病危害和职业病、保障劳动者身心健康的技术措施和管理工作。

（二）劳动条件

改善劳动条件，减轻劳动强度，为劳动者创造舒适、良好的作业环境。

（三）休息休假保障

我国劳动法律法规对工作时间和休息休假做了明确的规定，用人单位应该根据有关法律的规定，合理安排职工的工作时间和休息休假，严格控制加班加点，保证劳动者有合理的休息时间，使劳动者能经常保持健康的体魄、高涨的热情和充沛的精力，这不仅可保障劳动者的身心健康，也有助于生产的高效进行。

（四）女职工和未成年工特殊保护

女职工有其特殊的生理特点和哺育下一代的责任，而年满16周岁未满18周岁的未成年工还处于生长发育阶段，因此我国劳动法律法规对女职工和未成年工的保护做了具体的规定，用人单位应采取各种措施依法对他们实行特殊保护。

四、劳动保护工作的方法

目前世界各国在劳动保护工作中普遍推行技术对策、教育对策和法治对策。这三个对策被公认为是防止事故的三根支柱。通过这三根支柱的作用，能有效地防止事故发生。我国现在劳动保护工作的主要方法如下。

（一）贯彻"安全第一、预防为主、综合治理"的方针，完善劳动保护工作的体制。一是坚决贯彻"管生产必须管安全"的原则，将劳动保护工作的方针、政策和具体任务落实到生产中去。二是在劳动行政部门建立健全保护监察制度，加强劳动保护监察机构的力量，充分发挥国家劳动保护监察作用。三是加强群众监督，对于企业安全生产的行为，工会有权提出批评和建议，督促有关方面及时改进。

（二）健全劳动保护法制，完善劳动保护法律体系。劳动保护法制，指国家用立法形式，将改善劳动条件、保障安全生产和文明生产的各种措施加以规范化、条文化，用法律和法规的形式固定下来，使之成为全社会都必须遵守的行为准则。有了法规，一方面可使企业和经济管理部门的领导明确自己在保护劳动者安全和健康上应负的责任；另一方面可使劳动者在生产中的安全与健康有法律保障，更有利于为实行劳动保护监察提供法律依据。

（三）不断采用新技术，改善劳动条件。随着生产工艺的改革和技术进步，对原有落后的工艺和设备进行改造，提高劳动安全卫生装置与设施的可靠性，可以减少以至消除生产中的不安全和不卫生因素。

（四）广泛开展劳动保护宣传教育。宣传教育是提高各级领导和广大群众对劳动保护工作重要性认识的一种行之有效的手段。一方面，要宣传好的经验和做法，深刻认识造成事故和职业病所带来的痛苦和损失。另一方面，宣传教育的形式要多样、生动活泼，以提高实际效果。

（五）积极开展劳动保护科学研究工作。科技是第一生产力，劳动保护科学研究工作也必须走在其他各项工作的前头。伴随着经济建设的深入发展，新的科学技术不断涌现，必然会不断产生新的劳动保护科学技术课题。因此，必须把劳动保护科学研究工作作为永恒的任务，不断予以加强。要加强情报信息的收集，为解决劳动安全卫生问题制定劳动安全卫生标准且为开展技术监察提供科学的数据与手段。

第三节　工会劳动保护工作的法律保障

一、劳动安全卫生法律法规概述

（一）劳动安全卫生法律法规

劳动安全卫生法律法规是指在生产过程中用以调整同劳动者安全与健康以及生产资料和社会财富安全保障有关的各种社会关系的法律规范的总称。劳动安全卫生法律法规有广义和狭义两种解释，广义的劳动安全卫生法律法规是指我国保护劳动者、生产者和保障生产资料及财产的全部法律规范；狭义的劳动安全卫生法律法规是指为了改善劳动条件，保护劳动者在生产劳动过程中的安全与健康，以及保障生产安全所采取的各种措施的法律规范。

劳动安全卫生法律法规是国家法律体系中的重要组成部分，是党和国家的安全生产方针政策的集中表现。它以法律的形式规定人们在生产过程中的行为规则，规定什么是合法的，什么是非法的，如何去做等，用国家强制力来保证企业安全生产的正常秩序，使劳动安全卫生工作有法可依、有章可循。

（二）劳动安全卫生法律体系

劳动安全卫生法律体系是指我国现行的、同劳动安全卫生法律规范形成的有机联系的统一整体。法的层级不同，其法律地位和效力也不同。我国的劳动安全卫生法律体系分为法律、法规、规章等几个层次。

1. 法律。法律居于整个体系的最高层级。劳动安全卫生方面的法律由三部分组成：一是综合法律，适用于劳动安全卫生领域中普遍存在的基本和共性问题，如《安全生产法》《职业病防治法》；二是单行法律，其内容只涉及某一领域或者某一方面的劳动安全卫生问题，如《矿山安全法》《道路交通安全法》《消防法》等；三是相关法律，其部分内容涉及劳动安全卫生问题，如《劳动法》《工会法》《刑法》《劳动合同法》等。

2. 法规。分为行政法规和地方性法规。行政法规的地位和效力高于地方性法规，常用的相关行政法规有《生产安全事故报告和调查处理条例》《危险化学品安全管理条例》《工伤保险条例》等。还包括工会劳动保护监督检查的三个《条例》：《工会劳动保护监督检查员工作条例》、《基层工会劳动保护监督检查委员会工作条例》和《工会小组劳动保护检查员工作条例》。

3. 规章。分为部门规章和地方政府规章。常用的部门规章有《安全生产违法行为行政处罚办法》《劳动防护用品监督管理规定》《注册安全工程师管理规定》等。

4. 标准。分为国家标准和行业标准。对同一劳动安全卫生事项的技术要求，行业标准可以高于国家标准，但不得与其抵触。

二、我国安全生产工作的指导思想、方针和机制

《安全生产法》第 3 条规定："安全生产工作坚持中国共产党的领导。安全生产工作应当以人为本，坚持人民至上、生命至上，把保护人民生命安全摆在首位，树牢安全发展理念，坚持安全第一、预防为主、综合治理的方针，从源头上防范化解重大安全风险。安全生产工作实行管行业必须管安全、管业务必须管安全、管生产经营必须管安全，强化和落实生产经营单位主体责任与政府监管责任，建立生产经营单位负责、职工参与、政府监管、行业自律和社会监督的机制。"这一规定，明确了我国安全生产工作的指导思想、方针、原则和机制。

（一）安全生产工作的指导思想

1. 安全生产工作坚持中国共产党的领导

此次修改《安全生产法》，增加规定安全生产工作坚持中国共产党的领导，有利于统筹推进安全生产系统治理，大力提升我国安全生产整体水平。坚持党对安全生产工作的领导，是做好安全生产工作的根本原则。只有坚持党对安全生产工作的领导，充分发挥党的领导优势，安全生产工作才能得到根本保证。

2. 安全生产工作的基本理念

安全生产工作应当以人为本，坚持人民至上、生命至上，把保护人民生命安全摆在首位，树牢安全发展理念。中国特色社会主义进入新时代，安全生产工作的理念不断发展、丰富和完善。《安全生产法》贯彻落实党中央要求，结合近年来安全生产理念的发展，对有关规定作了进一步完善。一是安全生产工作以人为本，坚持人民至上，生命至上，把保护人民生命安全摆在首位。以人为本，就是要以人的生命和健康为本。作为生产经营单位，在生产经营活动中，要做到以人为本，就要以尊重职工、爱护职工、维护职工的人身安全为出发点，以消灭生产经营活动中的潜在隐患为主要目的。要关心职工人身安全和身体健康，不断改善劳动条件和工作

环境。真正能做到发展为了人，发展依靠人，绝不能以牺牲人的生命作为代价发展经济。具体来讲就是，当人的生命健康与生产经营单位经济效益、财产保护发生冲突时，首先应当考虑人的生命健康，而不是考虑经济效益和财产利益。二是树牢安全发展的理念。坚持以人民为中心的发展思想，既要让人民富起来，又要让人民的安全和健康得到切实保障。发展是安全的基础和保障，安全是发展的前提和条件。安全发展理念要求在安全生产工作中坚持统筹兼顾，协调发展，正确处理安全生产与经济社会发展、安全生产与速度质量效益的关系，坚持把安全生产放在重要位置，促进区域、行业领域的科学、安全、可持续发展，绝不能以牺牲人的生命健康换取一时的发展。要自觉坚持安全发展，使经济社会发展切实建立在安全保障能力不断增强、劳动者生命安全和身体健康得到切实保障的基础上，确保人民群众平安幸福地享有经济发展和社会进步的成果。要大力实施安全发展战略，坚持依法依规，综合治理。健全完善安全生产法律法规、制度标准体系，严格安全生产执法，严厉打击非法违法行为，综合运用法律、行政、经济等手段，推动安全生产工作规范、有序、高效开展。

(二) 安全生产工作的方针

根据《安全生产法》规定，安全生产工作应当坚持安全第一、预防为主、综合治理的方针，从源头上防范化解重大安全风险。这一方针是开展安全生产工作总的指导方针，是长期实践的经验总结。

1. 安全第一

在生产经营活动中，在处理保证安全与实现生产经营活动的其他各项目标的关系上，要始终把安全特别是从业人员、其他人员的人身安全放在首要位置，实行"安全优先"的原则。在确保安全的前提下，努力实现生产经营的其他目标。当安全工作与其他活动发生冲突和矛盾时，其他活动要服从安全，绝不能以牺牲人的生命、健康为代价换取发展和效益。安全第一，体现了以人为本的发展思想，是预防为主，综合治理的统帅，没有安全第一的思想，预防为主就失去了思想支撑，综合治理就失去了治理依据。

2. 预防为主

预防为主，是安全生产工作的重要任务和价值所在，是实现安全生产的根本途径。预防为主，就是要把预防生产安全事故的发生放在安全生产工作的首位。对安全生产的管理，主要不是在发生事故后去组织抢救，进行事故调查，找原因、追责任、堵漏洞，而是要谋事在先、尊重科学、探索规律，采取有效的事前控制措施，千方百计预防事故的发生，做到防患于未然，将事故消灭在萌芽状态。只要思想重视，预防措施得当，绝大部分事故特别是重大事故就是可以避免的，坚持预防为主，就要坚持培训教育为主，在提高生产经营单位主要负责人、安全管理人员和从业人员的安全素质上下功夫，最大限度地减少违章指挥、违章作业、违反劳动纪律的现象，努力做到"不伤害自己，不伤害他人，不被他人伤害，保护他人不被伤害"。只有把安全生产的重点放在建立事故隐患预防体系上，超前防范，才能有效避免和减少事故，实现安全第一。

3. 综合治理

综合治理，就是要综合运用法律、经济、行政、科技等手段，从发展规划、行业管理、安全投入、科技进步、经济政策、教育培训、安全文化以及责任追究等方面着手，建立安全生产长效机制。综合治理，秉承"安全发展"的理念，从遵循和适应安全生产的规律出发，运用法律、经济、行政等手段，多管齐下，并充分发挥社会、职工、舆论的监督作用，形成标本兼治、齐抓共管的格局。综合治理，是一种新的安全管理模式，它是保证"安全第一、预防为主"的安全管理目标实现的重要手段和方法，只有不断健全和完善综合治理工作机制，才能有效贯彻安全生产方针。

4. 从源头上防范化解重大安全风险

要健全风险防范化解机制、坚持从源头上防范化解重大安全风险，真正把问题解决在萌芽之时、成灾之前。实践一再表明，许多事故的发生，都经历了从无到有、从小到大、从量变到质变的动态发展过程。因此，从以事故处置为主的被动反应模式向以风险预防为主的主动管控模式转变，是一种更经济、更安全、更有效的应急管理策略。具体而言，就是要严格安全生产市场准入，经济社会发展要以安全为前提，严防风险演变、隐患升级导致生产安全事故发生。比如，地方各级政府、有关生产经营单位应当建立完善安全风险评估与论证机制，科学合理确定企业选址和基础设施建设、居民生活区空间布局；高危项目审批必须把安全生产作为前置条件，国土空间规划布局、设计、建设、管理等各项工作必须以安全为前提，建立和实施超前防范的制度措施，实行重大安全风险"一票否决"，通过这些防范措施，最大限度地降低事故发生。

（三）安全生产工作的基本原则

《安全生产法》中规定"三个必须"原则，进一步明确了各方面的安全生产责任，健全完善了安全生产综合监管与行业监管相结合的工作机制，有利于加强协作、形成合力，建立比较完善的责任体系。"三个必须"原则明确了政府部门的安全监管职责。管行业必须管安全，明确了负有安全监管职责的各个部门，要在各自的职责范围内，对所负责行业、领域的安全生产工作实施监督管理。同时，"三个必须"原则也明确了生产经营单位的决策层和管理层的安全管理职责。管业务必须管安全，管生产经营必须管安全，具体到生产经营单位中，就是主要负责人是安全生产的第一责任人，其他负责人都要根据分管的业务，对安全生产工作承担一定的职责，负担一定的责任。在厘清责任、分清界限的同时，"三个必须"原则还要求负有安全监管职责的部门之间要相互配合、齐抓共管、信息共享、资源共用，依法加强安全生产监督管理工作，切实形成监管合力。

（四）生产经营单位主体责任与政府监管责任

1. 生产经营单位主体责任

生产经营单位是生产经营活动的主体，也是安全生产工作责任的直接承担主体。生产经营单位安全生产主体责任，是指生产经营单位依照法律、法规规定，应当履行的安全生产法定职责和义务。生产经营单位承担的安全生产主体责任，是指生产经营单位在生产经营活动全过程中必须按照安全生产法和有关法律法规的规定履行义务、承担责任。比如应当按要求设置安全生产管理机构或者配备安全生产管理人员，保障安全生产条件所必需的资金投入，对从业人员进行安全生产教育和培训，建设工程项目的安全设施必须与主体工程同时设计、同时施工、同时投入生产和使用，等等。生产经营单位既是社会经济活动中的建设者又是受益者，是安全生产中不容置疑的责任主体，在社会生产中负有不可推卸的社会责任。生产经营单位必须认识到安全生产是贯彻落实新发展理念的内在要求，也是生产经营单位生存与发展的必然选择。增强安全生产主体责任，实现安全生产，是实现物质利益和社会效益的最佳结合。强化和落实生产经营单位的主体责任，是保障经济社会协调发展的必然要求，是实现企业高质量发展的客观要求。因此，必须强化和落实生产经营单位的主体责任。

2. 政府监管责任

政府监管责任是与生产经营单位主体责任联系十分紧密的责任。按照"三个必须"和谁主管谁负责的原则，政府有关部门对安全生产负有监督管理的职责。应急管理部门负责安全生产法规标准和政策规划制定修订、执法监督、事故调查处理、应急救援管理、统计分析、宣传教育培训等综合性工作，承担职责范围内行业领域安全生产监管执法职责。负有安全生产监督管理职责的有关部门依法依规履行相关行业领域安全生产监管职责，强化监管执法，严厉查处违法违规行为。其他行业领域主管部门负有安全生产管理责任，要将安全生产工作作为行业领域管理的重要内容，从行业规划、产业政策、法规标准、行政许可等方面加强行业安全生产工作，指导督促企事业单位加强安全管理。

（五）安全生产工作机制

按照《安全生产法》的规定，安全生产工作要建立生产经营单位负责、职工参与、政府监管、行业自律和社会监督的机制。建立这一工作机制的主要目的，是形成安全生产齐抓共管的工作格局。

1. 生产经营单位负责

做好安全生产工作，落实生产经营单位主体责任是根本。生产经营单位负责，就是要求落实生产经营单位的安全生产主体责任，生产经营单位必须严格遵守和执行安全生产法律法规、规章制度与技术标准，依法依规加强安全生产，加大安全投入，健全安全管理机构，加强对从业人员的培训，保持安全设施设备的完好有效。

2. 职工参与

一方面，职工是生产经营活动的直接操作者，安全生产首先涉及职工的人身安全。保障职工对安全生产工作的参与权、知情权、监督权和建议权，是我国基层民主的重要组成部分和建立现代企业制度的要求，是保障职工切身利益的需要，也有利于充分调动职工的积极性，发挥其主人翁作用。另一方面，做好安全生产工作需要职工积极配合，承担遵章守纪、按章操作等义务。没有职工的参与和配合，不可能真正做好安全生产工作。职工参与，就是通过安全生产教育，提高广大职工的自我保护意识和安全生产意识，职工有权对本单位的安全生产工作提出建议。对本单位安全生产工作中存在的问题，职工有权提出批评、检举和控告，有权拒绝违章指挥和强令冒险作业。要认真落实工会组织在安全生产方面的职权，充分发挥工会组织在安全生产方面的作用。

3. 政府监管

在强化和落实生产经营单位主体责任、保障职工参与的同时，还必须充分发挥政府在安全生产方面的监管作用，以国家强制力为后盾，保证安全生产法律法规以及相关标准得到切实遵守，及时查处、纠正安全生产违法行为，消除事故隐患。政府监管，就是要切实履行监管部门安全生产管理和监督职责。健全完善安全生产综合监管与行业监管相结合的工作机制，强化应急管理部门对安全生产的综合监管，全面落实行业主管部门的专业监管、行业管理和指导职责。各部门要加强协作，形成监管合力，在各级政府统一领导下，严厉打击违法生产、经营等影响安全生产的行为，对拒不执行监管监察指令的生产经营单位，要依法依规从重处罚。

4. 行业自律

在市场经济条件下，必须充分发挥行业协会等社会组织的作用，加快形成政社分开、权责明确、依法自治的现代社会组织体制，强化行业自律，使其真正成为提供服务、反映诉求、规范行为的重要社会自治力量。

行业自律，主要是指行业协会等行业组织要自我约束。一方面各个行业要遵守国家法律、法规和政策，另一方面行业组织要通过行规行约制约本行业生产经营单位的行为。通过行业间的自律，促使相当一部分生产经营单位能从自身安全生产的需要和保护从业人员生命健康的角度出发，自觉开展安全生产工作，切实履行生产经营单位的法定职责和社会责任。

5. 社会监督

安全生产工作涉及方方面面，必须充分发挥包括工会、基层群众自治组织、新闻媒体以及社会公众的监督作用，实行群防群治，将安全生产工作置于全社会的监督之下。社会监督，就是要充分发挥社会监督的作用，任何单位和个人有权对违反安全生产的行为进行检举和控告。发挥新闻媒体的舆论监督作用。有关部门和地方要进一步畅通安全生产的社会监督渠道，通过设立举报电话，接受人民群众的公开监督。

三、我国职业病防治的方针、机制、原则

（一）职业病防治的方针

根据《职业病防治法》规定，我国职业病防治的方针是：预防为主、防治结合。

1. 预防为主

预防为主是指在职业病防治工作中，要把预防职业病的发生作为根本的目的和首要措施，控制职业病危害源头，并在一切职业活动中尽可能消除和控制职业病危害因素的产生，使工作场所职业卫生状况达到不损害劳动者健康的水平。

2. 防治结合

在突出预防为主的同时，要坚持防治结合。"防"是为了不产生职业病危害，"治"是为了在职业病危害产生后，尽可能降低职业病危害的后果和损失。

（二）职业病防治的机制

根据《职业病防治法》规定，我国职业病防治"建立用人单位负责、

行政机关监管、行业自律、职工参与和社会监督的机制"。

1.用人单位负责。职业活动是以用人单位为基础进行的，职业活动中产生的职业病危害因素是用人单位所能控制的。因此，用人单位是职业病防治的主体，应认真落实预防、控制措施，加强职业健康管理和职业病人救治，规范用工行为等主体责任。《职业病防治法》规定："用人单位的主要负责人对本单位的职业病防治工作全面负责。"

2.行政机关监管。职业卫生监督管理机关应按照职责分工，依法履行职业卫生监管职责。

3.行业自律。通过行业规范约束行业内的企业行为，促使企业从自身健康发展的需求和保护劳动者健康的角度出发，自觉开展职业病防治工作。

4.职工参与。职工对违反职业病防治法律、法规以及危及生命健康的行为有权提出批评、检举和控告。《职业病防治法》规定："工会组织依法对职业病防治工作进行监督，维护劳动者的合法权益。用人单位制定或者修改有关职业病防治的规章制度，应当听取工会组织的意见。"

5.社会监督。任何单位和个人有权对违反《职业病防治法》的行为进行检举和控告。

（三）职业病防治的原则

职业病防治工作应当贯彻分类管理和综合治理的原则。

1.分类管理

分类管理是指在职业病防治工作中，根据不同的职业病危害的致病性质、严重程度等，采取不同的管理措施。在《职业病防治法》中，分类管理的原则主要体现在以下几方面。

（1）法定职业病的目录管理。职业病有广义和狭义之分。广义的职业病是指所有与职业活动有关的疾病，狭义的职业病是指特定的职业病目录上列明的职业病。《职业病防治法》明确规定了职业病的定义和名单管理的原则。

（2）建设项目的分类管理。《职业病防治法》将建设项目分为可能产生职业病危害的建设项目和职业病危害严重的建设项目两类。规定建设项目可能产生职业病危害的，建设单位应当在可行性论证阶段提交职业病危害预评价报告，并经过卫生行政部门审核同意。在竣工验收前，应当进行职业病危害控制效果评价和竣工验收。对于职业病危害严重的建设项目，除上述规定外，还规定其防护设施设计，应当经卫生行政部门进行卫生审查，符合国家职业卫生标准和卫生要求的，方可施工。

（3）特殊职业病危害的管理。《职业病防治法》规定，国家对从事放射性、高毒等作业实行特殊管理。特殊管理办法由国务院制定。

2. 综合治理

《职业病防治法》所规定的综合治理原则，主要有以下几方面。

（1）在职业病防治活动中应当采取一切有效的管理和技术措施，包括立法、行政、经济、科技、民主管理和社会监督等。

（2）职业病防治工作是一项复杂的社会工程，应当建立全面的社会管理体系。卫生行政部门统一负责，各有关部门在各自的职责范围内分工合作，实现职业病防治工作的有效管理。

（3）用人单位在职业病防治工作中，要通过建立健全管理制度、采用无害替代工艺、采取工程防护设施、配备个人防护用品、提高劳动者防护意识等各种措施，达到预防和控制职业病危害的目的。

第四节　职工劳动保护的权利和义务

一、职工劳动保护的权利

（一）要求获得安全生产保障的权利

用人单位与职工订立的劳动合同，应当载明有关保障职工劳动安全、防止职业病危害的事项，应当将工作过程中可能产生的职业病危害及其后果、职业病防护措施和待遇等如实告知劳动者，并在劳动合同中写明。

（二） 对危险因素和应急措施知情的权利

职工有权了解的情况主要包括两个方面：一是作业场所和作业岗位存在的或可能产生的危害因素；二是对危害因素的防范措施和事故应急措施。职工了解这些内容，可有效地预防事故的发生，也可更好地进行自我保护。

（三） 民主管理、民主监督的权利

《安全生产法》规定，生产经营单位的工会依法组织职工参加本单位安全生产工作的民主管理和民主监督，维护职工在安全生产方面的合法权益。《职业病防治法》规定，劳动者享有参与用人单位职业卫生工作的民主管理，对职业病防治工作提出意见和建议的权利。职工处在生产劳动的第一线，对安全生产工作和职业病防治工作最有发言权，通过职工的参与、建议和监督，可以使决策者的决策更加科学、合理。

（四） 接受教育培训的权利

生产作业过程的复杂性和危险性，决定了职工接受安全生产和职业卫生教育培训的必要性。因此，法律赋予了职工享有接受教育培训的权利。

（五） 获得职业病防治服务的权利

从事接触职业危害因素、可能导致职业病的职工，享有接受职业健康检查并了解检查结果的权利；被诊断为患有职业病的职工，有依法享受职业病待遇，接受治疗、康复和定期检查的权利。

（六） 拒绝违章指挥、强令冒险作业的权利

违章指挥、强令冒险作业行为会对操作人员的生命安全和身体健康构成严重威胁，是造成人员伤亡的直接原因。法律赋予职工拒绝违章指挥和强令冒险作业的权利，不仅是为了保护职工的人身安全，也是为了警示企业负责人和管理人员必须照章指挥，保证安全。

（七） 紧急状态下停止作业和撤离的权利（紧急避险权）

生产作业过程中会出现一些意外的危及职工人身安全的危险情况，此时如果作业人员不停止生产作业，紧急撤离作业现场，将会严重威胁他们的生命安全。法律赋予职工享有停止作业和紧急撤离的权利，目的是最大

限度地保护现场作业人员的生命安全。

（八）享有工伤保险和要求民事赔偿的权利

根据"无过错（过失）赔偿"原则，只要依法确认职工为工伤，无论责任在谁，都由用人单位负责赔偿和补偿；而且按照法律规定，这项权利必须以劳动合同必备条款的书面形式加以确认。

二、职工劳动保护的义务

（一）服从管理的义务

职工在作业过程中，应当严格遵守本单位的安全生产规章制度和操作规程，遵守职业病防治法律、法规、规章和操作规程。

（二）正确佩戴和使用劳动防护用品的义务

履行这项义务既是保护职工自身安全和健康的需要，也是实现安全生产、预防职业病的客观需要。

（三）掌握安全卫生知识和技能的义务

职工安全意识和安全素质的提高，必须通过安全教育培训。因此，法律规定了用人单位对职工进行劳动安全卫生教育培训的责任。

（四）对事故隐患和职业危害及时报告的义务

职工发现事故隐患或者其他不安全因素，应当立即向现场管理人员或者本单位负责人报告，报告时既不能夸大事实，也不能大事化小。

第五节 工会劳动保护工作的职责

工会劳动保护工作的职责是代表职工对用人单位的安全生产进行监督、维护职工合法权益，协助用人单位加强安全管理，是政府监督管理的重要补充。

一、工会劳动保护工作的职责

（一）民主管理和民主监督的职责

工会应依法组织职工参与本单位民主选举、民主协商、民主决策、民主管理和民主监督，维护职工在劳动保护方面的合法权益。这既是工会在劳动保护工作中的地位，也是工会在劳动保护工作中的职责。

（二）指导签订劳动合同的职责

工会应当帮助、指导劳动者与用人单位依法订立和履行劳动合同，所签订的劳动合同应当具备工作内容和工作地点、劳动保护、劳动条件和职业危害防护、工作时间和休息休假等劳动保护方面的条款。

（三）对"三同时"监督的职责

用人单位新建、改建或扩建的工程项目的安全设施是否符合要求，是确保安全生产和职工人身安全健康的重要条件。为了发挥工会在"三同时"中的作用，法律规定：工会对建设项目的安全设施与主体工程同时设计、同时施工、同时投入生产和使用进行监督，提出意见。

（四）参加安全管理和监督的职责

工会对用人单位违反安全生产法律、法规，侵犯职工合法权益的行为，应当要求用人单位纠正；发现违章指挥、强令冒险作业或者发现事故隐患时，应当向用人单位提出解决的建议；发现危及职工生命安全的情况时，应当向用人单位建议组织职工撤离危险场所；发生伤亡事故后，工会依法参加事故调查，向有关部门提出处理意见。

二、用人单位劳动保护的职责

（一）向职工告知有关劳动安全卫生的事项

为了保障职工的知情权，用人单位必须履行向职工告知有关劳动安全卫生事项的责任。一些重要事项应通过签订劳动合同来履行告知的责任，还有些具体内容应采取其他措施来告知，如在醒目的位置设置公告栏；在职业病危害较为严重的岗位和作业点设置警示标志并附有警示说明。

（二）提供符合要求的生产条件和作业环境

用人单位必须具备保障安全生产的各项物质条件，其作业场所和各项生产设施、设备、器材和劳动防护用品等，必须符合国家有关法律法规和技术标准的规定。这是用人单位对职工安全与健康的基本保障。

（三）对职工进行劳动安全卫生教育培训

用人单位应当对职工进行教育和培训，保证其具备必要的劳动安全卫生知识，熟悉有关的安全规章制度和操作规程，掌握本岗位的操作技能。未经劳动安全卫生教育和培训的职工，不得上岗作业。

劳动安全卫生教育培训的对象和方式主要是：对新职工进行三级安全教育，对特种作业人员进行专门技术培训并考核，对转岗、复岗、"四新"人员（采用新工艺、新技术、新设备、新材料的人员）进行技能培训等。

（四）提供符合标准的劳动防护用品

为了防止作业场所中的职业病危害因素对职工造成伤害，用人单位必须为职工提供符合国家标准和行业标准的劳动防护用品，建立健全劳动防护用品的购买、验收、保管、发放、使用、更换和报废等管理制度，并监督、教育职工按照使用规则佩戴、使用。

（五）为职工办理工伤保险

为了保障因工作遭受事故伤害和患职业病的职工获得医疗救治、职业康复和经济补偿，国家建立了工伤保险制度，用人单位必须依法参加工伤保险，并将参加工伤保险的有关事项在劳动合同中载明，还应当在用人单位内公示。

（六）做好生产事故的应急救援

有些事故，如火灾爆炸、毒气泄漏、煤矿井下事故等，往往造成较多人员伤亡。对于可能发生此类事故的用人单位，应当制定事故应急救援预案，并进行演练。一旦发生事故，职工能够采取正确的应急救援措施，最大限度地减少人员伤亡和财产损失。

第六节 工会劳动保护组织建设

一、工会劳动保护组织体系

《工会劳动保护监督检查员工作条例》规定，工会组织依法履行劳动保护监督检查职责，建立劳动保护监督检查制度，对安全生产工作实行群众监督，维护职工的合法权益。各级工会系统中应建立劳动保护监督检查员制度，实行劳动保护监督检查员的监督检查。县级（含）以上总工会、产业工会中设立工会劳动保护监督检查员。可聘请有关方面熟悉劳动保护业务的人员担任兼职工会劳动保护监督检查员。中华全国总工会，省、自治区、直辖市总工会，全国产业工会，省辖市总工会对工会劳动保护监督检查员有审批权。省、自治区、直辖市总工会，全国产业工会和中华全国总工会有关部门的工会劳动保护监督检查员由中华全国总工会审批任命。省辖市总工会、省产业工会的工会劳动保护监督检查员由省、自治区、直辖市总工会、全国产业工会审批任命，报中华全国总工会备案。县级总工会的劳动保护监督检查员由省辖市总工会审批任命，报省、自治区、直辖市总工会备案。工会劳动保护监督检查员由其所隶属的工会组织考核、申报。

根据全总颁发的《基层工会劳动保护监督检查委员会工作条例》规定：企事业工会及所属分厂、车间工会设立工会劳动保护监督检查委员会（或工会劳动保护监督检查小组，下同）。乡镇工会、城市街道工会及基层工会联合会也可设立工会劳动保护监督检查委员会。

根据《工会小组劳动保护检查员工作条例》规定，在工、交、财贸、基本建设等行业的企事业生产班组中，设立工会小组劳动保护检查员。工会小组劳动保护检查员经民主推选产生，在基层工会劳动保护监督检查委员会领导下工作。工会小组劳动保护检查员应具有一定的劳动安全卫生知识，敢于坚持原则，责任心强。

二、工会劳动保护监督检查员代表工会组织行使的职权

（一）参与劳动安全卫生法律法规、标准和重大决策、措施的制定，监督劳动安全卫生法律法规和政策的贯彻执行。

（二）监督检查本地区、行业和企事业的劳动安全卫生工作，对劳动安全卫生状况进行分析，对危害职工劳动安全与健康的问题进行调查，向政府及有关部门、企事业单位反映需要解决的问题，提出整改治理意见。

（三）制止违章指挥、违章作业。在监督检查时，发现存在事故隐患、职业危害和违反国家劳动安全卫生法律法规的问题，有权要求企事业单位进行整改，监督企事业单位采取防范事故和职业危害的措施；发现严重存在事故隐患或职业危害的，提请所隶属的工会组织向企事业单位发出书面整改建议，并督促企事业单位解决；对拒不整改的，提请政府有关部门采取强制措施。

（四）在生产过程中发现明显重大事故隐患和严重职业危害，并危及职业生命安全的紧急情况时，有权向企事业行政或现场指挥人员要求采取紧急措施，包括立即从危险区内撤出作业人员。同时支持或组织职工采取必要的避险措施并立即报告。

（五）依法参加职工伤亡事故的调查和处理，监督企事业单位采取防范措施，对造成伤亡事故和经济损失的责任者，提出处理意见。对触犯刑律的责任者，建议追究其法律责任。

（六）参加新建、扩建和技术改造工程项目劳动安全卫生设施的设计审查和竣工验收，对劳动条件和安全卫生设施存在的问题提出意见和建议。

（七）监督和协助企事业单位严格执行国家劳动安全卫生规程和标准，建立、健全劳动安全卫生制度；监督检查劳动安全卫生设施；监督检查技术措施计划的执行及经费投入、使用的情况；监督检查企事业单位的安全生产状况。

（八）支持基层工会劳动保护监督检查委员会和工会小组劳动保护检

查员开展工作，在劳动保护业务上给予指导。

三、工会劳动保护监督检查员履行的义务

（一）严格执行国家法律法规和政策，实事求是，坚持原则，联系群众，依法监督。

（二）宣传国家劳动安全卫生法律法规和政策，教育职工遵守国家有关劳动安全卫生的各项法律法规和企事业单位的规章制度，推广先进的安全管理方法、预防事故和职业危害技术。

（三）与政府有关部门密切合作。

（四）学习相关知识，提高自身素质，适应工会劳动保护监督检查工作的要求。

四、工会劳动保护监督检查委员会的职权

（一）监督和协助本单位贯彻执行国家劳动安全卫生法律法规，监督落实安全生产责任制和规章制度，参加涉及职工劳动安全与健康规章制度的制定，参与本单位劳动安全卫生措施、计划和经费投入等方案的制定和实施，对劳动安全卫生的决策、措施提出意见和建议。

（二）定期分析研究劳动安全卫生状况，向企事业单位和有关方面反映职工对劳动安全卫生工作的意见、建议和要求。督促和协助企事业单位解决劳动安全卫生方面存在的问题，改善劳动条件和作业环境。

（三）参与本单位集体合同中关于劳动安全卫生、工作时间、休息休假和工伤保险等条款的协商与制定，维护职工劳动安全卫生的权利、休息休假的权利和享受工伤保险的权利。对集体合同、劳动合同中劳动安全卫生条款的执行情况进行监督检查。

（四）制止违章指挥、违章作业。组织或协同行政进行安全生产检查，组织职工代表对劳动安全卫生工作进行督查。对事故隐患和职业危害作业点建立档案，监督整改和治理，并督促企事业单位防范事故和职业危害。

（五）对违反国家法律法规、不符合劳动安全卫生标准规定的问题，

提出整改意见；问题严重的，向企事业行政提出书面整改意见；对拒不整改的，要求政府有关部门采取强制性措施。

（六）监督检查新建、扩建和技术改造工程项目的劳动安全卫生设施与主体工程同时设计、同时施工、同时投产使用。

（七）参加职工伤亡事故调查和处理，查清事故原因和责任，提出对事故责任者的处理意见，监督和协助企事业单位采取防范措施。对发生的职工伤亡事故和职业病进行研究、分析，总结教训，提出建议。

（八）在生产过程中发现明显重大事故隐患和严重职业危害，并危及职工生命安全的紧急情况时，要求企事业行政或现场指挥人员采取紧急措施，包括立即从危险区内撤出作业人员。同时支持或组织职工采取必要的避险措施并立即报告。

（九）宣传国家劳动安全卫生法律法规、政策及企事业的规章制度，结合实际情况，组织和发动职工开展安全生产活动，教育职工遵章守纪，提高职工的安全意识和技能。

（十）督促企事业单位按国家有关规定发放劳动安全卫生防护用品、用具，监督企事业单位定期对职工进行健康检查。监督企事业单位履行对职业病人的诊断、治疗和康复的责任，督促落实工伤待遇及职业病损害赔偿。监督和协助企事业单位落实女职工和未成年工特殊保护的有关规定。

五、工会小组劳动保护检查员的职权

（一）协助班组长落实国家劳动安全卫生法律法规及企事业规章制度，创建安全生产合格班组。

（二）查询工作场所存在的职业危害和企事业单位相应的防范措施。

（三）督促和协助班组长对本班组人员进行安全教育，提高安全生产意识和技术技能。

（四）制止违章指挥、违章作业。

（五）对生产设备、防护设施、工作环境进行监督检查，发现隐患及时报告，督促解决。

（六）发现明显危及职工生命安全的紧急情况时，应立即报告，并组织职工采取必要的避险措施。

（七）发生伤亡事故，迅速参加危险、急救工作，协助保护事故现场，并立即上报。

（八）监督企事业单位提供符合国家规定的劳动条件、按规定发放个体防护用品。向企事业单位提出不断改善劳动条件和作业环境的建议。

（九）因进行正常监督检查活动而受到打击报复时，有权上告，要求严肃处理。

第七节　加强企业工会劳动保护工作

按照"预防为主、群防群治、群专结合、依法监督"的工会劳动保护工作原则，加强企业工会劳动保护工作，切实保障职工的生命安全和身体健康。

一、完善组织网络体系

完善工会劳动保护组织网络，是做好工会劳动保护工作的前提。依法建立健全劳动保护监督检查三级网络，建设一支懂政策、敢维权、善监督的基层工会劳动保护专业人员队伍。在组织网络建设中应坚持：一抓基础，建立健全劳动保护监督检查委员会和工会小组劳动保护检查员，保证组织落实人员到位，抓好日常工作监督；二抓落实，扩大劳动保护工作的覆盖面，使劳动保护形成一个纵向到底，横向到边的"管理"体系，使各项劳动保护工作落实到位。

发挥劳动保护监督检查网络作用。定期组织对劳动保护、民主管理及职工代表巡视检查活动，支持企业行使劳动保护管理权，监督企业认真落实劳动保护工作制度和劳动保护工作条例，按规定保障职工的安全、健康、休息权益，定期对职工进行身体健康检查，改善职工劳动工作条件、对职工进行劳动安全卫生知识培训教育，提高劳动保护工作质量。

二、加强宣传教育，营造氛围

以"宣传教育"为先导，营造劳动保护工作良好氛围，是推进工会劳动保护工作的重要环节。调动和发挥职工在企业安全生产中的积极性、主动性和参与性，保护职工劳动安全健康，是坚持以人为本的具体体现。工会要结合企业的实际情况，开展"安全在我心中"系列安全文化活动，发挥安全文化舆论宣传导向作用，引导职工牢固树立"安全第一、预防为主、综合治理"的安全理念，让安全理念贯穿于职工的实际行动，提高职工安全素质和自我防护能力。

一是要开展职工安全培训。组织职工进行安全生产知识的培训，系统学习劳动保护的政策法规、劳动保护条例和企业安全生产规章制度，提高职工自我保护能力和安全防范意识。

二是要强化职工素质教育。广泛向职工宣传在安全生产中的劳动保护权利，开展以"四不伤害"为主要内容的安全演讲、安全教育等活动，组织和引导职工开展身边安全无事故，查堵安全漏洞、提安全合理化建议、安全生产技能大赛活动，提高职工安全生产技能。

三是要以"安康杯"活动为载体。突出竞赛的目标和竞赛的方法，突出活动的针对性和有效性，把"安康杯"竞赛活动贯穿于安全生产目标责任管理之中，落实责任，严格考核，使工会劳动保护工作具有感召力和吸引力。

三、提高监控水平，规范运作

以提高监控水平、规范运作为切入点，有效地预防和减少各类安全事故的发生，是工会劳动保护工作的关键环节。

一要部署实施。按照我国安全生产法律法规和职业安全卫生管理体系的内在要求和发展方向，基层安全管理部门和工会组织密切配合，通力协作，不断把工会劳动保护工作向前推进。

二要规范运作。深入基层，服务职工，根据不同类型，加强指导，规范运作。通过有效监控，使职工达到"三知三会"：知道自己岗位安全技术操作规程的内容，会在现场熟练操作；知道事故隐患和有毒有害物质的危害，会采取预防措施；知道危害预案内容，会采取应急措施，控制事故发生。

三要动态监控。在实施过程中，从三个方面实现动态监控。一是工艺、技术措施方面。把企业技术和设备装备水平与监控的级别动态联系，随时相应变化。二是在生产经营过程中，随着生产经营的连续性和系统性的不断变化，各个环节和工艺之间形成相互联系、相互制约的体系。三是人的行为约束方面。要由对物、环境因素的监控转向对人、物、环境的综合监控，坚决制止违章指挥、违章作业等违反劳动安全纪律的行为，杜绝人为的不安全因素。

四、大力推行劳动安全卫生专项集体合同

劳动安全卫生专项集体合同，是工会代表职工与用人单位依法就劳动安全卫生的有关事项进行平等协商，在协商一致的基础上签订的书面协议。内容主要包括用人单位必须执行国家有关劳动保护法律法规、提供符合国家标准的劳动条件、生产设备、设施和生产工具，发放符合标准的劳动保护用品、定期组织职工进行健康体检，落实有关医疗待遇，定期对职工进行劳动安全卫生教育、培训，支持工会组织职工开展"查保促"群众性安全生产活动和"安康杯"竞赛活动，涉及职工安全健康的重大问题，必须经职代会讨论等。

推行劳动安全卫生专项集体合同，是从制度上建立维护职工身心健康和生命安全的保护机制，从源头上有效地保障职工的安全与健康合法权益。同时是法律赋予工会组织的重要职责，是推动劳动安全卫生工作规范化、制度化的有效形式，是工会依照法律、法规维护职工安全健康合法权益的重要途径。通过企业劳动安全卫生专项集体合同的签订，将进一步明确用人单位和劳动者在劳动安全卫生方面的权利和义务，有助于企业落实安全生产主体责任，履行对职工安全素质教育和安全技能培训的职责，提高职工安全生产意识。

思考题

1. 劳动保护的作用是什么？

2. 劳动保护工作的内容有哪些？

3. 我国安全生产工作的指导思想是什么？

4. 我国安全生产的方针和工作机制是什么？

5. 我国职业病防治的方针、机制、原则是什么？

6. 职工在劳动保护方面有哪些权利？

7. 工会劳动保护工作的职责是什么？

8. 工会劳动保护监督检查员的职权有哪些？

9. 基层工会劳动保护监督检查委员会的职权有哪些？

10. 工会小组劳动保护检查员的职权有哪些？

11. 如何加强基层工会劳动保护工作？

 案例 1

山西省工会筑起职工生命健康安全"防护墙"

2023 年 9 月 15 日　来源：中工网

9 月 11 日，由国家矿山安全监察局山西局、山西省应急管理厅、省总工会、共青团山西省委主办的山西省第十一届矿山救援技术竞赛闭幕。这是山西省应急救援行业开展的一次高水平技术竞赛活动。作为主办方，山西省总工会组织广大职工踊跃参与，以赛代训，推动全省安全生产应急救援队伍现代化建设。

近年来，山西省总工会紧紧围绕全省安全生产工作大局，紧紧围绕工会维护职工合法权益全局，坚持"预防为主、群防群治、群专结合、依法监督"的原则，以"安康杯"竞赛活动为载体，抓基础、抓重点、抓宣教、抓监督，全力推进全省工会劳动保护工作，为广大职工筑起维护生命健康安全"防护墙"。

抓基础，强建设，不断健全工作体系。强化组织建设，截至 2022 年底，全总、省总、各市总任命工会劳动保护监督检查员 1402 名，建立基层劳动保护监督检查委员会 18107 个，小组劳动保护检查员 76369 人，特聘煤矿安全群众监督员达 14164 名，从上到下形成了工会劳动保护监督检查三级网络。强化源头参与，将开展"安康杯"竞赛活动和探索在安全生产重点难点领域及新就业形态领域推广建设"群众安康工作服务站"两项举措，列入省长、副省长安全生产职责和重点任务清单。将工会开展群众性安康活动写入山西省"十四五"安全生产和职业病防治规划，纳入评选考核体系。省总还参与修订《山西省实施办法》《山西省安全生产条例》等法规，增加保护职工劳动安全和健康权益条款，为深化群众性安全生产工作提供了保障。

抓重点，谋创新，不断拓展"安康杯+"赛道。近年来，"安康杯"竞赛领域进一步拓展、重点进一步突出、品质进一步提升、效果进一步彰显。全省参赛单位达 2.13 万家，参赛人数 569.7 万人，参赛班组 19.2 万个，参赛行业进一步向非公企业、中小企业和非生产性企业延伸；开展了以"美丽·安康·幸福"创建行动为引领的"安康杯"竞赛活动，将竞赛目标从维护职工安全健康权益向推进维权与生态环境共同提高转变，向提高职工安康幸福指数转变；省总连续 16 年获评全国"安康杯"竞赛优胜单位；2022 年，省总工会在全国"安康杯"竞赛表彰会上介绍经验；今年，在全国工会开展职业安全卫生防护"工具包"适用性推进会上作了经验介绍。

作为山西省特色和亮点工作，连续 13 年建立煤矿井口群众安全工作站并进行星级竞赛。目前，在全省生产经营的 652 座煤矿全部建成井口群众安全工作站，其中五星级井口工作站 126 个。以 5G 通信技术为手段，升级打造煤矿智慧井口群众安全工作站；联合五部门出台《山西省煤矿智慧井口群众安全工作站建设及星级竞赛考核办法》，将建站补助提高到 5 万元；今年已申报首批 40 个智慧工作站。重点在非煤矿山、危化、电力及新就业形态等行业推进安康工作站建设，全力拓面打造安康工作站建设。在全国首创开展职工职业劳动技能竞赛。继 2019 年在危化行业举办首届劳动保护技能竞赛后，牵头在煤炭行业举办了第二届劳动保护技能竞赛，吸引全省近 130 万名行业职工踊跃参赛，并拿出 80 余万元对获奖选手予以物质奖励和"三晋技术能手"、五一劳动奖荣誉激励。截至 2022 年底，全省各级工会共组织除煤炭行业外各类劳动安全卫生竞赛 3793 次，覆盖职工 44.3 万人。

抓宣教，扩影响，营造浓厚氛围。山西省总工会持续组织职工参加全国"安康杯"职工安全应急技能知识竞赛答题活动，321 万名职工参加，居全国第一。参加国家卫生健康委和全总举办的职业健康传播作品征集活动，征集各类作品 286 件，获最佳组织单位奖；参加全国"职业健康达人"SHOW 短视频征集活动，获"全国优秀组织单位"称号。线上线下宣教活动同步展开，以"安全生产月""职业病防治周"活动为契机，举办了"安全生产月"暨"安康杯"竞赛"安康在一线"职工安全生产大型融媒体直播活动，121 万余名职工观看线上直播。近年来，全省工会系统开展安全生产主题宣讲 7000 余次、宣传咨询活动 1 万多次；着力主题教育成果转化，开展"1355"调研竞赛活动，共征集调研报告成果 389 篇，进一步筑牢各级工会干部和群监员的理论根基，有效提高工作能力。

抓监督，强参与，维护职工权益。山西省总工会联合有关部门出台《山西省煤矿班组安全建设规定》，充分发挥工会在煤矿班组安全生产第一道防线中的监督检查作用，推动企业建立完善重大事故隐患排查、治理"双报告"制度；印发《关于充分发挥群监队伍作用督促企业建立"吹哨人"制度的通知》等，9926 家企业建立了"吹哨人"制度，覆盖职工 52 万人，排查风险隐患 13.7 万次，督促 13.2 万个企业整改，有效维护了职工的安全健康权益；同时积极参与安全生产事故和职业危害事件的调查处理，今年，联合省应急管理厅、国家矿监局山西局制订《关于工会在生产安全事故调查处理中充分发挥作用的实施意见》。另外，省总还积极参与劳动保护专项行动，明确提出高温和低温环境条件下劳保工作重点，为平安山西贡献了工会力量。

（山西工人报首席记者 贺芳芳）

第十章　工会社会保障工作

工会保障工作是工会工作的重要组成部分，是工会履行维权服务职责的具体体现。工会社会保障工作的主要任务是维护职工的劳动经济权益。劳动就业、收入分配、社会保障既是广大职工最关心、最直接、最现实的利益问题，也是党和政府高度重视与关注的民生和社会问题。党的二十大报告强调："我们要实现好、维护好、发展好最广大人民根本利益，紧紧抓住人民最关心最直接最现实的利益问题，坚持尽力而为、量力而行，深入群众、深入基层，采取更多惠民生、暖民心举措，着力解决好人民群众急难愁盼问题，健全基本公共服务体系，提高公共服务水平，增强均衡性和可及性，扎实推进共同富裕。"各级工会应坚持以职工为中心的工作导向，切实履行好基本职责，充分发挥工会保障部门的作用，为职工群众办好事、办实事、解难事，增强职工群众获得感幸福感安全感。工会社会保障工作主要包括劳动就业、收入分配、社会保险和困难帮扶等内容。

第一节　工会劳动就业工作

工会劳动就业工作指工会在促进就业和维护劳动者在劳动合同、劳动定员定额、工时休假、教育培训等方面依法享有的合法权益所开展的活动或工作。

一、劳动就业

劳动就业指具有劳动能力的人，运用生产资料从事合法社会劳动，并获得相应劳动报酬或经营收入的经济活动。劳动就业是劳动者最基本的权利。关注广大职工的就业状况，维护劳动者的就业权益，是工会组织本身的基础性和经常性的工作。

工会促进劳动就业的主要内容如下。

（一）充分发挥工会组织优势，积极参与涉及劳动者切身利益的劳动法律法规和政策的研究制定。通过源头参与，更好地维护职工的劳动就业权益，完善公平就业机制。

（二）工会要发挥监督作用，督促检查、推动就业政策在企业等基层组织的贯彻和落实。发挥职工代表大会在保护职工就业权益方面的作用，促进劳动法律法规落到实处，促进企业实行合理的用工方式和用工政策。

（三）工会要拓宽渠道、创新形式，为广大职工特别是下岗、失业人员及农民工提供就业服务和就业援助。

二、劳动定额和劳动定员

劳动定额和劳动定员涉及劳动者的工作量、劳动时间、劳动强度和工资报酬等，是劳动标准的重要组成部分。

劳动定额是指在一定的生产技术组织条件下，为生产合格产品所预先规定的劳动时间标准。劳动定额有两种表现形式：工时定额和产量定额。工时是劳动定额的基本单位。

劳动定员是根据企业确定的产品方向和生产规模及先进合理的劳动定额，按照生产工作需要，以提高工效，节省人力为原则，确定企业各岗位人员的数量。

工会通过集体协商和签订集体合同，根据本单位的生产实际需要，协商确定劳动定额和劳动定员，并对企业的定额定员管理及履行情况实施监督检查。

三、促进完善职业培训体系

职业培训体系由职业技能培训体系和职业技能鉴定体系构成。职业技能培训体系包括职业技能培训的范围、层次结构和实施机构。建立培训面向市场、机构平等竞争、劳动者自主选择和政府购买服务的职业教育和就业培训体制。将培训补贴重点放在社会化培训中介机构，支持行业协会、商会的社会化培训机构，为中小企业提供相关创业辅导、管理咨询和人员培训。鼓励企业对劳动者进行职业技能培训，鼓励较大的企业和行业协会办职工学校、农民工学校。工会维护职工的职业培训权，需要促进加强和完善职业培训的立法和执法，参与职业培训体系的建立和完善。

第二节　工会工资工作

工资是职工生活的基本来源和保障，是职工最基本最关心的经济利益。维护职工的劳动报酬权，是社会主义市场经济条件下，工会维护职工权益，协调劳动关系，更好地保护和调动广大职工的积极性、创造性，促进经济发展和企业效益提高的重要工作内容。

一、工资概述

（一）工资

1. 工资是指基于劳动关系，用人单位根据劳动者提供的劳动数量和劳动质量，按照法律规定或者劳动合同约定，以货币形式直接支付给劳动者的劳动报酬。《劳动法》规定："工资应当以货币形式按月支付给劳动者本人。不得克扣或者无故拖欠劳动者的工资。"

2. 工资率又叫工资标准，是按单位时间支付的工资数额。工资率可以按小时、日、周、月、年分别规定。

3. 工资总额是指用人单位在一定时期内实际支付给全部职工的劳动报酬总额。按照国家统计局的规定，工资总额主要包括：计时工资、计件工资、奖金、各种津贴和补贴、加班加点工资以及特殊情况下支付的工资。

4. 工资的功能

（1）分配功能。工资是向职工分配个人消费品的一种形式，职工所得的工资额也就是社会分配给职工的个人消费品的份额。

（2）保障职能。工资作为职工的主要生活来源，其首要作用是保障职工及其家属的基本生活需要。

（3）激励职能。工资是对职工的劳动的一种评价尺度或手段，对职工的劳动积极性具有鼓励作用。

（4）杠杆作用。工资是国家来进行宏观经济调节的经济杠杆，对劳动力总体布局、劳动力市场、国民收入分配、产业结构变化等都具有直接或间接的调节作用。

（5）效益功能。用人单位支付给职工的工资不仅能补偿职工的劳动力消耗，而且还具有不断增值的效益功能，这种效益功能是用人单位投资的内在动力。

（二）工资的形式

工资的形式包括工资的基本形式和工资的辅助形式。

1. 工资的基本形式

工资的基本形式包括：计时工资和计件工资。计时工资是根据职工的工作时间长短及劳动复杂程度支付工资的形式。计件工资是指根据职工完成任务或产品数量的多少支付工资的形式。

2. 工资的辅助形式

工资的辅助形式包括：（1）奖金；（2）津贴和补贴；（3）加班加点工资；（4）特殊工资。

二、影响工资确定的因素

影响工资制度和工资水平的因素通常分为内部影响因素和外部影响因素。

（一）内部影响因素包括：企业的薪酬战略，职位的价值，劳动者的技能水平和企业的工资支付能力。

（二）外部影响因素包括：相关法规政策，产品市场竞争，劳动力市场需求状况，市场工资率及当地的生活费指数。

三、我国工资分配的原则

（一）工资总量宏观调控原则。

（二）用人单位自主分配、劳动者参与工资分配过程原则。

（三）按劳分配为主体、多种分配方式并存原则。

（四）同工同酬原则。我国宪法第 48 条第 2 款规定："国家保护妇女的权利和利益，实行男女同工同酬……"

（五）工资水平随经济发展逐步提高原则。

四、工资确定和调整的依据

（一）工资确定的基本依据。满足劳动者生活需要是工资确定的最基本依据。

（二）工资确定的市场依据。主要包括劳动力供求关系、工会实力及政府有关工资的法律制度。

（三）工资确定的技术性依据。在完全市场竞争条件下，企业以经济效益为工资调整的技术依据。既要考虑企业支付工资的能力，也要考虑劳动者迫使企业支付工资的能力。

（四）工资调整的依据。工资调整的时间和幅度，需要考虑生活费用依据、企业产品销售价格依据和工资晋级依据。

五、最低工资制度

最低工资标准是指劳动者在法定工作时间或依法签订的劳动合同约定的工作时间内提供了正常劳动的前提下，用人单位依法应支付的最低劳动报酬。

最低工资标准一般采取月最低工资标准和小时最低工资标准两种形式，月最低工资标准适用于全日制就业劳动者，小时最低工资标准适用于非全日制就业劳动者。最低工资标准是发放现金的最低标准，不包含各种实物的发放。国务院批转的《关于深化收入分配制度改革的若干意见》提出，根据经济发展、物价变动等因素，适时调整最低工资标准。

六、工会工资工作的主要内容

（一）推动最低工资保障制度的实施

最低工资标准有利于规范企业工资支付行为、保障职工的合法权益、促进经济发展和社会稳定。以促进经济发展、合理提高劳动者工资水平为原则，工会积极推动劳动保障部门完善最低工资正常调整机制；在集体合同或专项工资集体合同中对最低工资等作出具体规定，同时用人单位同个人签订的工资标准不得低于集体合同的规定，推动和监督企业严格执行最低工资制度。

（二）积极开展工资集体协商

工资集体协商是指工会或职工代表与企业代表依法就企业内部工资分配制度、工资分配形式、工资收入水平等事项进行平等协商，在协商一致的基础上签订工资协议的行为。工资协议可以作为集体合同的附件，与集体合同同等效力。积极稳妥推行工资集体协商和行业性、区域性工资集体协商，形成"企业协商谈增长，行业协商谈标准，区域协商谈底线"的多元协商模式。企业的经济效益是职工劳动的成果，把促进企业发展与维护职工劳动报酬权有机地结合起来，通过共同协商确定职工工资水平增长的合理有效方案，以工资集体协议的形式建立职工工资的正常增长机制和支付保障机制，切实保障广大职工分享企业与社会发展的经济成果。

（三）积极参与和推动收入分配改革

党的二十大报告指出："坚持按劳分配为主体、多种分配方式并存，构建初次分配、再分配、第三次分配协调配套的制度体系。努力提高居民收入在国民收入分配中的比重，提高劳动报酬在初次分配中的比重。坚持多劳多得，鼓励勤劳致富，促进机会公平，增加低收入者收入，扩大中等收入群体。"

工会应代表职工提出自己的观点和主张，推动收入分配制度的改革，提高职工的劳动报酬，缩小收入差距，使广大职工分享经济社会发展的成果。

（四）对用人单位工资支付进行监督

用人单位通过职工大会、职工代表大会或者其他民主协商形式，依法制定内部工资支付制度，并向本单位劳动者公布。工会依法对用人单位工资支付行为实施监督，有权制止用人单位的违法行为。

各级工会组织要把维护职工获取应得劳动报酬的权利、坚决杜绝拖欠职工工资问题作为维护职工合法权益的重中之重；作为建立稳定协调的劳动关系、促进和谐社会建设的重要内容；作为保证社会稳定、促进经济健康发展的重要举措。在保障企业职工工资支付、解决企业拖欠职工工资问题上旗帜鲜明、态度明确，建立健全工会组织监督体系，制定切实可行的监督制度，组织强有力的监督力量，充分发挥工会组织的自身优势和监督职能，承担起维护职工切身利益的责任。

第三节　工会社会保险工作

党的二十大报告指出：“健全覆盖全民、统筹城乡、公平统一、安全规范、可持续的多层次社会保障体系。完善基本养老保险全国统筹制度，发展多层次、多支柱养老保险体系。实施渐进式延迟法定退休年龄。扩大社会保险覆盖面，健全基本养老、基本医疗保险筹资和待遇调整机制，推动基本医疗保险、失业保险、工伤保险省级统筹。促进多层次医疗保障有序衔接，完善大病保险和医疗救助制度，落实异地就医结算，建立长期护理保险制度，积极发展商业医疗保险。”工会作为职工利益的表达者和维护者，应当积极参与和推动社会保险制度的建立、运行，在社会保障体系建设中发挥积极作用。

一、社会保险基本知识

社会保险是由国家通过立法形式，为依靠劳动收入生活的工作人员及其家庭成员保持基本生活条件，促进社会安定而设定的保险。社会保险是社会保障制度的核心内容。

社会保险的特征包括三方面：一是社会保险是一种强制保险；二是社会保险费通常由个人、企业和政府三方负担；三是社会保险以保障劳动者的基本生活水平为标准。

我国社会保险制度主要包括养老保险、医疗保险、失业保险、工伤保险和生育保险。五项社会保险全面实现了社会统筹，其中养老和医疗保险实行社会统筹和个人账户相结合的制度模式。

（一）养老保险

养老保险是劳动者达到法定退休年龄后，保障晚年基本生活的一种社会保障制度。我国大力推进多层次养老保险体系建设。

1. 基本养老保险制度：基本养老保险亦称国家基本养老保险，它是按国家统一政策规定强制实施的为保障广大离退休人员基本生活需要的一种养老保险制度。基本养老保险是国家强制实施的保障制度，主要目的在于保障广大退休人员的晚年基本生活，维持社会稳定。职工应当参加基本养老保险，由用人单位和职工共同缴纳基本养老保险费。基本养老保险实行社会统筹与个人账户相结合。个人所缴部分全部进入个人账户，以做实个人账户。参加基本养老保险的个人，达到法定退休年龄时累计缴费满15年的，按月领取基本养老金。参加基本养老保险的个人，达到法定退休年龄时累计缴费不足15年的，可以缴费至满15年，按月领取基本养老金；也可以转入新型农村社会养老保险或者城镇居民社会养老保险，按照国务院规定享受相应的养老保险待遇。

根据《国务院关于渐进式延迟法定退休年龄的办法》第2条规定，从2030年1月1日起，将职工按月领取基本养老金最低缴费年限由15年逐步提高至20年，每年提高6个月。

2. 企业年金：是企业补充养老保险，在参加基本养老保险的基础上，有条件的企业可为职工建立企业年金。企业年金费用由企业和职工个人共同缴纳，实行基金完全积累，采用个人账户方式进行管理。

3. 职业年金：是指公职人员基本养老保险之外的补充养老保险。单位按本单位工资总额的8%缴费，个人按本人缴费工资的4%缴费。工作人员退休后，按月领取职业年金待遇。职业年金制度的建立对完善中国养老保险制度具有重要的意义。

此外，鼓励开展个人储蓄性养老保险或商业人寿保险等。

（二）医疗保险

医疗保险是国家和社会根据一定的法律法规，为向保障范围内的劳动者提供患病时基本医疗需求保障而建立的社会保险制度，由政府承办，并借助经济、行政和法律手段强制实施并组织管理。社会医疗保险由基本医疗保险和大额医疗救助、企业补充医疗保险和个人补充医疗保险三个层次构成。医疗保险的基本目标是：通过享有合理的基本医疗服务，改善国民的健康状况。

1. 医疗保险的特点

由于疾病风险和医疗服务需求的特殊性，医疗保险具有以下特点。

（1）支付方式为非定额的费用补偿。

医疗保险是一种医疗费用补偿机制。参加保险的患者为恢复健康，接受相应的医疗服务所获得的费用补偿与缴费多少无关，主要取决于病情、疾病发生的频率以及实际需要。

（2）补偿期短，受益时间长。

由于疾病的发生具有随机性、不可预见性，医疗保险提供的补偿具有不确定性，参加社会医疗保险的人员终身受益。

（3）涉及部门多，关系复杂。

医疗保险涉及政府、用人单位、医疗机构、社会保险机构、医药机构和患者个人等多方面，各方复杂的权利义务关系需要形成一种制衡机制以兼顾各方利益主体的权益。

（4）医疗服务消费的不确定性和被动性。

医疗保险的费用支出受限于患者的实际医疗费用事先无法确定，很难控制；医疗服务提供者始终处于主动地位，导致患者的医疗消费是被动性的。因此，医疗保险的管理既要对医疗保险基金的收支进行管理，也要对医疗服务提供者及医药服务的项目、内容等进行管理。

2. 职工基本医疗保险

《社会保险法》规定：职工应当参加职工基本医疗保险，由用人单位和职工按照国家规定共同缴纳基本医疗保险费。无雇工的个体工商户、未在用人单位参加职工基本医疗保险的非全日制从业人员以及其他灵活就业人员可以参加职工基本医疗保险，由个人按照国家规定缴纳基本医疗保险费。

根据国家现行政策规定，用人单位缴费费率控制在职工工资总额的6%左右，职工缴费一般为本人工资收入的2%。职工个人缴纳的基本医疗保险费，全部计入个人账户。用人单位缴纳的基本医疗保险费分为两部分：一部分用于建立统筹基金，一部分划入个人账户。划入个人账户的比例一般为用人单位缴费的30%左右，具体比例由统筹地区根据个人账户的支付范围和职工年龄结构等因素确定。职工年龄越大，划入个人账户的比例越高。

统筹基金和个人账户要划定各自的支付范围，分别核算，分开管理使用，不得互相挤占。符合基本医疗保险药品目录、诊疗项目、医疗服务设施标准以及急诊、抢救的医疗费用，按照国家规定从基本医疗保险基金中支付。

（三）失业保险

失业保险是劳动者由于超出本人所能控制的各种社会、经济的原因造成失业而暂时中断生活来源，由社保组织按照规定时间、条件和标准给付保险金的保险。

失业保险待遇与促进就业支出构成了失业保险基金的主要用途。失业保险待遇一般包括失业保险金、失业补助和附加补助金。促进就业支出包括开展职业培训方面、抑制失业及开发、就业岗位、职业介绍等部分的支出。

失业保险的特点包括三方面。

1. 普遍性。主要是为了保障有工资收入的劳动者失业后的基本生活。

2. 强制性。通过国家制定法律法规强制实施。

3. 互济性。失业保险基金主要来源于社会筹集，由单位、个人和国家三方共同负担。

职工应当参加失业保险，由用人单位和职工按照国家规定共同缴纳失业保险费。失业人员符合下列条件的，从失业保险基金中领取失业保险金：（1）失业前用人单位和本人已经缴纳失业保险费满 1 年的；（2）非因本人意愿中断就业的；（3）已经进行失业登记，并有求职要求的。失业人员失业前用人单位和本人累计缴费满 1 年不足 5 年的，领取失业保险金的期限最长为 12 个月；累计缴费满 5 年不足 10 年的，领取失业保险金的期限最长为 18 个月；累计缴费 10 年以上的，领取失业保险金的期限最长为 24 个月。重新就业后，再次失业的，缴费时间重新计算，领取失业保险金的期限与前次失业应当领取而尚未领取的失业保险金的期限合并计算，最长不超过 24 个月。

（四）工伤保险

工伤保险，也称职业伤害保险，指劳动者在工作中或在规定的某些特殊情况下，因遭受意外伤害和患职业病，保障劳动者及其家属生活的社会保险制度。通常包括两个方面：一是劳动者本人因工伤造成暂时或永久丧失劳动能力时，可以从国家和社会获得医疗救治、职业康复、经济补偿等物质帮助；二是劳动者本人因工伤死亡时，其遗属可以从国家和社会获得遗属抚恤、丧葬补助等物质帮助。

1. 工伤保险工作的主要内容

工伤保险工作的主要内容包括工伤范围的认定、工伤鉴定、工伤保险待遇、工伤保险基金、工伤预防与职业康复。

2. 工伤保险待遇

工伤保险待遇包括医疗待遇、伤残待遇、死亡待遇。

3. 工伤补偿与工伤预防、职业康复相结合

工伤保险首要的任务是工伤补偿，但并不是唯一的任务，工伤补偿、工伤预防与职业康复密切相连。加强安全生产，减少事故发生和发生事故及时抢救治疗，帮助劳动者尽快恢复健康更有意义。

（五）生育保险

生育保险是指国家和用人单位为怀孕、分娩、哺乳和节育女性提供医疗服务、生育津贴、产假和休假的一项社会保险制度。其目的是帮助职业妇女恢复劳动能力，重返工作岗位。

生育保险在社会保险体系中，具有扩大再生产性，就基金规模来说是一个小险，就支付期限来说是一项短险。生育保险按属地原则组织。由用人单位向社会保险经办机构缴纳，建立起生育保险基金，职工个人不缴纳生育保险费。

生育保险基金由四部分组成：一是生育保险费；二是生育保险基金的利息收入；三是生育保险费滞纳金；四是依法纳入生育保险基金的其他资金。

生育保险待遇包括生育津贴、生育医疗服务和生育产假。

二、工会社会保险工作的主要内容

（一）注重源头参与，工会代表职工参与社会保险政策法规的研究和制定

工会代表广大职工在参与国家有关社会保险方面的法律、法规和政策的研究制定过程中，如实反映广大职工的意愿与呼声。工会的源头参与，为各级政府制定有关社会保险政策法规奠定了群众基础，推动了政府决策的科学化、民主化。

（二）多渠道参与，监督政策法规的贯彻落实和社会保险基金的管理使用

各级工会通过参与人大、政协及政府有关部门的联合督察组、社会监督委员会、职工代表大会、厂务公开等渠道，积极开展有关社会保险的监督检查，有力地促进社会保障政策法规落实。

（三）构建职工互助保障体系，成为社会保障体系的补充

职工互助保障是职工自愿参加、资金以职工个人缴费为主、职工互助互济性质的一种保障形式，是对国家法定社会保障的一种补充形式。职工互助保障主要包括职工养老互助保障、医疗互助保障、伤残互助保障以及综合性的互助保障等项目。

（四）协助政府共同做好退休职工管理服务工作

各级工会在党委的领导下，与政府有关部门密切配合，积极开展退休

职工管理服务工作，不断改善和提高退休职工的社会保障待遇。

第四节　工会生活保障工作

工会生活保障工作是工会对生活方面遇到困难的职工及时给予帮扶，从而摆脱困境的一项重要工作，是直接联系和服务职工的一项基础性工作，是我国综合性社会救助体系的重要组成部分。

一、社会救助和社会福利概述

（一）社会救助和社会福利

1. 社会救助

社会救助是指国家和社会对由于失业、疾病、灾害等原因造成收入中断或者收入降低并陷入贫困的人员或者家庭实行补偿的一种社会保障制度。

社会救助制度坚持托底线、救急难、可持续，与其他社会保障制度相衔接，社会救助水平与经济社会发展水平相适应。社会救助工作应当遵循公开、公平、公正、及时的原则。

2. 社会福利

社会福利是政府和社会通过专业化的福利机构为社会上的特殊群体以及一般社会成员解决实际困难。社会福利的保障水平高于基本生活水平。社会福利提供的主要是服务而非现金和实物。

（二）社会救助的主要内容

随着社会、经济、文化以及政治等要素的发展，社会救助制度的内涵和外延也在不断变化，其内容也不断丰富。

根据国务院颁布的《社会救助暂行办法》规定，社会救助的内容主要包括以下几个方面。

1.最低生活保障

国家对共同生活的家庭成员人均收入低于当地最低生活保障标准，且符合当地最低生活保障家庭财产状况规定的家庭，给予最低生活保障。

最低生活保障制度是一种贫困救助制度。最低生活保障标准，由省、自治区、直辖市或者设区的市级人民政府按照当地居民生活必需的费用确定、公布，并根据当地经济社会发展水平和物价变动情况适时调整。最低生活保障家庭收入状况、财产状况的认定办法，由省、自治区、直辖市或者设区的市级人民政府按照国家有关规定制定。

申请最低生活保障，按照下列程序办理。

（1）由共同生活的家庭成员向户籍所在地的乡镇人民政府、街道办事处提出书面申请；家庭成员申请有困难的，可以委托村民委员会、居民委员会代为提出申请。

（2）乡镇人民政府、街道办事处应当通过入户调查、邻里访问、信函索证、群众评议、信息核查等方式，对申请人的家庭收入状况、财产状况进行调查核实，提出初审意见，在申请人所在村、社区公示后报县级人民政府民政部门审批。

（3）县级人民政府民政部门经审查，对符合条件的申请予以批准，并在申请人所在村、社区公布；对不符合条件的申请不予批准，并书面向申请人说明理由。

对批准获得最低生活保障的家庭，县级人民政府民政部门按照共同生活的家庭成员人均收入低于当地最低生活保障标准的差额，按月发给最低生活保障金。

对获得最低生活保障后生活仍有困难的老年人、未成年人、重度残疾人和重病患者，县级以上地方人民政府应当采取必要措施给予生活保障。

2.特困人员供养

国家对无劳动能力、无生活来源且无法定赡养、抚养、扶养义务人，或者其法定赡养、抚养、扶养义务人无赡养、抚养、扶养能力的老年人、残疾人以及未满16周岁的未成年人，给予特困人员供养。

特困人员供养的内容包括：

（1）提供基本生活条件；

（2）对生活不能自理的给予照料；

（3）提供疾病治疗；

（4）办理丧葬事宜。

申请特困人员供养，由本人向户籍所在地的乡镇人民政府、街道办事处提出书面申请；本人申请有困难的，可以委托村民委员会、居民委员会代为提出申请。

乡镇人民政府、街道办事处应当及时了解掌握居民的生活情况，发现符合特困供养条件的人员，应当主动为其依法办理供养。

3. 受灾人员救助

受灾人员救助指政府对遭受自然灾害或人为灾难的受灾者及其家庭提供物质上帮助的一种社会救助项目。国家建立健全自然灾害救助制度，对基本生活受到自然灾害严重影响的人员，提供生活救助。

自然灾害救助实行属地管理，分级负责。

设区的市级以上人民政府和自然灾害多发、易发地区的县级人民政府应当根据自然灾害特点、居民人口数量和分布等情况，设立自然灾害救助物资储备库，保障自然灾害发生后救助物资的紧急供应。

自然灾害发生后，县级以上人民政府或者人民政府的自然灾害救助应急综合协调机构应当根据情况紧急疏散、转移、安置受灾人员，及时为受灾人员提供必要的食品、饮用水、衣被、取暖、临时住所、医疗防疫等应急救助。

灾情稳定后，受灾地区县级以上人民政府应当评估、核定并发布自然灾害损失情况。

受灾地区人民政府应当在确保安全的前提下，对住房损毁严重的受灾人员进行过渡性安置。自然灾害危险消除后，受灾地区人民政府民政等部门应当及时核实本行政区域内居民住房恢复重建补助对象，并给予资金、物资等救助。

自然灾害发生后，受灾地区人民政府应当为因当年冬寒或者次年春荒遇到生活困难的受灾人员提供基本生活救助。

4.医疗救助

医疗救助指社会救助的主要形式之一，它是指由政府多方筹资，为有特殊困难或特殊疾病的人员，给予一定医疗费用救济的医疗保障制度。医疗救助是基本医疗保险制度的重要补充。

下列人员可以申请相关医疗救助：

（1）最低生活保障家庭成员；

（2）特困供养人员；

（3）县级以上人民政府规定的其他特殊困难人员。

医疗救助采取下列方式：

（1）对救助对象参加城镇居民基本医疗保险或者新型农村合作医疗的个人缴费部分，给予补贴；

（2）对救助对象经基本医疗保险、大病保险和其他补充医疗保险支付后，个人及其家庭难以承担的符合规定的基本医疗自负费用，给予补助。

申请医疗救助的，应当向乡镇人民政府、街道办事处提出，经审核、公示后，由县级人民政府民政部门审批。最低生活保障家庭成员和特困供养人员的医疗救助，由县级人民政府民政部门直接办理。

5.教育救助

教育救助指政府和社会团体为了保障适龄人口能获得接受教育的机会，从物质上对贫困地区和贫困学生在不同阶段提供援助的一种社会救助项目。国家对在义务教育阶段就学的最低生活保障家庭成员、特困供养人员，给予教育救助。对在高中教育（含中等职业教育）、普通高等教育阶段就学的最低生活保障家庭成员、特困供养人员，以及不能入学接受义务教育的残疾儿童，根据实际情况给予适当教育救助。

教育救助根据不同教育阶段需求，采取减免相关费用、发放助学金、给予生活补助、安排勤工助学等方式实施，保障教育救助对象基本学习、生活需求。

申请教育救助，应当按照国家有关规定向就读学校提出，按规定程序审核、确认后，由学校按照国家有关规定实施。

6. 住房救助

住房救助指政府对低收入家庭和其他需要保障的特殊家庭提供现金补贴或直接提供住房的一种社会救助项目。国家对符合规定标准的住房困难的最低生活保障家庭、分散供养的特困人员，给予住房救助。

住房救助通过配租公共租赁住房、发放住房租赁补贴、农村危房改造等方式实施。

城镇家庭申请住房救助的，应当经由乡镇人民政府、街道办事处或者直接向县级人民政府住房保障部门提出，经县级人民政府民政部门审核家庭收入、财产状况和县级人民政府住房保障部门审核家庭住房状况并公示后，对符合申请条件的申请人，由县级人民政府住房保障部门优先给予保障。农村家庭申请住房救助的，按照县级以上人民政府有关规定执行。

7. 就业救助

国家对最低生活保障家庭中有劳动能力并处于失业状态的成员，通过贷款贴息、社会保险补贴、岗位补贴、培训补贴、费用减免、公益性岗位安置等办法，给予就业救助。

最低生活保障家庭有劳动能力的成员均处于失业状态的，县级以上地方人民政府应当采取有针对性的措施，确保该家庭至少有 1 人就业。

申请就业救助的，应当向住所地街道、社区公共就业服务机构提出，公共就业服务机构核实后予以登记，并免费提供就业岗位信息、职业介绍、职业指导等就业服务。

最低生活保障家庭中有劳动能力但未就业的成员，应当接受人力资源和社会保障等有关部门介绍的工作；无正当理由，连续 3 次拒绝接受介绍的与其健康状况、劳动能力等相适应的工作的，县级人民政府民政部门应当决定减发或者停发其本人的最低生活保障金。

8. 临时救助

国家对因火灾、交通事故等意外事件，家庭成员突发重大疾病等原因，导致基本生活暂时出现严重困难的家庭，或者因生活必需支出突然增加超出家庭承受能力，导致基本生活暂时出现严重困难的最低生活保障家庭，以及遭遇其他特殊困难的家庭，给予临时救助。

申请临时救助的，应当向乡镇人民政府、街道办事处提出，经审核、公示后，由县级人民政府民政部门审批；救助金额较小的，县级人民政府民政部门可以委托乡镇人民政府、街道办事处审批。情况紧急的，可以按照规定简化审批手续。

（三）促进职工福利的改善

1. 福利津贴。职工在中班、夜班、高温、低温、有毒、有害等特殊工作环境条件下享有津贴补助。

2. 住房公积金。住房公积金是单位及其在职职工缴存的长期住房储金，是住房分配货币化、社会化和法治化的主要形式。住房公积金制度是国家法律规定的重要的住房社会保障制度，具有强制性、互助性、保障性。用人单位必须依法履行缴存住房公积金的义务，职工个人缴存的住房公积金以及单位为其缴存的住房公积金，实行专户存储，归职工个人所有。住房公积金的福利性体现在除职工缴存的住房公积金外，单位也要为职工缴纳一定的金额，而且住房公积金贷款的利率低于商业性贷款。

3. 福利设施。工会为职工提供的福利设施，丰富职工的文化生活，主要包括文化宫、俱乐部、图书馆、体育场、健身房、游乐室等。

4. 福利服务。工会为职工提供的服务包括定期的职工体检、特殊工种的体检与健康疗休养和女职工的年体检，及逢年过节给职工发放的福利，也包括职工生日礼物等。

根据全国总工会规定，基层工会逢年过节可以向全体会员发放节日慰问品。逢年过节的年节是指国家规定的法定节日，即新年、春节、清明节、劳动节、端午节、中秋节和国庆节和经自治区以上人民政府批准设立的少数民族节日。节日慰问品原则上为符合中国传统节日习惯的用品和职工群众必需的生活用品等，基层工会可结合实际采取便捷灵活的发放方式。工会会员生日慰问可以发放生日蛋糕等实物慰问品，也可以发放指定蛋糕店的蛋糕券。

工会会员结婚生育时，可以给予一定金额的慰问品。工会会员生病住院、工会会员或其直系亲属去世时，可以给予一定金额的慰问金。工会会

员退休离岗，可以发放一定金额的纪念品。

二、工会生活保障的主要内容

工会始终把关心和改善职工生活作为重要工作内容。不仅要推动政府社会救助制度的出台和完善，而且要监督和推动社会救助法规政策的贯彻和落实，还要深入开展各种形式的扶贫帮困活动。送温暖工程和困难职工帮扶（服务）中心是工会帮扶职工的两个重要平台和载体。送温暖和帮扶工作是一项民心工程，是工会主动服务大局、承担社会责任、参与社会管理的重要体现，工会送温暖和帮扶工作从保障困难职工过好年、过好节发展成经常性、多层次、多样化的帮扶；从基本生活救助扩展到就业、就学、医疗、法律援助等全方位的帮扶；从对国有企业困难职工帮扶扩大到对包括农民工在内的各类困难职工的帮扶；从最初只有少数城市建有帮扶（服务）中心发展到基本形成以帮扶（服务）中心为载体的困难职工帮扶体系。

（一）送温暖工程

实施送温暖工程是工会履行维权服务职责，帮扶困难职工的一项品牌工程。送温暖工程已成为政府支持、职工认可、社会欢迎的民心工程。

送温暖工程的主要内容：（1）开展送温暖活动；（2）完善特困职工档案制度；（3）建立送温暖工程基金；（4）推行领导干部联系困难职工制度；（5）积极协助政府做好下岗、失业人员再就业工作；（6）大力开展职工互助互济工作；（7）建立工会困难职工帮扶（服务）中心。

工会送温暖工程是政府社会保障制度的有效补充。工会送温暖工程的工作重心逐步从保障困难职工的生活向帮扶困难职工群体摆脱贫困转移。

（二）工会困难职工帮扶（服务）中心

工会困难职工帮扶（服务）中心是新形势下工会组织履行基本职责，协助党政组织解决好困难职工生产、生活问题，直接面向困难职工创立的一站式综合服务机构。困难职工帮扶（服务）中心是工会为职工办实事、维护职工合法权益的平台，是工会送温暖工程经常化、制度化、社会化的有效载体。

1. 帮扶（服务）中心的帮扶内容

根据困难职工的需要设置，主要包括职业介绍、就业培训、生活救助、法律援助、子女助学、信访接待等内容。

2. 帮扶（服务）中心的基本职能

（1）帮困职能。"救急济难、拾遗补缺、保障生活。"

（2）维权职能。"反映诉求、保障权益、促进稳定。"

（3）服务职能。"服务职工、提高素质、共建和谐。"

3 项职能有机联系、相互促进、相互补充，在不同的地域和不同的发展阶段各有侧重。

3. 帮扶（服务）中心的工作流程

（1）收集困难职工信息。调查研究，摸清底数，了解帮困现状。

（2）建立健全困难职工数据库。及时了解困难职工及其家庭的信息资料，及时更新信息，更有效地帮助困难职工。

（3）和政府衔接帮困。工会不仅要帮扶困难职工，还要争取把符合条件的困难职工纳入低保、特困人员供养等。协助政府做好离退休人员养老金按时足额发放，并不断改善提高。

（三）金秋助学

金秋助学是各级工会积极协助各级党委、政府解决困难职工和农民工子女上学困难问题开展的一项帮扶活动，它在国家助学体系中发挥了拾遗补缺的作用。

思考题

1. 工会促进劳动就业的主要内容有哪些？

2. 我国工资分配的原则和调整依据是什么？

3. 工会工资工作的主要内容是什么？

4. 简述社会保险基本知识。

5. 工会在社会保险工作中如何发挥作用？

6. 社会救助的内容有哪些？

7. 如何促进职工福利的改善？

8. 工会生活保障的主要内容有哪些？

 案例 1

贵州工会"123"工作法助力职工生活品质提升

2023 年 8 月 12 日 来源：中工网—工人日报

"非常感谢工会提供的普惠就餐服务，在这里吃饭既干净又实惠，中午困了还能休息一会儿。"近日，在贵州省贵阳市观山湖区总工会的户外劳动者综合服务站，工作了一上午的网约车司机花 15 元吃了一顿午餐。快捷地享受工会提供的服务，得益于贵州工会大力推进提升职工生活品质工作。

去年以来，贵州省总工会制定了《关于开展服务职工综合体建设和职工生活幸福企业创建实施方案》，一方面以各级工会服务职工综合体为依托，把工会服务职工和服务基层的相关业务统一融合，为辖区内职工提供一站式受理、标准化服务；另一方面以企业为突破口，鼓励企业建立服务职工生活体系，为职工提供生活健康管理、人文心理关怀等服务，促进劳动关系和谐稳定。

目前，贵州工会围绕服务职工中心赋能增效，通过整合社会资源，创新提出了"一个体系、二个专班、三级指导"的"123"工作法。

"一个体系"即服务职工综合体建设和职工生活幸福企业创建考核体系。贵州省总出台《贵州省"服务职工综合体"建设量化考评细则》和《贵州省"职工生活幸福企业"创建量化考评细则》，让提升职工生活品质工作从宽泛的概念转化为具化的标准，让基层工会有明确的方向和措施，让文件提出的目标成为职工的现实福利。

"二个专班"即服务职工综合体建设专项工作组和职工生活幸福企业创建专项工作组。省总党组明确由分管主席牵头，省总权益保障与法律工作部具体负责，成立了上述两个专班，各自负责联系指导基层工会和试点单位开展试点工作，形成了分工明确、职责清晰、共同推进的工作组织架构。

"三级指导"即省总顶层设计，全盘统筹，评审确定试点单位；市州总工会落实责任、指导试点建设、推荐试点名单；区县工会及企业设立联络员，对标对表具体落实试点工作任务。畅通上传下达、下情上表通道，形成省市县工会通力合作、企业工会密切联系的良好局面。

近日，贵州省总正式发布了《贵州省总工会提升职工生活品质工作阶段性调研成果报告》。报告显示，两年来，贵州共创建命名省级服务职工综合体示范单位 20 家、职工生活幸福企业 20 个。同时，通过省总积极推荐和申报，该省有 2 家工会服务职工中心、4 家企业被纳入全总提升职工生活品质试点单位。一些市州工会创新成效显著。

贵州省总工会领导表示，贵州各级工会将认真履行工会维护职工合法权益、竭诚服务职工群众的基本职责，团结动员全省广大职工群众，凝心聚力、奋发作为，为推动贵州高质量发展和现代化建设努力奋斗。（工人日报—中工网记者 李丰）

 **案例2**

浙江武义工会多措并举助职工拥有品质生活提升幸福指数

2023 年 6 月 12 日 来源：中工网

"马步要扎稳，双手握拳，拳眼向下，呼吸要与动作相配合……"这是近日浙江省金华市武义县总工会举办的健身气功班培训现场。今年以来，武义县总工会开展了乐享健康迎亚运"一月一主题·关爱送基层"系列活动。通过举办健身气功、生活茶艺、气排球等培训，丰富广大职工精神文化生活。推动打造精神富有型、职工成长型、物质富裕型、生活美好型社会，扎实推进职工生活品质提升工作，不断提升职工群众获得感、幸福感、安全感。

夯实团结奋斗的共同思想基础

武义工会抓住学习贯彻落实党的二十大精神这一主线，全面推进"守好红色根脉·班前十分钟活动"、深入开展"红五月"系列活动、广泛组织开展"双百引领"活动，不断夯实职工群众团结奋斗的共同思想基础。

活动形式多种多样，例如，当地饿了么工会将"守好红色根脉·班前十分钟活动"从企业搬到纪念碑前，工会主席向骑手们宣讲红色故事，传承红色精神；劳模工匠宣讲团进企业车间，讲述奋斗故事，激励奋进力量。

建立"技高者多得"薪酬激励导向

日前，武义举办了首届快递员职业技能大赛，前几名获奖选手将根据县快递行业工会联合会制定的相关激励制度，受到奖励。据悉，该套制度将职工的技能等级与薪酬挂钩，设立岗位工资层级、职称津贴、技能津贴、学历激励机制和竞赛获奖等专项特殊荣誉津贴，让快递小哥真正实现凭借技能共富。

近年来，武义工会以技术要素参与分配为突破口，在全县开展能级工资集体协商，把职工的技能和贡献作为工资收入合理增长的主要依据，建立"技高者多得"薪酬激励导向，把开展能级工资集体协商工作作为工会助力共同富裕的有效载体，通过"抓宣传、抓培训、抓落实、抓典型"等举措有序推进，目前全县有256家规上企业建立了能级工资制，参与协商企业技术工人年均薪酬普遍增长5%~10%，覆盖职工3.1万人。

保障和服务新业态群体

"点亮微心愿，争做圆梦人"是武义工会在"六一"期间开展的一项关爱新就业形态劳动者子女的活动，150名学生收到了工会爱心大礼包，让孩子们"微心愿"得以成真。

近年来，武义工会持续延伸工会服务触角，努力把游离在工会组织之外的灵活就业群体纳入工会组织，先后组建了快递行业工会联合会、广告行业工会联合会、货运物流工会等新业态工会组织，做好新业态群体职工的保障和服务工作。

同时，武义工会聚合各方资源，为职工搭建线上线下技能培训平台，提供完整的创业辅导、技能提升、岗位实训等培训，引领更多职工掌握实用技能及创业知识，提升创业就业能力。今年先后开展了电焊工、消防安全等免费培训，目前已完成培训1368人次。

（浙江工人日报记者 羊荣江 通讯员余德瑞 陈晓琴）

第十一章　工会经济技术工作

第一节　工会经济技术工作概述

一、工会经济技术工作的作用

（一）工会经济技术工作有利于调动职工的积极性和创造性

一个企业是否能够实现高质量发展，取决于企业职工的齐心协力，积极向上，积极性和创造性的发挥。工会开展经济技术工作，组织动员职工开展比、学、赶、帮、超劳动和技能竞赛活动、合理化建议活动和参与企业的生产经营管理，评选表彰先进模范人物，有利于增强广大职工的主人翁责任感和积极参与企业生产经营的热情，引导职工充分发挥积极性和创造性，投入社会主义现代化建设事业中来。

（二）工会经济技术工作有利于推动技术进步、促进经济高质量发展

经济技术创新是企业发展不竭的动力，其最终目的是实现企业的长远发展、可持续发展和和谐发展。工会经济技术工作的开展，可以把职工中蕴藏的巨大潜能最大限度地激发出来，并转化为现实的生产力。对推动企业技术进步、产业升级，增强市场竞争力，促进经济社会高质量发展起到积极的作用。

（三）工会经济技术工作有利于从根本上维护职工利益

随着我国现代企业制度改革的不断深化，现代企业职工如何能更好地适应现代企业制度，充分发挥职工在企业改革发展中的作用，加快企业发展步伐，提高职工素质越来越显得尤为突出和重要。在市场经济条件下，市场竞争是推动生产力进步的一个重要因素。企业之间生产经营的激烈竞争是人力资源和专业技术人才的竞争，工会通过组织职工参加经济技术活动，提高了职工的科技文化素质和创新能力，使广大职工获得经济利益，

增强就业竞争的能力，有利于推进企业技术进步和国家经济发展，同时，也是工会维护职工利益的一个重要方面。

二、新时代工会经济技术工作的重要性

（一）工会经济技术工作是工会践行新发展理念的具体体现。坚持以践行新发展理念为引领，以"当好主人翁　建功新时代"为主题，不断强化经济技术工作，不断推进技术革新、技术协作、技术攻关、发明创造等活动，解决和突破生产经营管理领域中的重点、难点、关键问题，提高经济技术活动的知识含量和科技含量。广泛开展劳动和技能竞赛，大力推进经济结构调整和增长方式转变，不断提高职工素质，凝聚广大职工的积极性、主动性和创造性，充分发挥工人阶级主力军作用。

（二）开展经济技术工作是工会坚持服从服务于党和国家工作大局，坚持走中国特色社会主义工会发展道路的重要举措。党的二十大描绘了全面建成社会主义现代化强国、实现第二个百年奋斗目标的宏伟蓝图，为工人阶级充分发挥主力军作用提供了广阔舞台。坚持走中国特色社会主义工会发展道路，充分发挥工人阶级在社会主义现代化建设中的主力军作用，为推动经济社会持续稳定健康发展作贡献，是新时代工会组织的重要任务，工会要承担这一任务，就必须通过开展经济技术工作，把职工的智慧和力量凝聚到实现国家经济社会发展的目标上来，在建设现代化经济体系中充分发挥主力军作用，在实现中国梦的奋斗中争取人生出彩。

（三）开展经济技术创新活动是工会更好地履行维护职能的重要途径。维护职工合法权益、竭诚服务职工群众是工会的基本职责。工会作为职工群众利益的代表者，维护职能的发挥应当以提高企业经济效益为前提，在维护企业总体利益、促进企业高质量发展的同时，维护每个职工的具体利益。否则，维护工作就会走进死胡同，成为缘木求鱼、无源之水，正可谓大河里没有水，小河就会干涸。开展经济技术创新活动，发挥职工群众的创造力，依靠技术进步出精品、提效率、降成本，最终得到的回报是企业增效、职工个人增收，这是工会履行维护职能最有效、最根

本的途径。

三、工会经济技术工作的任务

（一）推动经济社会高质量发展

党的二十大报告指出："高质量发展是全面建设社会主义现代化国家的首要任务。发展是党执政兴国的第一要务。没有坚实的物质技术基础，就不可能全面建成社会主义现代化强国。"推动经济社会高质量发展，是工会经济技术工作的首要任务。工会要认真贯彻新发展理念，围绕中心、服务大局，紧扣推动高质量发展广泛深入持久开展主题劳动和技能竞赛，深入开展创建劳模和工匠人才创新工作室，大力弘扬劳模精神、劳动精神、工匠精神，进一步增强竞赛的针对性和实效性，动员广大职工为全面建设社会主义现代化国家、全面推进中华民族伟大复兴建功立业。

（二）大力提高职工技术素质

党中央历来重视职工队伍素质的提高，要求工会充分发挥"大学校"作用，把提高职工队伍整体素质作为一项战略任务。发挥工会"大学校"作用，提高职工队伍整体素质，是践行新的发展理念、实现职工全面发展的客观需要，是实施科教兴国、人才强国、可持续发展战略，建设创新型企业的必然要求。工会组织要利用其自身优势，以推进产业工人队伍建设改革为抓手，建设知识型、技能型、创新型劳动者大军。坚持政治上保证、制度上落实、素质上提高、权益上维护的总体思路，以钉钉子精神抓好《新时期产业工人队伍建设改革方案》落实，确保广大产业工人发展有空间、上升有通道、待遇有保障、创新有动力，努力造就一支有理想守信念、懂技术会创新、敢担当讲奉献的宏大的产业工人队伍。

（三）在增强自主创新能力中发挥作用

创新是一个民族进步的灵魂，是一个国家兴旺发达的不竭动力。党的二十大报告指出："坚持创新在我国现代化建设全局中的核心地位。"工会组织要围绕建设创新型国家、增强自主创新能力，大力开展合理化建议、技术革新、技术攻关、发明创造活动，充分尊重和发挥广大职工在提升企业自主创新能力，推动创新发展中的主力军作用。引导职工在技术创新的实践中发挥聪明才智，推动创新型企业和创新型国家的建设。努力营造创新活动得到支持、创新才能得到发挥、创新成果得到奖励的环境，激励广大职工为建设创新型企业和创新型国家贡献智慧和力量。

（四）大力弘扬劳模精神、劳动精神、工匠精神

2024 年 4 月 30 日，在"五一"国际劳动节到来之际，习近平总书记代表党中央向全国广大劳动群众致以节日祝贺和诚挚慰问："希望广大劳动群众大力弘扬劳模精神、劳动精神、工匠精神，爱岗敬业、创新创造，踊跃投身以高质量发展推进中国式现代化的火热实践，为全面推进强国建设、民族复兴伟业而不懈奋斗。"在我们党团结带领人民为中华民族伟大复兴不懈奋斗的历程中，培育形成了爱岗敬业、争创一流、艰苦奋斗、勇于创新、淡泊名利、甘于奉献的劳模精神，崇尚劳动、热爱劳动、辛勤劳动、诚实劳动的劳动精神，执着专注、精益求精、一丝不苟、追求卓越的工匠精神。习近平总书记指出："劳模精神、劳动精神、工匠精神是以爱国主义为核心的民族精神和以改革创新为核心的时代精神的生动体现，是鼓舞全党全国各族人民风雨无阻、勇敢前进的强大精神动力。"榜样蕴藏无穷力量，精神激发奋斗意志。新征程上，大力弘扬劳模精神、劳动精神、工匠精神，对激励和鼓舞全党全国各族人民更加奋发有为投身全面建设社会主义现代化国家伟大实践，具有十分重要的意义。

（五）参与经济和科技政策及法规的研究制定

工会代表和组织职工群众参与国家和社会事务的管理，是法律赋予工会的一项重要权利，也是工会组织承担的源头维护职工合法权益的重要义务。工会组织要通过对社会经济生活中涉及和影响职工利益的经济政策问题进行调查研究，参与地方政府经济科技法规、政策和发展规划的研究制定，提高工会参政议政能力，为党委和政府决策提供依据。

第二节　工会经济技术工作的内容

一、劳动和技能竞赛

（一）劳动和技能竞赛的现实意义

劳动和技能竞赛是一项最广泛的职工群众活动，也是一项涉及范围和领域最宽广的活动。劳动竞赛是在社会主义条件下，广大劳动者以劳动生产为内容展开的竞赛活动；技能竞赛是依据国家职业技能标准，结合生产和经营工作实际开展的以突出操作技能和解决实际问题能力为重点的、有组织的群众性竞赛活动。开展社会主义劳动和技能竞赛，可以增强广大劳动者的集体主义精神，创造和推广新的生产技术和操作方法，改善劳动组织，发挥劳动者的积极性、主动性和创造性，对于提高劳动生产率，完成和超额完成生产工作任务，提高经济社会效益，促进企事业高质量发展，具有巨大的推动作用。

劳动和技能竞赛的现实意义主要如下。首先，发展和谐稳定的劳动关系，需要工会在实践中正确把握好促进企事业发展、维护职工权益的相互关系。其中，为促进企事业发展，劳动和技能竞赛无疑是有效的切入点。其次，劳动和技能竞赛有利于提升企事业的核心竞争力。企事业的竞争优势靠的是创新，而劳动和技能竞赛通过比、学、赶、帮、超能够为企事业创新不断拓展领域。再次，劳动和技能竞赛有利于提高企事业单位科学技术水平。最后，劳动和技能竞赛有利于全面提升职工队伍素质。

（二）劳动和技能竞赛的原则

组织劳动和技能竞赛的基本原则包括宣传劳动和技能竞赛，评比竞赛结果，运用竞赛优胜的经验三个方面。在竞赛中具体表现为"互相学习、互相帮助、取长补短、共同提高"，由此决定了劳动和技能竞赛以"比、学、赶、帮、超"为主要活动方式。在新时代，劳动和技能竞赛所遵循的原则得到进一步延伸：

1. 服务经济社会建设、服务企事业发展；

2. 服务职工权益保障、有利于广大职工参加；

3. 坚持精神鼓励为主、物质鼓励为辅，精神鼓励和物质鼓励有机结合；

4. 倡导"互相学习、互相帮助、取长补短、共同提高"。

（三）劳动和技能竞赛的方式

按照组织方式分为以下几种。

1. 定额达标式竞赛。即围绕企事业发展目标确定竞赛内容，在此基础上将竞赛目标具体分解、层层落实。

2. 协议式竞赛。即由劳动关系双方代表通过签订协议方式，明确竞赛任务的分工和各自的责、权、利，使企事业发展目标和职工切身利益有机结合在一起。

3. 横向联合式竞赛。即在不同的部门、企事业、行业之间，为完成共同的任务而开展的联合协作竞赛。

按照竞赛内容分为以下几种。

1. 突出创造性的劳动和技能竞赛

许多企事业在市场竞争中，力求以先进的指标、核心的技术和服务、优质的产品和最佳的经济效益立足市场，这种创造性劳动和技能竞赛的内容，使企事业最能见到实效，因而受到了企事业和职工的欢迎。

2. 提高经济效益的劳动和技能竞赛

新形势下的劳动和技能竞赛内容坚持以经济效益为中心，把提高质量、降低消耗、节约成本、增加盈利、开发新产品和提高劳动生产率作为重点，千方百计地挖掘潜力，盘活现有资产，促进企事业的发展。

3. 推动技术进步的劳动和技能竞赛

许多企事业在开展劳动和技能竞赛时，大力推广应用新技术，消化吸收引进新技术和新设备，大力开展技术革新、技术攻关、技术协作、发明创造和合理化建议等活动，在推动技术进步方面获得丰硕成果。如"五小"（小发明、小创造、小革新、小设计、小建议）竞赛。

4.提高劳动者素质的劳动和技能竞赛

现在，基层企事业都把劳动者的素质作为劳动和技能竞赛的重要内容，大力开展群众性的技术培训、技术比赛和技术练兵、拜师学艺等活动，千方百计地为提高职工群众的素质服务。

按照竞赛特点可分为以下几种。

1.生产型竞赛。即为调动职工积极性、主动性，促进某一生产任务完成而开展的竞赛活动。

2.智能型竞赛。即为开发职工智能，促进技术进步和加强经营管理而开展的竞赛活动。

3.技能型竞赛。即为帮助职工掌握操作技法，促进职工技能水平普遍提高而开展的竞赛活动。

（四）劳动和技能竞赛的实施程序

劳动和技能竞赛的实施程序大体包括以下几方面。

1.制定竞赛方案。组织劳动和竞赛首先要确定竞赛目标、原则、组织领导、实施内容等；明确竞赛具体实施方案，其中包括竞赛条件、竞赛管理及奖励办法等。竞赛活动一般由企事业行政牵头，工会等相关部门配合，日常具体工作通常由工会负责。

2.宣传发动群众。把竞赛活动方案让广大职工了解，宣传竞赛的意义、目的、目标、方法，形成竞赛的气氛和声势，让职工关注竞赛、参与竞赛。

3.劳动和技能竞赛的组织方法。一是做好开赛前的准备。选择好竞赛目标，做好可行性研究。二是做好比赛的服务工作。解决职工的后顾之忧，做好竞赛的分类指导，及时检查监督。三是做好比赛的总结、评比、表彰工作。

4.劳动和技能竞赛的组织领导。强有力的领导是开展劳动和技能竞赛的组织保证。各级工会组织是劳动和技能竞赛的组织领导机构。

二、合理化建议活动

合理化建议活动，是指工会组织职工就有关改进和完善企事业单位生产、技术、经营和管理等方面提出改进意见、相关解决措施或办法的活动。职工合理化建议活动也称"点子工程"，它是职工民主管理的一项重要内容，是企事业运用集体智慧、群策群力促进企事业发展的一个重要手段。

（一）合理化建议活动的内容

1. 在管理理论、管理技术上有创建，对提高生产经营管理水平、提高科学技术水平、提高经济效益和社会效益有指导和促进作用。

2. 在管理组织、制度、机构等方面提出改革办法和改进方案，对提高工作效率和应变能力或服务能力有显著效果。

3. 应用国内外现代化管理手段和技术，取得经济效益和社会效益。

4. 在提高产品质量、改进产品结构、开发新产品方面有积极作用。

5. 在改进生产设备、设施及生产工具；生产安全和劳动安全卫生；节约能源，降低消耗，采用新技术、新工艺、新材料，节约原材料等方面有重要作用。

（二）合理化建议活动的特征

1. 广泛性。包括一线员工、技术人员、管理人员、营销人员以及财务、劳资、培训等部门的人员，都可围绕本岗位或企事业其他部门的工作，提出意见或建议。

2. 实验性。所提意见或建议能否运用到生产、经营、管理活动中去，必须经过科学论证，研究其可行性以及成本和效益，作出采纳与否的决定。

3. 效益性。合理化建议一旦实施应有实际效用，或可实现增产节约，或可直接计算效益；在实际工作中要注意定期（以月、季、半年或1年为单位）进行统计，其统计指标有：（1）提出率：某一时期所提合理化建议的件数与平均在册职工之比；（2）采纳率：经科学论证可采纳的件数与实际所提件数之比；（3）实施率：实施的件数与创造的总体效益之比。

（三）开展合理化建议活动的主要方法和途径

在开展合理化建议活动时，要采取多层次、多渠道、多角度、全方位及大中小型相结合、集中分散相结合、上下相结合的方法和途径，并不断注入新的内容和形式，使职工有新鲜感，从而增强合理化建议活动的活力。

1. 做好合理化建议的征集工作。通过宣传动员，广泛发动职工参与，有职工的广泛参与，才能形成规模和水平。在建议征集过程中，注意建议的实用性和解决问题的可行性。

2. 对合理化建议进行高质量的归纳、整理和概括。职工的合理化建议是从不同角度、不同层面并结合着自己的理解而提出的，观点和认识不尽相同。要分出类别，列出专题，形成主题鲜明、条理清晰、简洁明了、逻辑性强，并具有前瞻性、可行性、效益性和可操作性的合理化建议综合材料，从而保证合理化建议的质量和实效性。

3. 建立起有效的利益导向机制，保障合理化建议工作的生机活力。合理化建议这项工作作用的发挥，需要有效的利益导向机制作保障，这样才能长期调动职工提合理化建议的积极性，使其自觉自愿地参与到这项工作中来，保证合理化建议工作能够充满生机并持久健康发展。一是通过物质奖励对职工参与合理化建议活动的行为给予积极肯定，激发职工广泛参与这项活动的热情。二是定期组织合理化建议表彰活动，让职工通过参与这项活动得到精神上的满足。三是对职工参与合理化建议活动的情况进行备案和存档，通过这项活动让职工感觉到合理化建议活动是企业为职工搭建的一个展现自己能力、经验与知识水平的平台，通过这个平台可以实现企业与职工的共同发展，达到职工与企业的双赢。

三、职工技术协作活动

职工技术协作是职工群众自愿结合，发扬工人阶级主人翁精神和协作风格，在企事业间、部门间、行业间、地区间进行有组织的技术攻关、技术开发、技术交流，通过技术应用、推广和创新，为经济建设做贡献的群众性生产技术活动。职工技协是中国工人阶级的伟大创举，在深入实施科教兴国战略、人才强国战略、创新驱动发展战略中发挥着重要作用。

（一）职工技术协作活动的作用

1. 提升企业核心竞争力。通过技术革新、技术改造等活动，增强企业的技术开发能力和市场竞争力，帮助企业攻克技术难关，提高产品质量，提高经济效益，促进企业更好更快发展。

2. 提高职工技术素质。通过广泛开展岗位练兵、技术比赛、技术培训、技术成果评选等活动，为职工提供施展才干、自我展示的舞台，提高职工的技术水平和业务技能，增强职工队伍的创造能力和开发能力。

3. 交流先进技术经验，推动企业技术进步。

（二）职工技协活动的主要任务

1. 立足企事业，开展技术创新、技术挖潜和技术改进活动，不断完善和推进企事业生产技术；

2. 开展企事业之间，企事业和高校及科研单位之间的技术交流和技术合作活动，共同解决企事业在技术开发、技术改造、技术成果消化吸收等方面遇到的问题；

3. 根据企事业技术进步的需要，组织技术培训、技术攻关和技术比赛等活动，有计划、有步骤、有目的地提高职工队伍的技术水平；

4. 开展有偿技术服务，按照技术市场的通行规则，推动技术的广泛应用；

5. 在技协组织的协调下，集中相关技术力量支持那些技术较薄弱的企事业、行业和地区。

（三）开展职工技术协作工作的基本要求

1. 贴近企事业单位需求，贴近生产技术发展的最前沿，通过组织形式、工作内容、运作方式、活动范围等方面的不断创新，赋予职工技协新的生命力；

2. 职工技协作为工会经济技术工作的重要组成部分，应充分彰显工会在推进我国经济技术方面的群众化优势，坚持为基层服务，坚持技协以职工为主体的方向，坚持发挥职工群众技术的强大优势。

（四）新时代职工技协工作的重点

1. 找准位置，发挥优势，增强自主创新能力；

2. 拓宽活动领域，从公有制企事业向非公有制企事业发展，从传统产业向新兴产业延伸；

3. 积极参与技术市场建设，促进科技成果转化；

4. 发挥技协优势，为促进区域协调发展作贡献；

5. 建好队伍，提升水平；

6. 发挥社团功能，提高为会员服务的能力。

四、劳动模范工作

伟大的时代需要伟大的精神，伟大的精神来自伟大的人民。在新时代，我们要大力弘扬劳模精神。劳动模范身上体现的"爱岗敬业、争创一流，艰苦奋斗、勇于创新，淡泊名利、甘于奉献"的劳模精神，是伟大时代精神的生动体现。

做好劳动模范工作，是工会一项重要而神圣的任务。《工会法》规定："根据政府委托，工会与有关部门共同做好劳动模范和先进生产（工作）者的评选、表彰、培养和管理工作。"

（一）劳模工作的主要内容

1. 评选、表彰劳动模范，培养劳模群体；

2. 切实关心劳模生活，落实劳模待遇；

3. 进一步探索和完善劳模管理工作机制；

4. 建立健全劳模培养、继续教育的激励机制；

5. 发挥劳模骨干带头作用，为劳模施展才干搭建平台；

6. 做好劳模和工匠人才创新工作室创建工作；

7. 大力弘扬劳模精神，营造劳动光荣、知识崇高、人才宝贵、创造伟大的社会氛围。

（二）劳动模范的评选、表彰

1. 评选劳动模范的基本条件

热爱祖国，坚持党的基本路线，在政治、思想和行动上同以习近平同志为核心的党中央保持一致，在本职工作岗位上艰苦奋斗、勇于开拓创新，为经济建设和社会发展作出突出贡献，并具有广泛的群众基础。劳模评选工作应坚持面向基层，面向经济建设第一线，并以普通工人、农民工和知识分子为主。

2. 劳模评选的基本程序

劳模评选应在广泛听取群众意见的基础上，经过必要的民主程序，做到公开、公正，优中选优，确保评选质量。劳模人选应通过所在基层单位推荐，经本单位职工大会或职工代表大会讨论同意并经主管部门审查。劳模人选产生后，还应面向群众和社会进行公示。

3. 对劳模的表彰奖励

在社会主义市场经济条件下，对劳模的奖励应体现精神鼓励和物质奖励并重。同时，应在社会范围内大力宣传劳模精神和时代风采，使劳模的奉献精神和为国家或企事业作出的突出贡献得到社会的承认和尊重，使劳模成为人们学习的榜样和楷模。

4. 对劳模的培养和教育

对劳模的培养和教育方式丰富多样，如选送劳模到大专院校或国外学习深造，定期安排劳模参加相关专业的培训，也可通过建立劳模协会和劳模联系制度为劳模提供所需的各种文化交流活动。

（三）劳动模范的日常管理

1. 严格坚持评选劳模的基本标准。

2. 坚持面向基层，面向经济建设一线，以广大职工群众为主，实行民主评选的原则。

3. 维护劳模的正当权益，关心劳模的工作、学习和生活，尤其应关心那些困难劳模的工作和生活，及时解决劳模遇到的各种困难和问题。用好全国劳模专项补助资金，深入开展劳模定期走访慰问、及时帮扶救助、开展健康体检和疗休养等工作。

4.总结、传播和推广劳模创造的先进工作经验，大力弘扬劳模的敬业精神、崇高品质和先进思想。

5.重视研究劳模工作有关理论，不断提高劳模工作的管理水平和从事劳模日常管理工作人员的自身素质。

（四）新时代劳模工作的基本思路

1.学习贯彻习近平总书记在全国劳动模范和先进工作者表彰大会上重要讲话精神，加大对劳动模范和先进工作者的宣传力度，讲好劳模故事、劳动故事、工匠故事，营造劳动光荣的社会风尚和精益求精的敬业风气。

2.进一步做好劳模培养选树和管理服务工作，完善全国工会劳模工作管理平台，推动完善劳模政策，提升劳模地位，落实劳模待遇，形成尊重劳动、尊重知识、尊重人才、尊重创造良好氛围。

3.加大劳模教育培养力度，鼓励各级工会开展劳模教育培训，叫响做实由劳模学员、劳模辅导员、劳模学院、劳模宣讲团等构成的"劳模+"品牌。

第三节　群众性经济技术创新工程

一、群众性经济技术创新工程的内涵

（一）以职工为主体，并体现和贯穿于工会群众性经济技术创新工程的全过程和各项具体活动之中。

（二）实施范围主要集中在与社会物质生产密切相关的产业、行业、部门和各类经济组织中。

（三）任务重点主要围绕生产经营、科技研发、技术创新、劳动技能、管理服务、物流与信息等诸多方面。

（四）以创新为主旨，以灵活有效、形式多样、受职工欢迎的活动方式为载体。

（五）由工会发起和组织实施，由政府、企业行政和社会各界在人力、物力、财力、智力等方面予以通力合作与支持。

二、群众性经济技术创新工程的主要特征

（一）知识化

即工会群众性经济技术创新工程的组织过程、实施项目、成果实现等在内容、手段、途径和方法等方面，均体现出知识的创新、创先、创优、创水平。

（二）人本化

即始终坚持以人为本的理念，使职工成为主导经济技术进步的首要资源，使知识型、技能型、创新型职工队伍建设充分彰显人力资本的创造价值。

（三）创新性

即工会群众性经济技术创新工程无论在目标与任务还是在参与主体与实施过程等各个环节，均能够与时俱进。

三、群众性经济技术创新工程的组织、管理与实施

（一）组织领导

由于工会群众性经济技术创新工程领域广、项目多、职工参与踊跃，因此加强对此项工作的组织领导是保证活动扎实开展的前提条件。组织领导架构可在地方、产业和基层企事业三个层面分别设置，其基本职责是：（1）制订中长期发展规划和年度计划，并协调各方力量组织实施；（2）总结交流和推广开展群众性经济技术创新工程的先进经验与做法；（3）运用宣传媒体展示先进典型和成果，扩大创新工程的社会影响力；（4）通过检查、考核、评优等相关制度，确保此项工作稳步推进。

(二) 项目管理

项目管理是"创新工程"得以顺利实施的重要保证，而制定科学的评估标准则是项目管理的关键所在，对于推动"创新工程"的科学化、制度化、规范化具有重要意义。评估标准的制定应着眼于"创新工程"整体水平的提升，把方案制定、目标任务、活动开展、成果绩效作为评估主要内容，把提升职工素质、推动经济技术与科技创新以及实现经济效益指标作为评估重点。评估标准的制定应遵循以下原则。(1) 统一性原则。即评估标准能够广泛兼顾群众性经济技术创新活动的各类成果形式。(2) 科学性原则。即评估标准能够客观、真实地反映创新成果，做到定量和定性评估相结合。(3) 公平、公正的原则。即评估标准的制定、实施和考核结果应公开透明、实事求是。

(三) 保障体系

"创新工程"制度保障体系建设主要涉及两个方面，一是要求组织领导者树立现代创新理念，形成行政与工会及相关社会组织相互支持、密切配合、职工群众与专业技术人员相互结合的工作格局与良好氛围；二是健全完善保障体系各项制度建设，诸如激励制度、管理制度、创新扶持制度、职工技能培训制度、成果推广制度等。

(四) 实施平台

工会群众性经济技术创新工程实施的关键在于通过活动的开展，为职工劳动技能和综合素质的全面提升打造发展平台，具体涉及以下方面：一是深入开展创建学习型组织，引导职工争做知识型、技能型、创新型劳动者；二是整合工会内部教育培训资源，发挥工会院校和各种培训机构在技能型人才培养中的综合效应，同时保障资金投入和职工职业技能实训基地建设；三是健全职业资格和职业技能等级认证制度，不断完善技能培训考核评价体系；四是适应"创新工程"领域的逐步拓展，为使日益广泛的职工群众踊跃参与其中，工会应能够拥有更多的资源和手段。

思考题

1. 工会经济技术工作有什么重要作用？
2. 工会经济技术工作的主要任务是什么？
3. 开展劳动和技能竞赛应当遵循哪些原则？
4. 劳动和技能竞赛的方式有哪些？
5. 简述合理化建议的内容。
6. 开展合理化建议活动的主要方法和途径有哪些？
7. 职工技协活动的主要任务是什么？
8. 劳模工作的主要内容是什么？
9. 工会如何做好新时代劳动模范工作？
10. 职工经济技术创新工程的主要措施是什么？

案例

学悟守正　举旗育人　建功立业　暖心聚力　强基固本
江苏工会"五大行动"助力高质量发展

2023 年 4 月 17 日　来源：中工网—工人日报

近年来，江苏省各级工会深入实施学悟守正、举旗育人、建功立业、暖心聚力、强基固本"五大行动"，奋力开创新时代工运事业和工会工作新局面，助推江苏经济社会高质量发展。

"大学习"课堂放到工厂车间、校园教室

"高质量发展是全面建设社会主义现代化国家的首要任务。"习近平总书记在参加十四届全国人大一次会议江苏代表团审议时的重要讲话，在江苏干部群众中引起热烈反响，激励江苏各级工会进一步团结动员广大职工"扛起新使命、谱写新篇章"，为全面推进中国式现代化江苏新实践努力奋斗。

今年全国两会闭幕后，江苏省总工会立即组织举办全省工会领导干部专题研讨班，学习贯彻党的二十大精神、全国两会精神，深入学习领会习近平总书记参加江苏代表团审议时的重要讲话精神，以及对江苏提出的

"勇挑大梁、走在前列"的目标要求,提升工会工作"围绕中心、服务大局"的能力水平,为推动江苏高质量发展共商"工会方案"、贡献工会力量。

"学悟守正",始终保持工会工作正确政治方向。江苏工会持续强化理论武装,严格落实"第一议题"制度,强化干部培训,扎实开展系列主题教育实践活动。

构建多层次、全覆盖的学习制度本系,深入学习贯彻党的十九大及十九届历次全会精神、党的二十大精神,扎实开展解放思想大讨论、"不忘初心、牢记使命"主题教育、党史学习教育等。在新中国成立70周年、建党100周年等重要节点,开展内容丰富、形式多样的群众性主题宣传教育活动,激发职工奋进新时代的精气神。

"举旗育人",职工听党话跟党走决心更加坚定。江苏工会坚持用党的创新理论宣传职工、教育职工、引导职工,使广大职工在理想信念、价值理念、道德观念上紧紧团结在一起,凝聚高质量发展强大合力。

3月28日,江苏省总工会在南京师范大学举办巾帼劳模工匠宣讲活动,全国五一巾帼标兵、中国电子科技集团公司第十四研究所微电路总装师顾春燕等几位巾帼劳模工匠和同学们面对面交流,分享投身高质量发展的奋斗故事、畅谈成长体会。

自2020年以来,江苏工会创新开展"劳模工匠进校园 思政教师进企业"工作,发挥劳模先进的实践优势和思政教师的理论优势,用接地气、有特色的宣讲,把"大学习"课堂放到工厂车间、校园教室,打造江苏职工思政工作新名片。

江苏省教育科技工会组建以高校优秀青年思政教师为主体的百名工会理论宣传员队伍,邀请140名企业劳模工匠担任高校思政课特聘导师;南京市总工会联合市教育局为劳模工匠志愿者颁发"特聘导师"证书,打造百余个"劳动课程",供基层免费"点菜"。

"中国梦·劳动美·幸福路"主题教育、"永远跟党走——了不起的劳动者"系列宣传、"网聚职工正能量 争做中国好网民"活动……一系列主题活动让职工思想政治工作实起来、活起来。

产业工人队伍建设改革走在前列

3月31日，无锡市总工会召开首届"无锡工匠日"系列活动通气会，发布了无锡工匠LOGO。今年，首届无锡工匠选树活动开展，让劳模出彩、替工匠扬名，让产业工人感觉到更加有奔头、有地位、有尊严。

自2018年率先推进产业工人队伍建设改革以来，江苏先行先试，不断深化改革，努力服务高质量发展。持续完善试点体系，加强分类指导，创新评价考核办法，推动改革向产业链、产业集群、工业园区延伸，培育各级各类试点单位9000多家，覆盖职工730多万人。

2022年底，全国推进产业工人队伍建设改革协调小组对31个省（区、市）推进"产改"情况进行了评价考核，江苏被评为"优秀"等次第一名。

此前，江苏省级层面先后出台了50多项"产改"政策举措。在不久前召开的江苏省"产改"第五次联席会议暨工作推进会上，《2023年江苏产业工人队伍建设改革工作要点及责任分工方案》印发，提出4大类18项具体工作要点，并明确责任单位。

今年，江苏将继续展现"首批全面试点省份"的责任担当，把"产改"作为贯彻党的二十大精神、推进现代化建设的重要举措，以"探路先行"的勇气推动改革向纵深发展、向基层延伸。

为企业纾困解难，近年来，江苏工会坚决落实小微企业工会经费支持政策，全省累计返还45.1亿元，全省工会累计投入疫情防控专项资金2亿元，为夺取疫情防控和经济社会发展双胜利贡献力量。

服务高质量发展，构建职业技能竞赛体系、建设省级职工职业技能竞赛基地、制定竞赛管理办法……江苏工会以组织引领性劳动和技能竞赛为抓手，带动各地广泛开展多层次、多形式的竞赛活动，在促进区域联动、体现产业特色、丰富载体内涵、加强机制建设等方面实现新突破；创建2700多家劳模创新工作室，组建劳模（工匠）创新工作室联盟，为劳模工匠发挥作用搭建平台、提供舞台。

"建功立业"，广大职工群众劳动热情持续激发。江苏工会牢牢把握为实现中华民族伟大复兴的中国梦而奋斗的工运时代主题，引导广大职工立足岗位、奋发奉献，合力奏响新时代劳动最强音。

暖"新"行动引领普惠服务

近日，江苏省常州市总工会、市邮政管理局、常州工学院专门针对快递员群体开设的"物流管理"专班——快递行业"求学圆梦"合作班开学，首批 37 名"快递小哥"圆了大学梦。

"聚焦新就业形态劳动者职业特点和所思所盼，为他们提供精准服务，是我们当前的工作重点。"江苏省总工会有关负责人介绍，省总以苏工暖"新"行动为引领，打造健康体检、专项保险、入会服务、暖"新"礼包、困难帮扶、能力提升、法律服务、心理咨询、"X"项特色服务等"8+X"综合服务集市，建成 5600 家工会户外劳动者服务站点，成立全国首家平台企业货运物流工会，全省新就业形态劳动者会员超 100 万人。

高质量发展，离不开高质量充分就业。江苏省总设立"促就业惠民生 当好职工娘家人"专项资金，打造就业服务公益平台，组织"职等你来"系列招聘活动，为职工提供就业服务 220 万人次，培训 60 万人次；开展阳光就业暖心行动、"关爱·圆梦"工程，帮助 4500 名困难职工家庭高校毕业生实现就业。

江苏省总还组建省职工服务中心，开展职工服务中心赋能创优试点，建设一批职工生活幸福企业，推动职工生活品质不断提升；组织职工疗休养活动，惠及一线职工 58 万人次；实施女职工康乃馨服务计划，为 128 万名女职工提供"两癌"筛查服务；开展"互联网+"工会普惠性服务城市创建，更好满足新时代职工个性化、多元化需求；联系引导社会组织为职工提供专业性、精准性服务，有效延伸工会工作手臂，持续增强广大职工的获得感、幸福感、安全感。

"暖心聚力"，联系服务职工工作不断做深做实。江苏工会坚持从职工中来、到职工中去，把握职工所思所想、所忧所盼，努力办好职工得益受惠的实事、暖心提气的善事、普遍欢迎的好事。

江苏省总制定实施省"十四五"数字工会建设规划，150 个服务项目实现网上办理，1000 万会员实名制注册用网，江苏工会"服务一张网"覆盖面不断扩大，网上服务能力显著提升。

"强基固本"，积极推动各项改革部署落实落地。江苏工会认真落实中央关于群团改革的部署要求，纵深推进工会改革，工会组织政治性、先进性、群众性不断增强。

江苏省人大常委会副主任、省总工会主席魏国强表示，全省工会组织将坚持以习近平新时代中国特色社会主义思想武装头脑、指导实践、推动工作，全面学习贯彻落实党的二十大精神，扎实开展主题教育，进一步强化理论武装、汇聚奋斗合力、精准维权服务、全面深化改革、持续大抓基层，以工会工作高质量发展助推江苏经济社会高质量发展。（工人日报——中工网记者 黄洪涛 王伟）

第十二章　工会女职工工作

第一节 女职工工作概述

《中国工会章程》第14条中规定，各级工会建立女职工委员会，表达和维护女职工的合法权益。

一、工会女职工委员会的性质

（一）是工会内部的组织。女职工委员会是同级工会领导下的，以性别为界的职工组织。女职工是女职员和女工人的统称。一般是指以群体劳动方式从事一定经济和社会活动并以工资形式取得个人收入的女性。在国有企业、非公企业、外资企业及乡镇企业、机关、事业及其附属机构中工作，并由其支付工资的各类女性工作者，都属于女职工范畴。女职工委员会不是独立于工会之外的"第二工会"，也有别于妇联。它是在工会的统一领导下的女会员的组织。其职能、任务、工作方针的确立是以工会的职能、任务和工作方针为依据的。无论在什么时期，女职工委员会组织的活动和工作必须围绕工人运动的基本活动和工作，结合女职工的特点来进行。

（二）具有民主性。民主性主要体现在两个方面：一方面，女职工委员会的主要负责人是经过民主协商或民主选举而产生的；另一方面，从方式上来看，女职工委员会主要采取民主的方式根据女职工的意愿开展工作。

（三）具有代表性。女职工委员会与其他妇女群众团体不同，她的组成对象是清一色的工人阶级队伍中的女性成员。女职工委员会是女职工利益的代表者，有权代表女职工参加国家事务的管理和企业的民主管理；有权代表女职工参与涉及女职工利益的法律、法规、政策的制定，并代表女职工监督实施。

（四）是一个维权服务的组织。作为女职工权益的代表者，要切实维护女职工权益，竭诚为女职工服务，当女职工在政治、经济、文化、社会、家庭等方面的合法权益受到侵害时，女职工组织应同一切歧视、虐待、侮辱、迫害女职工的行为做斗争，成为女职工的"娘家"。

二、工会女职工工作的特点

工会女职工工作作为工会工作中不可分割的一个重要组成部分，体现着工会工作的一般规律。但工会女职工工作由于各方面因素的影响，与工会的其他方面工作相比，其个性尤其鲜明。工会女职工工作的特点，主要表现在以下三个方面。

(一) 女职工工作的特殊性

女职工工作的特殊性是由其自身条件——女职工生理上、心理上的特点及其特殊要求决定的。工会作为职工群众的组织，除了反映和解决男女职工的共同要求外，还必须专门关心和研究女职工的特点和特殊要求，帮助她们解决一些实际问题，从而调动她们的积极性和创造性。因此，工会女职工组织要精心研究女职工的特点，不断总结女职工工作的规律。工会女职工工作是其他业务部门难以替代的，不是可有可无，也不是无足轻重，更不能取而代之。

(二) 女职工工作的综合性

女职工工作的综合性是由对女职工需要做多方面的工作的性质所决定的，它包括三方面的含义：一是凡有女职工的地方，都有女职工工作；二是女职工工作不能孤立地进行，要善于协调社会各个方面的力量共同开展工作；三是各级工会职能部门，要配合支持协助女职工工作部门做好女职工工作。

(三) 女职工工作的相对独立性

女职工工作的特殊性、综合性决定了它的相对独立性。独立性是指工会要建立女职工委员会，独立负责地进行工作；相对独立是指女职工委员会要在工会委员会的领导下开展工作。这样，才能更好地表达和维护女职工的合法权益和特殊利益，并维护工人运动的整体性和统一性。

以上三个特点是工会女职工工作的一般规律。在不同的历史时期，女职工工作又要体现时代特征。基层工会女职工组织要不断适应形势发展的变化，与时俱进地做好女职工工作。

三、工会女职工工作的重要意义

（一）有利于促进国家经济发展和社会进步

随着经济社会的发展，女职工队伍不断发展壮大，遍布国民经济的各行各业和科教文卫体等几乎各个领域。女职工已经成为促进经济发展、推动社会进步不可缺少的重要力量，她们的积极性能否得到充分发挥，直接影响到经济建设的发展。因此搞好女职工工作，充分调动女职工的积极性、主动性、创造性，对于促进国家经济发展和社会进步具有十分重要的意义。

（二）有利于团结动员女职工为全面建设社会主义现代化国家、全面推进中华民族伟大复兴建功立业

在全面建设社会主义现代化国家新征程中，广大女职工积极投身到改革和发展的大潮中，在工作中运用自己的智慧和创造力，发挥了"半边天"作用。女职工还是社会良好风尚和精神文明建设的积极参与者和实践者，在树立良好的职业道德，营造健康和谐的家庭美德的方面发挥了自己的独特优势。

（三）女职工工作是工会工作的一项重要内容，也是党的群众工作的重要组成部分

女职工是工人阶级的重要组成部分，工会女职工组织是女职工合法权益和特殊利益的代表者和维护者，最大限度地把女职工组织到工会中来，依法维护女职工合法权益和特殊利益，更好地调动女职工参与改革和建设的积极性、主动性和创造性，对于推动和谐社会建设和巩固、扩大党的阶级基础与群众基础都具有十分重要的意义。

各级工会要充分认识加强新时代工会女职工工作的重要性和必要性，努力推动工会女职工工作的创新和发展。

第二节　工会女职工组织建设

一、工会女职工组织机构

工会女职工组织机构大致可以分为全国性机构、地方性机构、产业性机构和基层组织。全国性机构为中华全国总工会女职工委员会，女职工部为常设工作机构。全国总工会女职工委员会是地方工会女职工委员会和全国各产业工会女职工委员会的领导机关。地方性机构为地方各级工会女职工委员会。地方工会女职工委员会是所属基层或产业工会女职工组织的领导机关。地方工会女职工委员会的日常工作机构是地方总工会的女职工部。产业性机构为产业工会女职工委员会。除若干特殊产业外，各地方产业工会女职工委员会以地方工会女职工委员会领导为主，同时接受上级产业工会女职工委员会指导。产业工会特别是女职工集中的产业工会，可以根据需要设立女职工部作为工作机构。基层组织为县以下基层企事业单位的工会女职工委员会。

二、工会女职工委员会的组织制度

第一，各级工会建立女职工委员会。女职工委员会与工会委员会同时建立。企业、事业单位、机关、社会组织等基层工会委员会有女会员10人以上的建立女职工委员会，不足10人的设女职工委员。

第二，省、自治区、直辖市，设区的市和自治州，县（旗）、自治县、不设区的市总工会女职工委员会，实行垂直领导的产业工会女职工委员会，按照机构编制管理权限，经机构编制部门同意，设立办公室（女职工部）或明确女职工工作责任部门，负责女职工委员会的日常工作。乡镇（街道），村（社区），企业、事业单位、机关、社会组织，以及区域性、行业性工会联合会，开发区、工业园区工会等，应当建立女职工委员会，根据工作需要设立办公室或明确专兼职工作人员。

第三，女职工委员会委员由同级工会委员会提名，在充分协商的基础上产生，也可召开女职工大会或女职工代表大会选举产生。县和县以上工会女职工委员会根据工作需要可聘请顾问若干人。注重提高女劳动模范、一线女职工和基层工会女职工工作者在工会女职工委员会委员中的比例，委员中应有新就业形态女性劳动者代表。

第四，女职工委员会委员任期与同级工会委员会委员任期相同。在任期内，由于委员的工作变动等原因需要调整时，由工会女职工委员会提出相应的替补、增补人选，经同级工会委员会审议通过予以替补、增补，并报上级工会女职工委员会。

第五，县和县以上工会女职工委员会常务委员会由主任1人、副主任若干人、常务委员若干人组成。

第六，在工会代表大会、职工代表大会中，女职工代表的比例应与女职工占职工总数的比例相适应。

第七，工会女职工委员会是县和县以上妇联的团体会员，通过县和县以上地方工会接受妇联的业务指导。

三、基层工会女职工组织的建设

工会女职工组织建设的基础在基层，因此要把加强基层组织的建设放在重要位置。

（一）基层工会女职工委员会的组建程序

第一，工会组建女职工委员会时，由工会筹备组或工会委员会以书面形式向上级工会和同级党组织提出组建女职工委员会的请示报告。内容包括：单位性质、女职工状况、筹建准备情况等。上级工会女职工委员会应对筹建准备工作给予指导。

第二，经上级工会女职工委员会同意后，工会筹备组或基层工会委员会组织召开女职工代表大会选举新一届女职工委员会。女职工委员会委员也可以由同级工会委员会提名，在充分协商的基础上产生。

第三，选举结束后，或者协商产生后，工会委员会应将新一届女职工委员会的选举结果或协商结果以书面形式报上级工会和女职工委员会。

第四，选举产生或协商产生的女职工委员会经上级工会委员会批准后，应在女职工代表大会或工会代表大会上予以宣布。

(二) 基层工会女职工组织建设的重点

第一，要最大限度地把女职工组织到工会女职工组织中来，坚持哪里有工会，哪里就要建立工会女职工组织的原则。

第二，坚持以工会组织建设带动工会女职工组织建设的原则。在组建工会的同时建立女职工委员会，并配备好相应的专、兼职干部，落实好干部待遇。

第三，在基层组织建设中，不同企业应有不同的侧重点。公有制企业组织建设的重点是巩固组织基础，激发组织活力，使之更好地发挥作用；改制企业组织建设的重点是在重组工会的同时，同步建立健全工会女职工组织；党政机关、科教文卫系统组织建设工作的重点是进一步扩大覆盖面。

当前，基层工会女职工组织体系要覆盖的重点领域是新经济组织，重点是把新经济组织中的女职工组织到工会中来。

四、基层工会女职工干部队伍建设

(一) 基层工会女职工干部配备

女职工委员会主任由同级工会女主席或女副主席担任，也可经民主协商，按照相应条件配备，享受同级工会副主席待遇。女职工委员会主任应提名为同级工会委员会或常务委员会委员候选人。

女职工200人以上的企业、事业单位工会女职工委员会，应配备专职女职工工作干部。

各级工会组织要按照革命化、年轻化、知识化、专业化的要求，落实新时代好干部标准，加强工会女职工工作干部队伍建设。

各级工会女职工委员会要加强对女职工工作干部的教育培养和关心关爱，提高女职工工作干部队伍的整体素质。工会女职工工作干部要坚持党的基本路线，熟悉工会业务，热爱女职工工作。

(二) 基层工会女职工干部的素质要求

工会女职工干部既是广大女职工活动的组织者和领导者，又是社会工作者，是职工队伍的中坚力量。工会女职工干部自身素质的高低，是工会女职工组织能否有效发挥作用的关键。新时代工会女职工干部应当具备以下基本素质。

1. 较高的政治思想素质

第一，要具有坚定的共产主义政治信仰，这是做好工会工作的基本条件。我国工会组织是在党的领导下开展工作的，作为新时代的基层工会干部，只有自身具有坚定的政治信仰，才能够坚持党的领导，在党的领导下做好职工的思想政治工作，帮助他们树立起正确的世界观、人生观、价值观和坚定的政治信仰。第二，坚持用科学理论武装头脑，增强"四个意识"、坚定"四个自信"、做到"两个维护"。第三，具有对职工高度负责、全心全意为职工服务的思想觉悟，这是赢得职工信任和拥护的关键。第四，要有与时俱进、开拓创新、不畏艰苦的工作精神。第五，要具有遵纪守法、坚持原则、严于律己、宽以待人的人格魅力，使自己成为职工值得信赖和尊敬的人。

2. 广博的知识和较高的政策水平

由于工会工作处于不断发展的社会环境中，面对的服务对象对干部素质要求不断提高，因而决定了工会女职工干部的工作内容、工作方式和工作质量，在深度和广度上，必须在传统的群众工作基础上向前发展，向着规范化、科学化方向前进。这就要求工会女职工干部，必须具有相关的业务专长，除了了解和掌握工会工作业务知识外，还要不断地学习哲学、历史学、教育学、心理学、社会学、伦理学和美学等一些基本常识，学习党和国家的方针政策法律法规等。正确运用法律法规，更好地维护女职工的合法权益和特殊利益。

3. 强烈的责任感和执着的事业心

责任感首先是指政治责任感，是对党、对群众、对组织负责的态度，把做好工会女职工工作当作一项政治任务来抓，赋予使命感。事业心，对于工会女职工干部来说，就是要把提高职工觉悟、促进社会经济发展、维护职工合法权益、保护男女平等等各项具体工作真正当作一项为之奋斗的事业来干，具有执着追求精神、吃苦奉献精神和爱岗敬业精神。特别是要发挥工会女职工干部在解决女职工问题上的优势，作为女性本身，女干部有来自社会和家庭的压力，针对女职工的生理特点和心理特点，做好工作要付出更大的代价。工会女职工干部只有献身于工会女职工事业，脚踏实地工作，增强事业心和责任感，才能最大限度地发挥聪明才智。

4. 熟悉工会女职工工作业务

工会女职工干部要想在工作中有所作为，除了具备良好的敬业精神外，还必须熟悉工会基本理论、业务知识和有关女职工的法律法规，掌握工会女职工工作规律。要造就一支政治上强、懂管理、通法律、能参与企业决策、善于代表和维护女职工群众合法权益的工会女职工工作领导人才队伍。工会女职工工作者必须经常深入基层、深入实际，了解职工的思想、学习、生活情况，善于调查研究，从而掌握事物的本质，找到解决问题的根本办法。

五、工会女职工委员会的工作制度

第一，女职工委员会实行民主集中制。凡属重大问题，要广泛听取女职工意见，由委员会或常务委员会进行充分的民主讨论后作出决定。

第二，女职工委员会根据工作需要制定有关制度。每年召开 1 次至 2 次常务委员会和委员会会议，也可临时召开会议。

第三，工会女职工委员会要定期向同级工会委员会和上级工会女职工委员会报告工作。

第四，工会女职工委员会要建立完善委员工作机制，发挥委员在建言献策、专题调研、参加活动、联系基层等方面的作用。

第五，县和县以上各级工会女职工委员会要加强对基层的联系、指导和服务，把工作重心放在基层，注重向基层倾斜力量和资源，增强基层女职工组织的活力，为广大女职工服务。

第三节　工会女职工组织的基本任务

根据《工会女职工委员会工作条例》《中华全国总工会关于加强新时代工会女职工工作的意见》规定，工会女职工委员会的基本任务如下。

一、加强思想政治引领

坚持不懈用习近平新时代中国特色社会主义思想凝心铸魂，开展理想信念教育，团结引导广大女职工听党话、跟党走。教育女职工践行社会主义核心价值观，树立自尊、自信、自立、自强精神，不断提高思想道德素质、科学文化素质和技术技能素质，做伟大事业的建设者、文明风尚的倡导者、敢于追梦的奋斗者。

二、推动女职工提升素质建功立业

按照"五位一体"总体布局和"四个全面"战略布局要求，贯彻新发展理念，把握中国工人运动和工会工作的主题和方向，弘扬劳模精神、劳动精神、工匠精神，积极参与产业工人队伍建设改革，动员和组织广大女职工在推动实现经济社会高质量发展中建功立业。

三、维护女职工合法权益，保障女职工特殊权益

《工会女职工委员会工作条例》规定，工会女职工委员会"依法维护女职工在政治、经济、文化、社会和家庭等方面的合法权益和特殊权益，同一切歧视、虐待、摧残、迫害女职工的行为作斗争"。

（一）维护女职工的合法权益

女职工的合法权益是指女职工除享受《宪法》及其他法律规定的公民、职工应当享有的同等权益外，还享有国家对妇女和女职工规定的合法权益。

1. 维护女职工的政治权益

主要是积极参与女职工合法权益和特殊利益相关的法律法规和政策的研究制定，代表女职工参政议政。组织女职工参与国家事务和企业、事业单位的民主管理。坚持在使用和提拔干部上男女平等，在女职工较多的行业和部门配备一定数量的女领导干部，选拔和培养女干部等。

2. 维护女职工的文化教育权益

依据有关法律法规的规定，为女职工提供较多的学习培训机会，为女职工提高文化技术素质创造条件，全面提高女职工的整体素质。

3. 维护女职工的劳动权益

主要是维护女职工的劳动经济权利，配合和监督企业做好保障女职工就业、工资、社会保险等各项权益的实施和落实。

4. 维护女职工的财产和婚姻家庭权益

主要是教育和帮助女职工学习和掌握法律知识，维护自己在家庭和婚姻中的合法权益，发挥女职工在家庭文明建设中的重要作用。

5. 维护女职工的人身权益

主要是通过积极参与侵害女职工生命健康权、人身自由权、名誉权、肖像权、隐私权、荣誉权、人格尊严权等人身权利案件的调查处理，配合、督促有关行政、司法部门严格处理有关女职工的侵权案件，及时了解女职工的呼声，帮助解决女职工所遇到的困难，使女职工的各项人身权益得到切实保障。

（二）维护女职工的特殊利益

女职工的特殊利益是指女职工除享受国家规定的妇女应享有的合法权益外，还享有国家针对女职工生理、心理特点而制定的特殊利益保护措施。

第一，女职工有与男职工不同的特殊生理特征，因此女职工在劳动中需要特殊保护。一方面，男女两性在生理上的差别，决定了女职工不宜从事特别繁重的体力劳动；另一方面，女性生理机能决定了女职工有经期、孕期、产期、哺乳期（简称"四期"）的生理变化，在此期间需要进行特殊保护。

第二，由于女职工扮演双重社会角色，家务劳动和社会劳动一肩挑，使女职工的精力和体力承受特殊压力。

第三，现实生活中还存在性别歧视现象，女职工权益被侵害的现象还时有发生。女职工的这种特殊性，决定了女职工有特殊利益和特殊要求。

（三）工会女职工组织维护女职工合法权益和特殊利益的有效机制

《工会女职工委员会工作条例》规定，参与有关保护女职工权益的法律、法规、规章、政策的制定和完善，监督、协助有关部门贯彻实施。代表和组织女职工依法依规参加本单位的民主选举、民主协商、民主决策、民主管理和民主监督。指导和帮助女职工与用人单位签订并履行劳动合同。参与平等协商、签订集体合同和女职工权益保护等专项集体合同工作，并参与监督执行。参与涉及女职工特殊权益的劳动关系协调和劳动争议调解，及时反映侵害女职工权益问题，督促和参与侵权案件的调查处理。

四、做好女职工关爱服务

开展困难女职工帮扶救助、职工婚恋服务和职工子女关爱等工作。落实国家生育政策，协同做好职工子女托育托管服务。加强女职工心理关怀。

五、开展家庭家教家风建设

充分发挥女职工在家庭生活中的独特作用，倡导和支持男女共同履行家庭责任，弘扬社会主义家庭文明新风尚。

六、推动营造有利于女职工全面发展的社会环境。

积极争取党政支持，会同社会有关方面共同做好女职工工作。在研究决定涉及女职工权益问题时，积极提出意见建议。发现、培养、宣传和推荐先进女职工集体和个人。

七、与国际组织开展交流活动

讲好中国工会故事、中国女职工故事和中国巾帼劳模工匠故事，为促进妇女事业发展作出贡献。

第四节　女职工工作的方法

一、女职工工作的基本方法

群众路线的方法是女职工工作的基本方法。群众路线的方法包含了两个方面：一是一切为了群众，一切依靠群众；二是从群众中来，到群众中去。这两个方面紧密相连，不可分割。女职工干部在掌握和运用群众路线的工作方法时，关键是要做到尊重女职工，信任女职工，服务于女职工，全心全意依靠女职工群众。

（一）尊重、信任、服务于女职工。广大的女职工在遇到困难时，对我们女职工干部充满了热切的期盼，希望我们女职工干部为她们说话办事，排忧解难。因此在女职工工作中要把女职工放在第一位。

（二）依靠广大女会员和积极分子做好女职工工作。女职工工作是群众工作，面广、内容多、情况复杂，仅仅依靠少数的专职女职工干部难以完成，必须依靠广大积极分子来一起做。在工作中不仅要给积极分子压担子，而且要教工作方法，提高她们的工作能力。要关心女职工的工作、学习和生活，工作有成绩要表扬和鼓励，生活有困难要支持和帮助，发挥女职工的积极性、创造性。

二、女职工工作的具体方法

（一）调查研究的方法。深入实际，调查研究，我们才能了解女职工的愿望和要求，掌握女职工的思想脉搏，才能了解女职工工作的薄弱环节，工作中的不足，开展女职工工作才能更具有针对性。

（二）协调关系的方法。在女职工工作中，面临着组织内外、上下等各种复杂的关系，只有协调好各种关系，才能提高女职工工作的效率。目前女职工工作主要是对内协调调动好工会各个部门的关系和力量，对外要主动协调好与妇联、劳动、教育、卫生、政法等部门的关系，取得有关部门的支持，共同做好女职工工作。

（三）以身作则的方法。作为女职工干部，只有不断提高自身的素质、提高工作能力，在工作中严格要求自己、以身作则，才能获得女职工的信任和支持。

（四）典型引路的方法。基层工会女职工干部要善于发现、总结和宣传各种先进人物的先进事迹和典型经验，用先进典型的事迹来引导女职工自觉投身于全面建设社会主义现代化国家的宏伟事业中。

三、女职工工作方法的创新

目前，基层女职工干部相对偏少，而女职工工作的任务繁重，女职工工作要取得成效，就要不断创新工作方法。

（一）创新工作手段，开展女职工工作要充分运用先进的通信工具，如网络、电话等提高工作效率。

（二）程序创新，做好女职工工作要尽量避免形式化、复杂化的工作程序，工作程序要精简，高效，从实际出发。

（三）载体创新，女职工活动要坚持结合单位生产经营，开展一些主题鲜明，形式多样，内容丰富，思想健康，喜闻乐见的活动，活动形式的选择要新颖，有时代感。

 **思考题**

1. 如何理解工会女职工委员会的性质？

2. 工会女职工工作的特点有哪些？

3. 工会女职工委员会的组织制度有哪些？

4. 如何加强基层工会女职工干部队伍建设？

5. 简述工会女职工委员会的基本任务。

6. 基层工会女职工组织如何维护女职工的合法权益和特殊利益？

7. 女职工工作的基本方法和具体方法有哪些？

 案例

全国工会积极作为，组织动员女职工更好发挥"半边天"作用

——向女职工张开"娘家人"的温暖怀抱

2023 年 9 月 17 日　来源：中工网—工人日报

这是一组温暖亿万女职工的数据——2022 年开展各类读书交流活动超 60 万场次，覆盖 724.3 万名女职工；2023 年开设的 1.5 万余个暑期托管班服务职工子女 55 万余人；公布 75 家用人单位为 2022 年全国爱心托育用人单位；2023 年开展的女职工普法宣传月活动覆盖 329 万人……近年来，全国工会在加强思想政治引领、女职工提素建功、维护女职工合法权益和特殊利益、开展关爱行动、夯实基层基础等方面下足功夫，向女职工张开娘家人的温暖怀抱，组织动员女职工在新征程上尽显巾帼担当。

团结引导广大女职工听党话、跟党走，始终是工会组织的政治责任。各级工会女职工组织持续推进"中国梦·劳动美"主题宣传教育活动，组织党的二十大宣讲活动、巾帼劳模工匠宣讲活动，开展"玫瑰书香"全国女职工主题阅读活动，深化"培育好家风——女职工在行动"主题实践活动等，团结凝聚广大女职工奋进新时代。

一直以来，女职工在经济社会发展主战场发挥着"半边天"作用。全国

总工会逐步完善全国五一巾帼奖评选表彰工作，出制度、建平台，5年来共表彰2200名集体和个人。聚焦女职工提升技能素质、建功立业，各级工会女职工组织搭平台、创载体，特别是大力培育女职工创新工作室；利用工会阵地资源开展技能培训，2022年至2023年，先后举办全国女职工数字技能提升网络培训班、巾帼劳模工匠数字技能培训班。全总女职工委员会在两届大国工匠创新交流大会上均设置巾帼工匠交流区，两次举办大国工匠巾帼工匠论坛，展示了巾帼劳模风采专题视频片《她们的征途》，并发布《巾帼劳模时代特征和成长规律研究报告》，激励广大女职工自立自强、创新创造。

为进一步提升广大女职工的获得感幸福感安全感，各级工会女职工组织从加强顶层设计到阵地建设，从婚育、生育、养育、教育到工作生活，全方位维护女职工合法权益和特殊利益，关爱服务女职工。

——注重源头参与，通过提案、专报等方式提出政策建议，推动和参与《妇女权益保障法》等关于女职工权益保护法律法规政策的制定修订，推动地方工会出台《女职工劳动保护特别规定》实施条例或办法，目前已有16个省（区、市）颁布《特别规定》实施条例或办法。

——深化女职工权益保护专项集体合同、普法宣传等工作，推动已建工会女职工组织和已签订集体合同的企业签订女职工专项集体合同，推动用人单位将就业和职业发展、生育保护、预防和制止工作场所性骚扰等女职工关切事项纳入集体合同和女职工权益保护专项集体合同条款；制作指导手册，推动完善工作场所性别平等制度机制；持续加强法律监督，及时协调解决侵权问题；广泛开展"情系女职工 法在你身边"女职工普法宣传等活动。

——着力推进女职工休息哺乳室建设，全总联合国家卫生健康委等印发《母乳喂养促进行动计划（2021-2025年）》，各级工会印发实施方案、投入专项资金等，推进女职工休息哺乳室标准化、规范化建设。如今，爱心妈咪小屋、母婴关爱室、阳光家园、康乃馨服务站等各具特色的女职工休息哺乳室遍布全国各地。

——做好新就业形态女性劳动者关爱服务，全总与相关部委联合印发通知，提出重点面向新就业形态女性劳动者等开展公益性"两癌"筛查服务。同时，全总女职工部发起设立"关爱女职工专项基金"、申请协调专项资金，为特殊疾病互助保障和"两癌"筛查工作开展提供保障；与美团公司联合开展"关爱女骑手 明天'会'更美"暖心包活动，为全行业外卖女骑手提供暖心包。

——聚焦广大职工的急难愁盼，各级工会女职工组织积极推动家庭友好型工作场所建设，整合各方力量在平衡工作和家庭、精神文化、身心健康等方面实施关爱行动：开展工会爱心托管服务工作，全总累计投入资金2100万元；推动用人单位提供托育服务，全总下拨750万元专项资金，用于全国爱心托育用人单位提供托育服务的资金补助，省级工会进行不低于1∶1的资金配套；通过打造"会聚良缘"工会婚恋服务品牌、加强女职工心理疏导和人文关怀等，提高服务女职工精准度；等等。

此外，全总女职工委员会制定出台了贯彻国务院《中国妇女发展纲要（2021—2030年）》和《中国儿童发展纲要（2021—2030年）》实施方案、《关于加强新时代工会女职工工作的意见》等，不断夯实基层基础、加大调查研究力度，进一步激发各级工会女职工组织活力。（工人日报—中工网记者 朱欣）

第十三章　工会法治化建设

第一节　全面推进依法治国，建设社会主义法治国家

推进工会法治化建设，就是贯彻党的"依法治国"方略，构建工会法律体系，依法建会、依法治会、依法维权、依法履职，建设法治工会，使工会各项工作都走上法律化、制度化、规范化的轨道，全面履行各项社会职能，在国家和社会政治生活中更好地发挥工会组织应有的作用。

一、全面推进依法治国的重要意义

依法治国就是依照体现人民意志和社会发展规律的法律治理国家，而不是依照个人意志、主张治理国家；要求国家的政治、经济运作、社会各方面的活动通通依照法律进行，而不受任何个人意志的干预、阻碍或破坏。依法治国就是中国共产党领导人民治理国家的基本方略，是发展社会主义市场经济的客观需要，也是社会文明进步的显著标志，还是国家长治久安的必要保障。依法治国，建设社会主义法治国家，是人民当家作主的根本保证。

党的十八届四中全会审议通过的《中共中央关于全面推进依法治国若干重大问题的决定》，明确了全面推进依法治国的正确方向，规划了全面推进依法治国的总体布局，反映了我们党治国理政思想的重大创新，体现了与全面深化改革总目标的内在联系，对全面推进依法治国具有纲举目张的意义。党的二十大报告强调，"全面依法治国是国家治理的一场深刻革命，关系党执政兴国，关系人民幸福安康，关系党和国家长治久安。必须更好发挥法治固根本、稳预期、利长远的保障作用，在法治轨道上全面建设社会主义现代化国家"。

依法治国，是坚持和发展中国特色社会主义的本质要求和重要保障，是实现国家治理体系和治理能力现代化的必然要求，事关我们党执政兴

国，事关人民幸福安康，事关党和国家长治久安。

全面建设社会主义现代化国家、实现中华民族伟大复兴，全面深化改革、完善和发展中国特色社会主义制度，提高党的执政能力和执政水平，必须全面推进依法治国。

法治与现代化进程密切相关，人类文明进程中现代化与法治化密不可分。随着社会由传统向现代的转变，建设现代法治国家，实现法治现代化的要求更加迫切。全面依法治国方略坚持从中国具体国情出发，把握全面推进法治中国建设的内在规律，体现当代中国法治现代化的历史担当和使命，为世界文明社会法治现代化提供中国方案。

二、全面推进依法治国的总目标

全面推进依法治国的总目标是：建设中国特色社会主义法治体系，建设社会主义法治国家。即在中国共产党领导下，坚持中国特色社会主义制度，贯彻中国特色社会主义法治理论，形成完备的法律规范体系、高效的法治实施体系、严密的法治监督体系、有力的法治保障体系，形成完善的党内法规体系，坚持依法治国、依法执政、依法行政共同推进，坚持法治国家、法治政府、法治社会一体建设，实现科学立法、严格执法、公正司法、全民守法，促进国家治理体系和治理能力现代化。

第二节　推进工会法治化建设

一、工会法治化建设的重要意义

依法建会、依法治会、依法维权、依法履职，建设法治工会，是贯彻党的依法治国方略对工会工作提出的核心要求和实质内涵。工会工作法治化建设是法治国家、法治政府、法治社会一体建设的重要组成部分。推进工会工作法治化，就是要求我国工会在中国共产党的领导下，严格依照宪法、法律和工会章程的规定，独立自主地开展活动，依法维护职工和工会组织的权益，用法律规范工会自身行为，切实加强各项民主制度建设，使工会各项工作都能逐步走上法律化、制度化、规范化的轨道。

推进工会工作法治化建设，把工会工作融入全面依法治国的伟大实践，是中国工会自觉接受中国共产党领导、坚持走中国特色社会主义工会发展道路的内在要求；是工会在全面推进依法治国新形势下依法维护职工合法权益的客观需要；是贯彻落实《中共中央关于加强和改进党的群团工作的意见》，充分发挥工会群众化、民主化优势，发展和谐劳动关系的重要保障。

二、推进工会工作法治化建设的原则

（一）坚持党的领导。党的领导是中国特色社会主义最本质的特征，是社会主义法治最根本的保证。依法治国是党领导人民治理国家的基本方略，依法执政是党治国理政的基本方式。工会作为党领导的工人阶级群众组织，推进工会工作法治化建设必须把党的领导作为毫不动摇的政治原则，始终坚定正确政治方向，坚决贯彻落实党的全心全意依靠工人阶级的根本方针。

（二）坚持法治原则。市场经济本质上是法治经济。发展社会主义市场经济，必须以完善的法治作保障。坚持依法治国首先是坚持依宪治国。我国宪法确立了工人阶级的领导地位，工会法、劳动法等法律明确了劳动者和工会组织的权利义务。工会作为职工依据宪法、工会法自愿结合的工人阶级群众组织，职工合法权益的代表者维护者，必须以宪法法律为活动准则，增强法治意识，遵守宪法法律规定，提高依法维权能力，保证宪法法律实施，在法定权限范围内，依照法定程序开展维权工作。

（三）坚持职工为本。人民是依法治国的主体和力量源泉。职工是工会工作的根基，维护职工合法权益、竭诚服务职工群众是工会的基本职责。推进工会工作法治化建设，必须始终把代表和维护职工利益作为出发点和落脚点。必须坚持群众路线，深入基层，深入一线，深入职工，宣传党的主张和法治知识，通过民主方式汇集和表达职工意愿，推动完善法律体系，监督法律贯彻实施，在建设中国特色社会主义法治体系进程中切实维护和发展职工各项权益。

（四）坚持和谐发展。国家和社会治理需要法律和道德共同发挥作用。在推进工会工作法治化建设过程中，既要重视发挥法律的规范作用，依法切实维权，又要重视发挥道德的教化作用，大力弘扬社会主义核心价值观，引导职工爱岗敬业，勤奋工作，理性表达诉求，推动企业承担社会责任，促进劳动关系双方依法主张权利，理性解决矛盾，实现互利共赢、和谐发展。

三、推进工会法治化建设的重点工作

（一）加强源头参与，促进科学立法

要加强与立法机关的沟通协调，组织和代表职工参与立法，促进涉及职工权益和工会活动的各项立法更加科学、更加民主。要通过立法建议、立法机关和社会公众沟通等机制，重点推动收入分配、集体协商、民主管理、社会保障等方面法律的制定，促进法律体系不断完善。要通过政府和工会联席会议制度、协调劳动关系三方机制等途径和渠道，积极参与改革过程中涉及职工利益的政策和方案的制定，保证各项决策公平公正。要推动完善以职工代表大会为基本形式的企事业单位民主管理制度，依法参与涉及职工切身利益的规章制度或者重大事项的制定和完善，推动企事业单位依法管理、民主管理、科学管理，促进劳动关系和谐。

（二）强化监督检查，促进严格执法

要组织和代表职工积极参与和配合人大执法检查、政府行政执法、政协委员视察，开展劳动法律法规和工会法的监督检查，推动严格执法，依法纠正和查处违法行为。要充分发挥新闻媒体作用，加强对劳动违法行为的舆论监督。要推行工会劳动法律监督意见书和建议书制度、重大典型劳动违法案件曝光和公开谴责制度，充分发挥工会劳动法律监督组织和监督员作用，加大工会劳动法律监督力度。要推动完善劳动违法失信行为惩戒

机制。要重点推动劳动合同、劳动报酬、劳动安全卫生、社会保险等法律法规的贯彻落实，加强对一线职工、农民工、劳务派遣工、困难职工等群体合法权益的维护。

（三）化解劳动争议，促进公正司法

要健全劳动关系矛盾纠纷预防化解机制，推动完善调解、仲裁、诉讼等劳动争议处理制度。要加强工会劳动争议调解工作，推进基层调解、仲裁调解、司法调解联动工作体系建设，促进劳动争议仲裁制度的改革与发展，提高仲裁效率和公信力。要积极建议人民法院设立劳动法庭，完善劳动争议诉讼制度。要建立健全职工法律服务体系，完善职工法律援助制度，为职工提供及时有效的法律服务和援助。要组织和代表职工支持和促进司法公正，尊重和维护司法权威，努力让职工群众在每一个司法案件中感受到公平正义。

（四）加强法治宣传，促进全民守法

要弘扬社会主义法治精神，帮助和引导广大职工成为社会主义法治的忠实崇尚者、自觉遵守者、坚定捍卫者，使尊法、学法、守法、用法、护法成为劳动关系双方的共同追求。要在法治宣传教育中发挥工会的职能作用，加强对普法工作的领导，健全普法宣传教育机制。要充分发挥工会的组织优势、阵地优势，加强普法宣讲团、志愿者队伍建设，送法下基层、进企业，运用多种方式特别是新媒体新技术深入开展法治宣传教育，提高普法实效。要把法治教育纳入职工教育培训和精神文明创建内容，开展职工群众法治文化活动，强化规则意识，倡导契约精神，弘扬公序良俗，引导广大职工和企事业单位自觉履行法定义务。

四、努力增强工会干部运用法治思维和法治方式开展工作的能力，不断提高工会工作法治化水平

（一）牢固树立法治观念

要树立宪法法律意识，坚定宪法法律信仰，尊重宪法法律权威，遵守宪法法律规定，在宪法法律范围内开展活动。要增强法治观念，自觉以法

治思维看待问题，用法治方式解决问题，养成遇事找法、办事依法、解决问题靠法的法治思维习惯，作决策、办事情都要有法律依据、讲法律程序，牢记法律红线不可逾越，法律底线不可触碰。各级工会领导干部要带头学法、模范守法，牢记有权必有责、用权受监督、违法必追究。

（二）努力掌握法治知识

要加大工会干部培训力度，完善工会干部学法用法制度，把宪法和与职工切身利益及工会活动密切相关的法律列入党委（党组）中心组学习内容，列为工会各级各类培训班及各工会院校必修课程。要按照中国特色社会主义法治体系的基本要求，掌握法治基本知识，熟悉和理解法律基本概念、法律体系构成、法律调整方式、法律适用规则。要熟练掌握涉及职工切身利益和工会活动的法律知识，切实提高依法开展工作的能力。要善于运用法律手段，解决改革发展中的各种劳动关系矛盾和问题，把法律原则和法律规范熟练运用于维护职工权益的法治实践。

（三）壮大法律人才队伍

要合理调配工会内部现有法律人才，使其学有所用，为法律人才发挥专长创造条件，做到人尽其才。要充分利用工会自身资源和社会资源，有计划地培养法律专业人才，鼓励工会干部获得法律文凭和法律职业资格。要积极引进法律专业人才，在同等条件下优先录用具有法律专业背景人员。要把善于运用法治思维和法治方式推动工会工作的人选拔到各级领导岗位上来。要加快工会公职律师队伍建设，明确公职律师职责，充分发挥公职律师作用。要鼓励、帮助工会干部取得劳动关系协调员、协调师等资格，发展工会劳动法律监督员、劳动保护监督检查员、劳动争议调解员、兼职劳动争议仲裁员、法律援助工作者等工会专门人才队伍。要建立工会法律顾问制度，聘请法律顾问，组织法律服务志愿者，搭建社会化职工法律服务平台，借助社会资源为工会维权事业服务。

（四）加强法治理论研究

要加强法治理论研究，为推进工会工作法治化建设提供法理依据和支撑。要坚持从中国实际出发，在全面推进依法治国新形势下，针对劳动关系领域和工运事业发展的新情况新问题，围绕工会工作法治化建设新任务新要求，与时俱进地研究法治理论，指导工作实践。要加强工会院校、理论研究机构建设，借助法学院校和研究机构力量，为工会工作法治化建设提供智力支持。要研究国际工运现状和发展趋势，善于借鉴国际工运研究新成果，拓宽工会依法维权工作视野。要将法治理论研究与法治实践紧密结合，用先进的法治理论指导实践，在鲜活的法治实践中发展理论。要勇于探索法治实践新形式，丰富法治实践新内容，不断提升工会工作法治化水平。

（五）依法推进工会组建

要深入基层，贴近职工，切实做好法治宣传教育和组织服务工作，增强职工参加和组建工会的内生动力。要依法完善工会组建制度，转变工会组建方式，引导和动员职工依法行使宪法、工会法赋予的权利，帮助和指导职工依照法定条件和法定程序参加和组建工会。要依法通过会员大会或会员代表大会民主选举产生各级工会委员会和工会经费审查委员会，依法建立女职工委员会。基层工会组织要依法取得社会团体法人资格。工会委员会换届及工会组织变更、合并、撤销应依法进行。要依法维护工会干部合法权益，保障工会干部依法履职。要依法保障工会组织的团结和统一。

（六）依法管理工会事务

要依法健全会籍管理、工会活动、工会经费和财产管理等各项规章制度，形成配套完备的规章制度体系，打牢依法管会的制度基础。要依法收缴工会经费，加强工会经费审查审计监督，依法管理和使用工会经费和财产，夯实服务职工和开展工会活动的物质基础。要依法清理工会现有规章制度，工会规章制度和规范性文件出台前要进行合法性审查。要依法建立科学民主的决策机制，建立重大决策终身责任追究制度和责任倒查机制。要依纪依法反对和克服形式主义、官僚主义、享乐主义和奢靡之风，形成严密的长效机制。要深入开展党风廉政建设和反腐败斗争，严格落实党风廉政建设党委主体责任和纪委监督责任，对任何腐败行为和腐败分子，必须依纪依法予以坚决惩处。

（七）依法履行工会职责

要依法组织召开企事业单位职工代表大会，充分发挥职工代表大会作用，推行厂务公开，落实职工的知情权、参与权、表达权、监督权。要帮助和指导职工签订劳动合同，代表职工签订集体合同及劳动安全卫生、女职工权益保护、工资调整机制等专项集体合同。要依法对企事业单位处分职工提出意见，对侵犯职工合法权益问题进行调查，与企事业单位交涉，督促改正劳动违法行为。要依法代表职工与发生停工、怠工事件的企事业单位进行协商，反映职工诉求，提出解决意见。要依法参加职工因工伤亡事故和其他严重危害职工职业健康问题的调查处理，提出意见建议。要依法开展劳动争议预防预警和调解工作，支持职工进行劳动争议仲裁、诉讼。要依法做好劳动模范和先进生产（工作）者的培养、评选、表彰和管理服务工作，组织职工开展群众性的合理化建议、技术革新活动，进行业余文化技术学习和培训。

（八）依法维护职工权益

要依照宪法、工会法维护职工参加和组织工会的权利，保障会员的选举权、被选举权、表决权，以及对工会工作进行监督和提出意见建议等权利。要依照劳动法律法规，维护职工平等就业和选择职业、取得劳动报酬、休息休假、获得劳动安全卫生保护、接受职业技能培训、享受社会保险和福利等各项权益。要通过为职工提供法律服务、法律援助，努力解决好职工最关心最直接最现实的利益问题、最困难最操心最忧虑的实际问题，全心全意为职工服务。要依法纠正企事业单位违反民主管理制度的行为，保障职工依法行使民主管理权利。要完善工会文化宣传教育体系，活跃和丰富职工群众文化生活，依法维护职工的精神文化权利。要加强人文关怀和心理疏导，促进职工舒心工作、体面劳动。

第三节　工会法律援助与劳动法律监督

一、工会法律援助

(一) 工会法律援助概述

1. 法律援助

法律援助是国家建立的为经济困难公民和符合法定条件的其他当事人无偿提供法律咨询、代理、刑事辩护等法律服务的制度，是公共法律服务体系的组成部分。法律援助是一项扶助贫弱、保障社会弱势群体合法权益的社会公益事业，同时也是依法治国、建设社会主义法治国家的重要举措。法律援助有以下特征。

（1）法律援助是国家的责任、政府的行为，由政府设立的法律援助机构组织实施。它体现了国家和政府对公民应尽的义务。

（2）法律援助是法律化、制度化的行为，是国家社会保障制度中的重要组成部分。

（3）受援对象为经济困难者、残疾者、弱者，或者经人民法院指定的特殊对象。

（4）法律援助机构对受援对象减免法律服务费，法院对受援对象减、免案件受理费及其他诉讼费用。

（5）法律援助的形式，既包括诉讼法律服务，也包括非诉讼法律服务。主要采取以下形式：刑事辩护和刑事代理；民事、行政诉讼代理；非诉讼法律事务代理；公证证明。

2. 工会法律援助

工会法律援助，是指工会组织及其法律援助机构根据《工会法》《工会法律援助办法》等法律法规和工会规章的规定，为符合法定条件的职工、工会工作者和工会组织提供无偿法律服务，保障其合法权益得以实现的法律制度。工会法律援助是国家法律援助制度的必要补充和重要组成部分。

《工会法》第 30 条规定，"县级以上各级总工会依法为所属工会和职工提供法律援助等法律服务"。

《工会法律援助办法》规定，"工会建立法律援助制度，为合法权益受到侵害的职工、工会工作者和工会组织提供无偿法律服务"。

（二）工会法律援助机构和人员

根据《工会法律援助办法》规定，县级以上地方工会和具备条件的地方产业工会设立法律援助机构，在同级工会领导下开展工作。

地方工会可以与司法行政部门协作成立工会（职工）法律援助工作站，也可以与律师事务所等机构合作，签订职工法律援助服务协议。

工会设立法律援助机构应当符合有关法律、法规的规定。

工会法律援助机构可以单独设立也可以与困难职工帮扶中心合署办公，法律援助机构负责人及相关管理人员由同级工会委派或者聘任。

法律援助工作人员可以从下列人员中聘请。

1. 工会公职律师、专兼职劳动争议调解员、劳动保障法律监督员等工会法律工作者。

2. 法律专家、学者、律师等社会法律工作者。

（三）工会法律援助的范围

1. 劳动争议案件；

2. 因劳动权益涉及的职工人身权、民主权、财产权受到侵犯的案件；

3. 工会工作者因履行职责合法权益受到侵犯的案件；

4. 工会组织合法权益受到侵犯的案件；

5. 工会认为需要提供法律援助的其他事项。

（四）工会法律援助的形式

1. 普及法律知识；

2. 提供法律咨询；

3. 代写法律文书；

4. 参与协商、调解；

5. 仲裁、诉讼代理；

6. 其他法律援助形式。

（五）工会法律援助的条件

职工符合下列条件之一的，可以向工会法律援助机构申请委托代理法律援助。

1. 为保障自身合法权益需要工会法律援助，且本人及其家庭经济状况符合当地工会提供法律援助的经济困难标准。

2. 未达到工会提供法律援助的经济困难标准，但有证据证明本人合法权益被严重侵害，需要工会提供法律援助的。

（六）工会法律援助的申请与承办

1. 申请

职工申请法律援助应当向劳动合同履行地或者用人单位所在地的工会法律援助机构提出。工会工作者和工会组织申请工会法律援助应当向侵权行为地或者用人单位所在地的工会法律援助机构提出。

职工申请工会法律援助机构代理劳动争议仲裁、诉讼等法律服务，应当以书面形式提出，并提交下列材料：

（1）身份证、工作证或者有关身份证明；

（2）所在单位工会或者地方工会（含乡镇、街道、开发区等工会）出具的申请人经济困难状况的证明；

（3）与法律援助事项相关的材料；

（4）工会法律援助机构认为需要提供的其他材料。

提交书面申请确有困难的，可以口头申请。工会法律援助机构应当当场记录申请人基本情况、申请事项、理由和时间，并经本人签字。

工会工作者、工会组织申请工会法律援助机构参与协商、调解，代理仲裁、诉讼等法律服务，应当以书面形式提出，并分别提交下列材料：

（1）工会工作者所在单位工会或者工会组织所在地方工会出具的情况

证明或说明；

（2）与法律援助事项相关的材料；

（3）工会法律援助机构认为需要提供的其他材料。

2.承办

工会法律援助机构自收到申请之日起7日内按规定的条件进行审查。对符合条件的，由工会法律援助机构负责人签署意见，作出同意提供法律援助的书面决定，指派法律援助承办人员，并通知申请人。对申请人提交的证件、证明材料不齐全的，应当要求申请人作出必要的补充或者说明，申请人未按要求作出补充或者说明的，视为撤销申请。对不符合条件的，作出不予提供法律援助的决定，以口头或者书面形式通知申请人。

工会法律援助机构对法律咨询、代写法律文书等法律服务事项，应当即时办理；复杂疑难的可以预约择时办理。

法律援助承办人员接受工会法律援助机构的管理和监督，依法承办法律援助机构指定的援助事项，维护受援人合法权益。

法律援助承办人员在援助事项结案后，应当向工会法律援助机构提交结案报告。法律援助事项结案后，工会法律援助机构应当按规定向承办人员支付法律援助办案补贴。补贴标准由县级以上地方工会根据本地实际情况确定。

法律援助承办人员接受指派后，无正当理由不得拒绝、延迟或者中止、终止办理指定事项。

法律援助承办人员未按规定程序批准，不得以工会法律援助机构名义承办案件。

法律援助承办人员应当遵守职业道德和执业纪律，不得收取受援人财物。

二、工会劳动法律监督

（一）工会劳动法律监督概述

1.法律监督

法律监督有广义、狭义两种解释。狭义的法律监督指有关国家机关依法定职权和程序对立法、执法、司法等法制运作过程的合法性进行的监察和督促；广义的法律监督指一切国家机关、政治或社会组织和公民对各种法律活动的合法性所进行的监察和督促。

法律监督的主体包括国家机关、政治或社会组织和公民三类。

法律监督的对象主要指运用国家权力的国家机关及其公职人员，也包括运用公共权力、具有政治优势地位的政治或社会组织。

法律监督在内容上主要指向监督对象的行为和结果的合法性，一定范围内也指向行为和结果的合理性。

法律监督的依据是宪法和法律。

法律监督的方式因监督主体和对象不同而有所不同。

2. 工会劳动法律监督

工会劳动法律监督，是工会依法对劳动法律法规执行情况进行的有组织的群众监督，是我国劳动法律监督体系的重要组成部分。工会劳动法律监督是《工会法》《劳动法》等法律法规赋予工会组织的权利，是工会代表广大职工参与管理国家和社会事务的重要形式，是协调劳动关系、促进企事业高质量发展的保障，是我国劳动法律监督体系的重要组成部分，也是调动保护劳动者积极性、维护社会稳定的制度。

《劳动法》规定："各级工会依法维护劳动者的合法权益，对用人单位遵守劳动法律、法规的情况进行监督。"

（二）工会劳动法律监督原则

工会劳动法律监督工作应当遵循依法规范、客观公正、依靠职工、协调配合的原则。

（三）工会劳动法律监督的职责

1. 工会劳动法律监督的权利

根据《工会劳动法律监督办法》规定，工会开展劳动法律监督，依法享有下列权利：

（1）监督用人单位遵守劳动法律法规的情况；

（2）参与调查处理；

（3）提出意见要求依法改正；

（4）提请政府有关主管部门依法处理；

（5）支持和帮助职工依法行使劳动法律监督权利；

（6）法律法规规定的其他劳动法律监督权利。

2. 工会劳动法律监督的范围

根据《工会劳动法律监督办法》规定，工会对用人单位的下列情况实施监督：

（1）执行国家有关就业规定的情况；

（2）执行国家有关订立、履行、变更、解除劳动合同规定的情况；

（3）开展集体协商，签订和履行集体合同的情况；

（4）执行国家有关工作时间、休息、休假规定的情况；

（5）执行国家有关工资报酬规定的情况；

（6）执行国家有关各项劳动安全卫生及伤亡事故和职业病处理规定的情况；

（7）执行国家有关女职工和未成年工特殊保护规定的情况；

（8）执行国家有关职业培训和职业技能考核规定的情况；

（9）执行国家有关职工保险、福利待遇规定的情况；

（10）制定内部劳动规章制度的情况；

（11）法律法规规定的其他劳动法律监督事项。

工会重点监督用人单位恶意欠薪、违法超时加班、违法裁员、未缴纳或未足额缴纳社会保险费、侮辱体罚、强迫劳动、就业歧视、使用童工、损害职工健康等问题。对发现的有关问题线索，应当调查核实，督促整改，并及时向上级工会报告；对职工申请仲裁、提起诉讼的，工会应当依法给予支持和帮助。

（四）工会劳动法律监督组织

1. 工会劳动法律监督委员会

县级以上总工会设立工会劳动法律监督委员会，在同级工会领导下开展工会劳动法律监督工作。工会劳动法律监督委员会的日常工作由工会有

关部门负责。

基层工会或职工代表大会设立劳动法律监督委员会或监督小组。工会劳动法律监督委员会受同级工会委员会领导。职工代表大会设立的劳动法律监督委员会对职工代表大会负责。工会劳动法律监督委员会任期与本级工会任期相同。

县级以上工会劳动法律监督委员会委员由相关业务部门的人员组成，也可以聘请社会有关人士参加。

基层工会劳动法律监督委员会委员或监督小组成员从工会工作者和职工群众中推选产生。

2. 工会劳动法律监督员

工会劳动法律监督委员会可以聘任若干劳动法律监督员。工会劳动法律监督委员会成员同时为本级工会劳动法律监督员。

工会劳动法律监督员应当具备以下条件：

（1）具有较高的政治觉悟，热爱工会工作；

（2）熟悉劳动法律法规，具备履职能力；

（3）公道正派，热心为职工群众说话办事；

（4）奉公守法，清正廉洁。

工会劳动法律监督员实行先培训合格、后持证上岗制度。工会劳动法律监督员由县级以上总工会负责培训，对考核合格的，颁发《工会劳动法律监督员证书》。证书样式由中华全国总工会统一制定。

各级工会应当建立有关制度和信息档案，对工会劳动法律监督员进行实名制管理，具体工作由工会有关部门负责。

工会可以聘请人大代表、政协委员、专家学者、社会人士等作为本级工会劳动法律监督委员会顾问，也可以通过聘请律师、购买服务等方式为工会劳动法律监督委员会提供法律服务。

（五）工会劳动法律监督的实施

基层工会对本单位遵守劳动法律法规的情况实行监督，对劳动过程中发生的违反劳动法律法规的问题，应当及时向生产管理人员提出改进意见；对于严重损害劳动者合法权益的行为，基层工会在向单位行政提出意见的同时，可以向上级工会和当地政府有关主管部门报告，提出查处建议。

职工代表大会设立的劳动法律监督委员会，对本单位执行劳动法律法规的情况进行监督检查，定期向职工代表大会报告工作，针对存在的问题提出意见或议案，经职工代表大会作出决议，督促行政方面执行。

工会建立健全劳动法律监督投诉制度，对实名投诉人个人信息应当予以保密。上级工会收到对用人单位违反劳动法律法规行为投诉的，应当及时转交所在用人单位工会受理，所在用人单位工会应当开展调查，于30个工作日内将结果反馈职工与上级工会。对不属于监督范围或者已经由行政机关、仲裁机构、人民法院受理的投诉事项，所在用人单位工会应当告知实名投诉人。用人单位工会开展劳动法律监督工作有困难的，上级工会应当及时给予指导帮助。工会在处理投诉或者日常监督工作中发现用人单位存在违反劳动法律法规、侵害职工合法权益行为的，可以进行现场调查，向有关人员了解情况，查阅、复制有关资料，核查事实。

工会劳动法律监督员对用人单位进行调查时，应当不少于2人，必要时上级工会可以派员参与调查。工会劳动法律监督员执行任务时，应当将调查情况在现场如实记录，经用人单位核阅后，由调查人员和用人单位的有关人员共同签名或盖章。用人单位拒绝签名或盖章的，应当在记录上注明。工会劳动法律监督员调查中应当尊重和保护个人信息，保守用人单位的商业秘密。

工会主动监督中发现违反劳动法律法规、侵害职工合法权益行为的，应当及时代表职工与用人单位协商，要求整改。对于职工的投诉事项，经调查认为用人单位不存在违反劳动法律法规、侵害职工合法权益行为的，应当向职工说明；认为用人单位存在违反劳动法律法规、侵害职工合法权益行为的，应当代表职工协商解决。

工会对用人单位违反劳动法律法规、侵害职工合法权益的行为，经协商沟通解决不成或要求整改无效的，向上一级工会报告，由本级或者上一级工会根据实际情况向用人单位发出工会劳动法律监督书面意见。用人单位收到工会劳动法律监督书面意见后，未在规定期限内答复，或者无正当理由拒不改正的，基层工会可以提请地方工会向同级人民政府有关主管部门发出书面建议，并移交相关材料。

思考题

1. 全面推进依法治国的总目标是什么？

2. 推进工会法治化建设的原则是什么？

3. 推进工会法治化建设的重点工作有哪些？

4. 如何增强工会干部运用法治思维和法治方式开展工作的能力，不断提高工会工作法治化水平？

5. 工会法律援助的范围与形式是什么？

6. 工会劳动法律监督的权利有哪些？

7. 工会劳动法律监督的范围是什么？

8. 工会劳动法律监督组织如何设立？

9. 工会劳动法律监督如何实施？

案例

成立律师服务团，开展"法治体检"，建立"一函两书"制度等 陕西蹚出工会法治化"心"路径

2021 年 11 月 14 日 来源：中工网—工人日报

"本来觉得非公企业工会工作做到当前这种程度已经很不错了，没想到按照有关规定，还是有欠缺。"近日，陕西铜川市非公企业铜川安泰（集团）实业有限公司负责人收到了《工会劳动法律监督提示函》后感叹道。

近年来，陕西省总工会先后成立工会律师服务团、试点"工会+法院"诉调对接、开展"法治体检"、建立"一函两书"制度等，实施了一系列工程，法治化步伐显著加快。

工会律师服务团：职工维权的"服务员"

2020 年，陕西省总组建陕西工会律师服务团。该服务团由省总工会本

级律师服务团和各市（区）、县（区）工会律师服务团组成，为工会组织和职工群众提供法律宣传教育、法律咨询、法律知识培训、劳动争议调解等服务。

一年时间内，各级工会律师服务团边筹建、边实践、边完善。西安市总充分发挥律师服务团专业优势，利用"工会+法院"劳动争议多元化解平台，在维护职工合法权益，构建和谐劳动关系方面取得了显著成果。

韩×是陕西德迈律师事务所执业律师，也是西安市总工会律师服务团的成员之一，2020年4月受聘为劳动争议诉调对接工作室调解员。2020年7月，韩×受西安市总指派参与了粟某与4家企业的劳动争议案件调解工作。这是一起历时20年之久的劳动争议案件，当事人不服一审判决后上诉至西安市中级人民法院，调解难度不言而喻。

接到案件后，韩×立即与案件主审法官取得联系，并向劳动者及家属反复宣讲法律政策，做好安抚工作，说明调解结案的优点；同时又与4家单位的工作人员反复沟通，两次安排参加调解。调解会议后韩×不断总结，及时调整调解方向，找到突破口，积极协助西安市总与4家单位的工会组织建立联系、调解的通道。在西安市总与各单位的工会取得联系后，积极向各单位反馈调解意见，并再次向各个单位讲明调解结案的重要性，打消各单位的顾虑，为后期法院组织的调解会议打下基础。最终历时20年的劳动争议案件画上了圆满句号。

截至目前，西安市区两级"工会+法院"诉调对接工作室共受理案件1702件，其中调解成功264件，已结案1699件。陕西工会律师服务团的成立，极大地加强了陕西工会工作的法治化建设。

法治体检：企业法治健康的"医护员"

在陕西省总打造的这条依法治会路径中，最能体现用"心"服务的莫过于"法治体检"。

"会不会查出什么问题受处罚？"许多参与法治体检活动的企业负责人忐忑不安，当律师把附有建议的"体检报告"交给他们时，才发现工会开出的"良方"大大降低了企业用工风险，"照方抓药"就能促进企业健康发展。

铜川市总联合司法局、人社局、律师协会，由法律专业人士、劳动法律专家、工会干部组成6支市区县公益法律服务队，重点对全市100户受疫情影响严重、非公民营或劳动关系矛盾易发企业进行"法治健康体检"，对照《和谐劳动关系法治体检项目单》，帮助企业逐项排查法律漏洞、评估违法风险、提出防范意见、解决法律疑难。

宝鸡市总以民营企业劳动用工监测为重点，联合市司法局、市律协下发通知，组织全市执业律师成立40余个服务分队，深入全市110余家民营企业开展地毯式"法治体检"免费服务活动。及时向企业出具《"法治体检"报告书》，帮助企业查找劳动用工管理方面的漏洞，提出风险防范和化解建议。

据不完全统计，陕西共组建法治服务队124个，走访企业2001家，开展活动811场次，参与职工30436人，发放宣传资料67733册，推动了全省劳动关系的和谐稳定。

"一函两书"：劳动关系风险的"消防员"

"一函两书"制度是陕西工会推动工会法治化的重要抓手。作为省政府与省总工会第二十七次联席会议确定事项，陕西省总联合省人社厅下发《关于推行工会劳动法律监督"一函两书"制度的通知》。

铜川市总率先在全省推行的"一函两书"制度，有效解决了长期以来工会劳动法律监督权利的落地落实问题，也成为整个陕西工会劳动法律监督权利落地落实的"牛鼻子"工程。

法治体检中，发现用人单位未依法成立工会组织、未依法足额提取和拨缴工会经费等8种情形发《工会劳动法律监督提示函》，发现用人单位无正当理由拒不成立工会组织、拖延或者拒不缴纳规划经费、不与劳动者签订书面劳动合同等8种情形发《工会劳动法律监督意见书》，发现意见书未在规定期限内答复或者无正当理由拒不改正的，由县级以上总工会向同级人民政府人力资源和社会保障等有关部门发出《工会劳动法律监督建议书》。

"'一函两书'由各级工会统一制作、统一编号、统一程序、统一管理。"铜川市总权益保障部部长张马珂说。制度实施以来，市总下发了

《提示函》21 份、《意见书》3 份、《建议书》1 份，最大限度保障了职工合法权益、维护了劳动关系和谐、促进了职工队伍稳定。

陕西多个市县工会负责人表示，"一函两书"制度不仅能够有效引导职工树立法治思维，用法治方式解决问题，还能倒逼工会组织和工会干部提升法治素养，运用法治思维推动工会组织主动、依法、科学维护职工合法权益，更是让众多企业主对工会劳动法律监督权利有了清晰的认知，是构建劳动关系和谐稳定的"压舱石"。(工人日报—中工网记者 毛浓曦 通讯员 王何军 白雪)

第十四章　构建和谐劳动关系

第一节　劳动关系概述

构建和谐劳动关系，事关改革发展稳定大局。协调劳动关系、确保劳动关系和谐稳定，是各级工会的重要任务。工会组织要高度重视，主动作为，积极地运用法治思维和法治方式构建和谐劳动关系。

一、劳动关系

劳动关系指劳动者与用人单位在实现劳动过程中形成的社会经济关系。劳动关系是生产关系的重要组成部分，是现代经济生活中最基本，也是最重要的社会关系，其发展状态是社会和谐的"晴雨表""风向标"。劳动关系的和谐是社会和谐、安定的重要基础，也是社会经济发展的重要条件。为了构建和谐劳动关系，中共中央、国务院 2015 年 3 月 21 日印发了《关于构建和谐劳动关系的意见》，系统阐述了构建中国特色和谐劳动关系的重大意义、指导思想、基本原则、目标任务和政策措施。

二、劳动关系的特点

（一）劳动关系的当事人是特定的，一方是劳动者，另一方是用人单位。而且劳动关系的一方——劳动者，要加入另一方——用人单位中去，成为用人单位的成员。

（二）劳动关系的本质是劳动者将其所有的劳动力与用人单位的生产资料相结合。这种结合关系从用人单位的角度观察就是对劳动力的使用，将劳动者提供的劳动力作为一种生产要素纳入其生产过程。它是人们在运用劳动能力、作用于劳动对象、实现劳动过程中发生的。

（三）劳动关系具有自然关系和社会关系的双重属性。劳动关系不仅表现为单纯的劳动力的使用和被使用的关系，即人与自然的关系，它还包含着复杂的社会经济、政治、文化、道德等社会关系。

（四）劳动关系是一种平等性与从属性兼有的社会关系。劳动者是劳动力的所有者，用人单位是劳动力的使用者，双方是平等的主体，可以平等地建立、变更、终止劳动关系。但劳动关系一旦形成，劳动关系的一方——劳动者，要成为另一方——所在用人单位的成员。用人单位作为劳动力使用者，要安排劳动者在组织内和生产资料结合；而劳动者则要通过运用自身的劳动能力，完成用人单位交给的各项生产任务，并遵守单位内部的规章制度。这种从属性的劳动组织关系具有很强的从属性质，即成为一种从属主体间的指挥和服从为特征的管理关系。

（五）劳动关系是人身关系和财产关系相结合的社会关系。由于劳动者是以让渡劳动力使用权来换取生活资料，用人单位要向劳动者支付工资等物质待遇。就此意义而言，劳动关系是一种以劳动力交易为内容的财产关系。但是，由于劳动力的存在和支出与劳动者人身须臾不可分离，劳动者向用人单位提供劳动力，实际上就是劳动者将其人身在一定限度内交给用人单位，因而劳动关系就其本质意义上说又是一种人身关系。

（六）劳动关系是对抗性质与非对抗性质兼有的社会关系。

三、劳动关系的构成要素

1. 主体。指参加劳动法律关系享有权利承担义务的当事人，包括劳动者和用人单位。

2. 客体。指劳动关系主体的权利义务共同指向的对象。主要包括物和行为。物是指能够满足人们生活需要，可以为人类所控制，具有一定经济价值的物质实体；行为，主要指劳动行为和劳动管理行为。

3. 内容。指劳动法律关系的主体依法享有的劳动权利和承担的劳动义务。

四、劳动关系的分类

劳动关系就其构成形态而言，分为个别劳动关系和集体劳动关系。个别劳动关系是劳动者个人与用人单位之间形成的社会经济关系。它是劳动关系的基本形态。集体劳动关系是在个别劳动关系存在和发展的基础上形成的。集体劳动关系是指劳动者通过行使团结权，组成工会来实现自我保护，进而平衡和协调劳动关系。它是劳动者团体（工会），为维持或提高劳动条件与管理方之间的互动关系。集体劳动关系一方是工会，另一方是用人单位或用人单位的组织。

第二节 构建和谐劳动关系的重大意义、指导思想、工作原则和目标任务

一、重大意义

党的二十大报告指出："健全劳动法律法规，完善劳动关系协商协调机制，完善劳动者权益保障制度，加强灵活就业和新就业形态劳动者权益保障。"《中共中央 国务院关于构建和谐劳动关系的意见》明确指出：在新的历史条件下，努力构建中国特色和谐劳动关系，是加强和创新社会管理、保障和改善民生的重要内容，是建设社会主义和谐社会的重要基础，是经济持续健康发展的重要保证，是增强党的执政基础、巩固党的执政地位的必然要求。

二、指导思想

构建和谐劳动关系的指导思想是：以邓小平理论、"三个代表"重要思想、科学发展观为指导，深入贯彻习近平总书记系列重要讲话精神，贯彻落实党中央和国务院的决策部署，坚持促进企业发展、维护职工权益，坚持正确处理改革发展稳定关系，推动中国特色和谐劳动关系的建设和发展，最大限度增加劳动关系和谐因素，最大限度减少不和谐因素，促进经

济持续健康发展和社会和谐稳定，凝聚广大职工为实现第二个百年奋斗目标、实现中华民族伟大复兴的中国梦贡献力量。

三、工作原则

根据《关于构建和谐劳动关系的意见》，构建和谐劳动关系的原则如下。

（一）坚持以人为本。把解决广大职工最关心、最直接、最现实的利益问题，切实维护其根本权益，作为构建和谐劳动关系的根本出发点和落脚点。

（二）坚持依法构建。健全劳动保障法律法规，增强企业依法用工意识，提高职工依法维权能力，加强劳动保障执法监督和劳动纠纷调处，依法处理劳动关系矛盾，把劳动关系的建立、运行、监督、调处的全过程纳入法治化轨道。

（三）坚持共建共享。统筹处理好促进企业发展和维护职工权益的关系，调动劳动关系主体双方的积极性、主动性，推动企业和职工协商共事、机制共建、效益共创、利益共享。

（四）坚持改革创新。从我国基本经济制度出发，统筹考虑公有制经济、非公有制经济和混合所有制经济的特点，不断探究和把握社会主义市场经济条件下劳动关系的规律性，积极稳妥推进具有中国特色的劳动关系工作理论、体制、制度、机制和方法创新。

四、目标任务

加强调整劳动关系的法律、体制、制度、机制和能力建设，加快健全党委领导、政府负责、社会协同、企业和职工参与、法治保障的工作体制，加快形成源头治理、动态管理、应急处置相结合的工作机制，实现劳动用工更加规范，职工工资合理增长，劳动条件不断改善，职工安全健康得到切实保障，社会保险全面覆盖，人文关怀日益加强，有效预防和化解劳动关系矛盾，建立规范有序、公正合理、互利共赢、和谐稳定的劳动关系。

第三节 构建和谐劳动关系的基本要求

一、依法保障职工基本权益

要切实保障职工取得劳动报酬的权利。完善并落实工资支付规定，健全工资支付监控、工资保证金和欠薪应急周转金制度，探索建立欠薪保障金制度，落实清偿欠薪的施工总承包企业负责制，依法惩处拒不支付劳动报酬等违法犯罪行为，保障职工特别是农民工按时足额领到工资报酬。

要切实保障职工休息休假的权利。完善并落实国家关于职工工作时间、全国年节及纪念日假期、带薪年休假等规定，规范企事业实行特殊工时制度的审批管理，督促企业依法安排职工休息休假。企事业因生产经营需要安排职工延长工作时间的，应与工会和职工协商，并依法足额支付加班加点工资。加强劳动定额定员标准化工作，推动劳动定额定员国家标准、行业标准的制定修订，指导企事业制定实施科学合理的劳动定额定员标准，保障职工的休息权利。

要切实保障职工获得劳动安全卫生保护的权利。加强劳动安全卫生执法监督，督促企事业健全并落实劳动安全卫生责任制，严格执行国家劳动安全卫生保护标准，加大安全生产投入，强化安全生产和职业卫生教育培训，提供符合国家规定的劳动安全卫生条件和劳动保护用品，对从事有职业危害作业的职工按照国家规定进行上岗前、在岗期间和离岗时的职业健康检查，加强女职工和未成年工特殊劳动保护，最大限度地减少生产安全事故和职业病危害。

要切实保障职工享受社会保险和接受职业技能培训的权利。认真贯彻实施社会保险法，继续完善社会保险关系转移接续办法，努力实现社会保险全面覆盖，落实广大职工特别是农民工和劳务派遣工的社会保险权益。督促企业依法为职工缴纳各项社会保险费，鼓励有条件的企业按照法律法规和有关规定为职工建立补充保险。加强对职工的职业技能培训，鼓励职工参加学历教育和继续教育，提高职工文化知识水平和技能水平。

二、健全劳动关系协调机制

要全面实行劳动合同制度。贯彻落实好劳动合同法等法律法规，加强对企事业实行劳动合同制度的监督、指导和服务，在用工季节性强、职工流动性大的行业推广简易劳动合同示范文本，依法规范劳动合同订立、履行、变更、解除、终止等行为，切实提高劳动合同签订率和履行质量。

要推行集体协商和集体合同制度。以非公有制企业为重点对象，依法推进工资集体协商，不断扩大覆盖面、增强实效性，形成反映人力资源市场供求关系和企事业经济效益的工资决定机制和正常增长机制。完善工资指导线制度，加快建立统一规范的企事业薪酬调查和信息发布制度，为开展工资集体协商提供参考。推动企业与职工就工作条件、劳动定额、女职工特殊保护等开展集体协商，订立集体合同。加强集体协商代表能力建设，提高协商水平。加强对集体协商过程的指导，督促企事业和职工认真履行集体合同。

要健全协调劳动关系三方机制。完善协调劳动关系三方机制组织体系，建立健全由人力资源社会保障部门会同工会和企业联合会、工商业联合会等企业代表组织组成的三方机制，根据实际需要推动工业园区、乡镇（街道）和产业系统建立三方机制。加强和创新三方机制组织建设，建立健全协调劳动关系三方委员会，由同级政府领导担任委员会主任。完善三方机制职能，健全工作制度，充分发挥政府、工会和企业代表组织共同研究解决有关劳动关系重大问题的重要作用。

三、加强企事业民主管理制度建设

要健全企事业民主管理制度，完善以职工代表大会为基本形式的企业民主管理制度，丰富职工民主参与形式，畅通职工民主参与渠道，依法保障职工的知情权、参与权、表达权、监督权。推进企事业普遍建立职工代表大会，认真落实职工代表大会职权，充分发挥职工代表大会在企事业发展重大决策和涉及职工切身利益等重大事项上的重要作用。

要推进厂务公开制度化、规范化。进一步提高厂务公开建制率，加强国有企业改制重组过程中的厂务公开，积极稳妥推进非公有制企业厂务公开制度建设。完善公开程序，充实公开内容，创新公开形式，探索和推行经理接待日、劳资恳谈会、总经理信箱等多种形式的公开。

要推行职工董事、职工监事制度。按照公司法规定，在公司制企业建立职工董事、职工监事制度。依法规范职工董事、职工监事履职规则，充分发挥职工董事、职工监事作用。

四、健全劳动关系矛盾调处机制

要健全劳动保障监察制度。全面推进劳动保障监察网格化、网络化管理，实现监察执法向主动预防和统筹城乡转变。创新监察执法方式，规范执法行为，进一步畅通举报投诉渠道，扩大日常巡视检查和书面审查覆盖范围，强化对突出问题的专项整治。建立健全违法行为预警防控机制，完善多部门综合治理和监察执法与刑事司法联动机制，加大对非法用工尤其是大案要案的查处力度，严厉打击使用童工、强迫劳动、拒不支付劳动报酬等违法犯罪行为。

要健全劳动争议调解仲裁机制。坚持预防为主、基层为主、调解为主的工作方针，加强企事业劳动争议调解委员会建设，推动各类企业普遍建立内部劳动争议协商调解机制。大力推动乡镇（街道）、村（社区）依法建立劳动争议调解组织，支持工会、商（协）会依法建立行业性、区域性劳动争议调解组织。完善劳动争议调解制度，大力加强专业性劳动争议调解工作，健全人民调解、行政调解、仲裁调解、司法调解联动工作体系，充分发挥协商、调解在处理劳动争议中的基础性作用。完善劳动人事争议仲裁办案制度，规范办案程序，加大仲裁办案督查力度，进一步提高仲裁效能和办案质量，促进案件仲裁终结。加强裁审衔接与工作协调，积极探索建立诉讼与仲裁程序有效衔接、裁审标准统一的新规则、新制度。

五、营造构建和谐劳动关系的良好环境

（一）加强对职工的教育引导。在广大职工中加强思想政治教育，引导职工树立正确的世界观、人生观、价值观，追求高尚的职业理想，培养良好的职业道德，增强对企业的责任感、认同感和归属感，爱岗敬业、遵守纪律、诚实守信，自觉履行劳动义务。加强有关法律法规政策宣传工作，在努力解决职工切身利益问题的同时，引导职工正确对待社会利益关系调整，合理确定提高工资收入等诉求预期，以理性合法形式表达利益诉求、解决利益矛盾、维护自身权益。

（二）加强对职工的人文关怀。培育富有特色的企业精神和健康向上的企业文化，为职工构建共同的精神家园。注重职工的精神需求和心理健康，及时了解掌握职工思想动态，有针对性地做好思想引导和心理疏导工作，建立心理危机干预预警机制。加强企业文体娱乐设施建设，积极组织职工开展喜闻乐见、丰富多彩的文化体育活动，丰富职工文化生活。

（三）教育引导企事业经营者积极履行社会责任。加强广大企业经营者的思想政治教育，引导其践行社会主义核心价值观，牢固树立爱国、敬业、诚信、守法、奉献精神，切实承担报效国家、服务社会、造福职工的社会责任。教育引导企业经营者自觉关心爱护职工，努力改善职工的工作、学习和生活条件，帮助他们排忧解难，加大对困难职工的帮扶力度。建立符合我国国情的企业社会责任标准体系和评价体系，营造鼓励企业履行社会责任的环境。

（四）优化企事业发展环境。加强和改进政府的管理服务，减少和规范涉企行政审批事项，提高审批事项的工作效率，激发市场主体创造活力。加大对中小企业政策扶持力度，特别是推进扶持小微企业发展的各项政策落实落地，进一步减轻企业负担。

（五）加强构建和谐劳动关系的法治保障。进一步完善劳动法、劳动合同法、安全生产法、职业病防治法、社会保险法、劳动争议调解仲裁法等法律的配套法规、规章和政策，加快完善基本劳动标准、集体协商和集

体合同、企业工资、劳动保障监察、企业民主管理、协调劳动关系三方机
制等方面的制度，逐步健全劳动保障法律法规体系。

第四节 充分发挥工会在构建和谐
劳动关系中的积极作用

一、工会要切实做好协调劳动关系有关工作

（一）坚持构建和谐劳动关系的指导思想、工作原则，努力实现构建
和谐劳动关系的目标任务。各级工会要认真落实党中央和国务院的决策部
署，坚持促进企事业发展、维护职工权益，坚持正确处理改革发展稳定关
系，推动中国特色和谐劳动关系的建设和发展，促进经济持续健康发展和
社会和谐稳定。要坚持以人为本、依法构建、共建共享、改革创新的工作
原则。要以职工为本，切实维护职工根本权益；推动把劳动关系的建立、
运行、监督、调处的全过程纳入法治化轨道；统筹处理好促进企事业发展
和维护职工权益的关系，调动劳动关系主体双方的积极性、主动性，推动
企事业和职工协商共事、机制共建、效益共创、利益共享；不断探究和把
握社会主义市场经济条件下劳动关系的规律性，积极稳妥推进具有中国特
色的劳动关系工作理论、体制、制度、机制和方法创新。通过努力，推动
实现劳动用工更加规范，职工工资合理增长，劳动条件不断改善，职工安
全健康得到切实保障，社会保险全面覆盖，人文关怀日益加强，有效预防
和化解劳动关系矛盾，建立规范有序、公正合理、互利共赢、和谐稳定的
劳动关系的目标任务。

（二）突出工作重点，推动构建和谐劳动关系。一要把维护职工合法
权益作为构建和谐劳动关系的主线，坚持以职工为本，推动解决广大职工
最关心、最直接、最现实的利益问题，切实维护其根本权益，使职工的合
法权益和合理诉求得到充分的保障。二要主动参与劳动法律法规和政策规
章的制定，及时全面反映职工群众的愿望诉求和工会的意见主张，积极配

合做好人大执法检查、政府行政监察和政协视察，推动劳动法律法规和政策规章的贯彻执行。三要推动健全劳动关系协调机制，充分发挥劳动合同、集体合同制度对调整劳动关系的基础性作用，积极参与三方机制工作，协商解决涉及劳动关系的重大问题。四要推动加强企事业民主管理制度建设，依法保障职工的知情权、参与权、表达权、监督权。五要推动健全劳动关系矛盾调处机制，健全预防、预警、调处机制，加强矛盾纠纷排查，努力把劳动关系矛盾化解在基层、解决在萌芽状态，更好地实现劳动关系的平稳运行。六要加强宣传和对职工的教育引导，营造构建和谐劳动关系的良好环境。

（三）推动健全工作体制和机制，为构建和谐劳动关系提供保障。要推动各级政府把构建和谐劳动关系纳入当地经济社会发展规划和政府目标责任考核体系，依法推动各类企事业普遍建立工会，深入推进区域性、行业性工会联合会和县（市、区）、乡镇（街道）、村（社区）、工业园区工会组织建设。推动建立健全县级以上政府与同级总工会联席会议制度。深入推动和谐劳动关系创建活动，扩大创建活动在广大企业特别是中小企业的覆盖面，丰富创建内容，规范创建标准，改进创建评价，完善激励措施，做好典型表彰，把创建活动进一步打造成推进构建和谐劳动关系的良好平台和载体。

二、工会要在推动健全完善构建和谐劳动关系制度机制中发挥重要作用

构建和谐劳动关系是一个持续动态协调利益关系、不断化解劳动关系矛盾、促进劳动关系和谐的过程，需要建立健全一整套促进劳动关系和谐的制度机制。各级工会要在推动健全完善构建和谐劳动关系制度机制中发挥重要作用。

一是充分发挥工会在全面实行劳动合同制度中的作用。工会要积极参与劳动合同方面的法律法规政策的制定，宣传教育和引导职工签订劳动合同，帮助和指导职工签订劳动合同，加强对劳动合同执行情况的监督检查，协助劳动行政部门及企业建立和完善劳动合同管理制度。

二是大力推动建立健全集体合同制度。当前，各级工会要落实好国家协调劳动关系三方《关于推进实施集体合同制度攻坚计划的通知》和《中华全国总工会关于提升集体协商质量增强集体合同实效的意见》，扩大集体协商覆盖面，切实提高协商质量，充分发挥集体合同制度调整劳动关系的基础性作用。

三是切实加强企业民主管理制度建设。工会要推动建立健全以职代会为基本形式的企业民主管理制度，充分发挥其在企业发展重大决策和涉及职工切身利益等重大事项上的重要作用。要推进厂务公开制度化、规范化，完善公开程序，充实公开内容，创新公开形式，提高公开效果。在公司制企业推行职工董事、职工监事制度，充分发挥职工董事、职工监事作用，在董事会、监事会研究决定公司重大问题时，充分发表意见，反映职工合理诉求，维护职工和公司合法权益。

四是积极参与劳动关系矛盾调处。工会要积极配合人大执法检查、政府行政监察、政协委员视察，开展劳动法律法规和工会法的监督检查，推动严格执法。推行工会劳动法律监督意见书和建议书制度、重大典型劳动违法案件曝光和公开谴责制度，充分发挥工会劳动法律监督作用。要推动各类企业普遍建立劳动争议调解组织，大力推动乡镇（街道）、村（社区）依法建立劳动争议调解组织，依法建立行业性、区域性劳动争议调解组织。充实各类劳动争议调解、仲裁组织中的工会代表，不断提高工会代表的履职能力，切实做好劳动争议协商、调解、仲裁工作。建立健全职工法律服务体系，完善职工法律援助制度，为职工提供及时有效的法律服务和援助。加强对劳动关系形势的分析研判，建立劳动关系群体性纠纷的经常性排查和动态监测预警制度。

五是主动参与协调劳动关系三方机制工作。工会要推动三方就劳动关系状况、发展趋势以及劳动关系方面带有全局性、倾向性的问题进行协商，就具有重大影响的集体劳动争议或群体性事件进行调查研究，就劳动关系领域的重大问题统一研究应对措施、协调采取一致行动，积极推动涉及劳动关系问题的法律法规和政策的制定，及时就劳动关系领域制度性、全局性问题提出政策建议，为构建和谐劳动关系提供机制保障。要推动完善三方机制的组织体系，建立健全协调劳动关系三方委员会，探索建立三方组成的专业化内设机构，增强三方机制的工作实效。

三、工会要发挥集体合同制度对调整劳动关系的基础性作用

（一）推动形成全社会广泛认同集体协商的理念。通过持续的宣传引导，提升社会各界对集体合同制度的认知度和认可度，推动形成通过集体协商促进构建和谐劳动关系的浓厚氛围。

（二）推动提升集体协商质量、增强集体合同实效。要在巩固集体协商建制面的基础上，大力提升集体协商质量。要注重提高职工群众知晓率和参与率，开展集体协商职工满意度测评，建立集体协商质量评估体系，真正让广大职工成为集体协商的主要推动者、积极参与者和最大受益者。大力推进区域性、行业性集体协商，形成区域、行业、企业协商相互衔接配套的集体协商体系。

（三）促进形成政府主导集体协商制度机制建设的格局。这是完善社会主义市场经济体制的客观要求，是建立完善集体协商机制的内在需要。要借鉴市场经济国家推进集体协商机制建设的经验，由政府负责制定规则、劳动关系双方通过协商谈判达成共识，不断完善集体协商制度。

（四）进一步推动完善集体合同制度的法律法规。

四、工会要教育引导职工参与构建和谐劳动关系

工会作为职工利益的代表者和维护者，具有密切联系职工群众的政治优势和优良传统，要切实承担起教育和引导职工推动构建和谐劳动关系的重要职责。

团结引导广大职工积极推进企业发展。企业发展了，职工的利益才会有保障，构建和谐劳动关系才有物质基础。要在广大职工中加强思想政治教育，引导广大职工树立正确的世界观、人生观、价值观，追求高尚的职业理想，培养良好的职业道德，增强对企业的责任感、认同感和归属感，爱岗敬业、遵守纪律、诚实守信，自觉履行劳动义务，通过辛勤劳动、诚

实劳动、创造性劳动，提高自身素质，拓宽发展渠道，拓展发展空间，实现自身价值，促进企业发展。

加强对职工的人文关怀。推动培育富有特色的企业精神和健康向上的企业文化、职工文化，为职工构建共同的精神家园。注重职工的精神需求和心理健康，及时了解掌握职工思想动态，有针对性地做好思想引导和心理疏导工作。推进企业文体娱乐设施建设，积极组织职工开展喜闻乐见、丰富多彩的文化体育活动，丰富职工文化生活。

引导广大职工理性合法表达利益诉求。职工理性合法表达利益诉求，既可以有效实现自身利益，又有利于保持劳动关系和谐。要加强有关法律政策的宣传，引导广大职工成为社会主义法治的忠实崇尚者、自觉遵守者、坚定捍卫者。在积极推动解决职工切身利益问题的同时，引导职工正确对待社会利益关系调整，合理确定提高工资收入等诉求预期，以理性合法形式表达利益诉求、解决利益矛盾、维护自身权益，以实际行动为构建和谐劳动关系作贡献。

五、推进新时代和谐劳动关系创建活动

和谐劳动关系创建活动是构建中国特色和谐劳动关系的重要载体。为认真贯彻党的二十大精神，全面落实中共中央、国务院关于构建和谐劳动关系的决策部署，推动新时代和谐劳动关系创建活动深入开展，2023 年 1 月多部门联合发布《关于推进新时代和谐劳动关系创建活动的意见》（本章中简称《意见》），要求在全国各类企业持续推进新时代和谐劳动关系创建活动。

《意见》强调，深入推进新时代和谐劳动关系创建活动要坚持五个基本原则，即坚持党的全面领导，坚持增进民生福祉，坚持法治规范保障，坚持文化凝心聚力，坚持创新稳健并重。同时，明确目标任务，力争到2027 年底各类企业及企业聚集区域普遍开展创建活动，实现创建内容更加丰富、创建标准更加规范、创建评价更加科学、创建激励措施更加完善，创建企业基本达到创建标准，和谐劳动关系理念得到广泛认同，规范有序、公正合理、互利共赢、和谐稳定的劳动关系进一步形成。

《意见》确定了企业、工业园区、街道（乡镇）的创建重点内容和创建标准，即对企业开展创建活动的，重点围绕建立健全企业党组织，全面落实劳动合同和集体合同制度，加强企业民主管理，依法保障职工劳动报酬、休息休假、社会保险、职业技能培训等基本权益，促进职工工资合理增长，加强劳动保护，强化劳动争议预防，培育企业关心关爱职工、职工爱岗爱企的和谐文化等开展；对工业园区、乡镇（街道）开展创建活动的，重点围绕党委领导的构建和谐劳动关系工作机制，建立健全劳动关系协调机制、矛盾调处机制、权益保障机制，加强劳动保障法律宣传、用工指导服务，布局劳动关系基层服务站点等开展。

《意见》将企业创建标准明确为九个方面，工业园区、乡镇（街道）创建标准明确为七个方面，确保企业、工业园区、乡镇（街道）看得清、够得着、可参与。值得关注的是，《意见》要求创建企业要针对工资等职工关心的问题定期开展集体协商并签订集体合同；要定期召开职工（代表）大会，按规定将涉及职工切身利益的规章制度和重大事项经过职工（代表）大会审议通过。同时，要做到职工培训制度健全，职工教育经费足额到位，建立职工健康服务体系，职工满意度较高等。

 思考题

1. 劳动关系有哪些特点？

2. 构建和谐劳动关系的工作原则和目标任务是什么？

3. 简述构建和谐劳动关系的基本要求。

4. 如何健全劳动关系协调机制？

5. 如何健全劳动关系矛盾调处机制？

6. 如何营造构建和谐劳动关系的良好环境？

7. 如何充分发挥工会在构建和谐劳动关系中的积极作用？

8. 如何推进新时代和谐劳动关系创建活动？

案例

在各级工会的推动下构建和谐劳动关系工作迈出新步伐

2023 年 9 月 13 日　来源：中工网—工人日报

"全国已建工会企事业单位单独建立职代会等民主管理制度覆盖 2 亿多职工""全国报送人力资源社会保障部门审查并在有效期内的集体合同 132 万份，覆盖职工 1.2 亿人"……几组数据，为近年来构建和谐劳动关系的积极成效作出注脚。在各级工会的推动下，各项聚焦推进企事业单位民主管理工作、集体协商工作提质增效、协调劳动关系三方机制作用发挥的行动和举措不断丰富，维护职工合法权益、构建和谐劳动关系工作迈出新步伐。

健全以职工代表大会为基本形式的企事业单位民主管理制度，是党的二十大提出的发展全过程人民民主的重要举措之一。近年来，全国厂务公开协调小组着力健全企业民主管理制度，制定全国企业民主管理工作五年规划，印发意见指导各地大力推进非公有制企业民主管理工作，开展全国厂务公开民主管理先进表彰活动和"公开解难题、民主促发展"主题活动等。同时，加大新业态领域民主管理工作推进力度，指导符合条件的头部平台企业建立职代会制度，12 家头部平台企业中已有 9 家召开了平台（全网）职代会。

据统计，在各级厂务公开协调领导机构的努力下，全国已有 29 个省（区、市）制定了 36 个有关企业民主管理的地方性法规。

如今，企事业单位民主管理的形式载体更加丰富，许多单位建起民主恳谈会、职工议事会、总经理信箱、企业高管接待日等企业与职工多样的对话协商方式，广泛应用"互联网+"建起线上职代会系统、网上职工代表提案平台，进一步拓宽企业民主管理实现途径，维护职工民主权利。

调查显示，职工对民主管理的满意度逐步提升，超过 86% 的职工认为实行民主管理有效维护了职工利益，职工对本单位工会干部组织职工进行民主监督、民主管理，开展民主协商工作感到满意、基本满意的累计占比超过 91%。

集体协商工作对于构建和谐劳动关系具有重要意义。全总会同有关部门进一步推动完善集体协商相关制度机制，实施劳动关系"和谐同行"能力提升三年行动计划，并组织开展城市工会集体协商竞赛活动，指导各地开展集体协商集中要约行动，强化专职集体协商指导员队伍建设。

2022 年，一项为期 3 年的行动计划顺利完成——自 2019 年起，人社部、全国总工会、中国企业联合会/中国企业家协会、全国工商联等国家协调劳动关系三方实施了集体协商"稳就业促发展构和谐"行动计划。3 年间，各级三方共计培训协商代表 127 万人次，培育省级和地市级协商典型案例 8000 多个。全国 31 个省（区、市）和新疆生产建设兵团已建工会的企业集体协商建制率全部动态保持在 80%以上。疫情防控期间，各级三方指导企业和工会就做好职工权益保障和支持企业稳岗留工开展协商，推动企业和职工同舟共济、共克时艰。

随着平台企业快速发展，各级工会积极推动平台企业依法规范用工，探索多领域多行业、头部平台企业建立协商协调机制，畅通新就业形态劳动者诉求表达渠道。其中，京东集团在 2021 年率先建立平台企业中的全国性、跨区域的集体协商及职代会制度，签订的集体合同聚焦薪资待遇、福利保障、安全保护等重要议题，覆盖快递员、仓储分拣员、货运司机等数十万人；2023 年"饿了么"平台（全网）一届一次职代会（扩大）会议审议通过全网集体合同及 3 个全网专项集体合同，覆盖平台自有职工及全国 1.1 万个配送站点超过 300 万名骑手，标志着全国外卖行业首个全网职代会、首份全网集体合同诞生。

为了激励更多企业和职工积极参与和谐劳动关系创建活动，国家协调劳动关系三方于 2022 年命名了 350 家企业和 50 家工业园区为全国和谐劳动关系创建示范企业、示范工业园区。2023 年，人社部、全国总工会、中国企业联合会、中国企业家协会、全国工商联联合发布《关于推进新时代和谐劳动关系创建活动的意见》，要求在更大范围、更广层次、更多内容上不断丰富和发展和谐劳动关系创建实践，力争到 2027 年底各类企业及企业聚集区域普遍开展和谐劳动关系创建活动。（工人日报—中工网记者 郝赫）

第十五章　"职工之家"建设

第一节　基层工会建设"职工之家"概述

开展"职工之家"建设活动是工会各项工作落实到基层的重要手段，是加强基层工会组织建设的重要载体。新时代开展建设职工之家活动，就是适应工会履行维权服务基本职责的要求，着力加强调整劳动关系机制建设，努力把基层工会建设成为组织健全、维权到位、工作规范、作用明显、职工信赖的"职工之家"，把广大基层工会干部锤炼成听党话、跟党走、职工群众信赖的"娘家人"。

一、"职工之家"

"职工之家"是工会组织同职工群众保持密切联系，体现工会的阶级性和群众性，反映工会的性质、宗旨和新时代工会工作方针、履行工会职能、充分发挥工会作用、让职工在单位有"家"的感觉的一种形象的说法。"职工之家"体现了中国工会的性质、宗旨和特点，体现了职工群众与工会的密切联系，承载着党对工会的重托，表达了职工群众对工会的期望和信赖。习近平总书记强调，工会干部特别是领导干部，要更多到职工群众中去，依靠职工群众开展工作，使工会组织真正成为广大职工群众信赖的"职工之家"。

二、基层工会建设"职工之家"活动的特点及其重要意义

（一）基层工会建设"职工之家"活动的特点

建设"职工之家"活动是基层工会工作的基本形式，它具有以下特点。

1.综合性。建家活动包含了基层工会工作的各个方面，是带动基层工会工作上水平的综合载体。对"职工之家"的考核是基层工会工作的综合

评定，具有丰富的工作内容和完整的体系，是对工会工作的整体推进。

2. 广泛性。建家活动是在党组织和行政的支持下，由全体职工群众参与的"党政工同唱一台戏，共建一个家"的活动。

3. 基础性。建家活动在工会工作全局中具有基础性的地位和作用，目的是夯实工会的组织基础、工作基础，激发基层工会组织的活力，进而促使整个工会组织提高工作水平。

4. 长期性。建家活动是工会组织的一项战略性任务，随我国政治、经济、社会发展的需要和基层单位的实际情况，不断调整和完善活动内容和方式，与时俱进，常抓不懈，常抓常新。

（二）开展建设"职工之家"活动的重要意义

1. 开展建设"职工之家"活动是工会工作服务于党和国家工作大局的现实要求

在新时代，各级工会要牢牢把握工运时代主题，动员广大职工团结一心、努力奋斗，为全面建设社会主义现代化国家贡献力量。基层工会组织是直接的承载者和实践者，在全国基层工会组织中深入开展建设"职工之家"活动，更好地把工会履行维护服务的基本职责和立足新发展阶段、贯彻新发展理念、构建新发展格局，推动高质量发展统一起来，促进经济社会协调发展，是新时代工会工作服务于党和国家工作大局的现实要求。

2. 开展建设"职工之家"活动是增强基层工会活力的需要

基层工会组织是工会全部工作和战斗力的基础，是工会组织密切联系职工群众，开展工会各项工作的承载者、实践者；工会的各项工作任务都要通过基层工会组织来落实，工会的作用最终要通过基层工会组织来体现。因此，工会要眼睛向下、面向基层，强化大抓基层的鲜明导向，坚持落实到基层、落实靠基层，把工作重点放在基层，努力使基层组织的工作活跃起来，要以基层组织是否具有活力作为检查考核工会工作的一项重要标准。近几年来，随着我国社会主义市场经济体制的逐步建立和完善尤其是非公有制经济的迅速发展，全国组建工会和发展会员工作取得了突破性进展。适应新时代工会工作发展的需要，深入开展建家活动，把建会建制建家紧密结合起来，对于推动基层工会组织特别是非公有制企业工会进一步健全组织，加强规范化建设，建立和完善维权服务的有效机制，切实发挥基层工会的作用，增强基层工会的活力，有着非常重要的作用。

3. 开展建设"职工之家"活动是工会服务职工的有效形式

竭诚服务职工群众是工会的性质决定的，是工会的基本职责。各级工会组织和工会干部应当牢固树立服务意识，把竭诚为职工服务作为一切工作的出发点和落脚点。要不断提高服务能力，拓展服务领域，丰富服务内容，提高服务质量，创新服务形式。开展建设"职工之家"活动，就是工会服务职工的一种最有效的形式，通过开展建家活动，发挥基层工会直接联系职工群众的优势，关注基层一线，密切工会与职工群众的联系，广泛听取职工群众的意见，理解民意、体察民情，把职工群众的需求作为第一信号，采取有效措施，有针对性地做好服务工作，把服务工作做深、做细、做实、做强，把服务送到家门上、心坎上，让职工感受到"家"的温暖，增强工会组织吸引力和凝聚力。

4. 开展建设"职工之家"活动是推进工会工作创新发展的根本要求

时代在发展，事业在创新，工会工作也要发展、也要创新。各级工会组织要担负起团结引领职工群众听党话跟党走的政治责任，全面履行各项社会职能，圆满完成新时代赋予工会的各项任务，为全面建设社会主义现代化国家贡献力量，开创新时代我国工运事业和工会工作新局面，必须不断加强工会自身建设，深入推进工会改革创新。工会组织按照党中央关于群团改革的部署要求，有力有序推进改革，要把保持和增强政治性先进性群众性作为工会工作的根本标尺和长期任务，着力在建机制、强功能、增实效上下功夫，持续深化工会改革创新。形成上下联动、左右互动、整体推动的改革局面，以激发基层活力为关键，推动工会改革向基层延伸，开展强基层、补短板、增活力活动，实现基层工会组织建起来转起来活起来。长期的实践证明，深入开展建家活动是推动工会各项工作落实到基层的重要手段，是加强基层工会组织建设的有效载体，是加强工会自身建设和创新的着力点。各级工会组织一定要从战略的高度，进一步强化对建设"职工之家"重要性的认识，着眼于夯实工会组织的基础，切实把建家作为一项经常性、长期性的工作来抓，与时俱进，开拓创新，努力把建家活动提高到新水平，推动新时代工会工作高质量发展，更好地在党和国家工作大局中发挥作用。

第二节 基层工会开展"职工之家"建设

一、建设"职工之家"的指导思想、目标、基本要求

（一）开展建设"职工之家"活动的指导思想

开展建设"职工之家"活动的指导思想是各级工会组织开展建设"职工之家"活动的理论体系和理论基础。新时代深入开展建家活动的指导思想是：以邓小平理论、"三个代表"重要思想、科学发展观、习近平新时代中国特色社会主义思想为指导，紧密围绕企业、事业单位、机关的中心任务，坚定不移地推动党的全心全意依靠工人阶级根本指导方针的贯彻落实，依法规范基层工会组织建设，切实履行工会维权服务的基本职责，努力把工会的重点工作落实到基层，不断增强基层工会组织的凝聚力和吸引力，提高基层工会组织的整体工作水平，促进企事业等基层单位的改革、发展、稳定。

（二）开展建设"职工之家"活动的原则

1. 服务大局的原则

工会组织和工会干部要树立大局观念，把建家活动摆到党和国家工作大局中去思考、去把握、去部署、去实施。要围绕中心，促进发展，正确把握开展建家活动与推进企业、事业单位和机关建设发展的关系，把广大职工的智慧和力量凝聚到为搞好企业，加强事业单位和机关建设做贡献上来。

2. 突出维权服务的原则

围绕工会履行维护职工合法权益、竭诚服务职工群众的基本职责，把推进工会重点工作的落实，作为建家活动的重要内容。

3. 依靠群众的原则

突出职工群众在建家活动中的主体地位，充分依靠职工群众开展建家活动，把职工和会员群众是否满意作为衡量建家活动成效的基本标准。

4. 创新发展的原则

建家活动要体现时代性、把握规律性、富于创造性，尊重基层的实践，不断赋予建家新内容，拓展新领域，注入新活力。

5. 齐抓共建的原则

努力形成党组织统一领导、行政积极支持、工会具体实施、职工热情参与的合力建家工作格局。

（三）开展建设"职工之家"活动的目标

深入开展建家活动的目标是：认真学习贯彻习近平新时代中国特色社会主义思想，适应工会依法履行维护职工合法权益、竭诚服务职工群众基本职责的要求，着力加强调整劳动关系机制建设，突出抓好为职工群众办实事办好事，大力推进基层工会的群众化、民主化、法治化，努力把基层工会建设成为组织健全、维权到位、工作规范、作用明显、职工信赖的"职工之家"。

（四）开展建设"职工之家"活动的基本要求

进一步深入开展建家工作，要坚持在继承的基础上不断创新，与时俱进地赋予新内容，努力把基层工会组织建设成为组织健全、维权到位、工作规范、作用明显、职工信赖的名副其实的"职工之家"。

1. 健全组织体系。基层工会委员会、经费审查委员会、女职工委员会组织健全，按时换届选举，单独设置工会工作机构，依法独立自主开展工作；依法进行工会法人资格或工会法人代表变更登记；工会主席（副主席）的产生、配备符合有关规定，职工 200 人以上的单位依法配备专职工会主席；按不低于职工人数 3‰ 的比例配备专职工会干部；加强工会积极分子队伍建设；加强会员会籍管理，职工（含农民工、劳务派遣工）入会率达到 85% 以上。

2. 促进高质量发展。立足新发展阶段、贯彻新发展理念、构建新发展格局,围绕推动高质量发展,大力弘扬劳模精神、劳动精神、工匠精神。深入开展以劳动创造幸福为主题的宣传教育,弘扬社会主义核心价值观,加强新时代劳动教育。加强劳模选树管理,创新劳模服务工作,推动落实劳模政策。组织开展劳动和技能竞赛。围绕国家重大战略、重大工程、重大项目、重点产业开展劳动和技能竞赛,在广泛、深入、持久上下功夫、求实效,积极探索新途径、扩大覆盖面、提高参与度。充分发扬企业职工的首创精神,健全以创新能力、质量、实效、贡献为导向的人才评价体系,拓展小发明、小创造、小革新、小设计、小建议等群众性创新活动内涵,提升广大职工创新创造活力。

3. 履行维权职责。建立和完善以职工代表大会为基本形式的民主管理制度,推行厂务(院务、校务)公开,公司制企业依照有关规定选举职工代表进入董事会和监事会,参与企业管理;深化"共同约定"行动,建立平等协商和签订集体合同制度,协商解决涉及职工切身利益的重大问题;指导和帮助职工签订劳动合同,依法妥善处理劳动争议纠纷,提供法律援助,构建和谐劳动关系;协助和督促企业落实国家各项涉及职工权益的法律法规,遵守劳动安全卫生等规定,安全生产无事故;维护女职工的特殊权益。

4. 提高职工素质。发挥工会"大学校"作用,弘扬中国工人阶级伟大品格,用社会主义核心价值体系引领职工群众;开展"创建学习型组织、争做知识型职工"活动,培育"四有"职工队伍;开展群众性精神文明创建和文化体育活动,满足职工群众精神文化需求,推动职工文化和企业文化建设。

5. 服务职工群众。以职工最关心、最直接、最现实的利益为重点,认真倾听职工呼声,积极反映职工意愿,提出政策建议和主张;关心职工生产生活问题,指导帮助职工就业,进一步叫响做实"职工有困难找工会",努力为职工办实事、做好事、解难事;开展"送温暖""金秋助学"等活动,履行帮扶困难职工"第一知情人""第一报告人""第一协调人""第一监督人"的职责。

6. 加强自身建设。坚持民主集中制,密切联系群众,廉洁自律;健全各项组织制度、民主制度、工作制度，基础资料齐全；坚持会员（代表）大会制度，完善会员代表常任制，实行会务公开，接受会员群众民主评议和监督，保障会员民主权利；开展"创建学习型工会、争做知识型工会干部"活动，加强思想、作风、能力建设，提高工会自身建设科学化水平，建设学习型、服务型、创新型工会；建立单独工会财务账户，独立使用工会经费，收好管好用好工会经费，保护好工会资产；工会工作有创新、有特色。

（五）建设"职工之家"活动与基层工会工作基本任务的关系

加强基层工会建设和增强基层工会活力是事关工会工作全局的重要任务，二者相互依存、相辅相成。没有巩固的基层工会组织，就谈不上发挥基层工会组织作用；基层工会组织不发挥作用，巩固基层工会组织就毫无意义。开展建设"职工之家"活动就是要从基层工会工作的这两大任务出发，不断加强基层工会组织的自身建设和改革，不断发挥基层工会组织的作用。因此，开展建家活动是基层工会工作的基本形式、基本手段、基本方法，其目标是把基层工会组织建设成为"职工之家"。

二、开展建设"职工之家"活动的方法措施

2014年《中华全国总工会关于新形势下加强基层工会建设的意见》提出，建设"职工之家"，要以会员是否满意为基本标准，建立健全基层工会建设综合考核评价体系。围绕实践"两个信赖"，深入开展"深化建家达标创优"活动，探索建立各层级模范职工之家创建、申报、考核、表彰、复查等制度，提升职工之家品牌影响力。坚持依靠会员办工会，深化"工会组织亮牌子、工会主席亮身份"活动，推进会员评家、会务公开以及会员代表常任制等工作，落实会员的知情权、参与权、选举权和监督权。探索推进联合职工之家、网上职工之家建设。基层单位及其党政负责人拟推荐申报工会系统评选表彰的各层级五一劳动奖状、五一劳动奖章等荣誉称号的，其工会组织应荣获相应层级的模范职工之家称号。

（一）建立完整、规范的工作体系

建立开展建家活动的工作体系，是指建家要有一套工作标准和工作要

求，有一套评定办法，根据活动的内容、条件、标准，制定考核办法并进行评定和比较，定期对建家活动进行考核、检查、评比。基层工会要根据新的形势和新的要求，制订建家工作计划，调整工作部署，不断创新建家工作格局和运行机制。建家规划在兼顾全面工作的同时要突出重点，考核内容和标准不求全、不求高，每年或每个阶段都要有新的重点、亮点，使之与时俱进，富有新鲜感。

（二）形成党政工齐抓共建格局

基层工会要主动取得党组织的领导，把建家活动纳入党组织的重要议事日程；积极争取行政支持，为开展建家创造条件；工会内部要建立由领导负责、有关部门参加的建家工作领导机构，充实建家工作力量，努力形成党政工齐抓共建的格局。围绕发展这个第一要务，牢固树立建家就是建企业、就是促进劳动关系和谐发展、就是提高工会工作整体水平的思想，自觉围绕本单位中心工作开展建家活动，把基层的难点、热点作为建家活动的重点，使建家成为党政工工作的一个结合点，形成合力抓建家的工作氛围。

（三）建立会员评家机制

建立会员评家机制是推动建家活动深入发展的重要举措。基层工会要以职工群众是否认可和满意作为考核建家成效的重要标准，建立健全会员评家机制，依靠会员群众建家、评家、管家，不断提高广大会员参与基层工会建设的能力与水平，增强工会组织的凝聚力和吸引力。会员评家主要通过会员大会或会员代表大会进行。由工会主席报告开展工会工作及建家活动情况，由会员或会员代表对建家情况进行评议，对所获"职工之家"荣誉称号是否认可作出表决，促进建家水平不断提高。

（四）建立激励和表彰机制

要建立激励机制，充分调动基层工会开展建家活动的积极性。评选"先进职工之家""模范职工之家"是表彰基层工会工作的综合荣誉称号，也是唯一的奖励，应与评选优秀工会工作者、评选文明单位等结合起来。通过建家活动推动工会重点工作的落实，重点工作的落实为建家注入活力。要实行精神奖励和物质奖励相结合，逐步提高和扩大其社会影响力。

（五）实行分类、分层次指导

分类指导应突出针对性，适应不同所有制、不同规模企业和不同类型基层工会的特点与实际，提出不同的建家标准，不搞一个模式。提倡非公有制企业逐步开展创建"合格职工之家"活动，并逐步提高建家水平；推动开展"示范乡镇（街道）工会""示范村（社区）工会"活动，并与建设"职工之家"活动有机结合，把不同类型基层工会的活力激发出来。

（六）加强建家管理工作

"职工之家"分别设有"合格职工之家"、"先进职工之家"和"模范职工之家"三种荣誉称号。各层次"职工之家"的考核条件都应尽量细化、量化，使之便于操作和考核。评选表彰各级模范、先进职工之家，创建合格职工之家，要坚持建家标准，不搞终身制，严格进行复查验收。同时，改进复查方式，可以实行分片交叉复查的方式，推动其严格约束自己；可以在不同层次的模范、先进职工之家中开展联谊活动，加强横向交流，强化其先进意识，不断攀登新的台阶。

（七）要注意处理好两个关系

一是正确处理建"大家"与建"小家"的关系。基层工会委员会建"大家"与工会分会、工会小组建"小家"是相辅相成、互相促进的。一方面，基层工会"大家"建设好了，在更大的范围内发挥作用，才能有力地指导和带动工会分会、工会小组建"小家"；另一方面，工会分会、工会小组"小家"建设好了，搞活工会组织细胞，为建"大家"奠定厚实的基础，才能解决上热下冷的问题，进而推进建家的全面发展。二是正确处理"硬件"与"软件"建设的关系。建家的"硬件"是指建设必要的工会活动室、图书室、文化体育场所及设施、经过改善的职工生产（工作）、生活休息环境等；建家的"软件"是指工会本质性的工作，如维护职工权益、民主管理、思想政治工作等。建家的"硬件"一般作为建设"职工之家"的突破口，它仅是建家工作的开始；建家的"软件"是内容，即通过建家把工会工作搞好，使基层工会真正成为组织健全、维权到位、工作活跃、作用明显、职工信赖的"职工之家"。

(八) 致力推进"会、站、家"一体化建设

"会、站、家"一体化建设，是指以加强基层工会组织建设和制度建设为基础，把组建工会、创办职工服务站、建设职工之家有机结合起来，依法规范基层工会组织建设，增强基层工会活力。

致力推进"会、站、家"一体化建设，以依法建会为基础，以创办职工服务站（点）为抓手，以建设"职工之家"为目标，把组建工会、创办职工服务站（点）、建设"职工之家"三者统一起来，整合服务资源、提升服务能力、激发组织活力，使基层工会办事有人、帮扶得力、服务到位，打通联系和服务职工群众的"最后一公里"，增强工会组织对职工群众的吸引力和凝聚力。

(九) 深入调研、不断创新

要加强调查研究，认真总结分析，坚持以理论创新推动工作创新、实践创新，及时抓住制约和影响建家工作的突出问题，研究解决的办法，提出指导性意见，不断探索建家规律，推动建家工作创新发展。

第三节 建设"职工之家"的几种具体形式

一、建设"职工小家"

广泛开展建设"职工小家"活动，是建家活动的延伸和发展。在车间（科室）、班组开展建设职工小家活动，是加强工会分会和工会小组建设的有效形式和方法，是对基层基础性工作的加强。基层工会要积极开展建设"职工小家"活动。

(一) 建设"职工小家"的基本要求

车间（科室）、班组开展建设"职工小家"活动的基本要求是：

1. 加强工会分会、工会小组建设，由会员直接选举工会分会负责人和工会小组长，建立一支热心为职工群众服务的工会积极分子队伍；

2. 建立健全班组民主管理、民主参与、民主监督制度，定期召开民主管理会议，坚持各项公开制度，积极反映职工群众的意愿和要求；

3. 发扬团结友爱和集体主义精神，搞好互助互济，帮助职工解决实际困难；

4. 组织职工进行政治业务学习，不断提高思想觉悟和职业技能，开展群众性经济创新活动，努力完成生产工作任务；

5. 严格监督执行各项安全生产、劳动保护制度，不断改善职工生产工作环境，做好女职工特殊权益保护工作；

6. 加强"职工小家"阵地建设，因地制宜，开展形式多样、丰富多彩的文体活动，满足职工的精神文化需求。

（二）建设"职工小家"的基本内容

1. 建立民主管理制度。要建立健全以工会小组长和民主管理员进行考核的班组民主管理机构和民主管理等制度，坚持各项制度公开，使奖金分配权、民主评议权、重大问题审议权等落实到车间（科室）和班组。通过建设"职工小家"，使职工直接参与民主管理，培养职工热爱企业、关心企业的良好氛围。

2. 加强思想政治工作和生活互助。建设"职工小家"要体现群众性的特点，充分发挥党小组长、班组长、工会小组长和工会小组中的党员、团员的作用，促进职工群众间的相互影响、相互启发和相互学习。要通过小组生活会、班组民主会、讲评会等各种群众自我教育的民主管理形式，沟通思想，化解矛盾，建设团结、和谐、友爱的集体。

3. 建设优美的生产生活环境。"职工小家"是职工群众的"第二家庭"，是职工工作、学习、活动的场所。建设"职工小家"，要在企业、事业和机关单位现有条件下，通过会员自己动手，自力更生，改善环境，修整休息室，建设活动室、活动角，改善生产、工作和休息条件，营造舒适、整洁、温暖、优美的环境，增强"职工小家"的吸引力。

4. 开展创建学习型组织活动。要树立终身学习的理念，大力开展职工素质提升工程，做到学习工作化、工作学习化。作为"职工小家"要有基本的学习场地和设施，有开展学习、交流活动的载体。有切实可行的班组学习制度与激励机制，形成全员学习的氛围。有较好的学习环境，坚持开展形式多样、内容丰富的岗位练兵活动，积极开展劳动和技能竞赛、技术创新、导师带徒、合理化建议等活动，不断提高职工的业务技术水平。

（三）建设"职工小家"的关键环节

1.搞好宣传教育。建设"职工小家"是一项涉及面广、难度大的工作。要通过学习典型、借鉴经验和沟通讨论，提高工会干部对建设"职工小家"的认识，克服不理解和畏难情绪。要宣传好建设"职工小家"活动对车间（科室）、班组建设等方面的积极作用，争取党政领导的支持。要通过形式多样、深入浅出的教育，提高广大职工参与建家的积极性。

2.抓好组织建设。要把工会小组建设好，重要的是调整选配好班组长、工会小组长及班组的组织员、宣传员、民管员、安全员等"几大员"，形成建家领导核心，从组织上保证建设"职工小家"活动的顺利开展。

3.严格考核验收。要健全考核细则和激励机制，坚持考核验收制度，使建设"职工小家"活动有章可循，不断创新发展。要采取车间"科室"工会分会、班组工会小组自检和集中检查等方式，定期对"职工小家"建设进行考核、检查、验收，经验收合格的"职工小家"要予以颁发荣誉证书。

二、"双爱双评"活动

基层工会要建立健全会员评家机制，以职工群众是否认可和满意作为考核建家成效的重要标准。因此，为适应非公有制企业协调劳动关系的需要，全国各级工会组织积极探索非公有制企业开展工会工作的有效载体和活动方式，普遍开展了以"双爱双评"为主要内容的建设"职工之家"活动。

"双爱双评"活动即"企业爱职工，职工爱企业；评爱企业的优秀职工，评爱职工的优秀经理（厂长）"。在新时代，深入开展"双爱双评"活动，对于贯彻落实"组织起来、切实维权"的工作方针，促进非公有制企业健康发展，建立经营者和劳动者新型的社会主义和谐稳定的劳动关系，维护职工队伍和社会稳定，具有十分重要的意义。

（一）开展"双爱双评"活动的基本内容和条件

1.开展"双爱双评"活动的基本内容

（1）企业职工依法建立工会组织，工会组织健全，领导班子得力，建立了各项工作制度和民主制度，工会工作富有成效并得到职工群众的拥护。

（2）《劳动法》《工会法》赋予职工的各项权利得到有效的落实，建立以职代会为基本形式与企业实际相适应的职工民主管理、厂务公开制度，企业实行了劳动合同制度，并建立了稳定协调的劳动关系。

（3）依据《劳动法》《工会法》的规定，工会主席依法参加或列席董事会，企业建立了平等协商、集体合同制度，建立了劳动争议调解委员会并发挥作用。企业依法拨缴工会经费，支持工会工作的开展。

（4）职工关心企业生产经营，认真做好本职工作，积极参加劳动和技能竞赛、合理化建议和技术革新等经济技术创新活动。

（5）企业关心职工生活，注意安全生产。随着企业的发展，职工生活条件、劳动条件、作业环境不断得到改善。

2.关爱员工优秀经营管理者、热爱企业优秀员工条件

关爱员工优秀经营管理者条件如下。

（1）尊重职工的政治地位和民主权利，建立以职代会为基本形式与本企业实际相适应的职工民主管理、厂务公开制度，建立职工董事监事制度，工会参与研究决定涉及职工切身利益的问题，保障职工依法行使知情、参与、监督等民主权力。

（2）依法与职工签订劳动合同，建立平等协商、集体合同制度和劳动争议调解组织，建立正常合理的工资增长机制，无压低、克扣职工工资、强迫职工加班加点等侵犯职工合法权益的问题。

（3）关心职工身体健康和生命安全，严格执行国家劳动安全卫生法律法规，改善职工劳动、生活条件和作业环境，保护女职工特殊权益，无安

全生产事故和职业病危害。

（4）依法经营，照章纳税，保护环境，积极履行社会责任，依法为职工缴纳养老、工伤、医疗、失业、生育等社会保险。

（5）建立健全企业党组织和工会组织，为其提供办公场所和活动条件，依法拨缴工会经费，不干涉工会内部事务。

热爱企业优秀员工条件如下。

（1）关心企业生产经营，爱岗敬业，努力完成生产、科研和经营任务。

（2）支持企业依法经营管理，恪守职业道德，遵守劳动纪律，认真执行劳动安全卫生规章制度。

（3）为企业发展建言献策，积极参加技术革新、劳动和技能竞赛和合理化建议等经济技术创新活动。

（4）勤奋学习，刻苦钻研，努力提高业务技能，参与企业文化建设，争当知识型职工。

（二）开展"双爱双评"与建设"职工之家"活动的关系

在非公有制企业深入开展以"双爱双评"为主要内容的建家活动，是建家活动在非公有制企业中的创新，是全国建家工作的组成部分，总体上应该以全国建家工作的基本要求为依据，但在落实建家基本要求的内容和标准上，可以与公有制企业有所区别，逐步提高建家水平，达到建家标准。全国建家活动应在坚持总体要求的前提下，从不同所有制、不同类型基层工会的实际出发，分类指导，发挥公有制企业工会建家的骨干作用，逐步带动非公有制企业工会提高建家水平。全国总工会非常重视在非公有制企业开展"双爱双评"活动，把它纳入全国评选表彰"全国模范职工之家"范围中，被省级工会评为"双爱双评"先进单位的非公有制企业工会，达到"全国模范职工之家"标准的，才能申报"全国模范职工之家"，以此激励更多的非公有制企业提高建家和工作水平。

（三）进一步深入开展"双爱双评"活动

1. 充分调动企业经营者和职工两个积极性

企业经营管理者和职工群众是开展"双爱双评"活动的主体，只有把两者的积极性、主动性、创造性发挥出来，才能激发开展"双爱双评"活动的活力。要发挥典型示范作用，把典型示范与普遍号召结合起来，不断扩大开展活动的覆盖面，增强活动的有效性。要加强调查研究，认真听取企业经营管理者和职工群众的意见，切实解决开展活动中遇到的问题。

2. 采取有效的激励措施

各级工会要把"双爱双评"活动作为非公有制企业工会工作的重要内容和考核条件，每年都要评选在开展活动中涌现出来的热爱企业的优秀员工，推荐关爱职工的企业优秀经营管理者，树立典范，奖励先进。工会委员会每年都要把"双爱双评"活动开展情况作为向会员（代表）大会报告工作的一项重要内容，提请会员（代表）评议，经会员（代表）认可后，向上一级工会写出书面报告，作为上级工会考核、评比、表彰基层工会工作的依据。各级工会在评选模范或先进职工之家时，应命名表彰一批在开展"双爱双评"活动中取得显著成绩、符合建家条件、得到职工认可和拥护的非公有制企业工会为各级模范或先进职工之家。

3. 切实加强组织领导

非公有制企业应在党组织领导下，建立和完善党组织、行政、工会负责人组成的"双爱双评"活动领导小组，负责企业开展"双爱双评"活动的组织领导工作。工会每年都要按照"双爱双评"的基本内容，结合本单位的实际，经会员（代表）大会讨论制定年度"双爱双评"活动计划，并积极开展活动。

4. 坚持从实际出发，分类指导

基层工会要从非公有制企业的特点出发，根据上级工会的要求，围绕企业的中心工作，按照职工群众的意愿，确定活动的内容，注重实效，防止形式主义。要以贯彻落实《劳动法》《工会法》等法律法规为重点，把依法维护职工合法权益、共谋企业健康发展贯穿活动的始终。上级工会要针对不同所有制、不同规模、不同类型基层工会的不同情况，加强调查研究，实行分类指导，突出重点，兼顾一般，逐步提高"双爱双评"活动的实效。

三、开展建设"职工之家"活动的四个等级

开展建设"职工之家"的等级，原则上分为合格职工之家、先进职工之家、省部级模范职工之家和全国模范职工之家四个等级。

（一）合格职工之家

合格职工之家是按照地方总工会的考核标准，组织考核验收。凡考核验收合格的，颁发由地方总工会统一印制的合格职工之家证书。合格职工之家的日常管理工作由地方总工会负责。

（二）先进职工之家

先进职工之家每两年考核评比 1 次。具体考核评比内容、标准和方法，由地方总工会制定。先进职工之家的日常管理工作由地方总工会负责。

（三）省部级模范职工之家

省部级模范职工之家实行申报制，每两年考核评比 1 次，由省部级总工会组织实施。省部级模范职工之家的日常管理工作由省部级总工会负责。

（四）全国模范职工之家

全国模范职工之家每 5 年评比 1 次。由省部级总工会按照全国总工会的要求具体组织实施。基层工会在获得省部级模范职工之家的基础上申报全国模范职工之家。全国模范职工之家的日常管理工作由省部级总工会和地方总工会共同负责，以地方总工会为主。

四、广泛开展"争创模范职工之家、争做职工信赖娘家人"活动

根据全国总工会《关于在全国基层工会广泛开展"争创模范职工之家、争做职工信赖娘家人"活动的通知》，通过开展"双争"活动，工会组织覆盖面明显扩大，服务职工能力明显提高，工会干部队伍素质明显提升，工会组织吸引力凝聚力战斗力明显增强，推动工会工作再上新台阶，让职工群众真正感受到工会是"职工之家"，工会干部是最可信赖的"娘

家人"。

在"双争"活动中，立足基层工会职能，围绕七个方面加强和推进基层工会工作。

（一）做依法规范建会的模范。各类企事业特别是非公有制经济组织、社会组织要依法规范建立工会组织，小微企业通过基层工会联合会或联合基层工会实现覆盖。要以"六有"（一是有依法选举的工会主席，建设心系职工、善于维权、开拓进取的骨干队伍；二是有独立健全的组织机构，完善工会委员会、经费审查委员会、女职工委员会等组织；三是有服务职工的活动载体，满足职工的多样化需求；四是有健全完善的制度机制，实现工会工作的群众化、民主化、制度化、法治化；五是有自主管理的工会经费，真正用于服务职工和工会活动；六是有会员满意的工作绩效，切实让职工群众感受到工会是"职工之家"。）工会建设为基础，提高基层工会规范化建设水平，不断增强基层工会组织的代表性。

（二）做组织服务农民工的模范。积极开展农民工入会集中行动，把农民工吸引到工会中来，吸引到工会活动中来。加强对农民工特别是青年农民工的人文关怀，帮助农民工融入城市。深入了解农民工的现实诉求，在对农民工的思想引领、技能提升、权益维护和困难帮扶等方面，让广大农民工实实在在地感受到工会组织的关心和帮助。

（三）做教育引导职工群众的模范。在广大职工群众中培育和践行社会主义核心价值观，开展以职业道德为重点的"四德"教育，深化"中国梦·劳动美"主题教育，大力弘扬劳模精神、劳动精神、工匠精神和工人阶级伟大品格，团结动员广大职工通过辛勤劳动、诚实劳动、创造性劳动托起中国梦。加强社会主义精神文明建设，创新思想政治工作方式方法，加强人文关怀和心理疏导，丰富职工精神文化生活，形成健康文明、昂扬向上的职工文化。

（四）做团结动员职工群众建功立业的模范。组织开展具有行业特色的劳动和技能竞赛和经济技术创新活动，通过技术革新、技术协作、小发明小创造等活动，引导职工为企业高质量发展贡献力量，投身大众创业、万众创新。引导职工树立终身学习理念，立足岗位成长成才，不断学习新知识、掌握新技术、增长新本领，努力成为知识型、技术型、创新型职工。

（五）做维护职工合法权益的模范。大力构建和发展和谐劳动关系，坚持"促进企事业发展、维护职工权益"的企事业工会工作原则，认真落实劳动合同、集体合同和职工代表大会制度，依法保障职工基本权益。以一线职工、农民工、困难职工等为重点群体，突出维护职工的劳动报酬、休息休假、劳动安全卫生、社会保险、职业技能培训等劳动经济权益。深入开展和谐劳动关系创建活动，最大限度增加和谐因素，最大限度减少不和谐因素，促进社会和谐稳定。

（六）做服务职工群众的模范。坚持把群众路线作为工会工作的生命线和根本工作路线，把工作重心放在最广大普通职工身上，全心全意为职工群众服务。

按照"会、站、家"一体化工作思路，以职工需求为导向，构建覆盖广泛、快捷有效的服务职工工作体系，提供更多普惠性服务，让职工群众更多更公平地分享改革发展的成果，有更多获得感，把党和政府的关怀送到职工群众的心坎上，赢得职工群众的信赖和支持。

（七）做"绝对忠诚党的事业、竭诚服务职工群众"的模范。以"绝对忠诚党的事业、竭诚服务职工群众"作为工会干部的价值追求，坚定不移走中国特色社会主义工会发展道路，模范履行工会组织的政治责任，带领职工群众坚定不移听党话、跟党走。把"三严三实"作为修身做人用权律己的基本遵循，干事创业的行为准则，自觉规范言行，崇尚实干，求真务实。加强学习研究，增强工作本领，提高履职能力，增强责任担当，始终走在职工群众前列，真正成为职工群众信赖的"娘家人"。

 思考题

1. 建设"职工之家"活动有哪些特点？

2. 基层工会建设"职工之家"活动的重要意义是什么？

3. 建设"职工之家"的指导思想、目标和基本要求是什么？

4. 建设"职工之家"的方法措施有哪些？

5. 建设"职工小家"的基本内容是什么？

6. 开展"双爱双评"活动的基本内容是什么？

7. 如何广泛开展"争创模范职工之家、争做职工信赖娘家人"活动？

 **案例1**

山东桓台：打造新时代职工之家有良方

2023 年 3 月 20 日　来源：中工网

为加快推动基本民生向品质民生转变，山东省淄博市桓台县总工会践行"三提三争"活动要求，深入聚合服务功能抓党建，依托"共享职工之家"阵地，进一步夯实党的建设、工会建设，为党建带工建提质发展注入新活力，着力打造具有工会特色的"新时代职工之家"。

近年来，桓台县总工会高标准推进"共享职工之家"等工会阵地建设工作，创新服务理念，拓展服务阵地，充分发挥"党建"的带动优势，推进"职工之家"与各级党群服务中心融合发展，协助镇街、企业等配齐了"健身房""书画室""老干部活动室"等各种多功能活动室，为职工群众提供了活动场所和阵地，极大地缓解了基层工会活力不足、服务单调的问题，真正打通了服务职工的"最后一公里"。

正在"共享职工之家"健身房锻炼的东岳集团职工于××说道："这些活动的区域和器械都是对我们职工免费开放的，一小时运动下来，不仅锻炼了身体，也放松了心情，已经成为我下班后的固定活动。在这里还有职工书屋，里面的书籍也可以免费借阅，丰富了我们每一位职工业余的精神生活。'共享职工之家'真是做到我们职工心里去了。"

桓台县总工会以党建引领工建，坚持"哪里有党组织，哪里就要有工会；哪里有职工，哪里就要有会员"的原则，坚持实效为重、资源共享的理念，依托职工爱好，切合职工需求，组织开展一系列文体、宣传、教育培训活动，有效扩大了党员职工教育培训的覆盖面。全面提升新时代职工之家建设水平，积极打造一体化共享职工之家，切实增强工会组织凝聚力和战斗力。

（据山东工人报消息　刘聪聪）

 **案例2**

江苏省滨海县大力推进职工之家数字化建设

2023 年 5 月 19 日 来源：中工网

"这次职工之家活动实行线上线下相结合的方式，职工提出合理化建议就可以进行抽奖。我用手机发了一条建议，便抽到了一只茶杯。这样的活动很接地气，我乐意参加。"近日，江苏盐滨建设工程有限公司职工张××这样说道。自 2 月中旬以来，职工之家进行了 6 次提建议抽奖活动，共收到合理化建议 32 条，23 名职工抽到奖品。职工合理化建议被采纳，促进公司节能降耗达 36 万余元。

今年 1 月，滨海县总工会针对部分职工之家利用老旧方法开展活动，职工参与率不高的实际情况，出台《关于职工之家实行提档升级的实施意见》，加大职工之家数字化建设力度。规模以上企业职工之家建立数字平台，小微企业职工之家逐步实现数字化，各个职工之家数字平台与县总工会职工维权数字服务中心联网，职工之家以线上线下相结合的形式开展各项活动，为职工提供便捷、高效的服务。

"原来职工之家开展活动与上下班时间矛盾，职工参与率不高。"苏盐阀门机械公司工会主席说："现在把职工之家活动放到网上开展，参与的人多了，效果也好了。"今年 3 月，他们组织开展产品创新百日竞赛活动，共有 46 名高端技术人才报名，成立 17 个技术攻关团队，分别对 16 个新产品进行研发，19 道工序进行技改，促进超低温球阀等 6 个新产品研发成功，为公司增加销售 6000 余万元。"丰富文化生活是职工最强的呼声。"东坎街道工会负责人说，镇工会组织职工中的文艺骨干自编自演《娘家人》《劳模赞歌》等 8 个节目，利用职工之家数字平台直播，收视率达 2 万多人次。

滨海县还利用职工之家数字平台开展职工技能培训，促进农民工和下岗职工灵活就业。通榆镇下岗职工张××原来一直为再就业而苦恼，从今年 2 月开始，她每周收看镇工会职工之家举办的柳制品编织技能视频讲座，边学习边实践，柳制品编织技能得到明显提高。现在她每天能编织柳制品

8件（套），每个月纯收入4500元。

据介绍，自全县职工之家提档升级活动开展以来，共新建职工之家数字平台78个，线上培训职工8600人次，促进灵活就业3470余人，网上开展集体协商170多场次，稳定就业岗位4960个，化解劳动争议96起，职工获得经济补偿或赔偿320余万元，帮助解决欠薪1750万元。全县企业举办"五小"劳动竞赛和职业技能大赛75场次，建立劳模工匠创新工作室36个，高端技术人才创新团队76个，促进企业效益显著提高。

（江苏工人报记者 刘蕾蕾 通讯员 陈凯 刘义昂）

第十六章　工会财务工作

第一节　工会财务工作概述

一、工会财务工作

工会的资金运动及其所体现的经济关系具有其自身的特殊规律性，使工会经济活动在社会经济活动总体中构成相对独立，从而形成工会财务。

工会财务工作就是各级工会组织及其所属企事业单位，在谋求自身生存和为履行其社会职能发生的有关工会资金的筹集、分配、调拨、使用、管理等方面的经济业务活动。

工会财务工作包括财务管理和会计核算两个部分。财务管理侧重工会经济管理，主要是协调处理工会资金在预算收支执行过程中的各种经济关系，主要规范工会财务行为，依法照章办事。而会计核算侧重工会经济核算，主要是对工会资金在预算收支执行过程中发生的各种工会经济业务进行账务处理并核算，在财务清查的基础上，定期编制工会会计报表，主要规范工会会计行为。

工会财务要以工会会计为其管理的基础和依据，做到心中有数，工会会计要以工会财务为其核算的基础和依据，做到遵章守法。二者互为依存，互为制约，是分工合作的关系。

工会财务管理就是对工会资金的筹集、分配、使用等方面的一切管理工作。如根据《会计法》和上级工会的规定要求，建立健全工会财务管理机构，配备足够的、专业的、合格的财务人员，建立个人岗位责任制，明确其职责；根据上级工会下达的财务收支指标、定额，结合本工会实际编制工会预算；按有关规定来源取得工会资金；按有关规定用途使用工会资金；及时完成预算拨、缴款；按照规定的结算方式及时结算；反映、分析工会预算执行情况；检查工会财务纪律的遵守情况等。做好工会财务管理工作，有利于工会合理地、节约地使用工会资金，提高工会资金的使用效果，更好地为职工群众服务，为工会建设服务。

可见，工会财务管理也是正确地组织、规划、控制、监督工会经济业务的。通过对工会财务的管理，以规范工会财务行为，正确处理工会与各方面的经济关系。

工会财务管理主要包括：工会财务管理体制、工会预算管理、工会经费收入管理、工会经费支出管理、工会资产管理、工会净资产管理、工会负债管理、工会民主管理、工会财务分析和监督、工会对所属企业、事业单位的财务管理等。其中工会财务管理体制是最核心、最基础的管理，是其他管理的前提。

会计核算侧重于记录、反映和监督经济活动过程，通俗地讲就是记账、算账、报账。会计核算的方法主要有：填制和审核凭证、复式记账、成本计算、财产清查、编制会计报表等。

工会会计核算用全国统一的借贷复式记账法记账，不计算成本。工会会计核算主要有：工会经费收入核算、工会经费支出核算、工会资产核算、工会净资产核算、工会负债核算等。

二、工会财务工作的特点

（一）工会财务工作的群众性

工会的性质及其履行的社会职能决定了工会工作的群众性，工会工作的群众性又决定了工会财务会计工作的群众性。

工会是中国共产党领导的职工自愿结合的工人阶级的群众组织。社会需要工会依法维护职工的合法权益，竭诚为职工服务，帮助解决职工群众的生活、工作、困难；需要工会组织和动员职工群众为全面建设社会主义现代化国家建功立业；需要工会教育职工群众不断提高思想、道德、技术业务水平和科学文化素质；需要工会组织职工群众参与本单位的民主决策、民主管理和民主监督；需要工会代表职工参与管理国家事务和管理社会事务，为国家繁荣、富强，为社会和谐稳定作出贡献。所有这些，既体现了工会在社会生活中存在的客观必要性，又体现了工会工作广泛的群众性。工会工作无不与职工群众息息相关，工会经费收支无不与职工群众直接或间接地相联系，并直接或间接地为职工群众服务。如拨缴工会经费收入来自基层单位，并与基层单位职工的工资总额挂钩；会费收入直接来自工会会员的工资收入。工会经费主要用于对广大职工的维权、服务、教育、宣传、文体活动和对困难职工的生活救助等。可见工会经费来自职工群众、用于职工群众。工会财务工作的群众性还表现在，花职工群众的钱，办职工群众的事，接受职工群众的监督。工会是职工之家，职工要当家作主人。工会经费收支情况和会费收缴情况都要按规定向职工群众和会员大会公布，听取职工群众的意见和建议。

（二）工会财务工作的独立性

1. 工会财务会计工作独立性的法律依据

《工会法》第45条第1款规定："工会应当根据经费独立原则，建立预算、决算和经费审查监督制度。"第43条第3款规定"工会经费主要用于为职工服务和工会活动。经费使用的具体办法由中华全国总工会制定"。第47规定"工会的财产、经费和国家拨给工会使用的不动产，任何组织和个人不得侵占、挪用和任意调拨"。

2. 工会依法建立有独立的工会预算管理体制（即工会财务管理体制）

工会资金是工会社团所有的资金，全国总工会对各级工会资金拥有终级所有权。《工会法》第45条规定是建立工会预算管理体制的法律依据。工会资金既不是财政的预算内资金，也不是财政的预算外资金，工会预算是独立于财政的预算，这又是建立工会预算管理体制的经济基础。工会预算管理体制是国家预算管理体制外的一个相对独立的预算管理体制。

工会预算管理体制是正确处理各级工会之间的预算分配关系，确定各级工会预算收支范围和管理职责权限的一项根本制度。工会预算管理体制以地方工会为主，按照有一级政府，设一级地方总工会（基层工会算作另外一级），确定一级工会的预算收支范围和经费分成比例，建立一级工会预算。工会预算管理体制实行"统一领导，分级管理"的原则，全国包括基层工会为 5 级管理。地方工会对工会资金具有一定范围的分配权，这点类似各级财政的财政资金分配权。此外各级工会代表大会民主选举产生的工会经费审查委员会，对工会资金拥有独立的审查监督权。

（三）工会财务会计工作的统一性

工会财务工作的资金管理、使用和监督办法，均由全国总工会依法统一制定，全国各级工会统一执行财政部颁发的《工会会计制度》。

三、工会财务工作的任务

工会财务工作的任务主要是收好、管好、用好工会经费。

（一）收好经费是基础，就是要依据《工会法》第 43 条、《中国工会章程》第 36 条规定，积极组织收入，不断提高工会经费收缴率；

（二）管好经费是手段，就是要按照《工会法》赋予的职权，根据全国总工会确定独立管理经费的财务体制，建立健全各项财务制度，并对工会财务工作实施指导和监督；

（三）用好经费是目的，就是要按照"统筹兼顾、保证重点"的原则，在资金上为本级工会开展的各项工作，尤其是为各时期的工会重点工作提供物质保证。

第二节　工会财务管理体制

工会财务管理，是指在工会经济活动中，对客观存在的资金运动，进行合理的计划、组织、调节、控制和监督的工作。工会财务管理体制是工会系统财务管理上职责权限划分和财力分配的制度，是确立上级工会和下级工会之间，地方工会和产业工会之间经济关系的制度。也可以说，工会财务管理体制是工会在组织领导财务工作，处理各种经济关系时，划分财务管理层级及各层级的经费分成比例和职责权限，确定财务管理形式的基

本规则和基本制度。

《中国工会章程》第39条规定：工会资产是社会团体资产，中华全国总工会对各级工会的资产拥有终极所有权。各级工会依法依规加强对工会资产的监督、管理，保护工会资产不受损害，促进工会资产保值增值。根据经费独立原则，建立预算、决算、资产监管和经费审查监督制度。实行"统一领导、分级管理"的财务体制、"统一所有、分级监管、单位使用"的资产监管体制和"统一领导、分级管理、分级负责、下审一级"的经费审查监督体制。工会经费、资产的管理和使用办法以及工会经费审查监督制度，由中华全国总工会制定。

一、工会经费独立原则

经费独立原则是工会经费的基本原则，工会独立管理经费是历史形成的，是由工会组织的性质和工作特点决定的。

工会经费独立原则，主要表现为工会经费使用与管理的具体办法由中华全国总工会制定，建立自己独立的预算、决算和经费审查监督制度。

二、统一领导、分级管理的工会财务管理体制

(一) 统一领导

统一领导指中华全国总工会（以下简称全国总工会）对全国各级工会的财务工作实行统一领导，通过制定统一的工会财务工作方针、政策，统一的财务制度和纪律，实行严格规范的财务监督，实现其领导职责。各级工会组织及其所属单位，要严格执行、自觉接受统一领导，以保证工会组织的完整性和统一性。

统一领导还应体现在各级工会委员会（常委会）对财务工作实行集体领导，严格执行核定的年度预算收支计划，凡财务工作中的重大问题和重大开支项目要经集体讨论决定。

(二) 分级管理

分级管理，指在全国总工会统一制定的财会工作政策、制度、纪律制

约下，对地方总工会和按产业系统管理经费的产业工会，确定财务管理层级、经费分成比例以及各层级工会财务管理的职责权限。本级工会只能在本级次范围内行使职责权限，管理本级次的经费，审批本级次的经费收支。分级管理的主要内容有：

1. 按照工会层级，由各级管理本级各项经费；

2. 由各级编制本级预决算；

3. 按级向本级会员代表大会和上级工会报告经费收支情况。

（三）"统一领导与分级管理"的关系

1. "统一领导，分级管理"是对立统一关系在工会财务管理体制中的具体表现。统一领导是分级管理的前提，坚持统一领导，才能保证各级工会的均衡发展，才能保持工会组织的完整性和统一性；分级管理是统一领导的基础，坚持分级管理也就是坚持实事求是的原则。

2. "统一领导，分级管理"是民主集中制原则在工会财务管理上的具体运用。"统一领导"是在"分级管理"的基础上的"统一领导"，就是说全国总工会制定的工会财务工作的方针、政策、规章制度，必须从"分级管理"的实际情况出发，必须适应"分级管理"的需要。"分级管理"是在统一的政策、规章制度制约下的分级管理。

3. "统一领导，分级管理"是全局和局部的对立统一关系在工会财务管理上的实际体现。"统一领导"是从全局的高度出发，在政策上、制度上领导和服务于局部；"分级管理"是从局部的角度，服从、贯彻落实全局和整体。

三、工会财务的归口管理

工会财务的归口管理，指涉及工会经费的收入和支出、财产等工会财务方面的业务，只能由工会的一个职能部门去管理。每一级工会的财务工作和经费，由本级工会财务部门统一归口管理。

工会财务归口管理具体内容有以下八项。

一是工会经费的收支业务由专门的工会财务会计机构或指定的会计人

员独家办理。

二是工会财务管理的一切规章制度由工会或工会财务部门独家制定。

三是工会的经费和财产，由工会或工会财务部门独家管理。

四是全国总工会和地方各级总工会财务部门独家对口同级财政部门，基层工会独家对口行政财务部门。

五是其他业务部门、企业方面，不得独自在自己签发的文件中夹叙有关规定工会财务的事项。

六是工会所属企事业的工会财务管理制度要报请主管工会审批。

七是下级工会不得越权、越级改变上级工会制定的财务规章制度。

八是工会经费支出要坚持实行集体领导下的一支笔审批制度，即在预算批准后，经费开支由财务主管领导人审批或授权批准，以防止多头审批，造成违纪及浪费。

四、工会财务监督

（一）工会财务监督

工会财务监督，从广义上讲，包括工会财务部门、工会经费审查委员会、国家和社会以及职工群众等多方面对工会财务活动的监督。从狭义上讲，就是工会财务部门以财务管理的制度规定进行的监督，使工会经费的运行合理合法，充分发挥效能，确保工会各项任务的顺利完成。

（二）工会财务监督的内容

1. 遵守、贯彻、执行党的各项方针政策、法律法规。

2. 工会各项财务制度、规章的执行。

3. 执行本级经费收支预算及各项资金的运行。

4. 本级所属工会事业单位预算执行及各项资金的运行。

5. 工会财产物资的购置、管理和使用。

第三节 工会经费

一、工会经费概述

(一) 工会经费

工会经费指工会依法取得并开展正常活动所需的费用。工会经费是保证工会组织维权、置业、建会、兴会、服务以及履行各项职能和工会事业发展的物质条件。

(二) 充分认识管好用好工会经费的重要意义

管好用好工会经费，对于确保工会各项重点工作开展、夯实工会服务职工工作物质基础、更好地发挥工会在党和国家工作大局中的作用意义重大。当前，党和政府对工会工作支持力度不断加大，各级财政拨付的困难职工帮扶、劳模困难补助等专项资金的数额持续增加，各地工会经费收缴大幅增加，迫切需要创新工作思路、健全制度机制，切实加强工会经费收缴、管理、使用、监督等各个环节的工作，确保工会经费真正用于服务职工、发展和壮大工运事业，更好地为大局服务、为职工服务、为工运事业服务。

二、工会经费的来源

工会经费是依照国家法律法规取得的，它的来源的合法性受国家法律保护，任何组织和个人不得干涉。

根据《工会法》第 43 条第 1 款的规定，工会经费的来源有五个方面：一是工会会员缴纳的会费；二是建立工会组织的用人单位按每月全部职工工资总额的 2% 向工会拨缴的经费；三是工会所属的企业、事业单位上缴的收入；四是人民政府的补助；五是其他收入。

（一）工会会员缴纳的会费

工会会员缴纳会费是会员应尽的义务，是工会经费的来源之一，也是会员在工会组织内部享受权利的物质基础。会员缴纳工会会费，体现了会员的组织观念，密切了会员与工会组织的联系，同时也有利于职工之间的互助互济和团结友爱精神的增强。会费缴纳的标准，是根据不同时期会员的收入情况和工会工作情况，由全国总工会统一制定的。现行标准，根据全国总工会1978年工发101号通知规定，工会会员每月应向工会组织缴纳本人每月工资收入0.5%的会费。工资尾数不足10元的部分不计缴会费。只要用人单位发给职工的是"工资"，而不是发的奖金、津贴或补贴，就应按本人所得的工资收入计算缴纳会费。会员缴纳的会费，全部留在基层，用于工会开展活动，无须上缴。

（二）用人单位拨缴的经费

用人单位根据《工会法》及有关法规的规定拨缴的经费，这是工会经费的主要来源。根据《工会法》第43条的规定，凡建立工会组织的用人单位，应按上月全部职工工资总额的2%向工会拨缴当月的工会经费，并由工会按有关规定逐级上解。《工会法》第44条规定："企业、事业单位、社会组织无正当理由拖延或者拒不拨缴工会经费，基层工会或者上级工会可以向当地人民法院申请支付令；拒不执行支付令的，工会可以依法申请人民法院强制执行。"

用人单位拨缴工会经费是国家以立法形式维护工会权益的具体表现，因此，它具有以下特征。

1. 强制性。用人单位拨缴工会经费是《工会法》规定的，《工会法》是国家立法机关制定的，与其他法律一样，具有同等的法律效力，必须执行。不执行就是违法，就要追究其法律责任。

2. 无偿性。用人单位的行政方面向工会拨缴经费是法定义务，是无偿的。拨缴工会经费是国家为了支持工会履行社会职能的需要，因此不需要偿还。

3. 固定性。用人单位每月按全部职工工资总额的2%向工会拨缴经费，这是法律固定下来的，具有长期的法律效力，不得随意变更。

"全部职工"指的是在用人单位工作，并由其支付工资的所有人员。包括正式工、临时工、农民工、灵活就业人员等。

"工资总额"是指用人单位在一定时期（年、季、月、日）内实际支付给全部职工的劳动报酬总额。不论是从工资科目开支，还是由工资科目以外的其他各项经费科目（如搬运费、材料费、加工费、职工福利基金、企业基金、企业利润留成与附属机构的业务收入等）开支的；也不论是以货币形式还是实物形式支付的，均应计算在工资总额内。工资总额由下列部分组成：计时工资、计件工资、奖金、津贴和补贴、加班加点工资、特殊情况下支付的工资。

（三）工会所属的企业、事业单位上缴的收入

工会可以利用自己筹集的各种资金，举办职工旅游、职工消费合作社等为职工服务的企业、事业单位。工会举办的企业、事业单位向工会上缴的收入，也是工会经费的来源之一。

（四）人民政府的补助

在工会经费不足的情况下，政府给同级工会的补贴，是工会经费的补充来源，它具有一次性和专用性的特点。

（五）其他收入

其他收入主要指：上级工会的补贴，个人、社会团体及海外侨胞、友人的捐助，工会变卖财产收入，银行存款利息收入，等等。

三、工会经费的使用

（一）工会经费使用范围

《工会法》第43条第3款规定：工会经费主要用于为职工服务和工会活动。经费使用的具体办法由中华全国总工会制定。这一规定，为工会经费的正确合理使用提供了法律依据。

（二）始终坚持工会经费正确使用方向

要认真贯彻《工会法》和《中国工会章程》，优化工会经费支出结构，严格控制一般性支出，坚持重心下移，将资源和工会经费支出重点向基层

倾斜，完善工会经费对基层补助体制，对基层工会回拨资金和超收补助资金要更多用于工会重点工作，确保大部分经费用于服务职工。对于各级财政用于困难职工帮扶的资金、劳模"三金"等专项资金，要严格规范管理，确保专款专用，决不允许任何转移、截留、挪用、改变资金用途等违法违纪违规问题的发生。

四、工会经费的独立管理和措施

（一）工会经费独立管理

根据《工会法》第45条规定，工会应当根据经费独立原则，建立预算、决算和经费审查监督制度。各级工会经费收支情况由同级工会经费审查委员会审查，并且定期向会员大会或者会员代表大会报告，接受监督。并依法接受国家的监督。

（二）对截留、挪用工会经费的处罚规定

对截留、挪用、侵占或者贪污工会经费的，由同级工会或上级工会责令改正，对直接负责的主管人员和其他直接责任人予以处分；情节严重的，依照《中国工会章程》规定予以罢免；造成损失的，依法承担赔偿责任；构成犯罪的，依法追究刑事责任。

（三）工会的经费和财产受法律保护

工会的财产、经费和政府及有关单位拨给工会使用的不动产，任何组织和个人不得侵占、挪用和任意调拨。基层工会经费和用工会经费购置的财产，不得作为所在单位的经费和财产予以冻结、查封、扣押或者作其他处理。工会组织合并，其经费财产归合并后的工会所有；工会组织撤销或者解散，其经费财产由上一级工会处理。企业破产清算时，欠拨的工会经费应当依法列入清偿顺序。

第四节　加强基层工会经费收支管理

一、基层工会经费收支管理原则

根据 2017 年 12 月 15 日中华全国总工会颁发的《基层工会经费收支管理办法》的规定，基层工会预算收支管理，应贯彻以下原则。

（一）遵纪守法原则。基层工会应依据《工会法》的有关规定，依法组织各项收入，严格遵守国家法律法规，严格执行全国总工会有关制度规定，严肃财经纪律，严格工会经费使用，加强工会经费收支管理。

（二）经费独立原则。基层工会应依据全国总工会关于工会法人登记管理的有关规定取得工会法人资格，依法享有民事权利、承担民事义务，并根据财政部、中国人民银行的有关规定，设立工会经费银行账户，实行工会经费独立核算。

（三）预算管理原则。基层工会应按照《工会预算管理办法》的要求，将单位各项收支全部纳入预算管理。基层工会经费年度收支预算（含调整预算）需经同级工会委员会和工会经费审查委员会审查同意，并报上级主管工会批准。

（四）服务职工原则。基层工会应坚持工会经费正确的使用方向，优化工会经费支出结构，严格控制一般性支出，将更多的工会经费用于为职工服务和开展工会活动，维护职工的合法权益，增强工会组织服务职工的能力。

（五）勤俭节约原则。基层工会应按照党中央、国务院关于厉行勤俭节约反对奢侈浪费的有关规定，严格控制工会经费开支范围和开支标准，经费使用要精打细算，少花钱多办事，节约开支，提高工会经费使用效益。

（六）民主管理原则。基层工会应依靠会员管好用好工会经费。年度工会经费收支情况应定期向会员大会或会员代表大会报告，建立经费收支信息公开制度，主动接受会员监督。同时，接受上级工会监督，依法接受国家审计监督。

二、基层工会经费收入范围

根据《工会法》《中国工会章程》《基层工会经费收支管理办法》的规定，基层工会经费收入范围包括。

（一）会费收入。会费收入是指工会会员依照全国总工会规定按本人工资收入的 0.5% 向所在基层工会缴纳的会费。

《中国工会章程》明确规定了会员履行缴纳会费的义务。全国总工会规定，工会会员缴纳的会费全部留归基层工会统一核算，合并使用。地方各级工会、产业工会机关的工会会员应向本级直属机关基层工会缴纳。

（二）拨缴经费收入。拨缴经费收入是指建立工会组织的用人单位按全部职工工资总额 2% 依法向工会拨缴的经费中的留成部分。

拨缴工会经费在企业列入成本费用，在行政、事业单位列入财政预算，由财政从单位预算内划拨。行政拨缴的工会经费是工会的一项最大、最稳固、最重要的经费来源。尤其对各级地方工会和产业工会是不可或缺的经费来源。拨缴工会经费，事关工会事业的巩固和发展，必须引起足够的重视。

"全部职工"是指建立工会组织的单位支付劳动报酬的各种人员，包括正式职工、合同制职工、临时工和计划外用工等，但不包括离退休人员。"工资总额"是指在一定时期内直接支付给本单位全部职工的劳动报酬总额。按照国家统计局〔1990〕1 号通知规定，不论是计入成本的还是不计入成本的，不论是按国家规定列入计征奖金税目的，还是未列入计征奖金税目的，不论是以货币形式支付的还是以实物形式支付的，均应列入工资总额计算范围。

（三）上级工会补助收入。上级工会补助收入是指基层工会收到的上级工会拨付的各类补助款项。

（四）行政补助收入。行政补助收入是指基层工会所在单位依法对工会组织给予的各项经费补助。

（五）事业收入。事业收入是指基层工会独立核算的所属事业单位上缴的收入和非独立核算的附属事业单位的各项事业收入。

（六）投资收益。投资收益是指基层工会依据相关规定对外投资取得的收益。

（七）其他收入。其他收入是指基层工会取得的资产盘盈、固定资产处置净收入、接受捐赠收入和利息收入等。

三、基层工会经费支出范围

根据《工会法》规定，工会经费主要用于为职工服务和工会活动。

按照《基层工会经费收支管理办法》规定，基层工会经费支出范围包括：职工活动支出、维权支出、业务支出、资本性支出、事业支出和其他支出。

（一）职工活动支出

职工活动支出是指基层工会组织开展职工教育、文体、宣传等活动所发生的支出和工会组织的职工集体福利支出。包括以下方面。

1. 职工教育支出。用于基层工会举办政治、法律、科技、业务等专题培训和职工技能培训所需的教材资料、教学用品、场地租金等方面的支出，用于支付职工教育活动聘请授课人员的酬金，用于基层工会组织的职工素质提升补助和职工教育培训优秀学员的奖励。对优秀学员的奖励应以精神鼓励为主、物质激励为辅。授课人员酬金标准参照国家有关规定执行。

2. 文体活动支出。用于基层工会开展或参加上级工会组织的职工业余文体活动所需器材、服装、用品等购置、租赁与维修方面的支出以及活动场地、交通工具的租金支出等，用于文体活动优胜者的奖励支出，用于文体活动中必要的伙食补助费。

文体活动奖励应以精神鼓励为主、物质激励为辅。奖励范围不得超过参与人数的 2/3；不设置奖项的，可为参加人员发放少量纪念品。文体活动中开支的伙食补助费，不得超过当地差旅费中的伙食补助标准。

基层工会可以用会员会费组织会员观看电影、文艺演出和体育比赛等，开展春游秋游，为会员购买当地公园年票。会费不足部分可以用工会经费弥补，弥补部分不超过基层工会当年会费收入的3倍。

基层工会组织会员春游秋游应当日往返，不得到有关部门明令禁止的风景名胜区开展春游秋游活动。

3. 宣传活动支出。用于基层工会开展重点工作、重大主题和重大节日宣传活动所需的材料消耗、场地租金、购买服务等方面的支出，用于培育和践行社会主义核心价值观，弘扬劳模精神和工匠精神等经常性宣传活动方面的支出，用于基层工会开展或参加上级工会举办的知识竞赛、宣讲、演讲比赛、展览等宣传活动支出。

4. 职工集体福利支出，是用于基层工会逢年过节和会员生日、婚丧嫁娶、退休离岗的慰问支出等。

基层工会逢年过节可以向全体会员发放节日慰问品。逢年过节的年节是指国家规定的法定节日（即新年、春节、清明节、劳动节、端午节、中秋节和国庆节）和经自治区以上人民政府批准设立的少数民族节日。节日慰问品原则上为符合中国传统节日习惯的用品和职工群众必需的生活用品等，基层工会可结合实际采取便捷灵活的发放方式。

工会会员生日慰问可以发放生日蛋糕等实物慰问品，也可以发放指定蛋糕店的蛋糕券。

工会会员结婚生育时，可以给予一定金额的慰问品。工会会员生病住院、工会会员或其直系亲属去世时，可以给予一定金额的慰问金。

工会会员退休离岗，可以发放一定金额的纪念品。

5. 其他活动支出。用于工会组织开展的劳动模范和先进职工疗休养补贴等其他活动支出。

（二）维权支出

维权支出，是指基层工会用于维护职工权益的支出。包括：劳动关系协调费、劳动保护费、法律援助费、困难职工帮扶费、送温暖费和其他维权支出。

1. 劳动关系协调费。用于推进创建劳动关系和谐企业活动、加强劳动争议调解和队伍建设、开展劳动合同咨询活动、集体合同示范文本印制与推广等方面的支出。

2. 劳动保护费。用于基层工会开展群众性安全生产和职业病防治活动、加强群监员队伍建设、开展职工心理健康维护等促进安全健康生产、保护职工生命安全为宗旨开展职工劳动保护发生的支出等。

3. 法律援助费。用于基层工会向职工群众开展法治宣传、提供法律咨询、法律服务等发生的支出。

4. 困难职工帮扶费。用于基层工会对困难职工提供资金和物质帮助等发生的支出。

工会会员本人及家庭因大病、意外事故、子女就学等原因致困时，基层工会可给予一定金额的慰问金。

5. 送温暖费。用于基层工会开展春送岗位、夏送清凉、金秋助学和冬送温暖等活动发生的支出。

6. 其他维权支出。用于基层工会补助职工和会员参加互助互济保障活动等其他方面的维权支出。

（三）业务支出

业务支出是指基层工会培训工会干部、加强自身建设以及开展业务工作发生的各项支出。

1. 培训费。用于基层工会开展工会干部和积极分子培训发生的支出。开支范围和标准以有关部门制定的培训费管理办法为准。

2. 会议费。用于基层工会会员大会或会员代表大会、委员会、常委会、经费审查委员会以及其他专业工作会议的各项支出。开支范围和标准以有关部门制定的会议费管理办法为准。

3. 专项业务费。用于基层工会开展基层工会组织建设、建家活动、劳模和工匠人才创新工作室、职工创新工作室等创建活动发生的支出，用于基层工会开办的图书馆、阅览室和职工书屋等职工文体活动阵地所发生的支出，用于基层工会开展专题调研所发生的支出，用于基层工会开展女职工工作性支出，用于基层工会开展外事活动方面的支出，用于基层工会组织开展合理化建议、技术革新、发明创造、岗位练兵、技术比武、技术培训等劳动和技能竞赛活动支出及其奖励支出。

4.其他业务支出。用于基层工会发放兼职工会干部和专职社会化工会工作者补贴，用于经上级批准评选表彰的优秀工会干部和积极分子的奖励支出，用于基层工会必要的办公费、差旅费，用于基层工会支付代理记账、中介机构审计等购买服务方面的支出。

基层工会兼职工会干部和专职社会化工会工作者发放补贴的管理办法由省级工会制定。

（四）资本性支出

资本性支出是指基层工会从事工会建设工程、设备工具购置、大型修缮和信息网络构建而发生的支出。

（五）事业支出

事业支出是指基层工会对独立核算的附属事业单位的补助和非独立核算的附属事业单位的各项支出。

（六）其他支出

其他支出是指基层工会除上述支出以外的其他各项支出。包括：资产盘亏、固定资产处置净损失、捐赠、赞助等。

根据《工会法》的有关规定，基层工会专职工作人员的工资、奖励、补贴由所在单位承担，基层工会办公和开展活动必要的设施和活动场所等物质条件由所在单位提供。在所在单位保障不足且基层工会经费预算足以保证的前提下，可以用工会经费适当弥补。

四、基层工会财务管理

（一）基层工会要认真贯彻落实《工会法》《中国工会章程》以及全国总工会《基层工会经费收支管理办法》《工会预算管理办法》《关于加强工会经费财务管理和审计监督切实管好用好工会经费的通知》精神，切实加强财务管理。

（二）基层工会主席对基层工会会计工作和会计资料的真实性、完整性负责。

（三）基层工会应根据国家和全国总工会的有关政策规定以及上级工会的要求，制订年度工会工作计划，依法、真实、完整、合理地编制工会经费年度预算，依法履行必要程序后报上级工会批准。严禁无预算、超预算使用工会经费。年度预算原则上1年调整1次，调整预算的编制审批程序与预算编制审批程序一致。

（四）基层工会应根据批准的年度预算，积极组织各项收入，合理安排各项支出，并严格按照《工会会计制度》的要求，科学设立和登记会计账簿，准确办理经费收支核算，定期向工会委员会和经费审查委员会报告预算执行情况。基层工会经费年度财务决算需报上级工会审批。

（五）基层工会应加强财务管理制度建设，健全完善财务报销、资产管理、资金使用等内部管理制度。基层工会应依法组织工会经费收入，严格控制工会经费支出，各项收支实行工会委员会集体领导下的主席负责制，重大收支须集体研究决定。

（六）基层工会应根据自身实际科学设置会计机构、合理配备会计人员，真实、完整、准确、及时反映工会经费收支情况和财务管理状况。具备条件的基层工会，应当设置会计机构或在有关机构中设置专职会计人员；不具备条件的，由设立工会财务结算中心的乡镇（街道）、开发区（工业园区）工会实行集中核算，分户管理，或者委托本单位财务部门或经批准设立从事会计代理记账业务的中介机构或聘请兼职会计人员代理记账。

四、严格控制工会经费开支

基层工会要严格遵守国家法律法规，严格执行全国总工会有关制度规定，严格控制工会经费开支，不准将工会经费用于服务职工群众和开展工会活动以外的开支。具体包括如下内容。

（一）不准使用工会经费请客送礼。

（二）不准违反工会经费使用规定，滥发奖金、津贴、补贴。

（三）不准使用工会经费从事高消费性娱乐和健身活动。

（四）不准单位行政利用工会账户，违规设立"小金库"。

（五）不准将工会账户并入单位行政账户，使工会经费开支失去控制。

（六）不准截留、挪用工会经费。

（七）不准用工会经费参与非法集资活动，或为非法集资活动提供经济担保。

（八）不准用工会经费报销与工会活动无关的费用。

第五节　工会经费预算、决算管理

一、工会经费预算管理

预算管理是工会财务管理的重要内容，了解工会预算的含义、原则及各级次的职责和权限等，是做好工会财务工作的基本条件。

为了规范各级工会收支行为，强化预算约束，加强对预算的管理和监督，建立全面规范透明、标准科学、约束有力的预算制度，保障工运事业的健康发展和工会职能的有效发挥，中华全国总工会根据《预算法》《工会法》等法律、法规，结合工会实际，制定了《工会预算管理办法》。

（一）工会预算

工会预算是各级工会组织及所属事业单位按照一定程序核定的年度收支计划。工会预算是收好、管好、用好工会经费的重要手段，是工会财务管理的重要内容。工会的收支应当全部纳入预算管理，并做到先预算后开支，无预算不开支。各级工会必须按照《工会预算管理办法》办理工会预算、决算。

（二）工会预算管理级次

《工会预算管理办法》规定，工会系统实行一级工会一级预算，预算管理实行下管一级的原则。工会预算一般分为五级，即全国总工会、省级工会、市级工会、县级工会和基层工会。省级工会可根据乡镇（街道）工会、开发区（工业园区）工会发展的实际，确定省级以下工会的预算管理级次，并报全国总工会备案。

全国工会预算由全国总工会总预算和省级工会总预算组成。全国总工会总预算由全国总工会本级预算和与全国总工会建立经费拨缴关系的企业工会汇总预算组成。省级工会总预算由省（自治区、直辖市）总工会、中央和国家机关工会联合会和中华全国铁路总工会、中国民航工会全国委员会、中国金融工会全国委员会本级预算和汇总的下一级工会总预算组成。下一级工会只有本级预算的，下一级工会总预算即指下一级工会的本级预算。本级预算是指各级工会本级次范围内所有收支预算，包括本级所属单位的单位预算和本级工会的转移支付预算。单位预算是指本级工会机关、所属事业单位的预算。转移支付预算是指本级工会对下级工会的补助预算。

（三）工会预算的原则

《工会预算管理办法》规定，工会预算应当遵循统筹兼顾、勤俭节约、量力而行、讲求绩效和收支平衡的原则。

（四）预算编制的时间要求

1. 预算年度自公历 1 月 1 日起至 12 月 31 日止。预算收支以人民币元为计算单位。

2. 中华全国总工会每年 10 月提出下年度省级工会编制预算的要求。省、市、县级工会应根据上级工会编制预算的要求，结合实际情况进行部署，并按照上级工会规定的时间上报下年度预算。

（五）预算管理职权

各级工会、各预算单位财务管理部门是预算归口管理的职能部门。

根据《工会预算管理办法》规定，基层工会的预算管理职责是：

1. 负责编制本级工会预（决）算草案和预算调整方案，经本级经费审查委员会审查后，由本级工会委员会审批，报上级工会备案；

2. 组织本级预算的执行；

3. 定期向本级工会经费审查委员会报告本级工会预算执行情况；

4. 批复本级所属预算单位的预（决）算；

5. 编制本级工会决算，报上级工会。

（六）预算收支范围

预算由预算收入和预算支出组成。工会及所属预算单位的全部收入和支出都应当纳入预算。

县级以上工会预算收入包括：拨缴经费收入、上级补助收入、政府补助收入、附属单位上缴收入、投资收益、其他收入。基层工会预算收入包括：会费收入、拨缴经费收入、上级补助收入、行政补助收入、附属单位上缴收入、投资收益、其他收入。工会所属事业单位预算收入包括：财政拨款收入、事业收入、上级补助收入、附属单位上缴收入、经营收入、债务收入、非同级财政拨款收入、投资收益、其他收入。

县级以上工会预算支出包括：职工活动组织支出、职工服务支出、维权支出、业务支出、行政支出、资本性支出、补助下级支出、对附属单位的支出、其他支出。基层工会预算支出包括：职工活动支出、职工服务支出、维权支出、业务支出、资本性支出、对附属单位的支出、其他支出。工会所属事业单位的预算支出包括：行政支出、事业支出、经营支出、上缴上级支出、对附属单位补助支出、投资支出、债务还本支出、其他支出。

（七）预算编制与审批

1. 预算编制

各级工会、各预算单位应当围绕党和国家工作大局，紧扣工会中心工作，参照国务院财政部门制定的政府收支分类科目、预算支出标准和预算绩效管理的规定，根据跨年度预算平衡的原则，参考上一年预算执行情况、存量资产情况和有关支出绩效评价结果，编制预算草案。

各级工会、各预算单位应当按照本办法规定的收支范围，依法、真实、完整、合理地编制年度收支预算。

根据《工会法》等法律法规的规定，各级工会办公场所和工会活动设施等物质条件应由各级人民政府和单位行政提供。各级工会应积极争取同级政府或行政支持，将政府或行政补助纳入预算管理。在政府或行政补助不足的情况下，可以动用经费弥补不足，上级工会也可根据情况给予适当补助。

各级工会支出预算的编制，应当贯彻勤俭节约的原则，优化经费支出结构，保障日常运行经费，从严控制"三公"经费和一般行政性支出，重点支持维护职工权益、为职工服务和工会活动等工会中心工作。支出预算的编制按基本支出、项目支出进行分类。基本支出是预算单位为保障其正常运转、完成日常工作任务而编制的年度基本支出计划，按其性质分为人员经费和日常公用经费。基本支出之外为完成特定任务和事业发展目标所发生的支出为项目支出。

各级工会上一年度未全部执行或未执行、下年需按原用途继续使用的项目资金，作为项目结转资金，纳入下一年预算管理，用于结转项目的支出。

各级工会当年预算收入不足以安排当年预算支出的，可以动用以前年度结余资金弥补不足。各级工会一般不得对外举债，县级以上工会由于特殊原因确需向金融机构申请借款的必须经党组会议集体研究决定。结转结余资金使用管理办法由全国总工会另行制定。

各级工会、各预算单位编制预算时，应根据政府采购和工会资金采购的相关规定，编制年度采购预算。

2. 预算审批

省级（含）以下总工会预算必须由党组集体审议决定，同级经费审查委员会履行相应审查职责，其他审查、审议的必要程序由各级工会确定。

上一级工会认为下一级工会预算与法律法规、上级工会预算编制要求不符的，有权提出修订意见，下级工会应予调整。

各级工会本级预算经批准后，应当在20日内批复所属预算单位。

（八）预算执行与调整

1. 预算执行

各级工会预算由本级工会组织执行，具体工作由财务管理部门负责。

各级工会所属预算单位是本单位预算执行的主体，对本单位预算执行结果负责。

各级工会应按照年度预算积极组织收入。按照规定的比例及时、足额拨缴工会经费，不得截留、挪用。

预算批准前，上一年结转的项目支出和必要的基本支出可以提前使用。送温暖支出、突发事件支出和本级工会已确定年度重点工作支出等需提前使用的，必须经集体研究决定。预算批准后，按照批准的预算执行。

各级工会应根据年度支出预算和用款计划拨款。未经批准，不得办理超预算、超计划的拨款。

各预算单位的支出必须按照预算执行，不得擅自扩大支出范围，提高开支标准，不得擅自改变预算资金用途，不得虚假列支。

2. 预算调整

《工会预算管理办法》规定，各级工会预算一经批准，原则上不作调整。下列事项应当进行预算调整：

（1）需要增加或减少预算总支出的；

（2）动用预备费仍不足以安排支出的；

（3）需要调减预算安排的重点支出数额的；

（4）动用预算稳定调节基金的。

预算调整的程序按照预算编制的审批程序执行。在预算执行中，各级工会因上级工会和同级财政增加不需要本级工会提供配套资金的补助而引起的预算收支变化，不属于预算调整。

各级工会、各预算单位的预算支出应当按照预算科目执行，严格控制不同预算科目、预算级次或项目间的预算资金调剂。确需调剂使用的，按照有关规定办理。

二、工会经费决算管理

（一）工会经费决算管理的概念

工会经费决算是工会经费收支预算的执行结果，是各项收支情况的综合反映。决算分为年度决算和半年决算。各级工会都应按《工会预算管理办法》的规定和上级工会的要求编制年度收支决算。

《工会预算管理办法》规定，各级工会应在每一预算年度终了后，按照全国总工会的有关规定编制本级工会收支决算草案和汇总下一级工会收支决算。

（二）编制工会经费决算的基本要求

编制决算草案，必须符合法律法规和相关制度规定，做到收支真实、数据准确、内容完整、报送及时。

（三）工会经费决算的审批与备案

《工会预算管理办法》规定，全国总工会和省、市、县级工会决算编制的职权按照本办法有关规定执行。基层工会决算草案经本级经费审查委员会审查后，由本级工会委员会审批，并报上级工会备案。

各级工会所属预算单位的决算草案，应在规定的期限内报本级财务管理部门审核汇总。本级财务管理部门审核决算草案发现有不符合法律法规和工会规定的，有权责令其纠正。各级工会应当将经批准的本级决算及下一级工会的决算汇总，在规定时间内报上一级工会备案。

上一级工会认为下一级工会决算与法律法规、上级工会决算编制要求不符的，有权提出修订意见。下级工会应予调整。

（四）预算批复时间

各级工会本级决算批准后，应当在15个工作日内批复所属预算单位。

 思考题

1. 工会财务有哪些特点？
2. 工会财务工作的作用是什么？
3. 如何理解工会财务管理体制？
4. 工会经费的来源有哪些？
5. 基层工会经费收支管理原则是什么？
6. 基层工会经费支出的范围是什么？

7. 基层工会的预算管理职责是什么？

8. 简述工会预算收支范围。

9. 简述工会预算编制与审批。

 案例 1

山东：规范财务管理 竭诚服务职工

2023 年 8 月 15 日 来源：中工网

五年来，山东全省各级工会牢牢把握工会财务工作正确政治方向，围绕中心服务大局，面向基层服务职工，砥砺奋进、务实创新，不断提升保障和服务效能，切实助力山东工会工作和工运事业高质量发展。

坚持聚力聚财，夯实工会工作物质基础。加强工会税务协同共治，在全省形成"制度共建、数据共享、协同共进"的代收工作高质量发展长效机制；共同研发了税务代收互联互通系统，在全国率先实现工会经费税务代收信息实时共享和业务协同，推动税务代收工作不断扩面提质，代收经费规模实现连续增长。财政支持力度持续加大，各级财政专项资金对于困难职工帮扶、劳模慰问、元旦春节送温暖等支持保障不断增强。扎实开展小微企业工会经费返还工作，累计返还 3.26 亿元，小微企业工会经费支持政策落实到位，为激发小微企业工会活力、支持山东实体经济发展贡献了工会力量。

聚焦主责主业，提升财务服务保障绩效。围绕产业工人素质提升加大资金投入，持续将"产改"工作向纵深推进，为强省建设提供高技能人才支撑；围绕实施"齐鲁工匠"建设工程加大资金投入，加快建设知识型、技能型、创新型劳动者大军，营造劳动光荣的社会风尚和精益求精的敬业风气；围绕推动新就业形态建会入会及开展关心关爱行动加大资金投入，不断推进新就业形态劳动者工会工作迈上新台阶；围绕深化职工高技能人才维权帮扶力度加大资金投入，持续巩固城市困难职工解困脱困成果，扎实做好维权服务工作；围绕加强服务职工阵地建设加大资金投入，全国率先完成市、县工人文化宫整治提升任务，152 家市、县两级职工服务中心全部达到规范化标准，工会户外劳动者服务站点和"工会妈妈小屋"等全省遍地开花，服务职工半径延伸；围绕助力疫情防控与经济社会发展加大资金投入，用于慰问抗疫一线医护工作者，帮助受疫情影响企业复工复产，为全省经济社会发展作出了工会贡献；围绕"县级工会加强年"工作加大资金投入，为各项支持政策提供经费保障，全面提升县级工会能力建设水平；围绕推进智慧工会建设加大资金投入，对标全国一流标准建成了全省统一的"智慧工会"平台，实现全省各级、各行业工会一张网，推动工会业务全部上网入云。

强化综合施策，提高财务规范化管理水平。山东省总工会探索创新管理手段，建立了覆盖省、市、县、乡四级的工会财务管理信息系统，实现了统一平台、规范体系、数据融合，强化了财务工作全链条、全流程规范管理，极大推动了全省工会财务会计核算和监督管理工作的创新发展。

值得一提的是，近年来，省总工会还着力加强制度建设，制定（修订）预算管理、绩效管理、财务监督等方面的财务制度23项，各市级工会制定（修订）财务制度345项，各县级工会制定（修订）财务制度2165项，构筑起强化内部管理、防范财务风险、保障财产安全的制度屏障。

坚持德能并重，打造高素质财务人才队伍。五年来，全省各级工会重点围绕新出台的财务政策、工会会计制度等内容组织开展培训，累计举办培训班1419期，培训财务干部7.99万人次；省总工会联合省财政厅、省人力资源社会保障厅、团省委、省妇联等部门成功举办三届全省工会财务人员业务技能竞赛，全省各级工会累计举办技能竞赛1060场，参与人次达8.04万。2022年，组队参加全总首次举办的全国工会财务知识竞赛，获得个人赛和团体赛双第一，展示了全省工会财务干部队伍建设成果。（唐鑫葛红普）

 **案例2**

天津南开区总工会规范基层工会经费管理使用

2021年8月31日 来源：中工网

天津南开区总工会结合当前工会经费管理使用重点和近年来审计工作成果，编制印发《基层工会经费管理使用常见问题及法规依据汇编》小册子，并围绕系统梳理、培训解读、指导使用三个环节，推动汇编真正成为基层工会经费管理使用和经费审查监督的"口袋书"、"工具箱"和"明白纸"。

为了加大工会经费资产监督管理力度，指导经审干部发挥好工会财务制度落实"督察员"和经费运行"安全员"作用，切实提高基层工会财务管理水平，区总工会编制印发了《基层工会经费管理使用常见问题及法规依据汇编》。这本汇编"口袋书"携带方便，基层工会经费管理人员遇到相关问题时，可以随时拿出查阅使用，及时规范处理相关问题。

据介绍，在汇编"口袋书"编制过程中，南开区总工会结合近年来审计工作实践，列举了基层工会经费管理使用中常见的6个方面24类问题以及77种问题表现，整理了基层工会常见支出标准，为全区各级工会组织规范经费管理使用和经审组织履行审查审计监督职责，提供系统全面的政策和实践指导。为加深基层工会干部和经审人员对工会经费常用制度法规、经费管理使用中易发多发问题的理解和认识，区总工会在编制印发汇编"口袋书"的基础上，又在培训上下功夫，通过集中培训、交流研讨等方式，对汇编"口袋书"重点内容进行详细解读，指导基层工会规范经费"收、管、用"，促进基层经审工作质量提升和责任落地，实现了经审监督和指导服务"双轮驱动"。

为推进汇编"口袋书"在基层工会财务管理和经审监督中的实践运用，南开区总工会结合"五个统一"集中审计行动、基层工会"三用"审计等重点工作，延伸对下审计触角，指导基层工会以维护职工群众切身利益为导向，夯基础补弱项、建制度促落实，不断深化全区各级工会组织党风廉政建设。(天津工人报记者 李汝斌)

第十七章　工会经费审查工作

第一节　工会经费审查委员会

一、工会审计

工会审计指各级工会经费审查委员会（以下简称经审会）在同级工会党组织领导下，依照法律法规和《中国工会章程》规定的职责、权限和程序，对工会财务收支、资产管理、内部控制、风险管理等全部经济活动实施独立、客观的监督、评价和建议的活动。工会坚持经费独立原则，依法建立对工会经费收支、资产管理等全部经济活动的审计监督制度。工会经费审计工作的目的，是保证工会经费收支、资产管理等全部经济活动真实、合法，提高工会经费使用效益，维护工会资产安全。

工会审计实行统一领导、分级管理、分级负责、下审一级的工作体制。工会审计的制度和办法由中华全国总工会统一制定。

工会审计遵循依法审计、服务大局、突出重点、注重实效的工作方针。

二、基层工会经费审查委员会

（一）基层工会经费审查委员会的组织和成员

基层工会经费审查委员会是代表会员群众对基层工会及所属企业、事业单位经费收支和财产管理的真实、完整、合法及效益进行审查监督的组织，由同级工会会员大会或会员代表大会选举产生。基层工会内部审计职权由基层工会经费审查委员会行使。基层工会经费审查委员会经应当与同级工会委员会同时考察、同时报批、同时选举产生。经审会向同级工会会员大会或者会员代表大会负责并报告工作；大会闭会期间，向同级工会委员会负责并报告工作。上级经审会对下级经审会进行业务指导和督促检查。

1. 凡建立一级工会财务管理的基层工会组织，必须在选举基层工会委员会的同时，选举产生经费审查委员会。

基层工会委员会下辖的管钱管物、举办企业、事业的车间工会，可经车间工会会员大会或会员代表大会选举产生经费审查小组或经费审查委员。

2. 基层工会经费审查委员会一般由 3~11 名委员组成。大型企业可根据需要适当增加委员名额。

经费审查委员会成员，应选举坚持党的领导，密切联系群众，热心工会经审工作，懂得财经政策，能坚持原则、求实公正、廉洁奉公的会员担任。

为有利于代表会员群众进行有效的审查监督，委员中一般应包括工会干部、财会或审计人员和其他的会员群众代表。本级工会委员会主持财务工作的负责人及其管钱、管物人员不得兼任本级工会经费审查委员会的成员。

3. 基层工会经费审查委员会设主任 1 人，负责召集经费审查委员会会议，主持经费审查委员会的日常工作。工作需要时，设副主任 1~2 人，协助主任工作。主任、副主任由经费审查委员会全体会议选举生产。选举结果，报上一级工会委员会批准。

4. 基层工会经费审查委员会的任期与基层工会委员会相同。在任期内，如有成员出缺，由同级会员大会或会员代表大会补选。其主要负责人的任免，要征得上一级工会委员会的同意，履行民主程序。

5. 基层工会经费审查委员会，根据工作需要，可聘请工会积极分子参加审查工作。

（二）基层工会经费审查委员会的主要职权

1. 基层工会经费审查委员会委员列席同级工会委员会全体会议。在设基层工会委员会常务委员会的基层工会，不是常务委员会成员的该基层工会经费审查委员会的主任、副主任有权列席常务委员会会议。主任、副主任或经指定人员参加各该基层工会有关财务工作的会议。

2. 基层工会经费审查委员会有下列审查权。

（1）要求基层工会及所属企业、事业单位按时报送有关的计划、预算、决算、会计报表和文件资料，听取他们的汇报。

（2）检查凭证、账表、决算、资金和财产，查阅有关的文件和资料。

（3）对审查中发现的问题，向被审查单位和有关人员调查并取得证明材料。

（4）对正在进行的严重违反财经法纪、严重损失浪费行为，提请同级工会委员会或上级工会及时制止，并对已造成的损失作出处理决定。

（5）遇有阻挠、破坏审查工作时，有权采取封存账册、印鉴和资财等临时措施，并提出追究有关人员的责任的意见。

基层工会经费审查委员会对基层工会及其所属企业、事业单位违反财经法纪的有关责任人员，有权建议同级工会委员会或上级工会给予纪律处分或经济制裁，触犯刑律者，提请司法机关依法追究刑事责任。

基层工会委员会向上级工会报送预算、决算，向会员和上级工会报告经费收支情况时，预算、决算、报告必须经同级工会经费审查委员会审查、签署、盖章。

基层工会经费审查委员会对审查工作中的重大事项，有权向上级工会委员会、经费审查委员会反映。

（三）基层工会经费审查委员会的工作任务

1. 基层工会经费审查委员会对基层工会及所属企业、事业经费收支和财产管理的下列事项进行审查监督：

（1）工会经费收入、上解和支出预算的制定、执行和决算；

（2）与工会经费收支有关的经济、技术活动及其效益；

（3）工会经费专项基金的提取、使用；

（4）工会财产的安全、完整；

（5）工会内部控制制度的建立、健全、有效；

（6）国家财经法规、条例和工会财务制度、纪律的执行情况；

（7）国家和上级工会规定的其他审查事项。

2. 基层工会经费审查委员会有责任检查工会会员大会或会员代表大会

关于工会财务工作决议的执行情况，督促和审查工会委员会定期向会员群众公布账目和向会员大会或会员代表大会报告财务收支情况；检查对经费审查委员会全体会议决议的执行情况。

3. 深入实际，深入群众，调查研究，总结经验，对收好、管好、用好各项经费和加强工会财产管理，提高所属企业、事业的效益，提出意见和建议。

4. 宣传党和国家的财经方针政策，支持工会财务人员依法履行职责，对模范执行财务制度、纪律，在财务工作方面取得显著成绩的单位、人员，建议会员大会或会员代表大会给予表彰和奖励；同铺张浪费、私设小金库和私分钱物、贪污盗窃、侵占国家和工会财物等现象进行斗争。

5. 在基层工会组织机构变动和财务、财产管理负责人调动工作时，负责监督做好交接工作。

（四）基层工会经费审查委员会的工作制度和工作方法

1. 基层工会经费审查委员会实行集体领导制、民主集中制。讨论问题时，应充分发扬民主。决定问题时，由全体委员的过半数通过。日常工作，委员会各有分工，并根据实际情况建立学习、会议、审查、调研、计划、总结等制度。

2. 基层工会经费审查委员会要认真贯彻执行群众路线，广泛听取和定期征求会员群众的意见、要求，宣传党和国家的财经方针政策，依靠广大会员群众和积极分子做好工作。

3. 基层工会经费审查委员会应加强与基层工会委员会及其财务工作委员会的经常联系，加强同本单位行政财务、劳资、内审等部门的联系，沟通情况，取得支持和帮助，密切协作，做好工作。

4. 基层工会经费审查人员（含积极分子）要认真学习和贯彻执行党、政府和上级工会的有关方针、政策、制度、规定，坚持原则，忠于职守，秉公办事，尽职尽责，自觉接受会员群众监督。工作表现突出的优秀经费审查人员应受到同级工会或上级工会委员会、经费审查委员会的表彰、奖励。

经费审查人员行使职权受国家法律和工会章程的保护，任何单位及人员不得给予不公正对待甚至打击报复。当发生这种错误做法时，基层工会和上级工会应当进行干预，加以纠正，并对打击报复者严肃处理。

上级工会有关财经法规、政策、制度、纪律及对预算、决算的批复等文件，应同时发给基层工会经费审查委员会；基层工会经费审查委员会开展工作必需的工作时间、办公用品、活动经费等应得到保证。

第二节　工会审计实务

一、工会经费审查的方式

（一）工会经费审计的方式多种多样，按审计的内容和要求的不同，可以进行如下划分

1. 按照审计形式及场所划分，可分为报送审计、就地审计和巡回审计等。

2. 按照审计的组织形式划分，可分为自查、委托审计和联合审计。

3. 按照审计的范围划分，可分为全面审计、局部审计、专项审计和重点审计。

4. 按照审计介入时间划分，可分为事前审计、事中审计和事后审计。

5. 按照审计的工作时间划分，可分为定时审计、不定时审计。

（二）基层工会经费审查委员会主要采取下列方式进行审查工作

1. 定期召开经费审查委员会全体会议审查基层工会委员会提出的预算和决算方案，听取预算执行情况的报告，审议预算的调整和追加事项；

2. 对基层工会经费的收入、上解、管理、重大开支事项或会员群众反映的重要问题，进行专题审查；

3. 对基层工会所属企业、事业单位的经费收支、社会效益和经济效益状况，以及工会财产的管理状况，进行定期的报送审查或就地审查；

4.参加同级工会组织的财务大检查工作，参与检查监督。

二、工会经费审查委员会审计的主要内容

经审会对本级工会及其所属企事业单位和下一级工会的下列事项进行审计：

（一）贯彻落实党和国家相关重大经济社会政策措施以及全国总工会决策部署情况；

（二）与经济活动有关的发展规划、战略决策、重大措施以及年度业务计划执行情况；

（三）经费预算编制和调整、预算执行、决算草案以及其他财务收支情况；

（四）经费计提和拨缴情况；

（五）专项资金物资的筹措、拨付、管理和使用情况；

（六）资产的管理、使用和处置情况；

（七）本级工会及其所属企事业单位建设项目情况；

（八）本级工会及其所属企事业单位对外投资情况；

（九）内部控制及风险管理情况；

（十）经费使用效益和资产经营效益情况；

（十一）撤并时的财务清算情况；

（十二）工会管理和委托其他单位管理的社会捐赠资金、各类基金的收支情况；

（十三）其他需要审计的有关事项。

以上事项，必要时可以进行延伸审计。

经审会对本级工会预算执行情况要每年审计，对下一级工会预算执行情况的审计至少在本届任期内覆盖。经审会对涉及本地区本产业本系统全局的重大项目，有权统一组织开展跨层级、跨区域审计或者专项审计。

经审会接受本级工会干部管理部门的书面委托，对本级工会内部管理的领导人员履行经济责任情况进行审计。经审会实施经济责任审计时，参照执行国家有关经济责任审计的规定。

经审会可以对被审计单位依法依规应当接受审计的事项进行全面审计，也可以对其中的特定事项进行专项审计或者专项审计调查。

上级经审会对其审计职责范围内的审计事项，可以授权下级经审会进行审计。下级经审会应当配合协助上级经审会开展各项审计工作。

三、工会审计权限

（一）经审会有权要求被审计单位提供财务、会计资料以及与财务收支有关的业务、管理等资料，包括电子数据和有关文档。被审计单位不得拒绝、拖延、谎报。被审计单位负责人应当对本单位提供资料的及时性、真实性和完整性负责，并作出书面承诺。经审会对取得的资料进行综合分析，需要向被审计单位核实有关情况的，被审计单位应当予以配合。

（二）经审会进行审计时，有权检查被审计单位的财务、会计资料以及与财务收支有关的业务、管理等资料和资产，有权检查被审计单位信息系统的安全性、可靠性、经济性，被审计单位不得拒绝。

（三）经审会进行审计时，有权就审计事项的有关问题向有关单位、部门和个人进行调查和询问，并取得有关证明材料。有关单位、部门和个人应当配合、协助经审会工作，如实向经审会反映情况，提供有关证明材料。

（四）经审会进行审计时，经经审会主要负责人批准，有权对可能被转移、隐匿、篡改、毁弃的财务、会计资料以及与财务收支有关的业务、管理等资料，采取暂时封存的措施。

（五）经审会进行审计时，有权对正在进行的严重违法违规、严重损失浪费行为及时向单位主要负责人报告，经同意作出临时制止决定。经审会有权提出纠正、处理违法违规行为的意见和改进管理、提高绩效的建议。

（六）经审会有权对审计结果以适当方式进行通报。经审会有权对违法违规和造成损失浪费的被审计单位和人员，给予通报批评或者提出追究责任的建议。经审会对严格遵守财经法规、经济效益显著、贡献突出的被审计单位和个人，可以向单位党组织、主要负责人提出表彰建议。

（七）经审会对审计中发现的严重违法违规、严重损失浪费等问题，以及被审计单位经济运行中存在的重大风险隐患，有权向同级工会党组织、工会委员会和上一级经审会报告。

四、工会审计程序

（一）经审会根据同级工会委员会的工作部署和上级经审会的要求，制订年度审计工作计划。

（二）经审会根据年度审计工作计划，确定审计项目，成立审计组，制订审计实施方案。审计组审计人员不得少于2人，实行审计组组长负责制。

（三）经审会应当在实施审计3日前，向被审计单位送达审计通知书。遇有特殊情况，报经审会主要负责人批准后，可以直接持审计通知书实施审计。

（四）审计人员通过审查财务、会计资料，查阅与审计事项有关的文件、资料，检查现金、实物、有价证券和信息系统，向有关单位和个人调查等方式进行审计，取得审计证据，做好审计记录，编制审计工作底稿。向有关单位和个人进行调查时，审计人员应当不少于2人。

（五）审计组对审计事项实施审计后，依据相关法律法规和内部控制制度作出审计评价，对需要整改的事项提出审计意见和建议，形成审计组的审计报告，并征求被审计单位的意见。

（六）被审计单位自接到审计组的审计报告之日起10日内，应当向审计组回复书面意见，逾期不回复的，视同无异议。

（七）经审会审核审计组的审计报告、研究被审计单位的书面意见后，出具经审会的审计报告，对违反财经法律法规的行为在职权范围内作出审计决定，并将经审会的审计报告或者审计决定送达被审计单位。审计决定自送达之日起生效。

（八）被审计单位自收到经审会的审计报告或者审计决定之日起30日内，将整改落实情况书面报告给出具审计报告或者审计决定的经审会。

（九）被审计单位或者相关责任人员对经审会作出的审计决定不服的，自收到审计决定之日起60日内，可以向出具审计决定的上一级经审会书面申请复审。上一级经审会自收到书面复审申请之日起 60 日内，应当作出复审决定。复审期间执行原审计决定。

（十）经审会发现下一级经审会作出的审计决定违反国家有关规定或者有重大错误的，应当责成下一级经审会予以变更或者撤销，必要时可以直接作出变更或者撤销决定。

（十一）经审会应当建立健全审计整改监督检查机制，对被审计单位进行审计回访，督促其落实整改意见，执行审计决定。审计组在审计实施过程中，应当及时督促被审计单位整改审计发现的问题。经审会在出具审计报告、作出审计决定后，应当在规定的时间内检查或者了解被审计单位和其他有关单位的整改情况。对于定期审计项目，经审会可以结合下一次审计，检查或者了解被审计单位的整改情况。

（十二）经审会应当每年向同级工会党组织和工会委员会报告审计结果和整改落实情况。

（十三）经审会对办理的审计项目、专项审计调查、审计复审、审计整改监督检查等，按照工会审计业务公文处理规定和审计档案管理规定建立档案。

五、工会审计的工作保障

（一）各级工会领导班子应当自觉接受审计监督，支持经审会和工会审计人员依法独立履行职责。

（二）各级工会党组织应当建立健全党领导工会经审工作机制，各级工会党组织、领导班子应当定期听取经审会的审计工作汇报，加强对经审工作规划、年度审计计划、审计质量控制、问题整改和队伍建设等重要事项的管理。

（三）被审计单位主要负责人是整改第一责任人。各级工会应当建立健全审计发现问题整改机制，对审计发现的问题和提出的建议，被审计单位应当及时整改，并将整改结果书面报告经审会。

（四）各级工会对经审会审计发现的典型性、普遍性、倾向性问题，应当及时分析研究，制定和完善相关管理制度，建立健全内部控制措施。

（五）经审会应当建立审计事项移交制度，依法依规移交应当由其他有关部门（单位）处理、纠正或者追究有关单位、人员责任的事项，有关部门（单位）应当依法依规及时作出决定，并将结果书面反馈经审会。经审会应当加强与内部纪检监察、巡视巡察、组织人事等其他内部监督力量的协作配合。各级工会应当将审计结果及整改情况作为考核、任免、奖惩工会干部和相关决策的重要依据。

（六）各级工会对经审会审计发现的重大违纪违法问题线索，应当按照管辖权限依法依规及时移送纪检监察机关、司法机关。

（七）经审会主任应当参加工会党组会议、主席办公会议、常委会议和研究工会重大经济活动的会议；经审办主任应当参加涉及工会经费、资产和相关经济活动的会议。

（八）各级工会应当为经审会开展审计工作，提供必要的人力、物力、财力保障和工作条件，履行审计职责所需经费，应当纳入本级工会年度经费预算。

（九）各级工会应当加强工会审计人员队伍建设，落实经审会主任任期培训制度和工会审计人员培训规划，做好工会审计人员的配备、使用、考核和管理工作。

（十）各级工会应当支持经审会加强审计工作规范化建设，健全审计工作运行机制，完善审计质量评价体系。各级工会应当根据工会审计工作特点，完善工会审计人员考核评价制度，保障工会审计人员享有相应的晋升、交流、任职、薪酬及相关待遇。

（十一）上级经审会应当加强对下级经审会的业务指导和工作支持，对在工会审计工作中作出突出成绩的单位和个人给予表彰和奖励。对连续多年在工会审计工作中作出突出成绩的单位和个人，上级经审会可以向下级工会党组织、领导班子提出嘉奖、记功的建议。

思考题

1. 基层工会经费审查委员如何建立？
2. 基层工会经费审查委员有哪些职权？

3. 基层工会经费审查委员会的工作任务是什么？

4. 工会经费审查的方式有哪些？

5. 简述工会经费审计的主要内容。

6. 工会审计的权限有哪些？

7. 工会审计的程序是什么？

案例1

发挥经审组织作用，服务工会全局工作

2023 年 5 月 8 日　来源：劳动观察

五年来，上海各级工会经审组织紧紧围绕全总、市总工作目标任务，创新改进工作方式方法，不断提升能力水平，在健全机制、强化监督、完善制度、自身建设等方面取得积极进展，为维护国家财经法纪、促进工会经济活动规范运行、确保工会资产安全完整发挥了重要作用。

"四位一体"经审监督体系不断健全完善

回望过去五年上海工会经审工作，不难发现其中一个关键词："四位一体"经审监督体系。这是要求各级工会经审组织适应工会改革和工会工作新要求，主动接受国家审计监督，强化工会内审主业主责，积极引入社会审计力量，充分发挥职工会员民主监督作用，切实增强工会经费审查审计工作的系统性、专业性、群众性，所形成的经审监督体系。这是在打破工会内部审计封闭运行、内部循环、自我监管的状况，运用外部监督的力量，让工会的资产和经费使用管理在阳光下运行。

主动接受国家审计指导。各区总工会普遍与审计机关建立会商与通报制度，充分沟通年度工作计划，互通审计发现的问题，同时推进各区审计局人员担任区总经审会委员，形成常态化的对接协同工作机制。

发挥工会内部审计主体作用。按照党中央持续推进全面从严治党的要求，推动落实中央八项规定及其实施细则，强化对工会资金使用合规性审计；根据市总重点项目经费使用情况，同步实施重大政策措施落实情况跟踪审计、绩效审计、专项审计等。

引入社会审计参与审计项目实施。从制度层面规范社会审计参与市总

审计工作的行为，开展审计质量评价，不断规范审计行为，提高审计质量，防范审计风险。

加大职工会员监督基层工会经费使用力度。在市级层面共推出 127 家基层工会职工会员监督示范点，区局（产业）级示范点 656 家，通过示范点的引领作用，落实职工会员对工会经费使用情况的知情权、建议权、参与权和监督权，确保工会经费更加科学、规范、合理地用于职工会员和基层一线。监督体系的完善，给予职工会员更多话语权，真正做到让职工会员说了算。在上海 ABB 变压器有限公司工会建立的《关于发挥职工工会会员监督作用的实施办法（试行）》等制度保障下，集体福利、职业发展、精神文化生活、维权保障、阵地建设、自身建设、重大事项、审计审查结果等八大事项实现公开透明。通过注重事前征询，加强事中公示，强化事后评估，工会经费使用实现预算程序化、使用精细化、绩效合理化。在联合利华上海工会，工会经费坚持普惠原则，做到"取之于职工，用之于职工"。如通过全员投票筛选出员工感兴趣的项目设立俱乐部，使会员既是参与者、组织者，也是管理者、监督者，一个个丰富有趣的职工团体背后，是工会充分发扬民主，提高主人翁意识的生动践行。通过问卷调查，近年来联合利华职工对工会工作的总体满意度达到 99.78%。

审查审计力度持续加大

为确保工会经费的正确使用方向和工会资产的安全完整，五年来，上海各级工会经审组织坚持把工会一切经济活动纳入审查审计监督范围。

每年对市总本级、直管单位开展审计。根据深化工会改革和市总直管单位职能调整、公益转型、费随事转要求，审计重点由预算执行和财务收支情况审计、经营业绩指标审计转向专项审计、内控审计、重大政策落实跟踪审计。

实现对全市各区局（产业）工会审计届内全覆盖。开展预算执行和财务收支审计；开展困难职工帮扶、劳模待遇与劳模资金使用等专项审计。审计结果表明，各区局（产业）工会经费收入稳定增长，经济实力不断增强。其中，经费主要用于重点工作、服务职工等方面，对下补助力度不断加大，经费支出结构更趋合理。

经审制度体系日趋完善

五年来，市总经审会积极推进工会经审制度建设，积极探索经审体制和机制创新，随着一个个文件的出台和修订，依法审计能力和审计工作水平不断提高。

出台《关于在推进"四位一体"立体经审监督体系中充分发挥基层工会职工会员监督作用的实施办法》《关于聘请社会中介机构参与审计工作管理办法》《对参与工会审计业务的社会中介机构审计质量评价办法》，进一步细化社会中介机构参与审计项目实施、职工会员监督经费使用的要求，为常态化经审监督提供制度基础。

修订《上海市区局（产业）工会经审工作规范化建设标准》，做到细化标准、量化指标，使规范化考核工作更加科学合理。

出台《上海市总工会重大建设工程项目跟踪审计办法》，源头参与重大建设工程项目审计，提高建设资金使用效益。

出台《上海市总工会直管单位主要领导干部经济责任审计办法》，促进直管单位领导干部权力规范运行和履职尽责、担当作为。

出台《关于进一步加强工会审计整改工作的意见》，提高审计整改的质量和效果，维护审计监督的严肃性和权威性。

经审组织自身建设不断加强

五年来，各级工会切实加强对经审工作领导，把加强审计监督摆上重要议事日程，列入工作考评重要内容。

加强经审组织建设。全市各级工会普遍做到工会经审会与同级工会委员会同时考察、同时报批、同时选举产生，按同级副职配备经审会主任，配备具有审计、会计专业知识和经验的人员担任经审干部。

持续深入开展调研。市总经审会先后对基层工会职工会员监督工作情况、部分非公企业工会经费职工会员监督现状、工会经审干部队伍状况等开展调研，为相关制度的出台提供了依据。

开展经审工作规范化建设。督促区局（产业）工会对标对表、发现差距、即知即改、固本强基，推进经审工作水平持续提升。

积极开展经审干部培训。全市各区局（产业）工会共举办经审干部培训班 648 期，培训经审干部 5.42 万人次，经审干部的能力素质得到了进一步提高。

今后五年上海工会经审工作要坚持以习近平新时代中国特色社会主义思想为指导，全面贯彻落实党的二十大精神，主动适应党中央对审计工作的新要求和工会系统改革新形势，找准经审工作服务工会工作全局的切入点和着力点，守正创新，奋发有为，认真履行审查审计监督职责，继续在保障工会经费资产安全完整、促进工会经济活动规范运行、推进工会系统党风廉政建设等方面发挥作用、贡献力量。（柴一森）

 案例 2

淄博市总工会提升经审组织监督效能为工会健康发展"保驾护航"

2022 年 12 月 13 日　来源：中工网

今年以来，山东省淄博市总工会强化责任担当，提升工会经审监督实效，在推动工会工作创新发展中更好地发挥了其保驾护航的作用。

提升本领。淄博市总工会经审会多年来在全市经审组织中开展了"强素质、树形象、比贡献"活动，联系实际学业务，紧扣发展抓业务，苦练内功强业务，使经审干部的担当能力不断提升。

完善监督体系。全市各级各单位在工会换届和新组建工会时，经审组织与工会组织同时考察、同时报批、同时选举。市总工会、各区（县）大企业工会，把经审工作所需经费纳入年度预算，保证工作经费和办公设施，为经审组织依法履职提供必要物质保障。

完善干部培训体系。市总工会经审会经常组织各区县、各部门的工会经审人员赴先进地区现场培训，提升培训实效。在不同行业的经审财会人员中开展互访互学，通过现场观摩、业务座谈、经验介绍等形式，相互交流、取长补短、共同提高。

健全制度体系。相继制定了《淄博市总工会经审工作审查审计办法》《经审工作规范化考核办法》等多项工作制度，把落实整改作为促进审计成果转化的关键措施，确保第一时间发现问题，第一时间落实整改，坚决堵住各类制度漏洞。市总工会经审会连续 6 年在全省经审工作规范化考核

中获特等奖。

市总工会经审会还立足实际,创新实践,探索开放性、立体化、全方位的审计监督模式。根据企事业行业门类划分工作指导组,按区县、企业集团、委局公司、行业协会划分4个工作组,由市总工会领导带队分片督促指导经审工作,保证经审监督横向到边、纵向到底。

做实第三方审计监督。先后与山东仲泰、正德会计师事务所签订专业审计项目协议,实现了对区县总工会与市属大系统、大企业工会经费委托外审的全覆盖,在经审监督的专业性、实效性上实现新突破。

做强全链条监督流程。坚持把事后监督为主,转变为事前、事中和事后全过程监督。坚持关口前移,尽可能把不合理支出控制在预算环节,更加突出主责主业,确保有限的工会经费向重点工作倾斜、向基层工会倾斜、向职工群众倾斜。(高成都 葛红普)

第十八章　工会法相关知识

第一节　工会法概述

推进工会工作法治化建设，是中国工会自觉接受中国共产党领导、坚持走中国特色社会主义工会发展道路的内在要求，是工会履行职责、发挥作用、体现价值的必然要求。工会组织应当依法建会、依法管会、依法履职、依法维权，坚持在法治轨道上开展工会各项工作。

一、工会法

工会法是调整工会关系的法律规范的总称。这一概念主要包括两层含义。首先，工会法是调整工会关系的。工会关系是一种特定的社会关系，不仅包括工会组织之间的关系，还包括工会与用人单位、工会与国家、工会与职工、会员的关系。其次，工会法是工会法律规范的总称。即工会法不仅是指狭义的单行法《工会法》，而且还包括其他涉及工会的法律、法规和规章等。

二、工会法的特点

（一）工会法是一个保障法

工会法是保障法，权利占主导地位、优先地位、决定性的地位。保障法中也要规定义务，而义务是服从权利的。

（二）工会法有形式主体和意志主体的区别

工会是工会法的主体之一，但是它的主体成分只是形式上的。它是在意志主体的授权下来行使权利和承担义务的。在工会法中，工会的全部行为表现在其活动上，而这些活动的支配者是工会会员，会员才是工会法的意志主体，工会的权利严格地说是会员授予工会并经国家承认的。

（三）工会法的主体多元化

在一般情况下法律关系的主体都是相对存在，双元为多。工会法则不然，是多元的，工会法的主体可以列举出好多，如工会与单位行政、政党、社会团体、会员、非会员等，这种多元化的主体就必然导致调整社会关系的多元化。

三、工会法的主要内容

从理论上讲，工会法的主要内容包括以下几部分。

（一）工会法的立法宗旨及适用范围

立法宗旨即立法目的。规定立法宗旨是立法的基本要求，每部法律都有其特定的立法目的。工会法也有其立法宗旨。

工会法的适用范围，是指工会法的时间效力、对人的效力和空间效力。

（二）工会的基本规定

包括对工会的性质、地位、根本活动准则、工会的职能、基本职责的规定。

（三）工会组织

包括工会的组织原则、工会会员、工会组织体系、工会组织机构、工会干部等。

（四）工会的权利和义务

工会法的主要内容就是确定工会的权利与义务，以及如何保障工会权利与义务的实现。

（五）基层工会组织

基层工会组织是工会的细胞，是工会的组织基础和工作基础。工会法明确规定基层工会组织的主要任务以及基层工会开展活动的保障。

（六）工会的经费和财产

工会法明确规定工会经费的来源与使用以及对工会经费、财产的法律保护。

（七）法律责任

工会法明确规定违反工会法的法律责任，有利于增强工会法的权威性，确保工会法的贯彻实施。

第二节　《工会法》总则的主要规定

一、工会的性质

《工会法》第 2 条规定："工会是中国共产党领导的职工自愿结合的工人阶级群众组织，是中国共产党联系职工群众的桥梁和纽带。中华全国总工会及其各工会组织代表职工的利益，依法维护职工的合法权益。"这一规定，可以从以下三方面理解。

（一）工会是中国共产党领导的职工自愿结合的工人阶级群众组织

《工会法》规定，工会是中国共产党领导的职工自愿结合的工人阶级群众组织，表明了中国工会具有政治性、阶级性和群众性相统一的本质特征。

（二）工会是中国共产党联系职工群众的桥梁和纽带

党联系职工群众的渠道是多方面的，但党和本阶级群众联系的最重要渠道是靠工会来实现的。工会是工人阶级先锋队和本阶级群众之间的中间环节。

（三）工会是职工利益的代表者

工会产生和存在的客观性，决定了工会必须代表和维护职工的合法权益。工会是职工利益的代表者指在劳动关系领域，工会代表劳动者一方。

《工会法》重点突出和强化了工会维护职工合法权益的职能，明确"中华全国总工会及其各工会组织代表职工的利益，依法维护职工的合法权益"，这为工会履行维护职工合法权益、竭诚服务职工群众的基本职责提供了有力的法律依据和保障。

二、劳动者参加和组织工会的权利

《工会法》第 3 条规定："在中国境内的企业、事业单位、机关、社会组织（以下统称用人单位）中以工资收入为主要生活来源的劳动者，不分民族、种族、性别、职业、宗教信仰、教育程度，都有依法参加和组织工会的权利。任何组织和个人不得阻挠和限制。工会适应企业组织形式、职工队伍结构、劳动关系、就业形态等方面的发展变化，依法维护劳动者参加和组织工会的权利。"这是对劳动者的工会结社权的规定，同时明确了新就业形态劳动者参加和组织工会的权利。

三、工会的根本活动准则与指导思想

《工会法》第 4 条规定："工会必须遵守和维护宪法，以宪法为根本的活动准则，以经济建设为中心，坚持社会主义道路，坚持人民民主专政，坚持中国共产党的领导，坚持马克思列宁主义、毛泽东思想、邓小平理论、'三个代表'重要思想、科学发展观、习近平新时代中国特色社会主义思想，坚持改革开放，保持和增强政治性、先进性、群众性，依照工会章程独立自主地开展工作。工会会员全国代表大会制定或者修改《中国工会章程》，章程不得与宪法和法律相抵触。国家保护工会的合法权益不受侵犯。"这一规定，明确了工会的根本活动准则、工会工作的指导思想、保持和增强"三性"、国家保护工会的合法权益等基本问题。

（一）工会的根本活动准则

工会的根本活动准则是宪法。宪法集中体现了党和人民的统一意志和共同愿望，是国家意志的最高表现形式。宪法是国家的根本大法，是治国安邦的总章程，具有最高的法律地位、法律权威、法律效力。《工会法》规定的工会"以宪法为根本的活动准则"，指的是工会活动要遵循宪法规定的基本原则，而其中规定的党的基本路线，是工会必须遵守的最重要的根本活动准则。各级工会组织和广大工会干部应当增强宪法意识，大力弘扬宪法精神，带头学好宪法、遵守宪法，自觉维护宪法权威，推动宪法的实施。

(二) 工会必须坚持党的领导

中国共产党是中国工人阶级的先锋队，同时是中国人民和中华民族的先锋队，是中国特色社会主义事业的领导核心。没有中国共产党，就没有新中国，就没有中国特色社会主义，也不可能实现中华民族伟大复兴。中国特色社会主义最本质的特征是中国共产党领导，中国特色社会主义制度的最大优势是中国共产党领导。坚持党的领导，是党和国家的根本所在、命脉所在，是全国各族人民的利益所系、幸福所系。工会工作是党的群团工作、群众工作的重要组成部分，是党治国理政的一项经常性、基础性工作，坚持党的领导是工会工作的必然要求和根本原则。在坚持党的领导这个根本问题上，工会必须旗帜鲜明，立场坚定。

(三) 坚持以习近平新时代中国特色社会主义思想为指导和根本遵循

习近平新时代中国特色社会主义思想已经写入党章、宪法，是党和国家长期坚持的指导思想，也是工会组织和工会工作必须长期坚持的指导思想。新修改的《工会法》明确将习近平新时代中国特色社会主义思想同马克思列宁主义、毛泽东思想、邓小平理论、"三个代表"重要思想、科学发展观一道，确立为工会法和工会工作的指导思想，成为各级工会组织和广大工会干部的强大思想武器，为推进新时代党的工运事业和工会工作提供了根本遵循。这样的修改，是中国工会坚持以习近平新时代中国特色社会主义思想为指导，坚决维护习近平总书记党中央的核心、全党的核心地位，坚决维护党中央权威和集中统一领导，在思想上政治上行动上同以习近平同志为核心的党中央保持高度一致的根本举措，是中国工会坚持自觉接受中国共产党领导，坚定不移走中国特色社会主义工会发展道路，确保工会工作正确政治方向的政治要求，是中国工会积极适应新时代赋予工会组织和工会工作新任务新要求，开创新时代工会工作新局面的基本遵循和科学指针。

（四）保持和增强政治性、先进性、群众性

推进工会改革创新，必须坚持保持和增强工会组织的政治性、先进性、群众性的工会改革方向，强化问题意识，把工会组织建设得更加充满活力、更加坚强有力。政治性是工会组织的灵魂，是第一位的。离开了政治性，工会组织就可能混同于一般社会组织。要把保持和增强政治性放在第一位。先进性是工会工作的力量之源。要把保持和增强先进性作为重要着力点。群众性是工会组织的根本特点。离开群众性，工会组织就容易走向官僚化、空壳化。要把党的群众路线作为工会的生命线和根本工作路线。

（五）依照工会章程独立自主地开展工作

在工会和党的关系上，不仅要始终坚持党对工会的领导，而且也要坚持工会在党的领导下，依照法律和工会章程独立自主地、创造性地开展工作。工会独立自主开展工作，这是马克思主义工会运动的本质要求。如果工会没有独立的自主的工作，便失去了存在的社会意义。因此，工会必须把自觉接受党的领导和依照法律和章程独立自主地、创造性地开展工作有机结合起来。

（六）国家保护工会的合法权益不受侵犯

保护工会的合法权益不受侵犯，是国家义不容辞的义务。工会的合法权益，具体体现在三个方面。一是工会开展活动的权利。工会的合法权益很多，但最主要的是开展活动的权利。工会组织起来的目的之一，就是开展各种工会活动，并通过这种活动，逐步扩大工会组织的影响力，吸引广大职工群众，把职工群众最广泛地组织起来，履行好维权服务职责，达到成立工会的初衷。因此，只要工会的各项活动是依法开展的，国家就应为之提供可靠的法律保护，保护工会活动的权利不受侵犯。二是工会的合法财产不受侵犯。工会的财产、经费和国家拨给工会使用的不动产，任何组织和个人不得侵占、挪用和任意调拨。工会所属的为职工服务的企业、事业单位，其隶属关系不得随意改变。三是工会工作者的合法权益不受侵犯。工会工作者是工会工作得以开展的基本力量，离开了工会工作者，工

会的活动无从谈起，自然更谈不上发挥工会的作用了，所以，国家应当依法维护工会工作者的合法权益。

四、工会的基本职责

《工会法》第 6 条规定："维护职工合法权益、竭诚服务职工群众是工会的基本职责。工会在维护全国人民总体利益的同时，代表和维护职工的合法权益。工会通过平等协商和集体合同制度等，推动健全劳动关系协调机制，维护职工劳动权益，构建和谐劳动关系。工会依照法律规定通过职工代表大会或者其他形式，组织职工参与本单位的民主选举、民主协商、民主决策、民主管理和民主监督。工会建立联系广泛、服务职工的工会工作体系，密切联系职工，听取和反映职工的意见和要求，关心职工的生活，帮助职工解决困难，全心全意为职工服务。"这一规定，完善了工会基本职责及相关制度和工作机制，为工会维护职工合法权益、竭诚服务职工群众提供了有力的法治保障。

五、工会的主要任务

根据《工会法》《中国工会章程》规定，归纳起来，工会的主要任务有以下四项。

（一）维权服务任务

维权服务，即维护职工合法权益、竭诚服务职工群众。《工会法》规定："中华全国总工会及其各工会组织代表职工的利益，依法维护职工的合法权益。""维护职工合法权益、竭诚服务职工群众是工会的基本职责。工会在维护全国人民总体利益的同时，代表和维护职工的合法权益。"维护职工合法权益、竭诚服务职工群众是由工会的性质决定的，是工会服务于党的中心任务的主要手段。工会必须坚持以职工为中心的工作导向，认真履行基本职责，密切联系职工群众，听取和反映职工的意见和要求，全心全意为职工服务，切实把职工群众合法权益实现好、维护好、发展好。

（二）建设任务

建设任务，即吸引和组织职工群众参加经济建设和改革，努力完成生产任务和工作任务、促进经济社会发展的任务。《工会法》第7条中规定："工会动员和组织职工积极参加经济建设，努力完成生产任务和工作任务。"工会要立足新发展阶段、贯彻新发展理念、构建新发展格局，围绕推动高质量发展，深入开展以劳动创造幸福为主题的宣传教育，弘扬社会主义核心价值观，组织开展劳动和技能竞赛，大力开展合理化建议、职工技术协作、技术革新活动，拓展"五小"竞赛活动，大力弘扬工人阶级伟大品格和劳模精神、劳动精神、工匠精神，充分调动广大职工的积极性、主动性、创造性，为全面建设社会主义现代化国家贡献力量。

（三）参与任务

参与任务，即工会代表和组织职工群众参与国家事务、管理经济和文化事业、管理社会事务，参与用人单位的民主管理，发挥职工参政议政民主渠道的任务。《工会法》第5条中规定："工会组织和教育职工依照宪法和法律的规定行使民主权利，发挥国家主人翁的作用，通过各种途径和形式，参与管理国家事务、管理经济和文化事业、管理社会事务。"工会履行参与任务的主要形式和途径有：参与立法和政策的制定；工会与政府及其有关部门召开联席会议；发挥工会界代表和委员在各级人大、政协中的作用；加强基层职工民主管理，完善基层协调劳动关系的机制；参加协调劳动关系三方会议；畅通信息渠道；民主监督等。

（四）教育任务

教育任务，即帮助职工不断提高思想政治觉悟和科学文化技术素质、建设高素质劳动者大军的任务。《工会法》第7条中规定："教育职工不断提高思想道德、技术业务和科学文化素质，建设有理想、有道德、有文化、有纪律的职工队伍。"工会实现教育任务的主要内容有：牢固树立社会主义核心价值观；提高职工思想道德素质；提高职工科学文化素质；提高职工技术业务素质。工会实现教育任务的目标是建设有理想、有道德、有文化、有纪律的"四有"职工队伍，建设知识型、技能型、创新型劳动者大军。

六、产业工人队伍建设改革

为了加强产业工人队伍建设改革，体现中央对产业工人队伍建设改革的新要求，新修改的《工会法》专门增加 1 条，作为第 8 条："工会推动产业工人队伍建设改革，提高产业工人队伍整体素质，发挥产业工人骨干作用，维护产业工人合法权益，保障产业工人主人翁地位，造就一支有理想守信念、懂技术会创新、敢担当讲奉献的宏大产业工人队伍。"

第三节　工会组织

一、工会组织原则

（一）工会组织原则是民主集中制

《工会法》第 10 条第 1 款规定："工会各级组织按照民主集中制原则建立。"可见，工会的组织原则是民主集中制。民主集中制原则体现了中国工会作为工人阶级的群众组织的性质，体现了中国共产党领导下的中国工会的根本特征。工会贯彻民主集中制，有利于加强工会组织建设，有利于实现工会组织的民主化、群众化、法治化。

（二）工会实行民主集中制的主要内容

工会实行民主集中制的主要内容如下。

1. 各级工会委员会由会员大会或者会员代表大会民主选举产生。企业主要负责人的近亲属不得作为本企业基层工会委员会成员的人选。

2. 各级工会委员会向同级会员大会或者会员代表大会负责并报告工作，接受其监督。

3. 工会会员大会或者会员代表大会有权撤换或者罢免其所选举的代表或者工会委员会组成人员。

4.上级工会组织领导下级工会组织。

二、工会组织系统

（一）基层工会委员会

《工会法》第 11 条第 1 款规定："用人单位有会员二十五人以上的，应当建立基层工会委员会；不足二十五人的，可以单独建立基层工会委员会，也可以由两个以上单位的会员联合建立基层工会委员会，也可以选举组织员一人，组织会员开展活动。女职工人数较多的，可以建立工会女职工委员会，在同级工会领导下开展工作；女职工人数较少的，可以在工会委员会中设女职工委员。"

（二）乡镇、城市街道工会联合会

《工会法》第 11 条第 2 款规定："企业职工较多的乡镇、城市街道，可以建立基层工会的联合会。"改革开放以来，大量的企业集中在乡镇和街道。乡镇和街道作为政府的一级基层政权组织，是上联区县政府下联企业的一个中间环节，起着承上启下的重要作用。加强对这些企业工会工作的领导，必须建立向乡镇、街道一级延伸的工会组织体制。乡镇、街道工会具有地方工会和基层工会双重职能。

（三）地方总工会

《工会法》第 11 条第 3 款规定："县级以上地方建立地方各级总工会。"《中国工会章程》第 11 条中规定："省、自治区、直辖市，设区的市和自治州，县（旗）、自治县、不设区的市建立地方总工会。地方总工会是当地地方工会组织和产业工会地方组织的领导机关。"

（四）产业工会

产业工会是按照产业系统建立起来的工会组织。《工会法》第 11 条第 4 款规定："同一行业或者性质相近的几个行业，可以根据需要建立全国的或者地方的产业工会。"

中国工会实行产业和地方相结合的组织领导原则。同一用人单位中的工会会员，组织在一个基层工会组织中；同一行业或者性质相近的几个行业，根据需要建立全国的或者地方的产业工会组织。除少数行政管理体制实行垂直管理的产业，其产业工会实行产业工会和地方工会双重领导，以产业工会领导为主外，其他产业工会均实行以地方工会领导为主，同时接受上级产业工会领导的体制。各产业工会的领导体制，由中华全国总工会确定。

（五）全国总工会

《工会法》第 11 条第 5 款规定："全国建立统一的中华全国总工会。"中华全国总工会是各级地方总工会和各产业工会全国组织的领导机关。对全国工会工作实行统一领导。

工会的最高领导机关，是工会的全国代表大会和它产生的中华全国总工会执行委员会。

全国建立统一的中华全国总工会，这就是说，我国工会是一个统一的组织。工人阶级的根本利益是一致的，没有根本的利益冲突，没有任何理由分裂为互相对立的两派或几派组织。建立统一的工会组织，有利于维护工人阶级队伍的团结，实现自己的历史使命，也有利于维护职工群众的合法权益。

（六）工会组织建立的基本程序

《工会法》第 12 条规定："基层工会、地方各级总工会、全国或者地方产业工会组织的建立，必须报上一级工会批准。上级工会可以派员帮助和指导企业职工组建工会，任何单位和个人不得阻挠。"

三、工会干部

（一）工会干部的设置

《工会法》第 14 条规定："职工二百人以上的企业、事业单位、社会组织的工会，可以设专职工会主席。工会专职工作人员的人数由工会与企业、事业单位、社会组织协商确定。"

（二）工会干部的保护

1. 对工会干部职务的法律保障

《工会法》第 18 条规定："工会主席、副主席任期未满时，不得随意调动其工作。因工作需要调动时，应当征得本级工会委员会和上一级工会的同意。罢免工会主席、副主席必须召开会员大会或者会员代表大会讨论，非经会员大会全体会员或者会员代表大会全体代表过半数通过，不得罢免。"

2. 对工会干部劳动合同的法律保障

《工会法》第 19 条规定："基层工会专职主席、副主席或者委员自任职之日起，其劳动合同期限自动延长，延长期限相当于其任职期间；非专职主席、副主席或者委员自任职之日起，其尚未履行的劳动合同期限短于任期的，劳动合同期限自动延长至任期期满。但是，任职期间个人严重过失或者达到法定退休年龄的除外。"

第四节　工会的权利与义务

一、工会的权利

《工会法》对我国工会的权利作了明确的规定，主要包括代表和维护权、参与权、监督权、财产权和诉讼权。

（一）代表和维护权

工会的代表权是指工会法赋予我国工会代表职工利益、维护职工合法权益的权利。《工会法》第 2 条第 2 款规定："中华全国总工会及其各工会组织代表职工的利益，依法维护职工的合法权益。"《工会法》第 21 条第 2、3、4 款规定："工会代表职工与企业、实行企业化管理的事业单位、社会组织进行平等协商，依法签订集体合同。集体合同草案应当提交职工代表大会或者全体职工讨论通过。工会签订集体合同，上级工会应当给予支持和帮助。企业、事业单位、社会组织违反集体合同，侵犯职工劳动权益的，工会可以依法要求企业、事业单位、社会组织予以改正并承担责任；因履行集体合同发生争议，经协商解决不成的，工会可以向劳动争议仲裁机构提请仲裁，仲裁机构不予受理或者对仲裁裁决不服的，可以向人民法院提起诉讼。"

《工会法》第 28 条规定："企业、事业单位、社会组织发生停工、怠工事件，工会应当代表职工同企业、事业单位、社会组织或者有关方面协商，反映职工的意见和要求并提出解决意见。对于职工的合理要求，企业、事业单位、社会组织应当予以解决。工会协助企业、事业单位、社会组织做好工作，尽快恢复生产、工作秩序。"

（二）参与权

工会有代表职工参与国家事务、管理经济和文化事业、管理社会事务以及参与用人单位民主管理的权利。包括宏观参与权和微观参与权。

（1）宏观参与权。指工会在国家、政府这一宏观层面参与决策，源头上维护职工合法权益。即：参与制定法律、法规、规章的权利；参与制定国民经济和社会发展计划的权利；参与政府及其有关部门研究制定涉及职工切身利益的政策、措施的权利；参与政府、企业、工会共同研究解决劳动关系方面重大问题的三方协商机制的权利。

（2）微观参与权。指工会参与用人单位管理的各项权利。即：参与企业、事业单位、社会组织经营决策权；参与职工伤亡事故和严重职业病的调查处理权；参与紧急情况处置权；参与停工、怠工事件调处权；参与劳动争议调解、仲裁权。

（三）监督权

工会通过监督来落实工会的代表维护权、参与权。监督权包括以下内容。

（1）监督企业、事业单位、社会组织执行职工代表大会决议情况的权利。企业、事业单位、社会组织实行民主管理的基本形式是职工代表大会，基层工会是职工代表大会的工作机构。工会监督有关民主管理制度的执行，是工会组织义不容辞的职责。

（2）对企业、事业单位、社会组织侵犯职工合法权益的情况进行调查的权利。工会有权对企业、事业单位、社会组织侵犯职工合法权益的问题进行调查，有关单位有义务予以协助。

（3）监督企业、事业单位、社会组织执行劳动法律、法规情况的权利。

（4）监督劳动合同和集体合同的执行情况的权利。

（5）监督企事业单位处分职工的权利。企业、事业单位、社会组织处分职工，工会认为不适当的，有权提出意见。

（6）监督新建、扩建企业和技术改造工程中的劳动条件与安全卫生设施与主体工程同时设计、同时施工、同时投产使用情况的权利。

二、工会的义务

工会的义务包括：遵守和维护宪法和法律的义务，支持协助人民政府开展工作的义务，加强对职工的思想政治引领的义务，组织职工开展经济技术活动促进经济与社会发展的义务，为职工服务的义务，协助行政做好相关工作的义务，教育职工提高素质的义务，关心职工文化、体育生活的义务。

第五节　工会的经费、财产和法律保护

工会的经费和财产是工会履行职责、开展活动、为职工服务的物质基础。

一、工会经费的管理原则

经费独立是工会经费管理的总原则。工会应当根据经费独立原则，建立预算、决算和经费审查监督制度。

二、工会经费和财产来源

1. 工会经费的来源

（1）工会会员缴纳的会费；

（2）建立工会组织的用人单位按每月全部职工工资总额的2%向工会拨缴的经费；

（3）工会所属的企业、事业单位上缴的收入；

（4）人民政府的补助；

（5）其他收入。

企业、事业单位、社会组织拨缴的工会经费在税前列支。

2. 工会财产的来源

（1）由政府和用人单位行政直接拨付；

（2）工会经费购置。

三、工会经费和财产的法律保护

1. 规定了保护工会经费收缴的强制措施

《工会法》规定：企业、事业单位、社会组织无正当理由拖延或者拒不拨缴工会经费，基层工会或者上级工会可以向当地人民法院申请支付令；拒不执行支付令的，工会可以依法申请人民法院强制执行。这一规定，为工会经费的收缴提供了强有力的司法保护。

2. 加强了对工会经费使用的审查监督

工会经费审查委员会是工会内部成立的经费审查监督机构。各级工会经费收支情况应当由同级工会经费审查委员会审查，并且定期向会员大会或者会员代表大会报告，接受监督。

3. 工会财产法律保护的原则

工会法在工会财产的保护方面做了相应的规定。工会的财产、经费和国家拨给工会使用的不动产，任何组织和个人不得侵占、挪用和任意调拨。工会所属的为职工服务的企业、事业单位，其隶属关系不得随意改变。否则，将承担相应的法律责任。

思考题

1. 工会法的调整对象是什么？

2. 工会的根本活动准则是什么？

3. 工会的基本职责是什么？

4. 工会的主要任务是什么？

5. 如何理解工会的组织原则？

6. 简述工会的组织系统。

7. 试述工会法对工会干部的保护作用。

8. 工会的权利与义务有哪些？

 案例

天津西青区总工会创新职工维权服务新模式

2023 年 4 月 19 日　来源：中工网

西青区总工会围绕助力实施市委、市政府"十项行动"以及市总工会 20 项措施，联合团区委、区妇联等部门在西青区杨柳青李宁体育公园内创新开展职工维权服务"赶大集"活动，通过现场搭台、现场问需等方式，为职工群众提供全方位、多渠道的互动体验式新服务。

职工维权服务"赶大集"活动是西青区总工会职工维权服务，以实际行动推动"十项行动"见行见效的一次集中创新展示。活动现场模拟"集市"，并设置不同内容的服务区"摊位"、工会宣传服务展板、服务站流动车，职工可以在这里自由选择政策宣传、法律服务、义诊、心理辅导、急救培训等各类服务。各展区的"服务摊主"还为参加活动的 300 余名职工准备了共计 8900 余份的宣传品、宣传册、维权书籍。

在法律服务区展台前，"法律服务摊主"正在为天津市××物业服务有限公司农民工于××介绍职工维权法律知识，听了工作人员的细心讲解，于××感慨道："能够在现场听到专业人士的一对一普法，真的太荣幸了，让我了解到有很多法律法规可以维护我们的合法权益，这种像赶集一样的送法形式既接地气又很暖心，感谢工会'娘家人'。"

近年来，西青区总工会积极发挥工会组织桥梁纽带作用，联系引导政府部门、社会组织在文体活动、婚恋交友、法律服务、心理关怀、户外劳动者服务等方面，为职工群众提供更加专业化、精准化、多样化高质量服务。区总工会联合团区委、区妇联建立群团联动工作机制，开展西青区青年集体婚礼、女职工维权关爱等活动；联合区卫生健康委、区红十字会开展职业病防治宣传、急救知识培训、爱心募捐等活动；联合区应急管理局做好企业安全生产、职工劳动保护工作，开展企业班组安全建设与管理成果展示活动；联合区人社局推进企业工资集体协商、劳动关系和谐企业创建等工作；联合区司法局开展"尊法守法 携手筑梦"法律宣传活动和职工法律援助工作。

西青区总工会副主席表示："我们还将以此次职工维权服务'赶大集'活动为契机，提高维权服务的主动性和针对性，联合各职能单位不断健全完善职工维权服务机制，切实为职工群众提供全方位、多渠道的服务，让广大职工在西青区专心创业、安心工作、舒心生活。"（天津工人报记者孙祎）

第十九章　劳动法相关知识

第一节　劳动法概述

劳动法是保护劳动者合法权益、调整劳动关系的重要法律依据。工会干部应当认真学习劳动法，了解掌握劳动法律知识和规定，从而更好地依法维护职工的合法权益。

一、劳动法

劳动法是调整劳动关系以及与劳动关系密切联系的其他社会关系的法律规范的总称。劳动法的宗旨是保护劳动者的合法权益，促进劳动关系的和谐稳定。

（一）劳动关系

劳动法的主要调整对象是劳动关系，但并非所有劳动关系均由劳动法调整，劳动法调整的劳动关系是劳动者与用人单位之间在实现劳动过程中发生的社会关系。其特征如下。（1）这种关系与劳动有直接的联系，劳动是这种关系的实质和内容。（2）劳动关系的当事人，一方是劳动者，另一方是用人单位，且劳动者必须参加到用人单位中去，成为用人单位的成员，双方形成法律上的权利义务关系。（3）劳动关系是有偿的，是一种财产关系。劳动者有偿提供劳动力，用人单位按照劳动数量和质量向劳动者支付劳动报酬，因此，劳动关系具有财产关系的性质。（4）这种关系的发生、变更和终止，应按国家有关法律、法规办理。

（二）调整与劳动关系密切联系的其他社会关系

劳动关系是劳动法调整的主要对象，但不是唯一调整对象，它还调整与劳动关系密切联系的其他社会关系。这些社会关系本身并不是劳动关系，但是与劳动关系有着密切的联系。有的是劳动关系的必要前提，有的是劳动关系的直接后果，有的是随着劳动关系而附带产生的关系。这些关系主要包括：劳动行政关系、社会保险关系、劳动服务关系、劳动团体关系、劳动人事争议处理关系、劳动法律监督关系等。

二、劳动法律关系

（一）法律关系与劳动法律关系的概念

法律关系是指法律规范在调整人们行为的过程中形成的特殊的权利和义务关系，或者说，法律关系是指被法律规范所调整的权利与义务关系。劳动法律关系，是劳动关系在法律上的表现，是当事人之间发生的符合劳动法律规范、具有权利义务内容的关系。

（二）劳动法律关系主体

劳动法律关系的主体是指根据劳动法的规定，享有权利和承担义务的劳动法律关系的参加者，包括劳动者和用人单位。

（三）劳动法律关系的内容

劳动法律关系的内容，是劳动法律关系主体享有的权利和承担的义务。劳动者享有平等就业和选择职业、获得劳动报酬、休息休假、劳动保护、职业培训、享受社会保险、提请劳动争议处理及法律、法规规定的其他权利。承担完成生产任务、提高职业技能、执行劳动安全卫生规程、遵守劳动纪律和用人单位规章制度的义务。用人单位应当依法建立和完善规章制度，保障劳动者权利的行使。

（四）劳动法律关系的客体

劳动法律关系的客体，是劳动法律关系主体的权利义务共同指向的对象。在多数情况下，劳动法律关系的客体是指行为，有时则表现为行为和物的结合。

劳动法律关系的主体、内容和客体，是劳动法律关系的三要素，缺一不可。

三、劳动者的基本权利与义务

（一）劳动者的基本权利

根据《劳动法》规定，劳动者的基本权利主要如下。

1. 平等就业的权利

劳动就业权，也叫工作权，是指具有劳动能力的公民能够获得从事有劳动报酬的职业性劳动机会的权利。凡具有劳动能力的公民，都有平等就业的权利。平等就业权是劳动者平等地获得和维持就业机会的权利，是一项具体人权，它追求在平等基础上的实质平等，其核心内涵是劳动者有权平等享有就业的权利和资格、有权平等地参与就业机会的竞争。《劳动法》第12条规定：劳动者就业，不因民族、种族、性别、宗教信仰不同而受歧视。第13条规定：妇女享有与男子平等的就业权利。在录用职工时，除国家规定的不适合妇女的工种或者岗位外，不得以性别为由拒绝录用妇女或者提高对妇女的录用标准。

2. 选择职业的权利

劳动者选择职业的权利，是指劳动者有权根据自己的意愿、自身的素质、能力、志趣和爱好，以及市场信息等选择适合自己才能、爱好的职业，即劳动者拥有自由选择职业的权利。选择职业的权利是劳动者劳动权利的体现，是社会进步的体现。

3. 取得劳动报酬的权利

取得劳动报酬的权利，是指劳动者有权依照国家法律法规和劳动合同的约定取得劳动报酬的权利。劳动者付出劳动，依照劳动合同及国家有关法律取得劳动报酬，是劳动者的权利，而及时足额地向劳动者支付工资是用人单位的义务。用人单位违反义务，劳动者可以依法要求有关部门追究其责任。获取劳动报酬是劳动者持续地行使劳动权必不可少的物质保证。

4. 休息休假的权利

休息休假权指劳动者在参加一定时间的劳动、工作之后所获得的休息休假权利。休息休假是劳动者的基本权利之一。我国宪法规定，劳动者有休息的权利，国家发展劳动者休息和休养的设施，规定职工的工作时间和休假制度。

5. 获得劳动安全卫生保护的权利

劳动安全卫生保护，是保护劳动者在劳动过程中的生命安全和身体健康，是对享受劳动权利的主体切身利益最直接的保护。劳动安全卫生保护权的实现，既是为了维护劳动者生命权和健康权，同时也是提高劳动生产率和经济效益、促进高质量发展的重要手段。

6. 接受职业技能培训的权利

职业技能培训是指对准备就业的人员和已经就业的劳动者，以培养其基本的职业技能或提高其职业技能为目的而进行的技术业务知识和实际操作技能教育和训练。我国宪法规定，公民有受教育的权利和义务。受教育既包括受普通教育，也包括受职业教育。接受职业技能培训的权利是劳动者实现劳动权的基础条件，因为劳动者要实现自己的劳动权，必须拥有一定的职业技能，而要获得这些职业技能，就必须获得专门的职业培训。

7. 享受社会保险和福利的权利

社会保险是国家和用人单位依照法律规定或劳动合同的约定，对具有劳动关系的劳动者在暂时或永久丧失劳动能力以及暂时失业时，为保证其基本生活需要，给予物质帮助的一种社会保障制度。社会福利是指国家依法为所有公民普遍提供旨在保证一定生活水平和尽可能提高生活质量的资金和服务的社会保障制度。社会保险和福利是劳动权的一项重要内容，也是实现公民生存权的一项重要保障制度。

8. 提请劳动争议处理的权利

提请劳动争议处理权是指劳动者在劳动过程中因权益问题与用人单位发生争议时，享有的请求有关部门对争议进行处理的权利。

9. 法律规定的其他权利

法律规定的其他权利主要包括：（1）依法参加和组织工会的权利；（2）集体协商权；（3）民主管理权。

(二) 劳动者的基本义务

根据《劳动法》规定，劳动者的基本义务主要如下。

1.完成劳动任务

劳动者有劳动就业的权利，而劳动者一旦与用人单位建立劳动关系，就必须履行其应尽的义务，其中最主要的义务就是完成劳动生产任务。如果劳动者不能完成劳动任务，就意味着劳动者违反劳动合同的约定，就要承担违约责任，用人单位可以解除劳动合同。

2.提高职业技能

劳动者应当加强学习，努力提高职业技能，提高技术业务知识水平和实际操作技能，提高科学文化水平，成为高素质的劳动者，促进本单位劳动生产率和经济效益提高，促进经济社会发展。

3.执行劳动安全卫生规程

劳动安全卫生规程是指国家为了保护劳动者在生产和工作过程中的安全与健康，防止、消除生产安全事故和职业病的发生而制定的各种法律规范。劳动者对国家以及用人单位内部关于劳动安全卫生规程的规定，必须严格执行，以保障安全生产，保障劳动者生命安全和身体健康。

4.遵守劳动纪律

劳动者应当树立规则意识和纪律观念，不断增强主人翁责任感，兢兢业业、勤勤恳恳地劳动，保质保量地完成规定的生产任务，自觉地遵守劳动纪律，维护用人单位正常的生产和工作秩序。

5.遵守职业道德

职业道德，是同人们的职业活动紧密联系的符合职业特点所要求的道德准则、道德情操与道德品质的总和，它既是对本职人员在职业活动中的行为标准和要求，同时又是职业对社会所负的道德责任与义务。每一个劳动者，无论从事哪种职业，都要认识到职业道德的重要性，树立职业道德观念，自觉遵守职业道德要求，规范自身职业道德行为，促进良好社会道德风尚的形成。

6.法律规定的其他义务

根据《劳动法》规定，劳动者除了依法履行上述义务外，还应当履行法律规定的其他义务。法律规定的其他义务，主要包括：诚实守信的义务，保密的义务，参加社会保险、缴纳社会保险费的义务，等等。

(三) 劳动者的权利与义务是统一的

从法律关系上讲，劳动者的权利与义务同时产生又相对应而存在。从法律关系的主体来说，劳动者既是权利的享有者，也是义务的承担者。当劳动者个人享有并行使某项权利时，这项权利也是他人应该享有的权利，个人行使这项权利时，不得妨碍他人行使同样的权利，也就是说，劳动者行使权利时不得损害他人的合法权利。

劳动者的权利和义务是相互依存、不可分离的。权利的实现需要义务的履行，义务的履行确保权利的实现，即劳动者享受权利需要条件，这个条件的实现需要靠履行义务来创造，如果不履行义务，权利就失去了存在的基础。因此，每一个劳动者在享有法律规定的权利的同时，还必须履行法律规定的义务。

第二节　《劳动法》的主要内容

一、促进就业

促进就业是指国家应尽可能采取措施，创造就业条件，为劳动者提供尽可能多的就业机会，保持较高就业率，控制失业率的增长。促进就业直接关系到劳动者的基本生活以及经济发展和社会稳定，是一项重要的劳动法律制度。

在促进就业问题上，劳动法规定了实现就业的途径；地方政府发展职业介绍和就业服务事业的职责；就业机会均等和对特殊群体的就业保护等。2008 年 1 月 1 日起施行的《就业促进法》，进一步丰富和完善了我国劳动保障法律体系，对于促进劳动者就业、构建社会主义和谐社会，具有重要而深远的意义。

二、劳动合同

2008 年 1 月 1 日起施行的《劳动合同法》，对劳动合同的订立，劳动合同的履行和变更，劳动合同的解除和终止，集体合同、劳务派遣、非全日制用工，监督检查和法律责任等作了详细规定。

三、集体合同

由工会代表全体劳动者同用人单位签订集体合同，规定集体劳动条件，能够纠正和防止劳动合同对于劳动者的不公平，使劳资双方在实力上取得基本的平衡，以维护双方合法权益。

四、工时制度

工时制度是指法定的工作时间和休息休假的制度。

（一）工作时间

工作时间是指劳动者为用人单位从事生产和工作的时间。工作时间是法定的，用人单位安排劳动者工作的时间不能突破法律的限制。

1. 工作时间的种类

工作时间包括标准工作时间、缩短工作时间、延长工作时间、不定时工作时间和综合计算工作时间。

2. 延长工作时间的法律规定

延长工作时间，也称加班加点，是指用人单位经过一定程序，要求劳动者超过法律、法规规定的最高限制的日工作时数和周工作天数的工作时间。一般分为正常情况下延长工作时间和非正常情况下延长工作时间两种形式。

（1）正常情况下延长工作时间。延长工作时间需具备以下四个条件：第一，由于生产经营需要；第二，必须与工会协商；第三，必须与劳动者协商；第四，延长工作时间的长度必须符合法律规定。也就是说，只有在征得工会同意后且劳动者自愿的情况下，方可延长工作时间。延长劳动者的工作时间一般每日不得超过 1 小时，特殊情况下也不得超过 3 小时，每月不得超过 36 小时。

（2）非正常情况下延长工作时间。遇到法律规定需要紧急处理和必须及时抢修的情况，用人单位延长工作时间可以不受正常情况下延长工作时间的限制。

3. 延长工作时间的工资支付

安排劳动者延长时间的，支付不低于工资的 150% 的工资报酬；休息日安排劳动者工作又不能安排补休的，支付不低于工资的 200% 的工资报酬；法定休假日安排劳动者工作的，支付不低于工资的 300% 的工资报酬。

（二）休息休假

休息休假是指在劳动关系存续期间，劳动者不必进行生产和工作，而自行支配的时间。包括休息时间和休假时间。

1. 休息时间

休息时间是劳动者在法定工作时间以外，自行支配的时间。包括日休息时间和间歇休息时间。

2. 休假时间

休假时间是劳动者享有的保留工资、保留职务的休假时间。包括公休假日、法定节假日、年休假、探亲假等。

（1）公休假日指每一工作周给予的休假日。即我国实行的双休日。《劳动法》规定："用人单位应当保证劳动者每周至少休息一日。"

（2）法定节假日指国家规定的每年的法定节假日。如元旦、国庆节等。

（3）年休假指劳动者在用人单位连续工作满 1 年以上所享有的连续休假。

（4）探亲假指职工分居两地，不能在公休日团聚的配偶或父母享有的保留工作岗位和工资而团聚的假期。根据国务院《关于职工探亲待遇的规定》，探亲假可以具体分为 3 种形式：探望配偶；未婚职工探望父母；已婚职工探望父母。

五、工资制度

（一）工资分配的基本原则

1. 按劳分配原则；

2. 同工同酬原则；

3. 在经济发展的基础上逐步提高工资水平；

4. 国家对工资总量实行宏观调控。

（二）最低工资保障制度

最低工资是指劳动者在法定工作时间内提供了正常劳动的前提下，其所在单位应支付的最低劳动报酬。国家实行最低工资保障制度，用人单位支付劳动者的工资不得低于当地最低工资标准。

（三）工资支付及其保障

工资应当以货币形式按月支付给劳动者本人，不得以实物或有价证券代替现金支付；至少每月支付 1 次；直接支付给劳动者本人。除了法律规定或仲裁裁决、法院判决的以外，用人单位要按时足额支付劳动者的工资，不得克扣和无故拖欠劳动者工资。

六、劳动安全卫生制度

根据劳动法及其有关法律、法规的规定，用人单位必须建立、健全劳动安全卫生制度，严格执行国家的劳动安全卫生规程和标准，规范化、科学化地安排生产作业，对劳动者进行劳动安全卫生教育，积极采取切实有效的劳动安全卫生措施，防止劳动过程中的事故，减少职业病危害。用人单位如果没有达到国家规定的安全卫生技术标准要求，职工有权提出异议，并要求用人单位改正、改进。对于危害生命安全和身体健康的劳动条件，劳动者有权对用人单位提出批评，并可以向有关主管部门检举和控告。

七、女职工和未成年工特殊劳动保护

（一）女职工的特殊劳动保护

1. 对女职工在劳动过程中的特殊保护，包括妇女禁忌从事矿山井下作业；森林业伐木、归楞及流放作业；第Ⅳ级体力劳动强度的作业；建筑业脚手架的组装和拆除作业；高处架线作业；连续负重作业。

2. 对妇女生理变化过程中的保护，包括对女职工的经期、孕期、产期和哺乳期的保护。

3. 女职工在孕期、产期、哺乳期，用人单位不得解除劳动合同。

（二）未成年工特殊劳动保护

未成年工是指年满 16 周岁、未满 18 周岁的劳动者。未成年工处于生长发育期，过重过度紧张的劳动、不良的工作环境、不适合的工作岗位，都会影响他们的正常发育和健康成长。因此，国家规定了对其特殊保护的措施，主要包括以下内容。

1. 最低就业年龄的规定。我国最低就业年龄为 16 周岁，严禁招收未满 16 周岁的童工。

2. 对未成年工实行缩短工作时间制度，适当延长休息时间。

3. 不得安排未成年工从事矿山井下、有毒有害、国家规定的第Ⅳ级体力劳动强度的劳动和法律法规禁忌从事的其他劳动。

4. 要求用人单位对未成年工进行定期健康检查等保护工作。

八、职业培训

（一）职业培训

职业培训指为适应经济和社会发展的需要，对要求就业和在职劳动者以培养和提高素质及职业能力为目的的教育和训练活动。其特征是：

1. 培训的对象是劳动者；

2. 培训目的主要是开发受训者的职业技能，满足特定需要的定向性培训；

3. 培训的内容是专业技术知识和实际操作能力。

(二) 发展职业培训的措施

1. 国家通过各种途径，采取各种措施，发展职业培训事业。包括推动教育与就业相结合；改革职业培训机制；增加培训经费投入；强化师资，加强教材建设等。国家确定职业分类，制定职业技能标准，实行职业资格证书制度。

2. 各级人民政府把发展职业培训纳入社会经济发展的规划，鼓励和支持有条件的企业、事业组织、社会团体和个人进行各种形式的职业培训。

3. 用人单位建立职业培训制度，按照国家规定提取和使用培训经费，有计划地对劳动者进行职业培训。企业职工教育的经费，大致可按工资总额的 1.5%~2.5%提取使用，可以合理增加提取和使用的培训经费标准。

九、社会保险

社会保险是国家通过立法强制征集专门资金，用于保障劳动者在丧失劳动能力或劳动机会时基本生活需求的一种物质保障制度。社会保险具有强制性、共济性和普遍性等特征。其内容包括：养老保险、失业保险、医疗保险、工伤保险和生育保险。社会保险是国家对劳动者承担的一项义务，是劳动者享受的宪法赋予的一项权利。用人单位和劳动者必须依法参加社会保险，缴纳社会保险费。

第三节　劳动权利的法律保障

一、监督检查

(一) 监督检查

劳动法规定的监督检查，指各级人民政府劳动行政部门、用人单位主管部门、各级工会组织及其他法律授权的监督检查机关，依法对用人单位等执行劳动法律、法规的情况进行监督检查的法律制度。监督检查的主体包括：县级以上人民政府、劳动行政部门、企业主管部门、工会和群众。

（二）监督检查的内容

1. 用人单位招聘用工的行为；

2. 用人单位制定规章制度及其执行的情况；

3. 用人单位与劳动者订立和解除劳动合同的情况；

4. 用人单位签订和履行集体合同的情况；

5. 用人单位遵守关于劳动者工作时间和休息休假规定的情况；

6. 用人单位支付劳动者劳动报酬和执行最低工资标准的情况；

7. 用人单位参加社会保险和缴纳社会保险费的情况；

8. 劳务派遣单位和用工单位遵守劳务派遣有关规定的情况；

9. 法律、法规规定的其他劳动监察事项。

二、违反劳动法的法律责任

（一）法律责任

法律责任是违反法定义务而必须承担的法律上的不利后果。《劳动法》专章规定了违反劳动法的法律责任，对用人单位、劳动者及其劳动行政部门违反劳动法的法律责任分别作了规定，体现了劳动法的强制性和严肃性，是劳动法实施的可靠保障。

（二）用人单位的法律责任

用人单位违反劳动法规定侵犯劳动者合法权益应当承担的责任形式有：劳动行政部门给予警告、责令改正、罚款、拘留、责令停产整顿；支付经济补偿，造成损失的承担民事赔偿责任，限期缴纳保险金和加收滞纳金；构成犯罪的，依法追究刑事责任。

（三）劳动者的法律责任

劳动者在尚未解除劳动合同的情况下又与其他用人单位订立劳动合同，对原用人单位所受的经济损失负赔偿责任；劳动者违法解除劳动合同

或违反劳动合同中约定的保密事项，应当对用人单位造成的损失负赔偿责任。

（四）劳动行政部门的法律责任

劳动行政部门或者有关部门的工作人员滥用职权、玩忽职守、徇私舞弊，构成犯罪的，依法追究刑事责任；不构成犯罪的，给予行政处分。国家工作人员和社会保险基金经办机构的工作人员挪用社会保险基金，构成犯罪的，依法追究刑事责任。

三、劳动争议处理

劳动争议处理制度，是通过劳动立法的形式将劳动争议处理的机构、原则、程序、受理范围等确定下来，用以处理劳动争议的一项法律制度。劳动争议处理制度，属于程序法，通过规定在劳动争议处理方面的原则、程序等，为贯彻实体法提供法律保障。2008 年 5 月 1 日起施行的《劳动争议调解仲裁法》对劳动争议调解、仲裁制度作了进一步完善和规范，解决了当前劳动争议处理程序周期长、效率低、职工维权成本高等问题，为建立及时、有效、快捷的劳动争议处理程序提供了制度保障。

 思考题

1. 劳动法的调整对象是什么？
2. 简述劳动法律关系。
3. 劳动者有哪些基本权利和基本义务？
4. 劳动法监督检查的内容有哪些？
5. 简述违反劳动法的法律责任。

 案例1

单亲妈妈患癌被非法辞退

许某某作为单亲妈妈，独自抚养 16 岁女儿。2018 年 8 月，许某某入职镇江某机械装备制造股份有限公司，任仓库主管。2019 年 8 月，许某某确诊患卵巢癌，遂入院治疗，进行手术，并接受化疗。病休期间，许某某定期到医院复诊，并向单位提交了医院出具的建休单。在此情况下，2020年6月，该公司仍以许某某拒绝到岗且未能按照公司规章制度履行请假手续等为由，单方解除劳动合同，许某某家庭因此陷入困境。

本案的争议焦点是许某某应当享受的法定医疗期应该有多长时间。用人单位认为，按照《企业职工患病或非因工负伤医疗期规定》，许某某应享受的医疗期最长为6个月。许某某认为，其身患癌症，且接受手术、化疗等治疗手段，其所应享受的医疗期应不少于24个月。

镇江市总工会职工法律援助中心分析案情后，认为许某某的主张合法合理，企业单方解除劳动合同是违法的。经过仲裁审理，句容市劳动人事争议仲裁委员会裁决，用人单位继续履行原劳动合同，并向许某某支付克扣和拖欠的工资6114元。公司不服裁决，起诉至句容市人民法院，要求确认解除劳动合同合法，并不支付相应工资。最终法院认定公司解除劳动合同违法，公司一次性赔偿许某某8.5万元。

评析

作为职工的"娘家人"，工会组织及时出面伸援手，提供免费的法律援助，有效维护了职工合法权益。医疗期长短根据实际工作年限、本单位工作年限、所患疾病种类等来确定，用人单位需要依法全面解读。

职工是财富创造的主体，企业能不能发展壮大、行稳致远，离不开职工的辛勤劳动和付出。企业应该加强人文关怀，设身处地为职工着想，给职工更多的关心呵护，进一步增强职工对企业的认同感、归属感。

 案例2

工地工作六天受伤农民工应如何认定劳动关系？

基本案情

2022年4月13日，王某入职某建设公司担任木工岗位。入职后，公司并未与王某签订书面劳动合同，但实际上对王某进行了工作安排和考勤管理。2022年4月19日，王某在工作中胸口处受伤。公司仅向王某微信转账2000元作为受伤的补偿，但是该费用远不及治疗伤病的开销。此后，王某多次与公司沟通赔偿事宜，均被拒绝。王某想通过申请工伤认定来解决医药费等问题，但由于未与公司签订劳动合同，无法确认劳动关系。后王某向仲裁委申请仲裁，请求确认劳动关系。

处理结果

仲裁委裁决支持王某的申请请求，确认某建设公司与王某存在劳动关系。随后，王某也顺利认定工伤。

案件点评

现实生活中，有的用人单位为规避法定责任与义务，不与劳动者签订书面劳动合同，往往会对劳动者的权益造成侵害。《工伤保险条例》规定，申请工伤认定应当提交与用人单位存在劳动关系（包括事实劳动关系）的证明材料。如果没有书面劳动合同，劳动者无法直接认定工伤并主张相关权益。确认劳动关系，依据相关规定主要围绕主体资格、劳动者受用人单位管理、劳动者提供的劳动是用人单位业务的组成部分等三个方面来认定。

通过本案希望用人单位规范经营，严格按照劳动法律规定履行相关义务，也提醒广大劳动者，把签订书面劳动合同作为入职后的重点事项，如果单位迟迟不签劳动合同，应当及时维权，拿起法律武器保护自己的合法权益。

第二十章 《就业促进法》相关知识

第一节　《就业促进法》概述

就业关系到每一位劳动者的切身利益，关系到社会和谐稳定，关系到经济社会发展。《就业促进法》是促进社会主义和谐社会建设的一部重要法律，为我国实施积极的就业政策提供了法律保障。

一、《就业促进法》

就业是指具有劳动能力的人，运用生产资料从事合法劳动，并取得相应劳动报酬或经营收入的经济活动。促进就业是指国家应尽可能采取措施，创造就业条件，为劳动者提供尽可能多的就业机会，保持较高就业率，控制失业率增长的活动。就业促进法是国家促进就业，发展和谐劳动关系，推动经济发展同扩大就业良性互动，实现社会和谐稳定的保障性法律。

二、《就业促进法》的立法目的

《就业促进法》，将促进就业的各项政策措施法律化和制度化，对于扩大就业、减少失业，提高就业质量和水平具有重要作用。其立法目的可以概括为：扩大就业，创造就业条件；促进经济发展与扩大就业相协调；促进社会和谐稳定。

三、我国的就业方针

《就业促进法》明确了"劳动者自主择业、市场调节就业、政府促进就业"的就业方针。

劳动者自主择业，指充分调动劳动者就业的主动性和能动性，促进他们发挥就业潜能和提高职业技能，依靠自身努力，自谋职业和自主创业，尽快实现就业。

市场调节就业，是指充分发挥人力资源市场在促进就业中的基础作用。通过市场提供供求信息，引导劳动者合理流动和就业；通过用人单位自主用人和劳动者自主择业，实现供求双方相互选择；通过市场工资价位信息，调节劳动力供求关系。

政府促进就业，是指充分发挥政府在促进就业中的重要职责。通过发展经济和调节产业结构，实施积极的就业政策，扩大就业机会；通过规范人力资源市场，维护公平就业；通过完善公共就业服务和加强职业教育和培训，创造就业条件；通过提供就业援助，帮助困难群体就业。

四、我国就业的政策支持

国家把扩大就业放在经济社会发展的突出位置，实施积极的就业政策。为了建立促进就业的长效机制，《就业促进法》将积极的就业政策上升为法律规范，并按照促进就业工作的要求，规定了政策支持的法律内容。

（一）努力开辟就业门路，积极创造就业岗位。实行有利于促进就业的产业政策，坚持扩大内需的方针，保持国民经济必要的增长速度，积极调整经济结构，提高经济增长对就业的拉动能力，千方百计扩大就业。鼓励各类企业在法律、法规认可的范围内，通过兴办产业或者拓展经营，增加就业岗位。

（二）加大资金投入，改善就业环境，扩大就业。各级政府要调整财政支出结构，加大就业资金投入，实行有利于促进就业的财政政策。县级以上人民政府应当根据就业状况和就业工作目标，在财政预算中安排就业专项资金用于促进就业工作。

（三）完善和落实促进就业的扶持政策。实行有利于促进就业的税收政策，扶持失业人员和残疾人就业，对符合法定条件的企业和人员依法给予税收优惠；实行有利于促进就业的金融政策，增加中小企业的融资渠道，加大对中小企业的信贷支持，并对自主创业人员在一定期限内给予小额信贷等扶持；建立健全就业援助制度，对就业困难人员给予扶持和帮助。

（四）实行统筹就业政策，加强对就业的宏观调控。实行城乡统筹、区域统筹和群体统筹的就业政策，建立健全城乡劳动者平等就业制度；鼓励区域协作，支持民族地区发展经济；做好城镇新增劳动力、农业富余劳动力转移就业和失业人员就业工作，做好下岗失业人员、大学生、复员军人、残疾人、农民工等群体的就业工作。

（五）实行有利于灵活就业的劳动和社会保险政策。各级人民政府采取措施，逐步完善和实施与非全日制用工等灵活就业相适应的劳动和社会保险政策，为灵活就业人员提供帮助和服务。实行失业保险促进就业政策，加强对大规模失业的预防、调节和控制。

（六）改进就业服务面，加强再就业培训。建立健全公共就业服务制度，运用现代化的信息网，为下岗失业人员及时准确地提供就业信息，帮助下岗失业人员自谋职业和自主创业。加强再就业培训，充分利用全社会现有的教育资源，组织开展多层次、多形式的再就业培训，提高下岗失业人员的就业能力。对有开业条件的人员开展创业培训和开业指导，提供项目咨询、跟踪扶持等服务，通过培养创业带头人来带动更多人就业。

第二节　促进就业的主要内容

一、公平就业

为了维护劳动者的平等就业权，反对就业歧视，《就业促进法》对公平就业进行了规定，以保障劳动者公平就业的权利。

（一）政府维护公平就业。各级人民政府应当创造公平就业的环境，消除就业歧视，并制定政策和采取措施对就业困难人员给予扶持和援助。

（二）规范用人单位和职业中介机构的行为。用人单位和职业中介机构的行为，往往影响和决定着劳动者的就业机会和就业权利的实现。就业歧视主要发生在用人单位招用人员、职业中介机构从事中介活动的过程中，依法规范他们的行为，对维护劳动者平等就业权至关重要。因此，《就业促进法》规定：用人单位招用人员、职业中介机构从事职业中介活动，应当向劳动者提供平等的就业机会和公平的就业条件，不得实施就业歧视。

（三）妇女享有与男子平等的劳动权利。用人单位招用人员，除国家规定的不适合妇女的工种或者岗位外，不得以性别为由拒绝录用妇女或者提高对妇女的录用标准。同时规定，用人单位录用女职工，不得在劳动合同中规定限制女职工结婚、生育等内容。

（四）各民族劳动者享有平等的劳动权利。用人单位招用人员，应保证各民族劳动者享有平等权利，并依法对少数民族劳动者给予适当照顾。

（五）保障残疾人的劳动权利。各级人民政府应当为残疾人创造就业条件。用人单位招用人员，不得歧视残疾人。

（六）保障传染病病原携带者的平等就业权。用人单位招用人员，不得以是传染病病原携带者为由拒绝录用。但在治愈前或者排除传染嫌疑前，不得从事法律、行政法规和国务院卫生行政部门规定禁止从事的易使传染病扩散的工作。

（七）保障进城就业的农村劳动者的平等就业权。农村劳动者进城就业享有与城镇劳动者平等的劳动权利，不得对农村劳动者进城就业设置歧视性限制。

二、就业服务和管理

（一）就业服务

就业服务是指由特定的机构提供一系列服务措施，以满足劳动者求职就业或用人单位招用人员需求的行为。其主要内容包括职业指导、职业介绍、就业训练、劳动保障事务代理，以及与之附随产生的其他相关服务，如职业咨询、对劳动者的就业状况进行跟踪了解等服务项目。就业服务分为两类：一类是公共就业服务，属于公益性服务活动；另一类是职业中介

服务，属于营利性服务活动。

（二）建立健全公共就业服务体系

公共就业服务是指以促进就业为目的，由政府出资，向劳动者提供的公益性就业服务。公共就业服务体系是一个公共的、无偿的职业介绍体系。公共就业服务机构应由政府建立，在政府领导或监管下开展业务活动，政府应给予充分的资金保障；公共就业服务机构应当形成体系，主要由中央主管部门、地区性就业服务机构和地方就业服务机构组成，上下形成网络，在一定程度上覆盖全国；公共就业服务机构的职员应是政府公务人员，并保证其职业稳定。

（三）发展人力资源市场

县级以上人民政府培育和完善统一开放、竞争有序的人力资源市场，为劳动者就业提供服务；加强人力资源市场信息网络及相关设施建设，建立健全人力资源市场信息服务体系，完善市场信息发布制度，为劳动者就业提供服务；对职业中介机构提供公益性就业服务的，按照规定给予补贴。

（四）规范对职业中介机构的管理

职业中介机构是人力资源市场的载体，职业中介服务对促进劳动力供求均衡、减少劳动力市场摩擦、促进劳动力合理流动等方面具有重要作用。但是，中介服务是营利性活动，服务过程中易产生违法行为。因此，必须加强对职业中介机构的规范管理。

1. 从事职业中介活动的原则。从事职业中介活动，应当遵循合法、诚实信用、公平、公开的原则。

2. 设立职业中介机构条件。有明确的章程和管理制度；有固定场所、办公设施和开办资金；有相应职业资格的专职工作人员；法律、法规规定的其他条件。应当依法办理行政许可，经许可的职业中介机构，应当向工商行政部门办理登记；未经依法许可和登记的机构，不得从事职业中介活动。

3. 职业中介机构的禁止性行为。提供虚假就业信息；为无合法证照的用人单位提供职业中介服务；伪造、涂改、转让职业中介许可证；扣押劳动者的居民身份证和其他证件，或者向劳动者收取押金；其他违反法律、法规规定的行为。地方各级人民政府和有关部门不得举办或者与他人联合举办经营性的职业中介机构。非法从事职业中介活动的，要依法承担法律责任。

三、职业教育和培训

职业教育和培训指按照职业或劳动岗位对劳动者的要求，以获得、开发和提高劳动者的职业技能为目的的教育和训练活动。职业教育和培训是提高劳动者素质，增强其就业能力，促进实现就业和稳定就业的重要途径。

（一）职业教育与培训必须坚持的原则和方向

根据《职业教育法》第 4 条规定，职业教育必须坚持中国共产党的领导，坚持社会主义办学方向，贯彻国家的教育方针，坚持立德树人、德技并修，坚持产教融合、校企合作，坚持面向市场、促进就业，坚持面向实践、强化能力，坚持面向人人、因材施教。

（二）各级人民政府的职责

1. 制订和实施职业能力开发计划，加强对劳动者的职业技能操作训练。

2. 加强统筹协调，鼓励和支持各类职业院校、职业技能培训机构和用人单位依法开展就业前培训、在职培训、再就业培训和创业培训，鼓励劳动者参加各种形式的培训。

3. 鼓励、指导企业加强职业教育和培训。

4. 建立健全劳动预备制度，对有就业要求的初高中毕业生实行一定期限的职业教育和培训，使其取得相应的职业资格或者掌握一定的职业技能。

5. 鼓励和支持开展就业培训，帮助失业人员提高职业技能，增强其就业能力和创业能力。失业人员参加就业培训的，按照有关规定享受政府培训补贴。

6. 采取有效措施，组织和引导进城就业的农村劳动者参加技能培训，鼓励各类培训机构为其提供技能培训，增强其就业能力和创业能力。

（三）企业的职责

企业应当按照国家有关规定提取职工教育经费，对劳动者进行职业技能培训和继续教育培训。企业未提取或未足额提取职工教育经费，或者挪用职工教育经费的，由劳动行政部门责令改正，并依法给予处罚。

（四）职业教育和培训机构的职责

职业院校、职业技能培训机构应当与企业密切联系，实行产教结合，为经济建设服务，培养实用人才和熟练劳动者。

（五）建立职业资格证书制度

职业资格证书是劳动就业制度的一项重要内容，也是一种特殊形式的国家考试制度。它是指按照国家制定的职业技能标准或任职资格条件，通过政府认定的考核鉴定机构，对劳动者的技能水平或职业资格进行客观公正、科学规范的评价和鉴定，对合格者授予相应的国家职业资格证书。这一制度的实施，有助于提高劳动者的职业技能水平，促进职业市场的健康发展。

四、就业援助制度

就业援助制度是指国家对就业困难人员实施就业优先扶持和重点帮助的制度。就业援助是构建社会主义和谐社会的基础工作之一，充分体现国家对就业困难人员的关怀。

（一）就业援助的对象

就业援助的对象指就业困难人员。就业困难人员即因身体状况、技能水平、家庭因素、失去土地等原因难以实现就业，以及连续失业一定时间仍未能实现就业的人员。

（二）就业援助的措施

1. 各级人民政府建立健全就业援助制度，采取税费减免、贷款贴息、社会保险补贴、岗位补贴等办法，通过公益性岗位安置等途径，对就业困难人员实行优先扶持和重点帮助。

2. 地方各级人民政府加强基层就业援助服务工作，对就业困难人员实施重点帮助，提供有针对性的就业服务和公益性岗位援助；鼓励和支持社会各方面为就业困难人员提供技能培训、岗位信息等服务。

3.政府投资开发的公益性岗位，应当优先安排符合岗位要求的就业困难人员。被安排在社区公益性岗位工作的，按照国家规定给予岗位补贴。

4.各级人民政府采取特别扶助措施，促进残疾人就业，并要求用人单位按照国家规定安排残疾人就业。

（三）对城市零就业家庭的就业援助

城市零就业家庭指城镇居民家庭中，在法定劳动年龄内，具有劳动能力和就业需求的家庭成员，均处于失业状态的家庭。县级以上地方人民政府应采取多种就业形式，拓宽公益性岗位范围，开发就业岗位，确保城市有就业需求的家庭至少有 1 人实现就业。《就业促进法》同时规定了街道、社区公共就业服务机构在就业援助中的具体职责。

（四）对就业压力大的特定地区的扶持

国家鼓励资源开采型城市和独立工矿区发展与市场需求相适应的产业，引导劳动者转移就业。对因资源枯竭或者经济结构调整等原因造成就业困难人员集中的地区，上级人民政府应当给予必要的扶持和帮助。

第三节 促进就业的法律保障

一、监督检查

这里所讲的监督检查是指县级以上人民政府、有关部门及劳动行政部门依法对促进就业工作和《就业促进法》的执行情况进行的监督检查。

（一）监督检查的主体

1.县级以上人民政府；

2. 审计机关和财政部门；

3. 劳动行政部门。

（二）监督检查的对象和内容

1. 县级以上人民政府按照促进就业目标责任制的要求，对所属的有关部门和下一级人民政府进行考核和监督。

目标责任制是指确定工作方向，制定相关措施，并在一定时期内完成预期的工作任务的责任制度。在就业促进工作的监督检查中要求各级人民政府和有关部门建立一套促进就业的目标责任制度，由县级以上人民政府按照促进就业目标责任制的要求，对所属的有关部门和下一级人民政府进行考核和监督。通过监督和检查使促进就业工作持续有效地发展。

2. 审计机关、财政部门应当依法对就业专项资金的管理和使用情况进行监督检查。

3. 劳动行政部门对《就业促进法》实施情况进行监督检查，建立举报制度，受理对违法行为的举报，并及时予以核实处理。

二、法律责任

法律责任是指法律关系主体基于其违法行为，按照法律规定必须承担的法律后果。《就业促进法》规定了用人单位、职业中介机构、国家、政府及有关部门、有关组织的法律义务。当行为人违反法律规定，不履行就业促进法规定的义务时，要承担相应的法律责任。

（一）行政责任。行为人违反法律规定，不履行就业促进法规定的义务的，由国家行政机关依法给予行政处分、责令改正、行政处罚等行政制裁。

（二）民事责任。违反就业促进法规定，侵害劳动者合法权益造成损失的应当承担赔偿损失、停止侵害等民事法律责任。

（三）刑事责任。行为人的行为构成犯罪的，依法追究刑事责任。

思考题

1. 我国的就业方针是什么？

2. 劳动者就业有哪些政策支持？

3. 如何促进公平就业？

4. 如何加强职业教育和培训？

5. 国家采取哪些办法和途径，对就业困难人员实行就业援助？

 案例

遭遇就业地域歧视可请求赔偿精神抚慰金
——闫某某诉某公司平等就业权纠纷案

一、基本案情

某公司通过某招聘平台向社会发布了一批公司人员招聘信息。闫某某投递了求职简历，其投递的求职简历中，户籍所在地填写为"××省××市"。某公司查阅其投递的简历后，认为闫某某不适合招聘岗位，原因为闫某某系××省人。闫某某认为，某公司上述地域歧视行为，违反《就业促进法》的相关规定，严重侵犯了其人格权，提起诉讼，请求判令：某公司向其口头道歉、登报道歉、支付精神抚慰金6万余元。

二、裁判结果

人民法院认为，劳动者依法享有平等就业权。对平等就业权的侵害会损害劳动者的人格尊严，受害人有权依照民事法律规定，请求用人单位承担民事责任。就业歧视的本质特征是没有正当理由地差别对待劳动者。用人单位招用人员，不得实施就业歧视。本案中，某公司在案涉招聘活动中因"××省人"这一地域事由对闫某某实施了不合理差别对待，损害了闫某某平等获得就业机会和就业待遇的权利，构成对闫某某平等就业权的侵害，主观上具有明显过错。故判令某公司向闫某某支付精神抚慰金9000元，由某公司向闫某某口头道歉并在国家级媒体登报道歉。

三、典型意义

平等就业权是每个劳动者依法享有的权利。《就业促进法》第26条规定，用人单位招用人员、职业中介机构从事职业中介活动，应当向劳动者提供平等的就业机会和公平的就业条件，不得实施就业歧视。本案通过厘清权利的边界，依法对用人单位用工自主权予以规范，旗帜鲜明地否定侵害劳动者平等就业权的歧视行为，对遭受侵害的劳动者给予及时和充分救济，维护了社会公平正义，体现了文明、平等、公正的社会主义核心价值观，为助力形成公平、高效的用工秩序和市场环境，构建和谐劳动关系，更好满足人民日益增长的美好生活需要提供了有力的司法保障。

第二十一章　《劳动合同法》相关知识

第一节　劳动合同法概述

劳动合同是建立和调整劳动关系的基本形式，是促进劳动力资源合理配置的重要手段。贯彻实施《劳动合同法》，对于实现劳动关系双方力量与利益的平衡、促进劳动关系规范有序发展、构建和发展和谐稳定的劳动关系、促进社会主义和谐社会建设，都具有十分重要的意义。

一、《劳动合同法》

劳动合同指劳动者与用人单位之间确立劳动关系、明确双方权利和义务的书面协议。劳动合同法，是调整劳动合同关系的法律规范的总称。

二、《劳动合同法》的立法宗旨

（一）完善劳动合同制度，明确劳动合同双方当事人的权利和义务

制定劳动合同法，是要规范劳动合同的订立、履行、变更、解除或者终止的行为，明确劳动合同中双方当事人的权利和义务，完善劳动合同制度。

（二）保护劳动者的合法权益

从构建和谐稳定的劳动关系的目标出发，立法应定位于向劳动者倾斜。

（三）构建和发展和谐稳定的劳动关系

劳动合同法是实现劳动力资源的市场配置，促进劳动关系和谐稳定的重要法律制度。劳动关系是最基本的社会关系，构建和发展和谐稳定的劳动关系是劳动合同法的最终价值目标。

三、《劳动合同法》的适用范围

1. 中华人民共和国境内的企业、个体经济组织、民办非企业单位等组织与劳动者建立劳动关系，订立、履行、变更、解除或者终止劳动合同。

2.国家机关、事业单位、社会团体和与其建立劳动关系的劳动者，订立、履行、变更、解除或者终止劳动合同。

第二节　劳动合同的订立

一、劳动合同订立的原则

订立劳动合同，应当遵循合法、公平、平等自愿、协商一致、诚实信用的原则。

（一）合法原则

劳动合同的内容和订立劳动合同的目的不能违背法律法规的规定，也不得违背社会公共道德和善良风俗。当事人双方均不得以订立劳动合同的合法形式掩盖非法意图。

（二）公平原则

公平原则是关于当事人订立合同时的合同内容的指导原则。《劳动合同法》设立公平原则的目的，在于订立劳动合同时要兼顾双方的利益，其实质是要求双方当事人之间在利害关系上大体平衡，着重针对劳动合同订立时权利义务的确定。

（三）平等自愿原则

平等，指用人单位和劳动者在缔结合同时法律地位上的平等。在订立劳动合同的过程中，当事人双方都是以劳动关系主体资格出现的，是平等主体之间的关系。劳动者和用人单位在法律上处于平等的地位，平等地决定是否缔结劳动合同。

自愿，指订立劳动合同完全是出于双方当事人自己的真实意志，经过平等协商而达成协议。

（四）协商一致原则

协商一致，指劳动合同的内容、条款，是在法律、法规允许的范围内，由双方当事人共同讨论、协商取得完全一致的意思表示后确定的。双方当事人就合同的主要条款达成一致意见后，合同成立和生效。

（五）诚实信用原则

用人单位招用劳动者时，应当如实告知工作内容、工作条件、工作地点、职业危害、安全生产状况、劳动报酬，以及劳动者要求了解的其他情况；用人单位有权了解劳动者与劳动合同直接相关的基本情况，劳动者应当如实说明。

二、劳动合同的订立

劳动合同由用人单位与劳动者协商一致，并经用人单位与劳动者在劳动合同文本上签字或者盖章生效。《劳动合同法》规定：用人单位自用工之日起即与劳动者建立劳动关系；建立劳动关系，应当订立书面劳动合同；用人单位与劳动者在用工前订立劳动合同的，劳动关系自用工之日起建立；劳动合同应当在建立劳动关系的 1 个月内订立。因此，劳动合同在用工前订立、用工之日订立、用工之日起 1 个月内订立，都符合规定。

三、建立劳动关系的附随义务

1. 用人单位应当依法建立和完善企业劳动规章制度。

用人单位制定、修改或决定直接涉及劳动者切身利益的规章制度，应当经职工代表大会或者全体职工讨论，提出方案和意见。与工会或者职工代表平等协商确定；在规章制度实施中，工会或者职工认为不适当的，有权向用人单位提出，通过协商予以修改完善；直接涉及劳动者切身利益的规章制度须公示或告知劳动者。

2. 劳动合同当事人如实告知的义务。

用人单位招用劳动者时，应当将用人单位的基本情况如实告知劳动者；劳动者也有义务将自己与劳动合同直接相关的基本情况向用人单位如实说明。

3. 用人单位招用劳动者时，禁止扣押证件、要求担保或收取财物。

4.用人单位建立职工名册的义务。职工名册，应当包括劳动者姓名、性别、居民身份证号码、户籍地址及现住址、联系方式、用工形式、用工起始时间、劳动合同期限等内容。

四、劳动合同条款

劳动合同的条款包括必备条款和约定条款两种。

（一）必备条款

1.必备条款的内容

必备条款是指法律规定的劳动合同必须具备的条款。劳动合同应具备以下条款：

（1）用人单位的名称、住所和法定代表人或者主要负责人；

（2）劳动者的姓名、住址和居民身份证或者其他有效身份证件号码；

（3）劳动合同期限；

（4）工作内容和工作地点；

（5）工作时间和休息休假；

（6）劳动报酬；

（7）社会保险；

（8）劳动保护、劳动条件和职业危害防护；

（9）法律、法规规定应当纳入劳动合同的其他事项。

2.关于劳动合同期限的规定

劳动合同的期限分为固定期限、无固定期限和以完成一定的工作任务为期限的劳动合同。

（1）固定期限劳动合同，是指用人单位与劳动者约定合同终止时间的劳动合同。

（2）无固定期限劳动合同，是指用人单位与劳动者约定无确定终止时间的劳动合同。订立无固定期限劳动合同有两种情形。第一，用人单位与劳动者协商一致。第二，出现法律规定的下列情形时，应当订立无固定期限劳动合同：劳动者已在该用人单位连续工作满10年的；用人单位初次实行劳动合同制度或者国有企业改制重新订立劳动合同时，劳动者在该用人单位连续工作满 10 年且距法定退休年龄不足 10 年的；连续订立 2 次固定期限劳动合同的；用人单位自用工之日起满 1 年不与劳动者订立书面劳动合同的。

（3）以完成一定的工作任务为期限的劳动合同，是指用人单位与劳动者约定以某项工作的完成为合同期限的劳动合同。

（二）约定条款

约定条款是指劳动合同当事人双方协商的条款。主要包括：试用期；服务期；商业秘密保护及竞业限制；补充保险和福利待遇等。

1. 试用期

试用期是用人单位和劳动者建立劳动关系后为相互了解、选择而约定的考察期。试用期包含在合同期限以内。

（1）试用期的次数：同一用人单位与同一劳动者只能约定 1 次试用期。

（2）试用期的期限：劳动合同期限 3 个月以上不满 1 年的，试用期不得超过 1 个月；劳动合同期限 1 年以上不满 3 年的，试用期不得超过 2 个月；3 年以上固定期限和无固定期限的劳动合同，试用期不得超过 6 个月。

（3）不得约定试用期的劳动合同：以完成一定工作任务为期限的劳动合同；劳动合同期限不满 3 个月的；非全日制用工。

（4）试用期期间的劳动报酬：劳动者在试用期的工资不得低于本单位相同岗位最低档工资的 80% 或者劳动合同约定工资的 80%，并不得低于用人单位所在地的最低工资标准。

2. 服务期

服务期是用人单位为劳动者提供专项培训费用，进行专业技术培训的情况下，劳动者必须为用人单位提供服务的期限。劳动者违反服务期约定的，应当按照约定向用人单位支付违约金，其数额不得超过用人单位提供的培训费用。用人单位要求劳动者支付的违约金不得超过服务期尚未履行部分所应分摊的培训费用。服务期期间不影响按照正常的工资调整机制提高劳动者的劳动报酬。

3.关于商业秘密保护及竞业限制的规定

劳动合同当事人可以在劳动合同中约定保守秘密的有关事项。约定的保密事项主要是保守用人单位的商业秘密和其知识产权。竞业限制，指用人单位与劳动者约定，劳动者在劳动合同履行和终止后一定期限内，出于保密的目的，不得自营或为他人经营与本单位相竞争的业务。竞业限制的人员限于用人单位的高级管理人员、高级技术人员和其他负有保密义务的人员。在竞业限制期限内按月给予劳动者一定的经济补偿。竞业限制期限最高为2年。

第三节　劳动合同的履行和变更

一、劳动合同的履行

劳动合同的履行是指劳动合同双方当事人按照劳动合同的约定，实现各自权利和义务的活动。劳动合同的履行，应当遵循实际履行、亲自履行、全面履行和协作履行的原则。

二、劳动合同的变更

劳动合同的变更是指劳动合同当事人对依法成立的劳动合同的条款所作的修改和增减。劳动合同的变更必须经劳动者和用人单位协商一致后方可变更，并应当采用书面形式。变更后的劳动合同文本由用人单位和劳动者各执1份。

第四节　劳动合同的解除和终止

一、劳动合同的解除

劳动合同的解除，是指劳动合同订立后，尚未全部履行以前，由于某种原因导致劳动合同一方或双方当事人提前终止劳动关系的法律行为。劳动合同的解除包括协商解除和法定解除。协商解除指劳动合同履行过程中，当事人经协商一致同意解除合同。法定解除指在合同履行过程中出现法定解除合同的情形，当事人有权解除合同。

（一）劳动者依法解除合同的情形

1. 提前通知解除：劳动者提前 30 日以书面形式通知用人单位，可以解除劳动合同。劳动者在试用期内提前 3 日通知用人单位，可以解除劳动合同。劳动者的这项权利，通常称为"辞职权"。

2. 随时通知解除：用人单位未按照劳动合同约定提供劳动保护或者劳动条件的；未及时足额支付劳动报酬的；未依法为劳动者缴纳社会保险费的；用人单位的规章制度违反法律、法规的规定，损害劳动者权益的；无效或部分无效劳动合同；法律、行政法规规定劳动者可以解除劳动合同的其他情形。

3. 无须通知立即解除：用人单位以暴力、威胁或者非法限制人身自由的手段强迫劳动者劳动的，或者用人单位违章指挥、强令冒险作业危及劳动者人身安全的。

（二）用人单位解除劳动合同的情形

1. 随时解除：劳动者在试用期间被证明不符合录用条件的；严重违反用人单位的规章制度的；严重失职，营私舞弊，给用人单位造成重大损害的；劳动者同时与其他用人单位建立劳动关系，对完成本单位的工作任务造成严重影响，或者经用人单位提出，拒不改正的；以欺诈、胁迫的手段或者乘人之危，使用人单位在违背真实意思的情况下订立或者变更劳动合同的；被依法追究刑事责任的。

2. 预告通知解除：有下列情形之一的，用人单位提前 30 日以书面形式通知劳动者本人或者额外支付劳动者 1 个月工资后，可以解除劳动合同：劳动者患病或者非因工负伤，在规定的医疗期满后不能从事原工作，也不能从事由用人单位另行安排的工作的；劳动者不能胜任工作，经过培训或者调整工作岗位，仍不能胜任工作的；劳动合同订立时所依据的客观情况发生重大变化，致使劳动合同无法履行，经用人单位与劳动者协商，未能就变更劳动合同内容达成协议的。

3. 企业经济性裁员：经济性裁员也称非过失性辞退，指用人单位由于经济性原因一次性辞退部分劳动者的行为。经济性裁员属于用人单位解除劳动合同的一种情形，为保障劳动者的合法权益，平衡用人单位与劳动者的权利义务，劳动合同法严格规定了经济性裁员的范围和程序。

（三）用人单位不得解除劳动合同的情形

从事接触职业病危害作业的劳动者未进行离岗前职业健康检查，或者疑似职业病病人在诊断或者医学观察期间的；在本单位患职业病或者因工负伤并被确认丧失或者部分丧失劳动能力的；患病或者非因工负伤，在规定的医疗期内的；女职工在孕期、产期、哺乳期的；在本单位连续工作满15 年，且距法定退休年龄不足 5 年的；法律、行政法规规定的其他情形。

二、劳动合同的终止

劳动合同终止，指劳动合同期限届满或者有其他符合法律规定的情形出现导致劳动合同关系终结。劳动合同终止的情形：劳动合同期满的；劳动者开始依法享受基本养老保险待遇的；劳动者死亡，或者被人民法院宣告死亡或者宣告失踪的；用人单位被依法宣告破产的；用人单位被吊销营业执照、责令关闭、撤销或者用人单位决定提前解散的；法律、行政法规规定的其他情形。

三、经济补偿

经济补偿是用人单位解除或终止劳动合同时，给予劳动者的一次性经济补助。

（一）经济补偿的标准

经济补偿按劳动者在本单位工作的年限，每满 1 年支付 1 个月工资的经济补偿。6 个月以上不满 1 年的，按 1 年计算；不满 6 个月的，支付半个月工资的经济补偿。

（二）计算基数

经济补偿的月工资是指劳动者在劳动合同解除或者终止前 12 个月的平均工资。

（三）计算封顶

从月工资基数和工作年限两方面进行限制。劳动者月工资高于用人单位所在直辖市、设区的市级人民政府公布的本地区上年度职工月平均工资 3 倍的，向其支付经济补偿的标准按职工月平均工资 3 倍的数额支付。支付经济补偿的工作年限最高不超过 12 年。

第五节　劳务派遣和非全日制用工

一、劳务派遣

（一）劳务派遣

劳务派遣，指劳务派遣单位与被派遣劳动者订立劳动合同后，将该劳动者派遣到用工单位从事劳动的一种特殊的用工形式。其特点是：劳务派遣单位与被派遣劳动者建立劳动关系，但不用工，即不直接管理和指挥劳动者从事劳动；用工单位直接管理和指挥劳动者从事劳动，但是与劳动者之间不建立劳动关系。

(二) 用工范围和用工比例

用工单位只能在临时性、辅助性或者替代性的工作岗位上使用被派遣劳动者。临时性工作岗位是指存续时间不超过 6 个月的岗位；辅助性工作岗位是指为主营业务岗位提供服务的非主营业务岗位；替代性工作岗位是指用工单位的劳动者因脱产学习、休假等原因无法工作的一定期间内，可以由其他劳动者替代工作的岗位。

用工单位决定使用被派遣劳动者的辅助性岗位，应当经职工代表大会或者全体职工讨论，提出方案和意见，与工会或者职工代表平等协商确定，并在用工单位内公示。

用工单位应当严格控制劳务派遣用工数量，不得超过其用工总量的一定比例。

(三) 劳动合同、劳务派遣协议的订立和履行

1. 劳动合同

劳务派遣单位应当依法与被派遣劳动者订立 2 年以上的固定期限书面劳动合同。

劳务派遣单位可以依法与被派遣劳动者约定试用期。劳务派遣单位与同一被派遣劳动者只能约定 1 次试用期。

2. 劳务派遣协议

劳务派遣协议应当载明下列内容：

(1) 派遣的工作岗位名称和岗位性质；

(2) 工作地点；

(3) 派遣人员数量和派遣期限；

(4) 按照同工同酬原则确定的劳动报酬数额和支付方式；

(5) 社会保险费的数额和支付方式；

(6) 工作时间和休息休假事项；

(7) 被派遣劳动者工伤、生育或者患病期间的相关待遇；；

(8) 劳动安全卫生以及培训事项；

（9）经济补偿等费用；

（10）劳务派遣协议期限；

（11）劳务派遣服务费的支付方式和标准；

（12）违反劳务派遣协议的责任；

（13）法律、法规、规章规定应当纳入劳务派遣协议的其他事项。

3. 劳务派遣单位应当对被派遣劳动者履行的义务

（1）如实告知被派遣劳动者《劳动合同法》第8条规定的事项、应遵守的规章制度以及劳务派遣协议的内容；

（2）建立培训制度，对被派遣劳动者进行上岗知识、安全教育培训；

（3）按照国家规定和劳务派遣协议约定，依法支付被派遣劳动者的劳动报酬和相关待遇；

（4）按照国家规定和劳务派遣协议约定，依法为被派遣劳动者缴纳社会保险费，并办理社会保险相关手续；

（5）督促用工单位依法为被派遣劳动者提供劳动保护和劳动安全卫生条件；

（6）依法出具解除或者终止劳动合同的证明；

（7）协助处理被派遣劳动者与用工单位的纠纷；

（8）法律、法规和规章规定的其他事项。

4. 用工单位对劳动者的义务

用工单位应当执行国家劳动标准，提供相应的劳动条件和劳动保护；告知被派遣劳动者的工作要求和劳动报酬；对在岗被派遣劳动者进行工作岗位所必需的培训；连续用工的，实行正常的工资调整机制；不得将被派遣劳动者再派遣到其他用人单位。

用工单位应当依法向被派遣劳动者提供与工作岗位相关的福利待遇，不得歧视被派遣劳动者。

被派遣劳动者在用工单位因工作遭受事故伤害的，劳务派遣单位应当依法申请工伤认定，用工单位应当协助工伤认定的调查核实工作。劳务派遣单位承担工伤保险责任，但可以与用工单位约定补偿办法。

被派遣劳动者在申请进行职业病诊断、鉴定时，用工单位应当负责处理职业病诊断、鉴定事宜,并如实提供职业病诊断、鉴定所需的劳动者职业史和职业危害接触史、工作场所职业病危害因素检测结果等资料,劳务派遣单位应当提供被派遣劳动者职业病诊断、鉴定所需的其他材料。

(四)被派遣劳动者的权利

被派遣劳动者主要享有两项权利:与用工单位的劳动者同工同酬的权利;在劳务派遣单位或者用工单位依法参加或者组织工会的权利。

二、非全日制用工

非全日制用工,是指以小时计酬为主,劳动者在同一用人单位一般平均每日工作时间不超过4小时,每周工作时间累计不超过24小时的用工形式。其特点是:劳动者可以和多个单位建立劳动关系;劳动合同可以采用口头形式,且不得设立试用期;非全日制用工的工资以小时计酬,且支付周期不超过15日;非全日制用工双方可以随时通知对方终止劳动关系。

思考题

1. 订立劳动合同应当遵循哪些原则?

2. 简述劳动合同的条款。

3. 订立无固定期限劳动合同有哪几种情形?

4. 劳动者解除劳动合同有哪几种情形?

5. 用人单位解除劳动合同有哪几种情形?

6. 简述解除或终止劳动合同的经济补偿。

7. 劳务派遣单位和用工单位应当对被派遣劳动者履行哪些义务??

8. 非全日制用工有什么特点?

案例1

劳动者拒绝违法超时加班安排,用人单位能否解除劳动合同?

基本案情

张某于2020年6月入职某快递公司,双方订立的劳动合同约定试用期为 3 个月，试用期月工资为 8000 元，工作时间执行某快递公司规章制度相关规定。某快递公司规章制度规定，工作时间为早 9 时至晚 9 时，每周工作 6 天。2 个月后，张某以工作时间严重超过法律规定上限为由拒绝超时加班安排，某快递公司即以张某在试用期间被证明不符合录用条件为由与其解除劳动合同。张某向劳动人事争议仲裁委员会（简称仲裁委员会）申请仲裁。

申请人请求

请求裁决某快递公司支付违法解除劳动合同赔偿金 8000 元。

处理结果

仲裁委员会裁决某快递公司支付张某违法解除劳动合同赔偿金 8000 元（裁决为终局裁决）。仲裁委员会将案件情况通报劳动保障监察机构，劳动保障监察机构对某快递公司规章制度违反法律、法规规定的情形责令其改正，给予警告。

案例分析

本案的争议焦点是张某拒绝违法超时加班安排，某快递公司能否与其解除劳动合同。

《劳动法》第 41 条规定："用人单位由于生产经营需要，经与工会和劳动者协商后可以延长工作时间，一般每日不得超过一小时；因特殊原因需要延长工作时间的，在保障劳动者身体健康的条件下延长工作时间每日不得超过三小时，但是每月不得超过三十六小时。"第 43 条规定："用人单位不得违反本法规定延长劳动者的工作时间。"《劳动合同法》第 26 条规定："下列劳动合同无效或者部分无效：……（三）违反法律、行政法规强制性规定的。"为确保劳动者休息权的实现，我国法律对延长工作时间的上限予以明确规定。用人单位制定违反法律规定的加班制度，在劳动合同中与劳动者约定违反法律规定的加班条款，均应认定为无效。

本案中，某快递公司规章制度中"工作时间为早 9 时至晚 9 时，每周工作 6 天"的内容，严重违反法律关于延长工作时间上限的规定，应认定为无效。张某拒绝违法超时加班安排，系维护自己合法权益，不能据此认定其在试用期间被证明不符合录用条件。故仲裁委员会依法裁决某快递公司支付张某违法解除劳动合同赔偿金。

典型意义

《劳动法》第4条规定："用人单位应当依法建立和完善规章制度，保障劳动者享有劳动权利和履行劳动义务。"法律在支持用人单位依法行使管理职权的同时，也明确其必须履行保障劳动者权利的义务。用人单位的规章制度以及相应工作安排必须符合法律、行政法规的规定，否则既要承担违法后果，也不利于构建和谐稳定的劳动关系、促进自身健康发展。

 案例2

用人单位恶意变更劳动合同主体职工该如何维权？

基本案情

赵某自2019年12月起任职于A公司，双方签订劳动合同，赵某担任采购员一职。2022年6月15日，A公司要求赵某与B公司重新签订劳动合同，该劳动合同没有工龄连续计算的条款。A公司未支付解除劳动合同经济补偿金。2022年7月22日，A公司突然以B公司正在申请破产为由，通知赵某尽快来公司办理离职手续，并通知其社保已于2022年7月1日起停缴且公司不承担任何补偿或赔偿责任。赵某于是向仲裁委申请劳动仲裁，要求支付工资差额和解除劳动合同经济补偿等。被申请人为A、B两公司，B公司以已经破产为由拒绝承担任何补偿或者赔偿责任。因B公司资不抵债已申请破产，存在无法偿付的风险，赵某变更仲裁请求，请求A公司承担相关责任。

处理结果

仲裁委裁决A公司应向赵某支付工资差额以及解除劳动合同经济补偿等共计18812.26元。

案件点评

本案中，用人单位通过"换签劳动合同"主体，将劳动者换签到即将申请破产的公司，从而以"合法理由"与劳动者解除劳动合同后并拒绝支付解除劳动合同经济补偿。根据《最高人民法院关于审理劳动争议案件适用法律问题的解释（一）》相关规定，劳动者非因本人原因从原用人单位被安排到新用人单位工作，工作年限是应当连续计算的。劳动者和法援律师将换签劳动合同前的用人单位一并申请劳动仲裁，最终仲裁庭裁定由原用人单位支付解除劳动合同经济补偿金，并合并计算工龄。综上所述，劳动者应警惕换签劳动合同，避免自己的合法权益受到侵害。

第二十二章　安全生产法相关知识

第一节　安全生产法概述

一、我国安全生产法律法规体系

安全生产法是调整社会生产经营活动中所产生的同安全生产有关的各方面关系和行为的法律规范的总称。按照我国的立法规则，安全生产法应包括以下内容。

（一）全国人大及其常委会制定的有关安全生产的法律，如《劳动法》《工会法》《安全生产法》《矿山安全法》《煤炭法》《消防法》《道路交通安全法》《特种设备安全法》等。

（二）国务院制定的有关安全生产的行政法规，如《国务院关于特大安全事故行政责任追究的规定》《女职工劳动保护特别规定》《矿山安全条例》《矿山安全监察条例》《安全生产许可证条例》《生产安全事故报告和调查处理条例》等。

（三）国务院有关部门制定的有关安全生产的部门规章，如《安全生产培训管理办法》《煤矿安全监察行政处罚办法》《安全生产事故隐患排查治理暂行规定》《建设项目安全设施"三同时"监督管理暂行办法》《生产经营单位从业人员安全生产举报处理规定》等。

（四）各省、自治区、直辖市人大及其常委会制定的有关安全生产的地方性法规。

（五）各省、自治区、直辖市人民政府制定的有关安全生产的地方规章。

（六）国务院有关部门依法制定的国家标准或行业标准，如《煤炭工业矿井设计规范》等。

（七）已批准的国际劳工公约。

二、《安全生产法》简介

《安全生产法》由第九届全国人民代表大会常务委员会第二十八次会议于 2002 年 6 月 29 日通过公布，自 2002 年 11 月 1 日起施行。根据 2009 年 8 月 27 日第十一届全国人民代表大会常务委员会第十次会议通过的《关于修改部分法律的决定》，进行第一次修正。2014 年 8 月 31 日第十二届全国人民代表大会常务委员会第十次会议通过《关于修改〈中华人民共和国安全生产法〉的决定》，进行第二次修正。根据 2021 年 6 月 10 日第十三届全国人民代表大会常务委员会第二十九次会议《关于修改〈中华人民共和国安全生产法〉的决定》第三次修正。新修正的《安全生产法》共 7 章，119 条。

第二节　生产经营单位的安全生产保障

一、生产经营单位的基本义务

《安全生产法》第 4 条规定："生产经营单位必须遵守本法和其他有关安全生产的法律、法规，加强安全生产管理，建立健全全员安全生产责任制和安全生产规章制度，加大对安全生产资金、物资、技术、人员的投入保障力度，改善安全生产条件，加强安全生产标准化、信息化建设，构建安全风险分级管控和隐患排查治理双重预防机制，健全风险防范化解机制，提高安全生产水平，确保安全生产。平台经济等新兴行业、领域的生产经营单位应当根据本行业、领域的特点，建立健全并落实全员安全生产责任制，加强从业人员安全生产教育和培训，履行本法和其他法律、法规规定的有关安全生产义务。"根据这一规定，生产经营单位安全生产基本义务主要如下。

（一）遵守法律法规

生产经营单位必须遵守《安全生产法》和其他有关安全生产的法律、法规。安全生产管理，必须坚持依法治理的原则。遵守安全生产法律法规，是所有生产经营单位必须履行的义务。安全生产法是安全生产的专门法律，确立了有关安全生产的各项基本法律制度，是生产经营单位在安全生产方面必须遵守的行为规范；其他有关安全生产的法律，包括矿山安全法、建筑法、煤炭法等法律，以及特种设备安全法等专门领域的法律。对这些有关安全生产的法律、法规，各生产经营单位都必须严格执行。

（二）加强安全生产管理

安全生产管理是生产经营单位管理的重要内容。生产经营单位必须严格遵守安全生产法律法规，依法依规加强安全生产，要依法设置安全生产管理机构、配备安全生产管理人员，建立、健全本单位安全生产的各项规章制度并组织实施，保持安全设备设施完好有效。生产经营单位的主要负责人、实际控制人要切实承担起安全生产第一责任人的责任，带头执行现场带班等制度，加强现场安全管理。做好对从业人员的安全生产教育和培训，企业主要负责人、安全管理人员、特种作业人员一律经严格考核，持证上岗。职工必须全部经培训合格后才能上岗。坚持不安全不生产，切实加强安全生产管理。

（三）建立健全全员安全生产责任制和安全生产规章制度

全员安全生产责任制，是生产经营单位岗位责任制的一个组成部分，是生产经营单位最基本的一项安全制度，是根据我国"安全第一、预防为主、综合治理"的安全生产方针和安全生产法规建立的生产经营单位各级领导、职能部门、工程技术人员、岗位操作人员在劳动生产过程中对安全生产层层负责的制度。全员安全生产责任制是生产经营单位岗位责任制的细化，是生产经营单位安全生产、劳动保护管理制度的核心。在全员安全生产责任制中，主要负责人应对本单位的安全生产工作全面负责，其他各级管理人员、职能部门、技术人员和各岗位操作人员，应当根据各自的工作任务、岗位特点，确定其在安全生产方面应做的工作和应负的责任，并与奖惩制度挂钩。

安全生产规章制度，是以全员安全生产责任制为核心制定的，指引和约束人们在安全生产方面行为的制度，是安全生产的行为准则。其作用是明确各岗位安全职责，规范安全生产行为，建立和维护安全生产秩序。安全生产规章制度包括全员安全生产责任制、安全操作规程和基本的安全生产管理制度，是生产经营单位制定的组织生产过程和进行生产管理的规则和制度的总和，也称为内部劳动规则，是生产经营单位内部的"法律"。

（四）加大对安全生产的投入保障力度，改善安全生产条件

安全生产投入是生产经营单位实现安全发展的前提，是做好安全生产工作的基础，安全生产投入总体上包括资金、物资、技术、人员等方面的投入。安全生产条件，是指生产经营单位在安全生产中的设施、设备、场所、环境等"硬件"方面的条件。生产经营单位必须加大投入保障力度，保障安全生产的各项物质技术条件，其作业场所和各项生产经营的设施、设备、器材和从业人员防护用品等方面，都必须符合保障安全生产的要求。同时，要求生产经营单位在符合安全生产条件的基础上，还要不断改善安全生产条件，从根本上促进安全生产水平的提升。

（五）加强安全生产标准化、信息化建设

安全生产标准化建设。安全生产标准化体现了"安全第一、预防为主、综合治理"的方针，强调生产经营单位安全生产工作的规范化、科学化、系统化和法治化，强化风险管控和过程控制，注重绩效管理和持续改进，符合安全管理的基本规律，代表了现代安全管理的发展方向，是现代安全管理思想与我国传统安全管理方法、生产经营单位具体实际的有机结合，能有效提高企业安全生产水平，从而推动我国安全生产状况的持续稳定好转。安全生产标准化包含安全目标、组织机构和人员、安全责任体系、安全生产投入、法律法规与安全管理制度、队伍建设、生产设备设施、科技创新与信息化、作业管理、隐患排查和治理、危险源辨识与风险控制、安全文化、应急救援、事故的报告和调查处理、绩效评定和持续改进等方面，目的是提高安全生产水平，确保安全生产。

安全生产信息化建设。加强信息化建设是提高安全生产管理水平的重

要手段，是增强安全生产各项管理工作时效性的重要保障。安全生产信息化建设是安全生产的一项基础性工作，为各项安全管理提供技术保障。加强信息化建设，运用现代通信、大数据和互联网等科技手段服务于安全生产工作，建立稳定、高效、可靠的信息化支撑体系，有助于生产经营单位有关人员全面掌握安全生产动态，有效管控安全风险，及时发现并处置事故隐患，提升事故应急救援能力，切实提高本质安全水平。同时，生产经营单位加强信息化建设，能为安全生产监管信息平台及时汇集和提供安全生产的基础数据，通过覆盖全面的信息平台实现安全生产基础信息规范完整、动态信息随时调取、执法过程便捷可溯、应急处置快捷可视、事故规律科学可循，全面提升安全生产信息化水平。

(六) 构建安全风险双重预防机制

构建安全风险分级管控和隐患排查治理双重预防机制，健全风险防范化解机制的主要要求包括：一是坚持关口前移，超前辨识预判岗位、企业、区域安全风险，对辨识出的安全风险进行分类梳理，采取相应的风险评估方法确定安全风险等级，通过实施制度、技术、工程、管理等措施，有效管控各类安全风险；二是强化隐患排查治理，加强过程管控，完善技术支撑、智能化管控、第三方专业化服务的保障措施，通过构建隐患排查治理体系和闭环管理制度，强化监管执法，及时发现和消除各类事故隐患，防患未然；三是强化事后处置，及时、科学、有效应对各类重特大事故，最大限度减少事故伤亡人数、降低损害程度。

(七) 平台经济等生产经营单位的义务

平台经济等新兴行业、领域的生产经营单位应当统筹发展与安全，根据本行业、领域的特点，建立健全并落实全员安全生产责任制，加强从业人员安全生产教育和培训，履行安全生产法和其他法律、法规规定的有关安全生产义务，始终把从业人员生命安全放在首位。

二、安全生产条件

生产经营单位应当具备《安全生产法》和有关法律、行政法规和国家标准或者行业标准规定的安全生产条件。不具备安全生产条件的，不得从事生产经营活动。

根据《安全生产许可证条例》规定，国家对矿山企业、建筑施工企业和危险化学品、烟花爆竹、民用爆破器材生产企业实行安全生产许可制度。企业未取得安全生产许可证的，不得从事生产活动。

三、职工的安全教育和培训

《安全生产法》规定：生产经营单位应当对从业人员进行安全生产教育和培训，保证从业人员具备必要的安全生产知识，熟悉有关的安全生产规章制度和安全操作规程，掌握本岗位的安全操作技能，了解事故应急处理措施，知悉自身在安全生产方面的权利和义务。未经安全生产教育和培训合格的从业人员，不得上岗作业。生产经营单位使用被派遣劳动者的，应当将被派遣劳动者纳入本单位从业人员统一管理，对被派遣劳动者进行岗位安全操作规程和安全操作技能的教育和培训。劳务派遣单位应当对被派遣劳动者进行必要的安全生产教育和培训。生产经营单位接收中等职业学校、高等学校学生实习的，应当对实习学生进行相应的安全生产教育和培训，提供必要的劳动防护用品。学校应当协助生产经营单位对实习学生进行安全生产教育和培训。生产经营单位应当建立安全生产教育和培训档案，如实记录安全生产教育和培训的时间、内容、参加人员以及考核结果等情况。生产经营单位采用新工艺、新技术、新材料或者使用新设备，必须了解、掌握其安全技术特性，采取有效的安全防护措施，并对从业人员进行专门的安全生产教育和培训。生产经营单位的特种作业人员必须按照国家有关规定经专门的安全作业培训，取得相应资格，方可上岗作业。

根据《生产经营单位安全培训规定》，生产经营单位负责本单位从业人员安全培训工作。生产经营单位应当按照安全生产法和有关法律、行政法规和本规定，建立健全安全培训工作制度。

生产经营单位应当进行安全培训的从业人员包括主要负责人、安全生产管理人员、特种作业人员和其他从业人员。生产经营单位使用被派遣劳动者的，应当将被派遣劳动者纳入本单位从业人员统一管理，对被派遣劳动者进行岗位安全操作规程和安全操作技能的教育和培训。劳务派遣单位应当对被派遣劳动者进行必要的安全生产教育和培训。生产经营单位接收中等职业学校、高等学校学生实习的，应当对实习学生进行相应的安全生产教育和培训，提供必要的劳动防护用品。学校应当协助生产经营单位对实习学生进行安全生产教育和培训。

生产经营单位从业人员应当接受安全培训，熟悉有关安全生产规章制度和安全操作规程，具备必要的安全生产知识，掌握本岗位的安全操作技能，了解事故应急处理措施，知悉自身在安全生产方面的权利和义务。

未经安全培训合格的从业人员，不得上岗作业。

四、特种作业人员的资格要求

《安全生产法》规定，生产经营单位的特种作业人员必须按照国家有关规定经专门的安全作业培训，取得相应资格，方可上岗作业。

根据《特种作业人员安全技术培训考核管理办法》的规定，特种作业人员必须具备以下基本条件：

（一）年龄满18周岁；

（二）身体健康，无妨碍从事相应工种作业的疾病和生理缺陷；

（三）初中以上文化程度，具备相应工种的安全技术知识，参加国家规定的安全技术理论和实际操作考核并成绩合格；

（四）符合相应工种作业特点需要的其他条件。

特种作业人员在独立上岗作业前，必须进行与本工种相适应的、专门的安全技术理论学习和实际操作训练，并经考核合格取得操作资格证书。特种作业人员的考核和发证工作，必须坚持公正、公平、公开的原则，不得弄虚作假。

五、建设项目的安全设施

生产经营单位的建设项目是否具备安全设施，对于能否保障安全生产，具有直接的影响。保证安全，首先必须有相应的安全设施，这是保证安全生产的物质基础。《安全生产法》规定："生产经营单位新建、改建、扩建工程项目（以下统称建设项目）的安全设施，必须与主体工程同时设计、同时施工、同时投入生产和使用。安全设施投资应当纳入建设项目概算。"这是对生产经营单位建设项目安全设施与主体工程"三同时"的要求。

生产经营单位新建、改建、扩建工程项目的安全设施落实"三同时"原则，应当符合以下要求。

（一）建设项目的设计单位在编制建设项目投资计划文件时，应同时按照有关法律、法规、国家标准或者行业标准以及设计规范，编制安全设施的设计文件。安全设施的设计不得随意降低安全设施的标准。

（二）生产经营单位在编制建设项目投资计划和财务计划时，应将安全设施所需投资一并纳入计划，同时编报。

（三）对于按照有关规定项目设计需报经主管部门批准的建设项目，在报批时，应当同时报送安全设施设计文件；按照规定，安全设施设计需报主管的负有安全生产监督管理职责的部门审批的，应报主管的负有安全生产监督管理职责的部门批准。

（四）生产经营单位应当要求具体从事建设项目施工的单位严格按照安全设施的施工图纸和设计要求施工。安全设施与主体工程应同时进行施工，安全设施的施工不得偷工减料，降低建设质量。

（五）在生产设备调试阶段，应同时对安全设施进行调试和考核，并对其效果进行评价。

（六）建设项目验收时，应同时对安全设施进行验收。

（七）安全设施应当与主体工程同时投入生产和使用，不得只将主体工程投入使用，而将安全设施摆样子，不予使用。

从事矿山、金属冶炼和危险物品生产、储存、装卸作业活动，危险因素较多、危险性较大，是事故多发的领域。因此，《安全生产法》对矿山、金属冶炼建设项目和用于生产、储存、装卸危险物品的建设项目的设计、施工、验收作了专门规定：矿山、金属冶炼建设项目和用于生产、储存、装卸危险物品的建设项目，应当按照国家有关规定进行安全评价。

建设项目安全评价，是指在建设项目的可行性研究阶段的安全预评价，即根据建设项目可行性研究阶段报告的内容，运用科学的评价方法，分析和预测该建设项目存在的危险、危害因素的种类和危险、危害程度，提出合理可行的安全技术和管理对策，作为该建设项目初步设计中安全设计和建设项目安全管理、监察的重要依据。安全预评价通过分析生产过程中固有的或潜在的危险因素、危害后果以及消除和控制这些危险因素的技术措施和方案，分析建设项目选址、平面位置、安全措施是否符合法律、法规、国家标准或者行业标准、设计规范等国家规定，提出评价建议，并要求在安全设计中实施这些措施，从而保证建设项目的安全。安全预评价一般由生产经营单位委托取得相应资质的为安全生产提供技术服务的机构承担。

六、安全警示标志

《安全生产法》规定："生产经营单位应当在有较大危险因素的生产经营场所和有关设施、设备上，设置明显的安全警示标志。"安全警示标志是指提醒人们注意的各种标牌、文字、符号以及灯光等。在生产经营中存在危险因素的地方，设置安全警示标志，是对从业人员知情权的保障，有利于提高从业人员的安全生产意识，防止和减少生产安全事故的发生。

七、生产经营场所和员工宿舍的安全要求

《安全生产法》规定："生产、经营、储存、使用危险物品的车间、商店、仓库不得与员工宿舍在同一座建筑物内，并应当与员工宿舍保持安全距离。"因为生产、经营、储存、使用危险物品的车间、商店、仓库等是重大危险源，很容易发生爆炸、中毒、火灾等事故，与员工宿舍在同一建筑物内是非常危险的，所以，必须与员工宿舍保持安全距离。安全距离，是指在即使发生生产安全事故时，也不致造成宿舍内员工人身伤害的最短距离要求。安全距离的具体标准通常由有关的国家标准或者行业标准加以规定，从事与危险物品有关活动的生产经营单位必须遵守。

　　《安全生产法》还规定："生产经营场所和员工宿舍应当设有符合紧急疏散要求、标志明显、保持畅通的出口、疏散通道。禁止占用、锁闭、封堵生产经营场所或者员工宿舍的出口、疏散通道。"这就要求生产经营单位在员工宿舍的建设时，要充分考虑安全出口问题，安全出口应当符合紧急疏散需要；出口应当有明显标志，即标志应当设在容易看到的地方，并保证标志清晰、规范、易于识别；出口还应保持畅通，不得放置有碍通行的物品，生产经营单位更不能以任何理由用上锁等方式，封闭、堵塞生产经营场所或者员工宿舍的出口、疏散通道。

八、危险作业的现场安全管理

　　《安全生产法》规定："生产经营单位进行爆破、吊装、动火、临时用电以及国务院应急管理部门会同国务院有关部门规定的其他危险作业，应当安排专门人员进行现场安全管理，确保操作规程的遵守和安全措施的落实。"爆破、吊装、动火、临时用电是比较常见的作业方式，特别是在矿山、建筑施工以及在大型机械制造等单位更是经常采用这几种作业方式。由于爆破、吊装、动火、临时用电是危险作业，容易发生事故，而且一旦发生事故，将会对作业人员和有关人员造成较大的伤害。因此，进行危险作业时，作业人员必须严格按照操作规程进行操作，同时生产经营单位应当采取必要的事故防范措施，以防止生产安全事故的发生。

第三节　劳动者在安全生产方面的权利和义务

一、劳动者在安全生产方面的权利

（一）劳动合同保障权

　　《安全生产法》规定："生产经营单位与从业人员订立的劳动合同，应当载明有关保障从业人员劳动安全、防止职业危害的事项，以及依法为从业人员办理工伤保险的事项。"用人单位不得以任何形式与劳动者订立协议，免除或者减轻其对劳动者因生产安全事故伤亡依法应承担的责任。

（二）知情权

根据《安全生产法》规定，劳动者有权了解其作业场所和工作岗位存在的危险因素、防范措施及事故应急措施。

（三）建议权

根据《安全生产法》规定，劳动者有权对本单位的安全生产工作提出建议。

（四）批评、检举、控告权

《安全生产法》规定："从业人员有权对本单位安全生产工作中存在的问题提出批评、检举、控告。"

（五）拒绝权

拒绝权，是指劳动者有拒绝违章指挥和拒绝强令冒险作业的权利。《安全生产法》规定，从业人员"有权拒绝违章指挥和强令冒险作业"。

（六）紧急避险权

根据《安全生产法》规定，劳动者发现直接危及人身安全的紧急情况时，有权停止作业或者在采取可能的应急措施后撤离作业场所。生产经营单位不得因劳动者行使该项权利而降低其工资、福利等待遇或者解除与其订立的劳动合同。

（七）安全生产教育权

根据《安全生产法》规定，用人单位应当对劳动者进行安全生产教育和培训，保证劳动者具备必要的安全生产知识，熟悉有关的安全生产规章制度和安全操作规程，掌握本岗位的安全操作技能。未经安全生产教育和培训的劳动者，不得上岗作业。

（八）赔偿权

《安全生产法》第 56 条规定：生产经营单位发生生产安全事故后，应当及时采取措施救治有关人员。因生产安全事故受到损害的从业人员，除依法享有工伤保险外，依照有关民事法律尚有获得赔偿的权利的，有权提出赔偿要求。

二、劳动者在安全生产方面的义务

（1）从业人员在作业过程中，应当严格落实岗位安全责任。

（2）从业人员在作业过程中，应当严格遵守本单位的安全生产规章制度和操作规程。

（3）从业人员应当"服从管理"。

（4）从业人员应当"正确佩戴和使用劳动防护用品"。

（5）从业人员应当接受安全生产教育和培训，掌握本职工作所需的安全生产知识，提高安全生产技能，增强事故预防和应急处理能力。

（6）从业人员发现事故隐患或者其他不安全因素，应当立即向现场安全生产管理人员或者本单位负责人报告；接到报告的人员应当及时予以处理。

 思考题

1. 简述我国安全生产法律法规体系。

2. 生产经营单位的安全生产基本义务是什么？

3. 生产经营单位应该具备哪些安全生产条件？

4. 如何对职工进行安全生产教育和培训？

5. 简述生产经营单位新建、改建、扩建工程项目的安全设施"三同时"原则的具体内容。

6. 生产经营场所和员工宿舍的安全有什么要求？

7. 劳动者在安全生产方面有哪些权利和义务？

 案例

宁波鄞州区辰玉金属制品有限公司电焊工

张某某无证上岗作业等两项违法行为案

2023 年 5 月 10 日，宁波市鄞州区应急管理局在对宁波鄞州区辰玉金属制品有限公司开展执法检查时，发现该公司存在电焊工张某某无证上岗作业、未将事故隐患排查治理情况如实记录等行为。执法人员当即下达《责令限期整改指令书》，责令该公司限期整改、对该公司违法行为立案调查。

经核查，该公司行为违反了《安全生产法》第 30 条第 1 款"生产经营单位的特种作业人员必须按照国家有关规定经专门的安全作业培训，取得相应资格，方可上岗作业"、第 41 条第 2 款"生产经营单位应当建立健全并落实生产安全事故隐患排查治理制度，采取技术、管理措施，及时发现并消除事故隐患。事故隐患排查治理情况应当如实记录，并通过职工大会或者职工代表大会、信息公示栏等方式向从业人员通报"的规定。根据《消防法》第 63 条第 2 项和《安全生产法》第 97 条第 1 款第 5、7 项的规定，5 月 11 日，宁波市公安局鄞州分局对张某某作出行政拘留 3 日的行政处罚；5 月 29 日，宁波市鄞州区应急管理局对宁波鄞州区辰玉金属制品有限公司作出罚款人民币 3 万元的行政处罚。

第二十三章　职业病防治法相关知识

第一节　职业病防治法概述

一、职业病

（一）职业病

职业病指企业、事业单位和个体经济组织等用人单位的劳动者在职业活动中，因接触粉尘、放射性物质和其他有毒、有害因素而引起的疾病。由国家确认并经法定程序公布的职业病，称为法定职业病。职业病的主要特点是患者多、危害大，广泛分布于各行业，尤其是中小企业。职业流动性大，危害因素隐蔽，发病晚，危害容易被忽视。职业病危害造成巨大的经济损失，影响长远。

（二）职业病种类

目前我国职业病分为职业性尘肺病及其他呼吸系统疾病、职业性皮肤病、职业性眼病、职业性耳鼻喉口腔疾病、职业性化学中毒、物理因素所致职业病、职业性放射性疾病、职业性传染病、职业性肿瘤、其他职业病10类132种。其中最常见职业病为皮肤病、尘肺、职业中毒。

二、职业病防治法简介

（一）职业病防治法

职业病防治法是调整规范预防、控制和消除职业病危害，防治职业病的法律规范的总称。

2001年10月27日，第九届全国人民代表大会常务委员会第二十四次会议通过了《职业病防治法》，2002年5月1日起施行。根据2011年12月31日第十一届全国人民代表大会常务委员会第二十四次会议《关于修改〈中华人民共和国职业病防治法〉的决定》第一次修正。根据2016

年 7 月 2 日第十二届全国人民代表大会常务委员会第二十一次会议《关于修改〈中华人民共和国节约能源法〉等六部法律的决定》第二次修正。根据 2017 年 11 月 4 日第十二届全国人民代表大会常务委员会第三十次会议《关于修改〈中华人民共和国会计法〉等十一部法律的决定》第三次修正。根据 2018 年 12 月 29 日第十三届全国人民代表大会常务委员会第七次会议《关于修改〈中华人民共和国劳动法〉等七部法律的决定》第四次修正。

(二)《职业病防治法》立法的目的

《职业病防治法》第 1 条规定："为了预防、控制和消除职业病危害，防治职业病，保护劳动者健康及其相关权益，促进经济社会发展，根据宪法，制定本法。"这一规定明确了职业病防治法立法的四方面目的。

1. 预防、控制和消除职业病危害

职业病危害，是指对从事职业活动的劳动者可能导致职业病的各种危害。目前，我国存在的主要职业病危害有如下方面。一是粉尘危害。尘肺是我国发病人数最多、最常见的职业病。在劳动生产过程中能引起尘肺的粉尘多达数十种。二是毒物危害。三是放射性污染危害。需要通过立法以国家强制力来预防职业病危害，控制和消除已经存在的职业病危害。

2. 防治职业病

防治职业病是职业病防治法的直接立法目的。职业病防治法的立法目的就是通过从源头上预防、控制和消除职业病危害，逐步彻底消除职业病对劳动者健康的危害。

3. 保护劳动者健康及其相关权益

保护劳动者健康及其相关权益是职业病防治法立法目的的核心。职业病防治法通过规定劳动者在职业活动中享有的职业卫生保护的权利和用人单位在保护劳动者健康方面的义务，依法让用人单位在保护劳动者的健康及其相关权益上负起责任，用制度来保护劳动者健康及其相关权益，体现了以人为本的理念和依法治国的要求。

4. 促进经济社会发展

劳动者健康素质的高低，直接关系到一个国家的生产力发展水平和发展质量。只有加强职业病防治，预防、控制和消除职业病危害，才能保障劳动者的身体健康，才能使劳动者精神饱满地投入现代化建设中去，才能促进经济社会的发展。

三、职业病防治的方针

根据《职业病防治法》规定，我国职业病防治的方针是：预防为主、防治结合。

（一）预防为主

预防为主是指在职业病防治工作中，要把预防职业病的发生作为根本的目的和首要措施，控制职业病危害源头，并在一切职业活动中尽可能消除和控制职业病危害因素的产生，使工作场所职业卫生状况达到不损害劳动者健康的水平。

（二）防治结合

在突出预防为主的同时，要坚持防治结合。"防"是为了不产生职业病危害，"治"是为了在职业病危害产生后，尽可能降低职业病危害的后果和损失。这里的"治"有两方面含义。一是治理。这是在法律中的主要含义，是指对已存在的职业病危害的识别、评价和控制过程。特别是在当前我国现有职业病危害普遍存在的情况下，必须列入政府的治理计划，限期治理。二是治疗保障。是指职业病患者获得医疗、康复保障的法律规定。

四、职业病防治机制

根据《职业病防治法》规定，我国职业病防治机制是"建立用人单位负责、行政机关监管、行业自律、职工参与和社会监督的机制"。

（一）用人单位负责。职业活动是以用人单位为基础进行的，职业活动中产生的职业病危害因素是用人单位所能控制的。因此，用人单位是职业病防治的主体，应认真落实预防、控制措施，加强职业健康管理和职业病人救治，规范用工行为等主体责任。《职业病防治法》规定："用人单位的主要负责人对本单位的职业病防治工作全面负责。"

（二）行政机关监管。职业卫生监督管理机关应按照职责分工，依法履行职业卫生监管职责。

（三）行业自律。通过行业规范约束行业内的企业行为，促使企业从自身健康发展的需求和保护劳动者健康的角度出发，自觉开展职业病防治工作。

（四）职工参与。职工对违反职业病防治法律、法规以及危及生命健康的行为有权提出批评、检举和控告。《职业病防治法》规定："工会组织依法对职业病防治工作进行监督，维护劳动者的合法权益。用人单位制定或者修改有关职业病防治的规章制度，应当听取工会组织的意见。"

（五）社会监督。任何单位和个人有权对违反《职业病防治法》的行为进行检举和控告。

五、职业病防治的原则

职业病防治工作应当贯彻分类管理和综合治理的原则。

（一）分类管理

分类管理是指在职业病防治工作中，根据不同的职业病危害的致病性质、严重程度等，采取不同的管理措施。

（二）综合治理

《职业病防治法》所规定的综合治理原则，主要有以下几方面。

1. 在职业病防治活动中应当采取一切有效的管理和技术措施，包括立法、行政、经济、科技、民主管理和社会监督等。

2. 职业病防治工作是一项复杂的社会工程，应当建立全面的社会管理体系。卫生行政部门统一负责，各有关部门在各自的职责范围内分工合作，实现职业病防治工作的有效管理。

3. 用人单位在职业病防治工作中，要通过建立健全管理制度、采用无害替代工艺、采取工程防护设施、配备个人防护用品、提高劳动者防护意识等各种措施，达到预防和控制职业病危害的目的。

第二节　职业病危害的前期预防

一、工作场所的基本要求

为了保护劳动者的健康,《职业病防治法》明确规定了工作场所的基本要求,主要如下。

(一) 职业病危害因素的强度或者浓度符合国家职业卫生标准

这是对工作场所最基本的职业卫生要求,它要求工作场所中存在的各种化学性、生物性职业病危害因素的浓度、物理因素和其他职业病有害因素的强度必须在国家卫生标准规定允许范围内,确保工作场所对在该场所工作的劳动者的健康基本无害。

(二) 有与职业病危害防护相适应的设施

职业病防护设施是以消除或者降低工作场所的职业病危害因素浓度或强度,减少职业病危害因素对劳动者健康的损害或影响,达到保护劳动者健康目的的装置,如通风、排毒、除尘、屏蔽、隔离等设施。这些设施应当能有效地消除或者降低工作场所的职业病危害因素浓度或强度,使之符合国家卫生标准。

(三) 生产布局合理,符合有害与无害作业分开的原则

这一规定的目的是使劳动者尽可能减少接触职业病危害因素,要求总平面布置、厂区和设备等生产布局、生产流程必须合理,有害作业与无害作业必须分开,一方面确保从事无害作业的劳动者避免接触职业危害因素。另一方面也缩小了有害作业的范围,减少了职业病防护设施的配备量,使职业卫生防护设施更加有效。既有利于保障劳动者健康,又有利于降低生产成本。

(四) 有配套的更衣间、洗浴间、孕妇休息间等卫生设施

用人单位应当根据劳动者数量,配备相应数量、面积的更衣间、洗浴

间。另外，用人单位还应根据劳动者人数、生活、生理需求，配置相应数量的孕妇休息间、哺乳间、食堂、饮水间、厕所等卫生设施。

（五）设备、工具、用具等设施符合保护劳动者生理、心理健康的要求

生产设备、工具、用具等设施必须适合劳动者的生理特点，如适当的操作高度、作业难度、精细度、劳动强度等，使劳动者能在较为舒适的体位、姿势下作业，减少局部和全身疲劳，避免肌肉、骨骼和器官损伤；同时，劳动条件、劳动组织和作业环境还应适合劳动者的心理特点，应为劳动者创造身心愉快的作业环境。

（六）法律、行政法规和国务院卫生行政部门关于保护劳动者健康的其他要求。

二、职业病危害项目申报制度

职业病危害项目是指存在或者产生职业病危害因素的项目。《职业病防治法》规定：国家建立职业病危害项目申报制度。用人单位工作场所存在职业病目录所列职业病的危害因素的，应当及时、如实向所在地卫生行政部门申报危害项目，接受监督。职业病危害因素分类目录由国务院卫生行政部门制定、调整并公布。职业病危害项目申报的具体办法由国务院卫生行政部门制定。

根据《职业病危害项目申报办法》规定，用人单位（煤矿除外）工作场所存在职业病目录所列职业病的危害因素的，应当及时、如实向所在地安全生产监督管理部门申报危害项目，并接受安全生产监督管理部门的监督管理。

三、建设项目管理

建设项目是指新建、扩建、改建项目和技术引进、技术改造项目。建设项目管理的目的是预防、控制和消除新产生的职业病危害项目，在建设项目立项前、施工前、投产前消除职业病危害，是控制职业病危害源头的

最重要的措施。《职业病防治法》规定，新建、扩建、改建建设项目和技术改造、技术引进项目可能产生职业病危害的，建设单位在可行性论证阶段应当进行职业病危害预评价。

（一）预评价制度

职业病危害预评价是对可能产生职业病危害的建设项目，在可行性论证阶段，对建设项目可能产生的职业病危害因素、危害程度、健康影响、防护措施等进行预测性卫生学评价，以了解建设项目在职业卫生方面是否可行，也为职业病防治管理的分类提供科学依据。因此，建设项目在可行性论证阶段必须进行职业病危害预评价。

（二）"三同时"制度

建设项目的职业病卫生防护设施与主体工程同时设计、同时施工、同时投入生产和使用，简称"三同时"。《职业病防治法》规定，建设项目的职业病防护设施所需费用应当纳入建设项目工程预算，并与主体工程同时设计，同时施工，同时投入生产和使用。

第三节　劳动过程中的防护与管理

职业卫生管理制度是用人单位经营管理者和劳动者共同遵守的规范，是消除或降低职业病危害因素对劳动者健康造成损害的管理手段和技术保障措施，也是避免职业病危害事故发生的重要环节之一。《职业病防治法》规定："用人单位应当建立、健全职业病防治责任制，加强对职业病防治的管理，提高职业病防治水平，对本单位的职业病危害承担责任。""用人单位的主要负责人对本单位的职业病防治工作全面负责。"

一、用人单位应当采取的职业病防治管理措施

根据《职业病防治法》规定，用人单位应当采取下列职业病防治管理

措施。

（一）设置或者指定职业卫生管理机构或者组织，配备专职或者兼职的职业卫生管理人员，负责本单位的职业病防治工作。

（二）制定职业病防治计划和实施方案。

（三）建立、健全职业卫生管理制度和操作规程。

（四）建立、健全职业卫生档案和劳动者健康监护档案。

（五）建立、健全工作场所职业病危害因素监测及评价制度。

（六）建立、健全职业病危害事故应急救援预案。

二、工作场所职业病危害日常监测、定期检测与评价制度

《职业病防治法》规定，用人单位应当实施由专人负责的职业病危害因素日常监测，并确保监测系统处于正常运行状态。用人单位应当按照国务院卫生行政部门的规定，定期对工作场所进行职业病危害因素检测、评价。检测、评价结果存入用人单位职业卫生档案，定期向所在地卫生行政部门报告并向劳动者公布。职业病危害因素检测、评价由依法设立的取得国务院卫生行政部门或者设区的市级以上地方人民政府卫生行政部门按照职责分工给予资质认可的职业卫生技术服务机构进行。职业卫生技术服务机构所作检测、评价应当客观、真实。发现工作场所职业病危害因素不符合国家职业卫生标准和卫生要求时，用人单位应当立即采取相应治理措施，仍然达不到国家职业卫生标准和卫生要求的，必须停止存在职业病危害因素的作业；职业病危害因素经治理后，符合国家职业卫生标准和卫生要求的，方可重新作业。

职业卫生技术服务机构依法从事职业病危害因素检测、评价工作，接受卫生行政部门的监督检查。卫生行政部门应当依法履行监督职责。

三、职业病危害告知制度

职业病危害告知制度是我国《职业病防治法》规定的，要求用人单位向劳动者充分履行职业病危害告知义务，保证劳动者职业卫生知情权的实

现。用人单位职业病危害因素告知包括劳动合同职业病危害告知、工作场所职业病危害公告栏、警示告知、职业病危害标志告知等。

（一）职业病危害劳动合同告知

《职业病防治法》明确规定："用人单位与劳动者订立劳动合同（含聘用合同，下同）时，应当将工作过程中可能产生的职业病危害及其后果、职业病防护措施和待遇等如实告知劳动者，并在劳动合同中写明，不得隐瞒或者欺骗。"

（二）工作场所职业病危害公告栏、警示告知

《职业病防治法》规定，产生职业病危害的用人单位，应当在醒目位置设置公告栏，公布有关职业病防治的规章制度、操作规程、职业病危害事故应急救援措施和工作场所职业病危害因素检测结果。对产生严重职业病危害的作业岗位，应当在其醒目位置，设置警示标识和中文警示说明。警示说明应当载明产生职业病危害的种类、后果、预防以及应急救治措施等内容。

（三）职业病危害说明书、标志告知

1. 可能产生职业病危害因素的设备的标志。不少职业病危害因素与所使用的设备有密切关系或者直接是由设备产生的。为了使用人单位和劳动者掌握设备产生的职业病危害因素种类、危害程度、职业病防护措施及注意事项、应急救援措施等，职业病防治法规定向用人单位提供可能产生职业病危害因素的设备的，应当提供中文说明书，并在设备的醒目位置设置警示标志和中文警示说明。警示说明应当载明设备性能、可能产生的职业病危害、安全操作和维护注意事项、职业病防护以及应急救治措施等内容。

2. 可能产生职业病危害的化学品、放射性同位素、含有放射性物质的材料的标志。可能产生职业病危害的化学品、放射性同位素、含有放射性物质的材料应当有中文说明书。说明书应当载明产品特性、主要成分、存在的职业病危害因素、可能产生的危害后果、安全使用注意事项、职业病防护以及应急救治措施等内容。产品包装应当有警示标志和中文警示说明。贮存上述原材料的场所应当在规定的部位设置危险物品标志或者放射

性警示标志。

3. 用人单位应当使用有中文说明书、警示标志和中文警示说明的可能产生职业病危害的设备和材料。

四、职业健康监护制度

职业健康监护制度是职业病防治法建立的主要制度之一，是落实用人单位责任、实现劳动者职业卫生保护权利的重要保障制度，是落实职业病诊断鉴定制度的前提，是社会保障制度的基础。用人单位应当建立健全职业健康监护制度，保证职业健康监护工作的落实。

（一）职业健康检查

《职业病防治法》规定，对从事接触职业病危害的作业的劳动者，用人单位应当按照国务院、卫生行政部门的规定组织上岗前、在岗期间和离岗时的职业健康检查，并将检查结果书面告知劳动者。职业健康检查费用由用人单位承担。用人单位不得安排未经上岗前职业健康检查的劳动者从事接触职业病危害的作业；不得安排有职业禁忌的劳动者从事其所禁忌的作业；对在职业健康检查中发现有与所从事的职业相关的健康损害的劳动者，应当调离原工作岗位，并妥善安置；对未进行离岗前职业健康检查的劳动者不得解除或者终止与其订立的劳动合同。职业健康检查应当由取得《医疗机构执业许可证》的医疗卫生机构承担。卫生行政部门应当加强对职业健康检查工作的规范管理，具体管理办法由国务院卫生行政部门制定。

1. 职业健康检查的种类

职业健康检查包括以下方面。

（1）上岗前健康检查。其主要目的是掌握劳动者健康状况、发现职业禁忌、分清责任，也为劳动者的岗位安排提供依据。

（2）在岗期间的定期健康检查。其主要目的是及时发现健康损害和健康影响，对劳动者进行动态健康观察，并判断劳动者是否适合继续从事该工种作业。

（3）离岗健康检查。其目的是了解劳动者离岗时健康状况，分清健康损害责任。而且，用人单位发生分立、合并、解散、破产等情形的，应当对从事接触职业病危害作业的劳动者进行健康检查。

（4）应急健康检查。如果用人单位发生急性职业病危害事故，对可能遭受急性职业病危害的劳动者，应当进行健康检查。

2. 职业健康检查的管理

（1）职业健康检查是一项职业卫生技术服务，职业病防治法规定职业健康检查应当由取得《医疗机构执业许可证》的医疗卫生机构承担。

（2）职业健康检查应当根据所接触的职业病危害因素类别，按《职业健康检查项目及周期》的规定确定检查项目和检查周期。复查时可根据复查要求增加检查项目。体检机构应当自体检工作结束之日起 30 日内，将体检结果书面告知用人单位，有特殊情况需要延长的，应当说明理由，并告知用人单位。

（3）体检机构发现疑似职业病病人应当按规定向所在卫生行政部门和有关部门报告，并通知用人单位和劳动者。

（4）为保障劳动者合法权益，职业健康检查应当由用人单位负责组织。用人单位应当按照《职业健康监护管理办法》的要求及时安排从事接触职业病危害作业的劳动者进行职业健康检查。用人单位应当及时将职业健康检查结果如实告知劳动者。

（二）职业健康监护档案

职业健康监护档案是职业病诊断鉴定的重要依据之一，也是区分健康损害责任和进行职业病诊断鉴定的重要证据。劳动者健康监护资料也是评价用人单位职业病防治效果的依据之一。因此，建立职业健康监护档案有着重要的意义。《职业病防治法》第 36 条规定，用人单位应当为劳动者建立职业健康监护档案，并按照规定的期限妥善保存。

五、职业病危害事故的防范与调查处理制度

《职业病防治法》规定，发生或者可能发生急性职业病危害事故时，用人单位应当立即采取应急救援和控制措施，并及时报告所在地卫生行政

部门和有关部门。卫生行政部门接到报告后，应当及时会同有关部门组织调查处理；必要时，可以采取临时控制措施。卫生行政部门应当组织做好医疗救治工作。对遭受或者可能遭受急性职业病危害的劳动者，用人单位应当及时组织救治、进行健康检查和医学观察，所需费用由用人单位承担。

（一）职业病危害事故的防范和应急救援

1. 职业病危害事故

职业病危害事故指用人单位在职业病防治活动中违反职业病防治法律、法规、规章的规定，造成劳动者因接触粉尘、放射线和其他有毒、有害物质等职业病危害因素而引起的疾病事故。

2. 急性职业病职业危害事故的防范

（1）对可能发生急性职业损伤的有毒、有害工作场所，用人单位应当设置报警装置，配置现场急救用品、冲洗设备、应急撤离通道和必要的泄险区。

（2）对放射工作场所和放射性同位素的运输、贮存，用人单位必须配置防护设备和报警装置，保证接触放射线的工作人员佩戴个人剂量计。

（3）对职业病防护设备、应急救援设施和个人使用的职业病防护用品，用人单位应当进行经常性的维护、检修，定期检测其性能和效果。确保其处于正常状态，不得擅自拆除或者停止使用。

3. 急性职业病危害事故的应急救援

用人单位应当制定职业病危害事故应急救援预案。应急救援预案应当包括救援组织、机构和人员责任、应急措施、人员撤离路线和疏散办法、财产保护对策、事故报告途径和方式、预警设施、应急防护用品及使用指南、医疗救护等内容。发生急性职业病危害事故时，用人单位必须履行应急的责任。应当启动应急救援程序，采取措施对于受到职业病危害的劳动者组织现场抢救，并请求医疗卫生机构协助急救。同时要及时采取有效措施控制职业病危害的蔓延和发展。还要做好应急救援人员的安全。

（二）职业病危害事故的调查处理

1. 职业病危害事故的报告

（1）发生职业病危害事故时，用人单位应当立即向所在地卫生行政部门和有关部门报告，县级卫生行政部门和有关部门接到职业病危害事故报告后，应当按照规定逐级上报，并通知公安机关、劳动保障行政部门、工会和人民检察院。任何单位和个人不得以任何借口对职业病危害事故瞒报、虚报、漏报和迟报。

（2）职业病危害事故报告的内容应当包括：事故发生的地点、时间、发病情况、死亡人数、可能发生原因、已采取措施和发展趋势等。

2. 职业病危害事故的调查处理

（1）职业病危害事故由发生事故所在地的县级人民卫生行政管理部门会同有关部门负责调查处理。对于重大和特大职业病危害事故由省级以上卫生行政部门会同有关部门，按照规定的程序和职责进行调查处理。

（2）发生职业病危害事故时，用人单位应当根据情况立即采取以下紧急措施：①停止导致职业病危害事故的作业，控制事故现场，防止事态扩大，把事故危害降到最低限度；②疏通设备和工具等；③对遭受或者可能遭受急性职业病危害的劳动者，及时组织救治、进行健康检查和医学观察；④按照规定进行事故报告；⑤配合卫生行政部门和有关部门进行调查，按照卫生行政部门的要求如实提供事故发生情况、有关材料和样品；⑥落实卫生行政部门要求采取的其他措施。

（3）职业病危害事故发生后，卫生行政部门应当及时组织用人单位主管部门、公安、卫生行政部门、工会等有关部门组成职业病危害事故调查组，进行事故调查。

（4）卫生行政部门根据事故调查组提出的事故处理意见，决定和实施对发生事故的用人单位的行政处罚，并责令用人单位及其主管部门负责落实有关改进措施建议。

六、职业病诊断与职业病病人保障

（一）职业病诊断

1. 职业病诊断机构

医疗卫生机构承担职业病诊断，应当经省、自治区、直辖市人民政府卫生行政部门批准。省、自治区、直辖市人民政府卫生行政部门应当向社会公布本行政区域内承担职业病诊断的医疗卫生机构的名单。

2. 职业病诊断机构的职责

（1）在批准的职业病诊断项目范围内开展职业病诊断；

（2）职业病报告；

（3）承担卫生行政部门交付的有关职业病诊断的其他工作。

承担职业病诊断的医疗卫生机构不得拒绝劳动者进行职业病诊断的要求。

3. 劳动者对职业病诊断机构的选择

劳动者可以在用人单位所在地、本人户籍所在地或者经常居住地依法承担职业病诊断的医疗卫生机构进行职业病诊断。

4. 职业病诊断应当综合分析的因素

（1）病人的职业史；

（2）职业病危害接触史和工作场所职业病危害因素情况；

（3）临床表现以及辅助检查结果等。

没有证据否定职业病危害因素与病人临床表现之间的必然联系的，应当诊断为职业病。

承担职业病诊断的医疗卫生机构在进行职业病诊断时，应当组织 3 名以上取得职业病诊断资格的执业医师集体诊断。

职业病诊断证明书应当由参与诊断的取得职业病诊断资格的执业医师签署，并经承担职业病诊断的医疗卫生机构审核盖章。

5. 用人单位在职业病诊断中的基本义务

用人单位应当如实提供职业病诊断、鉴定所需的劳动者职业史和职业病危害接触史、工作场所职业病危害因素检测结果等资料；卫生行政部门应当监督检查和督促用人单位提供上述资料；劳动者和有关机构也应当提供与职业病诊断、鉴定有关的资料。

职业病诊断、鉴定机构需要了解工作场所职业病危害因素情况时，可以对工作场所进行现场调查，也可以向卫生行政部门提出，卫生行政部门应当在 10 日内组织现场调查。用人单位不得拒绝、阻挠。

职业病诊断、鉴定过程中，用人单位不提供工作场所职业病危害因素检测结果等资料的，诊断、鉴定机构应当结合劳动者的临床表现、辅助检查结果和劳动者的职业史、职业病危害接触史，并参考劳动者的自述、卫生行政部门提供的日常监督检查信息等，作出职业病诊断、鉴定结论。

劳动者对用人单位提供的工作场所职业病危害因素检测结果等资料有异议，或者因劳动者的用人单位解散、破产，无用人单位提供上述资料的，诊断、鉴定机构应当提请卫生行政部门进行调查，卫生行政部门应当自接到申请之日起 30 日内对存在异议的资料或者工作场所职业病危害因素情况作出判定；有关部门应当配合。

6. 在职业病诊断过程中发生劳动争议的处理

职业病诊断、鉴定过程中，在确认劳动者职业史、职业病危害接触史时，当事人对劳动关系、工种、工作岗位或者在岗时间有争议的，可以向当地的劳动人事争议仲裁委员会申请仲裁；接到申请的劳动人事争议仲裁委员会应当受理，并在 30 日内作出裁决。

当事人在仲裁过程中对自己提出的主张，有责任提供证据。劳动者无法提供由用人单位掌握管理的与仲裁主张有关的证据的，仲裁庭应当要求用人单位在指定期限内提供；用人单位在指定期限内不提供的，应当承担不利后果。

劳动者对仲裁裁决不服的，可以依法向人民法院提起诉讼。

用人单位对仲裁裁决不服的，可以在职业病诊断、鉴定程序结束之日起 15 日内依法向人民法院提起诉讼；诉讼期间，劳动者的治疗费用按照职业病待遇规定的途径支付。

（二）职业病病人保障

1. 疑似职业病病人的保障

根据《职业病防治法》规定，医疗卫生机构发现疑似职业病病人时，应当告知劳动者本人并及时通知用人单位。用人单位应当及时安排对疑似职业病病人进行诊断；在疑似职业病病人诊断或者医学观察期间，不得解除或者终止与其订立的劳动合同。疑似职业病病人在诊断、医学观察期间的费用，由用人单位承担。

2. 职业病病人的待遇

《职业病防治法》规定，用人单位应当保障职业病病人依法享受国家规定的职业病待遇。

用人单位应当按照国家有关规定，安排职业病病人进行治疗、康复和定期检查。用人单位对不适宜继续从事原工作的职业病病人，应当调离原岗位，并妥善安置。用人单位对从事接触职业病危害的作业的劳动者，应当给予适当岗位津贴。

职业病病人的诊疗、康复费用，伤残以及丧失劳动能力的职业病病人的社会保障，按照国家有关工伤保险的规定执行。

职业病病人除依法享有工伤保险外，依照有关民事法律，尚有获得赔偿的权利的，有权向用人单位提出赔偿要求。

劳动者被诊断患有职业病，但用人单位没有依法参加工伤保险的，其医疗和生活保障由该用人单位承担。

职业病病人变动工作单位，其依法享有的待遇不变。用人单位在发生分立、合并、解散、破产等情形时，应当对从事接触职业病危害的作业的劳动者进行健康检查，并按照国家有关规定妥善安置职业病病人。用人单位已经不存在或者无法确认劳动关系的职业病病人，可以向地方人民政府、医疗保障、民政部门申请医疗救助和生活等方面的救助。

 思考题

1. 职业病防治法立法的目的是什么？

2. 职业病防治的方针是什么？

3. 职业病防治的机制与原则是什么？

4. 工作场所职业卫生的基本要求是什么？

5. 用人单位应当采取哪些职业病防治管理措施？

6. 简述职业病危害告知制度。

7. 职业健康监护制度主要包括哪些内容？

8. 职业病危害事故的调查处理有什么规定？

9. 职业病诊断有什么规定？

10. 简述职业病病人保障。

 案例

杭州市卫生健康委查处某公司违反相关规定造成劳动者生命健康严重损害案

基本案情

2020年4月，根据宋某、张某两名职工诊断为职业性硅肺的线索，杭州市卫生健康委对杭州余杭恒力混凝土有限公司进行监督检查，经调查查明该公司存在未按规定组织接触职业病危害作业的劳动者进行上岗前和在岗期间的职业健康检查、未采用有效的职业病防护设施和作业岗位职业病危害因素浓度超过国家职业卫生标准等违法行为，致使两名劳动者分别诊断为硅肺二期和硅肺三期，对身体产生严重健康损害。

处罚结果

杭州市卫生健康委依据《职业病防治法》予以该单位：1. 责令停止产生职业病危害的作业；2. 罚款20万元的行政处罚。

典型意义

职业病是指企业、事业单位和个体经济组织等用人单位的劳动者在职业活动中，因接触粉尘、放射性物质和其他有毒、有害因素而引起的疾病，严重职业病的发生可严重威胁劳动者的生命健康。本案的查处，对用人单位未切实履行职业病防治主体责任具有警示作用，并触发监管部门对混凝土生产行业进行全面整治，同时督促用人单位对职业病危害超标岗采取专项治理，既化解用人单位的风险点，又全面提升行业职业病防治管理水平，有效降低了此类职业病发生的风险。

第二十四章　社会保险法相关知识

第一节　社会保险法概述

社会保险是劳动者享有的基本权利，也是工会维权的重点内容。工会干部学习社会保险法，掌握社会保险法的基本知识和主要规定，对于维护劳动者合法权益、促进劳动关系和谐稳定有着非常重要的意义。

一、社会保险

（一）社会保险

社会保险指国家通过立法建立的一种社会保障制度，目的是使劳动者因年老、失业、患病、工伤、生育而减少或失去劳动收入时，能从社会获得经济补偿和物质帮助，保障基本生活。在我国，社会保险是社会保障体系的重要组成部分，其在整个社会保障体系中居于核心地位。我国社会保险项目包括：养老保险、医疗保险、失业保险、工伤保险、生育保险。

社会保险法是调整社会保险主体在社会保险活动中形成的权利义务关系的法律规范的总称。狭义的社会保险法是指 2010 年 10 月 28 日第十一届全国人大常委会第十七次会议审议通过的、于 2011 年 7 月 1 日施行的《社会保险法》。

（二）特点

社会保险具有以下特点。

1. 保障性：保障劳动者的基本生活。

2. 普遍性：社会保险覆盖所有社会劳动者。

3. 互助性：利用参加保险者的合力，帮助某个遇到风险的人，互助互济，满足急需。

4. 强制性：由国家立法规定，强制用人单位和职工参加。

5. 福利性：社会保险是一种政府行为，不以盈利为目的。

二、用人单位和个人在社会保险方面的权利和义务

（一）用人单位在社会保险方面的权利和义务

1. 权利

用人单位可以免费向社会保险经办机构查询、核对其社会保险缴费记录，要求社会保险经办机构提供社会保险咨询等相关服务。

2. 义务

一是缴费义务。用人单位应当按照国家社会保险政策规定，按时足额为职工缴纳基本养老保险费、基本医疗保险费、工伤保险费、失业保险费和生育保险费。

二是登记义务。用人单位应当自成立之日起 30 日内凭营业执照、登记证书或者单位印章，向当地社会保险经办机构申请办理社会保险登记；用人单位应当自用工之日起 30 日内为其职工向社会保险经办机构办理社会保险登记；用人单位的社会保险登记事项发生变更或者用人单位依法终止的，应当自变更或者终止之日起 30 日内，到社会保险经办机构办理变更或者注销社会保险登记。

三是申报和代扣代缴义务。用人单位应当自行申报、按时足额缴纳社会保险费，非因不可抗力等法定事由不得缓缴、减免。职工应当缴纳的社会保险费由用人单位代扣代缴，用人单位应当按月将缴纳社会保险费的明细情况告知本人。

（二）个人在社会保险方面的权利和义务

1. 权利

依法享受社会保险待遇、监督本单位为其缴费情况、免费向社会保险经办机构查询、核对其缴费和享受社会保险待遇记录，要求社会保险经办机构提供社会保险咨询等服务。

2. 义务

一是缴费义务。在用人单位工作的劳动者要按照国家社会保险政策规定缴纳基本养老保险费、基本医疗保险费、失业保险费；无雇工的个体工

商户、未在用人单位参加基本养老保险的非全日制从业人员以及灵活就业人员自愿参加基本养老保险和职工基本医疗保险的，由个人承担基本养老保险费和基本医疗保险费；农村居民参加新型社会养老保险、新型合作医疗，要承担相应缴费义务；城镇居民参加城镇居民养老保险和城镇居民基本医疗保险，要承担相应缴费义务。

二是登记义务。在用人单位工作的劳动者，应当由用人单位到社会保险经办机构为其办理社会保险登记手续；自愿参加社会保险的无雇工的个体工商户、未在用人单位参加基本养老保险的非全日制从业人员以及灵活就业人员，应当由本人到社会保险经办机构申请办理社会保险登记；失业人员应当持本单位为其出具的终止或解除劳动关系证明，及时到指定的公共就业服务机构办理失业登记。

第二节　职工基本养老保险

一、职工基本养老保险

职工基本养老保险是指劳动者在达到法定退休年龄退休后，从社会得到一定的经济补偿、物质帮助和服务的一项社会保险制度。基本养老保险是国家强制实施的保障制度，主要目的在于保障广大退休人员的晚年基本生活，维持社会稳定。我国职工基本养老保险实行社会统筹与个人账户相结合。基本养老保险基金由用人单位和个人缴费以及政府补贴等组成。

二、基本养老保险缴费

《社会保险法》第 10 条第 1 款规定："职工应当参加基本养老保险，由用人单位和职工共同缴纳基本养老保险费。"

（一）缴费比例

按照国家现行政策规定，用人单位和个人基本养老保险的缴费比例为工资总额的28%。其中，用人单位按本单位职工工资总额的20%缴纳，个人按本人上年度月平均工资的8%缴纳；用人单位缴费部分纳入基本养老保险统筹基金，个人缴费部分记入个人账户。

无雇工的个体工商户、未在用人单位参加基本养老保险的非全日制从业人员以及灵活就业人员自愿参加基本养老保险的，应当按照当地上年度职工平均工资20%的比例缴纳基本养老保险费，其中，缴费的8%记入个人账户。

（二）缴费基数

用人单位应当按照本单位全部在职职工工资总额作为缴纳基本养老保险费基数。职工缴费工资为本人上一年度月平均工资。月平均工资超过当地职工平均工资300%的部分，不计入个人缴费工资基数；低于上一年度社会平均工资60%的，按60%计算缴费工资基数。

三、待遇支付

职工基本养老金由统筹基金和个人账户养老金组成。基本养老金根据个人累计缴费年限、缴费工资、当地职工平均工资、个人账户金额、城镇人口平均预期寿命等因素确定。

（一）参加职工基本养老保险的个人，达到法定退休年龄时累计缴费满15年的，按月领取基本养老金。

（二）参加职工基本养老保险的个人，因病或者非因工死亡的，其遗属可以领取丧葬补助金和抚恤金；在未达到法定退休年龄时因病或者非因工致残完全丧失劳动能力的，可以领取病残津贴。

（三）参加职工基本养老保险的个人，在达到法定退休年龄前离境定居的，其个人账户予以保留；达到法定退休年龄的，按照国家规定享受相应的养老保险待遇。

（四）参加职工基本养老保险的个人，达到法定退休年龄时累计缴费不足15年的，可以缴费至满15年，按月领取基本养老金；也可以转入新型农村社会养老保险或者城镇居民社会养老保险，按照国务院规定享受相

应的养老保险待遇。

根据《国务院关于渐进式延迟法定退休年龄的办法》第 2 条规定，从 2030 年 1 月 1 日起，将职工按月领取基本养老金最低缴费年限由 15 年逐步提高至 20 年，每年提高 6 个月。

四、企业年金

企业年金也称补充养老保险，是指企业及其职工在依法参加基本养老保险的基础上，自主建立的补充养老保险制度。国家鼓励企业建立企业年金。

（一）建立企业年金的条件

企业和职工建立企业年金，应当依法参加基本养老保险并履行缴费义务，企业具有相应的经济负担能力。

（二）企业年金方案

建立企业年金，企业应当与职工一方通过集体协商确定，并制定企业年金方案。企业年金方案应当提交职工代表大会或者全体职工讨论通过。企业年金方案应当包括以下内容：

1. 参加人员；

2. 资金筹集与分配的比例和办法；

3. 账户管理；

4. 权益归属；

5. 基金管理；

6. 待遇计发和支付方式；

7. 方案的变更和终止；

8. 组织管理和监督方式；

9. 双方约定的其他事项。

企业年金方案适用于企业试用期满的职工。

企业应当将企业年金方案报送所在地县级以上人民政府人力资源和社会保障行政部门。

（三）企业年金基金筹集

企业年金基金由下列各项组成：

1. 企业缴费；

2. 职工个人缴费；

3. 企业年金基金投资运营收益。

企业缴费每年不超过本企业职工工资总额的 8%。企业和职工个人缴费合计不超过本企业职工工资总额的 12%。具体所需费用，由企业和职工一方协商确定。职工个人缴费由企业从职工个人工资中代扣代缴。

实行企业年金后，企业如遇到经营亏损、重组并购等当期不能继续缴费的情况，经与职工一方协商，可以中止缴费。不能继续缴费的情况消失后，企业和职工恢复缴费，并可以根据本企业实际情况，按照中止缴费时的企业年金方案予以补缴。补缴的年限和金额不得超过实际中止缴费的年限和金额。

（四）企业年金待遇

符合下列条件之一的，可以领取企业年金：

1. 职工在达到国家规定的退休年龄或者完全丧失劳动能力时，可以从本人企业年金个人账户中按月、分次或者一次性领取企业年金，也可以将本人企业年金个人账户资金全部或者部分购买商业养老保险产品，依据保险合同领取待遇并享受相应的继承权；

2. 出国（境）定居人员的企业年金个人账户资金，可以根据本人要求一次性支付给本人；

3. 职工或者退休人员死亡后，其企业年金个人账户余额可以继承。

未达到上述企业年金领取条件之一的，不得从企业年金个人账户中提前提取资金。

五、职业年金

职业年金，是指机关事业单位及其工作人员在参加机关事业单位基本养老保险的基础上，建立的补充养老保险制度。

（一）职业年金缴费

根据《机关事业单位职业年金办法》规定，职业年金所需费用由单位和工作人员个人共同承担。单位缴纳职业年金费用的比例为本单位工资总额的8%，个人缴费比例为本人缴费工资的4%，由单位代扣。单位和个人缴费基数与机关事业单位工作人员基本养老保险缴费基数一致。

（二）职业年金基金

职业年金基金由下列各项组成：

1. 单位缴费；

2. 个人缴费；

3. 职业年金基金投资运营收益；

4. 国家规定的其他收入。

职业年金基金采用个人账户方式管理。个人缴费实行实账积累。对财政全额供款的单位，单位缴费根据单位提供的信息采取记账方式，每年按照国家统一公布的记账利率计算利息，工作人员退休前，本人职业年金账户的累计储存额由同级财政拨付资金记实；对非财政全额供款的单位，单位缴费实行实账积累。实账积累形成的职业年金基金，实行市场化投资运营，按实际收益计息。

单位缴费按照个人缴费基数的8%计入本人职业年金个人账户；个人缴费直接计入本人职业年金个人账户。职业年金基金投资运营收益，按规定计入职业年金个人账户。

（三）职业年金的领取

符合下列条件之一的可以领取职业年金。

1. 工作人员在达到国家规定的退休条件并依法办理退休手续后，由本人选择按月领取职业年金待遇的方式。可一次性用于购买商业养老保险产品，依据保险契约领取待遇并享受相应的继承权；可选择按照本人退休时对应的计发月数计发职业年金月待遇标准，发完为止，同时职业年金个人账户余额享有继承权。本人选择任一领取方式后不再更改。

2. 出国（境）定居人员的职业年金个人账户资金，可根据本人要求一次性支付给本人。

3. 工作人员在职期间死亡的，其职业年金个人账户余额可以继承。

未达到上述职业年金领取条件之一的，不得从个人账户中提前提取资金。

第三节　职工基本医疗保险

一、覆盖范围

《社会保险法》规定：职工应当参加职工基本医疗保险，由用人单位和职工按照国家规定共同缴纳基本医疗保险费。无雇工的个体工商户、未在用人单位参加职工基本医疗保险的非全日制从业人员以及其他灵活就业人员可以参加职工基本医疗保险，由个人按照国家规定缴纳基本医疗保险费。

二、缴费比例

根据国家现行政策规定，职工基本医疗保险费由用人单位和职工共同缴纳。

三、筹资方式

职工基本医疗保险实行社会统筹与个人账户相结合。用人单位缴纳的基本医疗保险费一部分用于建立统筹基金，一部分划入职工个人账户。职工个人缴纳的基本医疗保险费全部记入个人账户，个人账户的本金和利息归个人所有，但只能用于支付本人医疗费。

四、基金支付

《社会保险法》规定，符合基本医疗保险药品目录、诊疗项目、医疗服务设施标准以及急诊、抢救的医疗费用，按照国家规定从基本医疗保险基金中支付。参保人员医疗费用中应当由基本医疗保险基金支付的部分，由社会保险经办机构与医疗机构、药品经营单位直接结算。社会保险行政

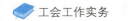

部门和卫生行政部门应当建立异地就医医疗费用结算制度，方便参保人员享受基本医疗保险待遇。

下列医疗费用不纳入基本医疗保险基金支付范围：

（一）应当从工伤保险基金中支付的；

（二）应当由第三人负担的；

（三）应当由公共卫生负担的；

（四）在境外就医的。

参保人员医疗费用中应当由基本医疗保险基金支付的部分，由社会保险经办机构与医疗机构、药品经营单位直接结算。

医疗费用依法应当由第三人负担，第三人不支付或者无法确定第三人的，由基本医疗保险基金先行支付。基本医疗保险基金先行支付后，有权向第三人追偿。

第四节　工伤保险

一、工伤保险

工伤保险也称职业伤害保险，是指劳动者由于工作原因并在工作过程受到意外伤害，或因接触粉尘、放射线、有毒有害物质等职业危害因素引起职业病后，由国家或社会给伤、致残者以及死亡者生前供养亲属提供必要的物质帮助的一项社会保险制度。国家建立工伤保险基金，工伤保险基金由用人单位缴纳的工伤保险费、工伤保险基金的利息和依法纳入工伤保险基金的其他资金构成。

二、缴费比例

按照《社会保险法》规定，用人单位应当按照规定缴纳工伤保险费，职工不缴纳工伤保险费。

　　国家根据不同行业的工伤风险程度确定行业的差别费率，并根据使用工伤保险基金、工伤发生率等情况在每个行业内确定费率档次。行业差别费率和行业内费率档次由国务院社会保险行政部门制定，报国务院批准后公布施行。社会保险经办机构根据用人单位使用工伤保险基金、工伤发生率和所属行业费率档次等情况，确定用人单位缴费费率。

三、工伤认定

（一）工伤和视同工伤

1. 职工有下列情形之一的，应当认定为工伤：

（1）在工作时间和工作场所内，因工作原因受到事故伤害的；

（2）工作时间前后在工作场所内，从事与工作有关的预备性或者收尾性工作受到事故伤害的；

（3）在工作时间和工作场所内，因履行工作职责受到暴力等意外伤害的；

（4）患职业病的；

（5）因工外出期间，由于工作原因受到伤害或者发生事故下落不明的；

（6）在上下班途中，受到非本人主要责任的交通事故或者城市轨道交通、客运轮渡、火车事故伤害的；

（7）法律、行政法规规定应当认定为工伤的其他情形。

2. 职工有下列情形之一的，应当视同工伤：

（1）在工作时间和工作岗位，突发疾病死亡或者在 48 小时之内经抢救无效死亡的；

（2）在抢险救灾等维护国家利益、公共利益活动中受到伤害的；

（3）职工原在军队服役，因战、因公负伤致残，已取得革命伤残军人证，到用人单位后旧伤复发的。

3. 职工有下列情形之一的，不得认定为工伤或视同工伤：

（1）故意犯罪的；

（2）醉酒或者吸毒的；

（3）自残或者自杀的；

（4）法律、行政法规规定的其他情形。

（二）工伤认定

1. 享受工伤保险待遇的基本条件

（1）存在职工因工作原因受到事故伤害或者患职业病的事实。即职工因工作原因受到事故伤害或者患职业病，且被认定为工伤。

（2）经过工伤认定法定程序被认定为工伤。即经劳动能力鉴定委员会确认，该职工丧失了劳动能力或者部分丧失了劳动能力。

2. 工伤认定申请和确认

（1）申请工伤认定

按照《工伤保险条例》的规定，职工发生事故伤害或者按照职业病防治法规定被诊断、鉴定为职业病，所在单位应当自事故伤害发生之日或者被诊断、鉴定为职业病之日起30日内，向统筹地区社会保险行政部门提出工伤认定申请。用人单位未按规定提出工伤认定申请的，工伤职工或其近亲属、工会组织在事故伤害发生之日或职业病确诊之日起1年内，可以直接向用人单位所在地统筹地区社会保险行政部门提出工伤认定申请；工伤职工本人或者其亲属没有可能提出申请的，也可以由用人单位工会代表工伤职工提出工伤认定申请。

（2）提出工伤认定申请应当提交下列材料：一是工伤认定申请表；二是与用人单位存在劳动关系（包括事实劳动关系）的证明材料；三是医疗诊断证明或者职业病诊断证明书（或者职业病诊断鉴定书）。

工伤认定申请表应当包括事故发生的时间、地点、原因以及职工伤害程度等基本情况。工伤认定申请人提供材料不完整的，社会保险行政部门应当一次性书面告知工伤认定申请人需要补正的全部材料。申请人按照书面告知要求补正材料后，社会保险行政部门应当受理。

（3）工伤认定

社会保险行政部门应当自受理工伤认定申请之日起60日内作出工伤认

定的决定，并书面通知申请工伤认定的职工或者其近亲属和该职工所在单位。社会保险行政部门对受理的事实清楚、权利义务明确的工伤认定申请，应当在 15 日内作出工伤认定的决定。作出工伤认定决定需要以司法机关或者有关行政主管部门的结论为依据的，在司法机关或者有关行政主管部门尚未作出结论期间，作出工伤认定决定的时限中止。

3. 劳动能力鉴定

（1）劳动能力鉴定

劳动能力鉴定指劳动能力鉴定委员会组织专家，依据劳动能力鉴定标准，对工伤职工劳动功能障碍程度和生活自理障碍程度进行的鉴定。

（2）劳动能力鉴定类别

按照国家政策规定，劳动能力鉴定分为劳动功能障碍鉴定和生活自理障碍鉴定。劳动功能障碍分为十个伤残等级，最重的为一级，最轻的为十级。生活自理障碍分为三个等级：生活完全不能自理、生活大部分不能自理和生活部分不能自理。

（3）劳动能力鉴定程序

第一，申请劳动能力鉴定。

职工发生工伤，伤情相对稳定后存在残疾、影响劳动能力的，应当进行劳动能力鉴定。劳动能力鉴定由用人单位、工伤职工或者直系亲属向务工地的劳动能力鉴定委员会提出申请，并提供工伤认定决定和职工工伤医疗的有关资料。

第二，劳动能力鉴定。

设区的市级劳动能力鉴定委员会应当自收到劳动能力鉴定申请之日起 60 日内作出劳动能力鉴定结论，必要时，作出劳动能力鉴定结论的期限可以延长 30 日。劳动能力鉴定结论应当及时送达申请鉴定的单位和个人。

第三，申请劳动能力再鉴定。

对设区的市级劳动能力鉴定委员会作出的劳动能力鉴定结论不服的，申请鉴定人可以在收到鉴定结论之日起 15 日内，向省、自治区、直辖市劳动能力鉴定委员会提出再次鉴定申请。省、自治区、直辖市劳动能力鉴定委员会作出的劳动能力鉴定结论为最终结论。

第四，申请劳动能力复查。

自劳动能力鉴定结论作出之日起 1 年后，工伤职工或者其近亲属、所在单位或者经办机构认为伤残情况发生变化的，可以申请劳动能力复查鉴定。

五、工伤保险待遇

（一）工伤医疗待遇

职工因工作遭受事故伤害或者患职业病进行治疗，享受工伤医疗待遇。这一待遇的内容如下。

1. 就医待遇

第一，治疗。职工治疗工伤应当在签订服务协议的医疗机构就医，情况紧急时可以先到就近的医疗机构急救。

第二，治疗费用。治疗工伤所需费用符合工伤保险诊疗项目目录、工伤保险药品目录、工伤保险住院服务标准的，从工伤保险基金中支付。

第三，住院伙食补助。职工住院治疗工伤的伙食补助费，以及经医疗机构出具证明，报经办机构同意，工伤职工到统筹地区以外就医所需的交通、食宿费用从工伤保险基金支付，基金支付的具体标准由统筹地区人民政府规定。

第四，康复性治疗费用。工伤职工到签订服务协议的医疗机构进行康复性治疗的费用，符合工伤保险诊疗项目目录、工伤保险药品目录、工伤保险住院服务标准的，从工伤保险基金中支付。

2. 停工留薪

职工因工作遭受事故伤害或者患职业病需要暂停工作接受工伤医疗的，在停工留薪期内，原工资福利待遇不变，由所在单位按月支付。

停工留薪期一般不超过 12 个月。伤情严重或者情况特殊，经设区的市级劳动能力鉴定委员会确认，可以适当延长，但延长不得超过 12 个月。工伤职工评定伤残等级后，停发原待遇，享受伤残待遇。工伤职工在停工留薪期满后仍需治疗的，继续享受工伤医疗待遇。生活不能自理的工伤职工在停工留薪期需要护理的，由所在单位负责。

3. 伤残辅助工具待遇

工伤职工因日常生活或者就业需要，经劳动能力鉴定委员会确认，可以安装假肢、矫形器、假眼、假牙和配置轮椅等辅助器具，所需费用按照国家规定的标准从工伤保险基金中支付。

4. 生活护理

工伤职工已经评定伤残等级并经劳动能力鉴定委员会确认需要生活护理的，从工伤保险基金中按月支付生活护理费。

生活护理费按照生活完全不能自理、生活大部分不能自理或者生活部分不能自理 3 个不同等级支付，其标准分别为统筹地区上年度职工月平均工资的 50%、40% 或者 30%。

（二）伤残待遇

工伤职工经过鉴定劳动能力障碍等级的，按照伤残等级的不同，享受不同的伤残待遇。

1. 一级至四级的伤残待遇

职工因工致残被鉴定为一级至四级伤残的，保留劳动关系，退出工作岗位，享受以下待遇。

第一，一次性伤残补助。从工伤保险基金中按伤残等级支付一次性伤残补助金，标准为：一级伤残为 27 个月的本人工资；二级伤残为 25 个月的本人工资；三级伤残为 23 个月的本人工资；四级伤残为 21 个月的本人工资。

第二，伤残津贴。从工伤保险基金中按月支付伤残津贴，标准为：一级伤残为本人工资的 90%；二级伤残为本人工资的 85%；三级伤残为本人工资的 80%；四级伤残为本人工资的 75%。伤残津贴实际金额低于当地最低工资标准的，由工伤保险基金补足差额。

第三，基本养老保险。工伤职工达到退休年龄并办理退休手续后，停发伤残津贴，享受基本养老保险待遇。基本养老保险待遇低于伤残津贴的，由工伤保险基金补足差额。

职工因工致残被鉴定为一级至四级伤残的，由用人单位和职工个人以伤残津贴为基数，缴纳基本医疗保险费。

2. 五级、六级伤残的待遇

职工因工致残被鉴定为五级、六级伤残的，享受以下待遇。

第一，一次性伤残补助金。从工伤保险基金中按伤残等级支付一次性伤残补助金，标准为：五级伤残为 18 个月的本人工资；六级伤残为 16 个月的本人工资。

第二，安排适当工作或伤残津贴。保留与用人单位的劳动关系，由用人单位安排适当工作。难以安排工作的，由用人单位按月发给伤残津贴，标准为：五级伤残为本人工资的 70%；六级伤残为本人工资的 60%，并由用人单位按照规定为其缴纳应缴纳的各项社会保险费。伤残津贴实际金额低于当地最低工资标准的，由用人单位补足差额。

经工伤职工本人提出，该职工可以与用人单位解除或者终止劳动关系，由工伤保险基金支付一次性工伤医疗补助金，由用人单位支付一次性伤残就业补助金。具体标准由省、自治区、直辖市人民政府规定。

3. 七级至十级的伤残待遇

职工因工致残被鉴定为七级至十级伤残的，享受以下待遇。

第一，一次性伤残补助金。从工伤保险基金中按伤残等级支付一次性伤残补助金，标准为：七级伤残为 13 个月的本人工资；八级伤残为 11 个月的本人工资；九级伤残为 9 个月的本人工资；十级伤残为 7 个月的本人工资。

第二，一次性工伤医疗补助金和伤残就业补助金。劳动、聘用合同期满终止，或者职工本人提出解除劳动、聘用合同的，由工伤保险基金支付一次性工伤医疗补助金，由用人单位支付一次性伤残就业补助金。具体标准由省、自治区、直辖市人民政府规定。

(三) 工伤复发和再次发生工伤的待遇

工伤职工工伤复发，确认需要治疗的，享受《工伤保险条例》规定的工伤待遇。

包括治疗待遇、伤残辅助工具、停工留薪和生活护理等待遇。职工再次发生工伤，根据规定应当享受伤残津贴的，按照新认定的伤残等级享受伤残津贴待遇。

（四）工亡待遇

职工因工死亡，其近亲属按照规定从工伤保险基金领取丧葬补助金、供养亲属抚恤金和一次性工亡补助金。

1. 丧葬补助金。丧葬补助金为 6 个月的统筹地区上年度职工月平均工资。

2. 供养亲属抚恤金。供养亲属抚恤金按照职工本人工资的一定比例发给由因工死亡职工生前提供主要生活来源、无劳动能力的亲属。标准为：配偶每月 40%，其他亲属每人每月 30%，孤寡老人或者孤儿每人每月在上述标准的基础上增加 10%。核定的各供养亲属的抚恤金之和不应高于因工死亡职工生前的工资。供养亲属的具体范围由国务院社会保险行政部门规定。

3. 一次性工亡补助金。一次性工亡补助金标准为上一年度全国城镇居民人均可支配收入的 20 倍。

4. 特别规定。伤残职工在停工留薪期内因工伤导致死亡的，其近亲属享受前述 3 项待遇。一级至四级伤残职工在停工留薪期满后死亡的，其近亲属可以享受前述第 1 项和第 2 项规定的待遇。

（五）因公外出或者抢险救灾中下落不明的待遇

职工因工外出期间发生事故或者在抢险救灾中下落不明的，从事故发生当月起 3 个月内照发工资，从第 4 个月起停发工资，由工伤保险基金向其供养亲属按月支付供养亲属抚恤金。生活有困难的，可以预支一次性工亡补助金的 50%。职工被人民法院宣告死亡的，按照职工因工死亡的规定处理。

第五节　失业保险

一、覆盖范围

失业保险指国家通过立法强制实行，由政府负责建立基金，对非因本人意愿中断就业而失去工资收入的劳动者提供一定时期的物质帮助及再就业服务的一项社会保险制度。

失业保险的覆盖范围为城镇企事业单位职工。包括事业单位和社会团体及其专职工作人员、城镇各类企业及其职工、民办非企业组织及其工作人员和个体工商户及其雇工等。

二、缴费比例

国家建立失业保险基金，失业保险基金由用人单位缴费和职工缴费构成。

2015年2月25日，国务院常务会议确定将失业保险费率定为2%。单位和个人缴费的具体比例由省、自治区、直辖市人民政府确定。

三、失业保险待遇的享受条件和停发条件

（一）失业保险待遇的享受条件

1.失业前用人单位和本人已经缴纳失业保险费满1年的；

2.非因本人意愿中断就业的；

3.已办理失业登记，并有求职要求的。

（二）失业保险待遇的停发条件

失业人员在领取失业保险金期间有下列情形之一的，停止领取失业保险金，并同时停止享受其他失业保险待遇：

1. 重新就业的；

2. 应征服兵役的；

3. 移居境外的；

4. 享受基本养老保险待遇的；

5. 无正当理由，拒不接受当地人民政府指定部门或者机构介绍的适当工作或者提供的培训的。

四、失业保险金的领取标准

（一）失业人员失业前用人单位和本人累计缴费满 1 年不足 5 年的，领取失业保险金的期限最长为 12 个月；

（二）失业人员失业前用人单位和本人累计缴费满 5 年不足 10 年的，领取失业保险金的期限最长为 18 个月；

（三）失业人员失业前用人单位和本人累计缴费 10 年以上的，领取失业保险金的期限最长为 24 个月。

五、失业保险的登记

（一）用人单位应当及时为失业人员出具终止或者解除劳动关系的证明，并将失业人员的名单自终止或者解除劳动关系之日起 15 日内告知社会保险经办机构。

（二）失业人员应当持本单位为其出具的终止或者解除劳动关系的证明，及时到指定的公共就业服务机构办理失业登记。

（三）失业人员凭失业登记证明和个人身份证明，到社会保险经办机构办理领取失业保险金的手续。失业保险金领取期限自办理失业登记之日起计算。

第六节　生育保险

一、生育保险

生育保险指职业妇女因生育而暂时中断劳动，由国家或者用人单位为其提供生活保障和物质帮助的一项社会保险制度。

二、生育保险费缴纳

生育保险费由用人单位缴纳，职工个人不缴费。

生育保险根据"以支定收，收支基本平衡"的原则筹集资金，由企业按照其工资总额的一定比例向社会保险经办机构缴纳生育保险费，建立生育保险基金。生育保险费的提取比例由当地人民政府根据计划内生育人数和生育津贴、生育医疗费等项费用确定，并可根据费用支出情况适时调整。

三、生育保险待遇

用人单位已经缴纳生育保险费的，其职工享受生育保险待遇；职工未就业配偶按照国家规定享受生育医疗费用待遇，所需资金从生育保险基金中支付。生育保险待遇包括生育医疗费用和生育津贴。

（一）生育医疗费用

1. 生育的医疗费用；

2. 计划生育的医疗费用；

3. 法律、法规规定的其他项目费用。

（二）生育津贴

职工有下列情形之一的，可以按照国家规定享受生育津贴：

1. 女职工生育享受产假；

2. 享受计划生育手术休假；

3. 法律、法规规定的其他情形。

生育津贴按照职工所在用人单位上年度职工月平均工资计发。

2019 年，国务院办公厅发布的《国务院办公厅关于全面推进生育保险和职工基本医疗保险合并实施的意见》明确，生育保险基金并入职工基本医疗保险基金，统一征缴，统筹层次一致。

第七节　社会保险费征缴

一、社会保险登记

（一）用人单位成立登记

用人单位应当自成立之日起 30 日内凭营业执照、登记证书或者单位印章，向当地社会保险经办机构申请办理社会保险登记。社会保险经办机构应当自收到申请之日起 15 日内予以审核，发给社会保险登记证件。

（二）用人单位变更登记

用人单位的社会保险登记事项发生变更，应当自变更之日起 30 日内，持社会保险登记证件向原先办理登记的社会保险经办机构办理变更登记。社会保险经办机构按变更后的内容，重新核发社会保险登记证件。

（三）用人单位注销登记

用人单位发生解散、破产、撤销、合并以及其他情况依法终止时，应当及时向原先办理登记的社会保险经办机构办理注销社会保险登记。经社会保险经办机构核准，注销用人单位的社会保险登记，并缴销社会保险登记证件。在办理注销社会保险登记之前，用人单位应当结清应缴纳的社会保险费、滞纳金、罚款等。

二、申请缴纳社会保险费

(一) 用人单位的缴费申请

用人单位应当自用工之日起 30 日内为其职工向社会保险经办机构申请办理社会保险登记。未办理社会保险登记的，由社会保险经办机构核定其应当缴纳的社会保险费。

(二) 无雇工的个体工商户和灵活就业人员的缴费申请

自愿参加社会保险的无雇工的个体工商户、未在用人单位参加社会保险的非全日制从业人员以及其他灵活就业人员，应当向社会保险经办机构申请办理社会保险登记。

三、社会保险费的征缴

(一) 用人单位应当自行申报、按时足额缴纳社会保险费，非因不可抗力等法定事由不得缓缴、减免。职工应当缴纳的社会保险费由用人单位代扣代缴，用人单位应当按月将缴纳社会保险费的明细情况告知本人。

(二) 无雇工的个体工商户、未在用人单位参加社会保险的非全日制从业人员以及其他灵活就业人员，可以直接向社会保险费征收机构缴纳社会保险费。

(三) 社会保险费征收机构应当依法按时足额征收社会保险费，并将缴费情况定期告知用人单位和个人。

思考题

1. 社会保险有哪些特点？

2. 用人单位和个人在社会保险方面的权利和义务有哪些？

3. 基本养老保险的缴费和待遇是怎样规定的？

4. 简述基本医疗保险。

5. 职工有哪些情形之一的，应当认定为工伤？

6. 工伤认定申请和确认有什么规定？

8. 工伤保险待遇如何？

9. 失业保险待遇的享受条件是什么？

10. 生育保险的待遇是怎样规定的？

 案例 1

黑龙江省延寿县"法院+工会"促推用人单位主动履行定期支付伤残津贴义务

2024 年 12 月 27 日　来源：最高人民法院新闻局

【基本情况】

2002 年，邓某因工伤保险待遇与某公司发生争议并诉至法院。黑龙江省延寿县人民法院判决，某公司应支付邓某相关工伤保险待遇，其中包括每月向邓某支付伤残抚恤金（现称伤残津贴）。判决生效后，某公司在近 20 年的时间里从未主动履行过给付伤残津贴的义务，导致邓某每年都要向人民法院申请强制执行。某公司的做法不仅给邓某造成了负担，同时也耗费了有限的司法资源。

【协同协作履职情况】

2024 年初，延寿县人民法院针对某公司行为发出司法建议书，建议某公司通过合法且便捷的方式履行其对邓某的给付义务，同时将司法建议书抄送至延寿县总工会。延寿县总工会根据司法建议书，向某公司发出《工会劳动法律监督提示函》。某公司接受了相关建议，自 2024 年起定期向邓某支付伤残津贴，并将整改结果以回函的方式进行反馈。

【典型意义】

工伤保险是社会保险的重要组成部分。用人单位依法负有缴纳工伤保险费的义务。未依法参加工伤保险的用人单位职工发生工伤的，由用人单位支付工伤保险待遇。伤残津贴是在职工因工致残而退出工作岗位后定期享有的经济补偿，旨在保障其基本生活。在用人单位不主动履行生效判决给劳动者造成负担的情况下，人民法院通过发出司法建议书，同步抄送至总工会的形式，以柔性手段最终成功化解了近 20 年的执行问题。通过协调推进"一函两书"制度，用人单位从被动强制执行转变为主动履行，既有效保障了劳动者的合法权益，又促使用人单位认识到主动承担社会责任、遵守法律规定是构建和谐社会的重要组成部分，一次性解决了劳动者胜诉权益保障问题，有利于引领社会法治意识养成。

 案例 2

<h2 style="text-align:center">云南曲靖市总工会运用"一函两书"制度
推动解决职工社会保险补缴问题</h2>

2024 年 9 月 9 日　来源：中工网

云南曲靖市总工会与市级相关部门联合印发通知，建立了"工会+法院+检察院+人社+司法+N"协作联动机制，充分运用"一函两书"法律手段，圆满解决了某瓷厂欠缴 102 名职工养老保险费、某化工公司欠缴 500 余万元职工医疗保险费等案件。

一是多部门定期研判。建立一般问题"周督办、月研判、季分析"制度。市总工会与市检察院、市人社局等部门针对案例充分研判后，第一时间发出《工会劳动法律监督函》，提醒用人单位改正。二是多部门协调联动。提示函发出后，市总工会联合市工信局、市医保局、市检察院、市人社局等多次深入企业实地调查，了解相关情况，找准问题症结。先后 4 次召开联席会议，共同研究制订问题解决方案。三是多部门分工协作。工会主要负责反映职工需求、困难帮扶和心理疏导，人社部门负责审核劳动合同、精准核定工龄，医保部门负责做好补缴费用相关事宜，工信部门负责沟通协调、指导企业复工复产，检察院负责履行监督职能，做到既分工，又合作，协力推动解决问题。

截至目前，已为 46 名某瓷厂职工办结养老保险费补缴手续，其他人员正在办理中；某化工企业已分期补缴了 327 万余元职工医疗保险费用，并约定了未补齐欠缴费用条件下的职工医疗费用支出保障措施。

第二十五章　《劳动争议调解仲裁法》相关知识

第一节　劳动争议概述

依法妥善处理劳动争议，化解劳动关系矛盾，对于保护劳动关系双方当事人的合法权益，构建和发展和谐稳定的劳动关系，促进社会主义和谐社会的建设有着非常重要的意义。

一、劳动争议

劳动争议，也称"劳动纠纷""劳资争议"，指劳动关系双方当事人因实现劳动权利和履行劳动义务所发生的纠纷。也包括用人单位与劳动者的组织即工会因集体劳动权利、集体劳动义务发生的争议。妥善处理劳动争议，有利于保护劳动者和用人单位的合法权益，协调劳动关系，维护正常的生产工作秩序，促进经济社会发展。

二、劳动争议的特点

（一）劳动争议主体具有特定性。发生争议的双方当事人必须是用人单位和与其有劳动关系的职工或劳动者的团体。

（二）劳动争议内容具有限定性。劳动争议的内容，是有关劳动权利、义务方面的。劳动权利和劳动义务是依据劳动法、集体合同和劳动合同具体规定的。

（三）劳动争议的客体是劳动争议权利和义务共同指向的对象。主要有行为、现金、物。如劳动合同争议的标的主要是行为；劳动报酬争议的标的，则为现金；劳动安全卫生争议的标的，主要表现为物。

三、劳动争议的分类

（一）国内劳动争议和涉外劳动争议

按劳动争议是否有涉外因素划分，劳动争议可分为国内劳动争议和涉外劳动争议。

（二）个人劳动争议、集体劳动争议和团体劳动争议

根据劳动争议职工一方当事人人数的多少或者是否为工会来划分，劳动争议可分为个人劳动争议、集体劳动争议和团体劳动争议。

个人劳动争议，也叫个别劳动争议，是指单个劳动者与用人单位之间的劳动争议。集体劳动争议指劳动者一方当事人人数在 10 人以上且有共同理由的劳动争议。集体劳动争议的劳动者一方当事人可以推举代表参加调解、仲裁或者诉讼活动。集体合同争议，也叫团体争议，是指工会与用人单位或其团体之间因集体合同的订立、履行、变更或者解除、终止发生的争议。团体争议由工会主席为法定代表人参加争议的处理。

（三）权利争议和利益争议

按照劳动争议的性质可划分为权利争议、利益争议。权利争议，是指对现行法律、法规、集体合同、劳动合同所规定的权利，在实施或解释上所发生的争议。利益争议，是指在集体协商时双方为订立、续订或变更集体合同条款而产生的争议。一般指因主张待定权利义务发生的争议。

第二节 《劳动争议调解仲裁法》的立法宗旨、适用范围、原则和程序

2007 年 12 月 29 日十届全国人大常委会第三十一次会议审议通过了《劳动争议调解仲裁法》，于 2008 年 5 月 1 日正式实施。这部法的颁布和实施，确定了劳动争议处理程序和制度，对于依法、公正、及时处理劳动

争议，保护当事人，特别是劳动者的合法权益，促进劳动关系的和谐和稳定起到了重要的作用。

一、《劳动争议调解仲裁法》的立法宗旨

《劳动争议调解仲裁法》第1条开宗明义地阐述了该法的立法宗旨。即"为了公正及时解决劳动争议，保护当事人合法权益，促进劳动关系和谐稳定，制定本法。"

(一) 公正及时地解决劳动争议

公正及时是解决劳动争议的一项基本原则。《劳动争议调解仲裁法》从性质上说是程序法，通过规范劳动争议调解仲裁的具体程序制度，使劳动争议得到公正及时的处理。因此，劳动争议处理机构应当公正执法、依法保障双方当事人的合法权益，对当事人在适用法律上一律平等，不得偏袒或者歧视任何一方；同时，应注意及时处理，防止久拖不决。

(二) 保护当事人的合法权益

劳动争议的双方当事人为劳动者和用人单位，劳动争议调解仲裁法作为处理劳动争议的专门法、程序法，既保护劳动者的合法权益，也保护用人单位的合法权益。但考虑到劳动争议双方当事人的实际地位不平等，劳动者处于弱势，在"对调解协议申请支付令""一裁终局"等一些具体的程序上予以适当倾斜性的保护。

(三) 促进劳动关系和谐稳定

《劳动法》《劳动合同法》是从实体法角度、《劳动争议调解仲裁法》则是从程序法角度维护劳动关系当事人的合法权益，促进劳动关系的和谐稳定。

二、《劳动争议调解仲裁法》对劳动争议案件的适用范围

《劳动争议调解仲裁法》第2条明确了对劳动争议案件的适用范围。

1. 因确认劳动关系发生的争议。

2. 因订立、履行、变更、解除和终止劳动合同发生的争议。

3. 因除名、辞退和辞职、离职发生的争议。

4. 因工作时间、休息休假、社会保险、福利、培训以及劳动保护发生的争议。

5. 因劳动报酬、工伤医疗费、经济补偿或者赔偿金等发生的争议。

6. 法律、法规规定的其他劳动争议。

三、处理劳动争议的原则

《劳动争议调解仲裁法》第 3 条规定："解决劳动争议，应当根据事实，遵循合法、公正、及时、着重调解的原则，依法保护当事人的合法权益。"

（一）合法原则。即劳动争议处理机构在调解、仲裁过程中坚持以事实为根据，以法律为准绳，依法处理劳动争议案件。也就是说，调解、仲裁的程序、方法和内容都不得违反法律，不得损害国家、集体和他人的权益。

（二）公正原则。即在处理劳动争议的过程中，调解和仲裁机构应当公平正义、不偏不倚，保证争议当事人处于平等的法律地位，具有平等的权利和义务，并对人们之间权利或利益关系进行合理的分配。坚持公正原则是正确处理劳动争议的基本前提。由于劳动者和用人单位存在隶属关系，在现实劳动关系中，劳动者应当服从用人单位的管理和指挥，劳动者相对于用人单位处于弱势地位。劳动争议处理机构一定要坚持公正原则，防止把这种不对等关系带到劳动争议处理程序中，确保劳动者和用人单位在劳动争议解决程序中处于平等地位，任何一方都没有超越另一方的特权。

（三）及时原则。即遵循劳动争议处理法律法规规定的期限，尽可能快速、高效率地处理和解决劳动争议。一方面，及时原则要求在法定期限或者合理期限内解决劳动争议，要求参与劳动争议处理的各方积极配合，反对拖延、耽误；另一方面，及时原则要求保证当事人充分行使其程序权利，保证劳动争议案件的处理质量，反对草率、一味求快。

（四）着重调解原则。即处理劳动争议应当重视调解方式，调解既是一道专门程序，也是仲裁与审判程序中的重要方法。着重调解原则包含两方面的内容：一是调解作为解决劳动争议的基本手段贯穿于处理劳动争议的全过程。即使进入仲裁和诉讼程序后，劳动争议仲裁委员会和人民法院在处理劳动争议时，仍必须先进行调解，调解不成的，才能作出裁决和判决。二是调解必须遵循自愿原则，在双方当事人自愿的基础上进行，不能勉强和强制，否则即使达成协议或者作出调解书也不能发生法律效力。

四、处理劳动争议的基本方式

《劳动争议调解仲裁法》第4条规定："发生劳动争议，劳动者可以与用人单位协商，也可以请工会或者第三方共同与用人单位协商，达成和解协议。"第5条规定："发生劳动争议，当事人不愿协商、协商不成或者达成和解协议后不履行的，可以向调解组织申请调解；不愿调解、调解不成或者达成调解协议后不履行的，可以向劳动争议仲裁委员会申请仲裁；对仲裁裁决不服的，除本法另有规定的外，可以向人民法院提起诉讼。"据此规定，处理劳动争议的基本程序是协商、调解、仲裁和诉讼。

（一）协商

劳动争议的协商是指发生争议的劳动者与用人单位通过自行协商，或者劳动者请工会或者其他第三方（可以是本单位的人员，也可以是本单位以外的，双方都信任的人员）共同与用人单位进行协商，使矛盾得以化解，自愿就争议事项达成协议，使劳动争议及时得到解决的一种活动。发生劳动争议，一方当事人可以通过与另一方当事人约见、面谈等方式协商解决。

（二）调解

发生劳动争议，当事人不愿协商、协商不成或者达成和解协议后不履行的，可以向劳动争议调解组织申请调解。当事人不愿调解的，可以直接向劳动争议仲裁委员会申请仲裁。如果自劳动争议调解组织收到调解申请之日起15日内未达成调解协议，或者达成调解协议后在协议约定的期限内，一方当事人不履行的，另一方当事人可以向劳动争议仲裁委员会申请仲裁。

（三）仲裁

发生劳动争议，当事人不愿调解、调解不成或者达成调解协议后不履行的，可以向劳动争议仲裁委员会申请仲裁。对仲裁裁决不服的，除本法另有规定的外，当事人可以向人民法院提起诉讼。可见仲裁是劳动争议处理的一个必经程序。

（四）诉讼

《劳动争议调解仲裁法》规定，对劳动争议仲裁委员会不予受理或者逾期未作出决定的，或当事人对劳动争议仲裁委员会的仲裁裁决不服的，除法律另有规定的外，可以自收到仲裁裁决书之日起 15 日内向人民法院提起诉讼；期满不起诉的，裁决书发生法律效力。

第三节　劳动争议协商

一、协商的原则

协商劳动争议，应当根据事实和有关法律法规的规定，遵循平等、自愿、合法、公正、及时的原则。

二、协商流程

根据《企业劳动争议协商调解规定》，发生劳动争议，一方当事人可通过与另一方当事人约见、面谈等方式协商，另一方应在 5 日内作出口头或者书面回应（超过 5 日不回应视为拒绝协商），双方书面约定协商期限。协商达成一致，应当签订书面和解协议。

三、协商期限

协商期限由当事人书面约定，在约定期限内未达成一致的，视为协商不成；当事人可以书面约定延长期限。

四、协商参加人

职工可以要求所在企业工会参与或者协助其与企业进行协商。工会也可以主动参与劳动争议的协商处理，维护职工合法权益。职工还可以委托其他组织或者个人作为其代表进行协商。

五、法律效力

协商达成的和解协议，对双方当事人具有约束力，当事人应当履行。经仲裁庭审查，和解协议程序和内容合法有效的，仲裁庭可以将其作为证据使用。但是，当事人为达成和解的目的作出妥协所涉及的对争议事实的认可，不得在其后的仲裁中作为对其不利的证据。

六、程序衔接

当事人不愿协商、协商不成或者达成和解协议后，一方当事人在约定的期限内不履行和解协议的，可以依法向依法设立的调解组织申请调解，也可以依法向劳动人事争议仲裁委员会申请仲裁。

根据人力资源社会保障部等九部门发布的《关于进一步加强劳动人事争议协商调解工作的意见》，培育用人单位和劳动者的劳动人事争议协商意识，推动用人单位以设立负责人接待日、召开劳资恳谈会、开通热线电话或者电子邮箱、设立意见箱、组建网络通信群组等方式，建立健全沟通对话机制，畅通劳动者诉求表达渠道。指导用人单位完善内部申诉、协商回应制度，优化劳动人事争议协商流程，认真研究制定解决方案，及时回应劳动者协商诉求。工会组织统筹劳动法律监督委员会和集体协商指导员、法律援助志愿者队伍等资源力量，推动健全劳动者申诉渠道和争议协商平台，帮助劳动者与用人单位开展劳动人事争议协商，做好咨询解答、释法说理、劝解疏导、促成和解等工作。各级地方工会可设立劳动人事争议协商室，做好劳动人事争议协商工作。企业代表组织指导企业加强协商能力建设，完善企业内部劳动争议协商程序。鼓励、支持社会力量开展劳动人事争议协商咨询、代理服务工作。

第四节 劳动争议调解

一、劳动争议调解

劳动争议调解，指在劳动争议调解组织的主持下，通过宣传劳动法律、法规、规章，采取说服教育的方法，使劳动争议当事人双方在查明事实、分清是非和民主协商的基础上达成一致的协议，消除纷争的一种活动。调解虽然不是劳动争议处理的必经程序，但却是劳动争议处理制度中的"第一道防线"，对解决劳动争议起着重要的作用，是我国劳动争议处理制度的重要组成部分。

劳动争议调解组织应当依照法律、法规，遵循双方当事人自愿原则进行调解。即在申请调解、接受调解、调解过程、达成调解协议、调解协议的履行中都体现争议当事人的自愿。经调解达成协议的，制作调解协议书，双方当事人应当自觉履行；调解不成的，或者自劳动争议调解组织收到调解申请之日起15日内未达成调解协议的，当事人在规定的期限内，可以向劳动争议仲裁委员会申请仲裁。

二、劳动争议调解组织

根据《劳动争议调解仲裁法》规定，劳动者与用人单位发生劳动争议后，可以向下列调解组织申请调解：一是企业劳动争议调解委员会，由职工代表和企业代表组成；二是依法设立的基层人民调解组织；三是在乡镇、街道设立的具有劳动争议调解职能的组织。

根据《关于进一步加强劳动人事争议协商调解工作的意见》，人力资源社会保障部门会同司法行政、工会、企业代表组织和企事业单位、社会团体，推动用人单位加大调解组织建设力度。推动大中型企业普遍建立劳动争议调解委员会，建立健全以乡镇（街道）、工会、行业商（协）会、区域性等调解组织为支撑、调解员（信息员）为落点的小微型企业劳动争议协商调解机制。推动事业单位、社会团体加强调解组织建设，规范劳动人事管理和用工行为。

（一）企业劳动争议调解委员会

企业劳动争议调解委员会是设在企业内部处理劳动争议的群众性组织。

1. 企业劳动争议调解委员会的设立

根据《企业劳动争议协商调解规定》的规定，大中型企业应当依法设立调解委员会，并配备专职或者兼职工作人员。有分公司、分店、分厂的企业，可以根据需要在分支机构设立调解委员会。总部调解委员会指导分支机构调解委员会开展劳动争议预防调解工作。调解委员会可以根据需要在车间、工段、班组设立调解小组。小微型企业可以设立调解委员会，也可以由劳动者和企业共同推举人员，开展调解工作。

2. 企业劳动争议调解委员会的组成

调解委员会由劳动者代表和企业代表组成，人数由双方协商确定，双方人数应当对等。劳动者代表由工会委员会成员担任或者由全体劳动者推举产生，企业代表由企业负责人指定。调解委员会主任由工会委员会成员或者双方推举的人员担任。

3. 企业劳动争议调解委员会职责

（1）宣传劳动保障法律、法规和政策；

（2）对本企业发生的劳动争议进行调解；

（3）监督和解协议、调解协议的履行；

（4）聘任、解聘和管理调解员；

（5）参与协调履行劳动合同、集体合同、执行企业劳动规章制度等方面出现的问题；

（6）参与研究涉及劳动者切身利益的重大方案；

（7）协助企业建立劳动争议预防预警机制。

4. 调解员的职责

调解员应当公道正派、联系群众、热心调解工作，具有一定劳动保障法律政策知识和沟通协调能力。调解员由调解委员会聘任的本企业工作人员担任，调解委员会成员均为调解员。调解员履行下列职责：

（1）关注本企业劳动关系状况，及时向调解委员会报告；

（2）接受调解委员会指派，调解劳动争议案件；

（3）监督和解协议、调解协议的履行；

（4）完成调解委员会交办的其他工作。

（二）依法设立的基层人民调解组织

基层人民调解组织是我国解决民间纠纷的组织。人民调解委员会是村民委员会和居民委员会下设的调解民间纠纷的群众性组织，在基层人民政府和基层人民法院指导下进行工作。人民调解委员会由委员 3~9 人组成，设主任 1 人，必要时可以设副主任。为了充分利用现有的资源，节约成本，发生劳动争议时，当事人可以向基层人民调解组织申请调解。

（三）在乡镇、街道设立的具有劳动争议调解职能的组织

区域性劳动争议调解指导委员会是县以上地方总工会在城镇和乡镇企业集中的地方设立的劳动争议调解组织。由三部分代表组成。（1）工会代表，可以由地方总工会派代表兼任，也可由区域内企业工会推举产生。（2）劳动行政部门的代表，经地方总工会邀请由劳动行政部门指派。（3）社会有关人士代表，应当有用人单位的代表，还可以有专家、学者、律师。社会有关人士代表经地方总工会邀请参加，用人单位的代表可以由区域内用人单位推举产生。主任由地方总工会派出的代表担任。

区域性劳动争议调解指导委员会指导本区域内劳动争议调解委员会的调解工作，并调解未设调解组织的用人单位的劳动争议。

（四）市、县级劳动人事争议仲裁院调解中心和工会法律服务工作站

根据《关于进一步加强劳动人事争议协商调解工作的意见》，推动在

有条件的市、县级劳动人事争议仲裁院（以下简称仲裁院）内设劳动人事争议调解中心（以下简称调解中心），通过配备工作人员或者购买服务等方式提供劳动人事争议调解服务。调解中心负责办理仲裁院、人民法院委派委托调解的案件，协助人力资源社会保障部门指导辖区内的乡镇（街道）、工会、行业商（协）会、区域性等调解组织做好工作。探索推进工会组织在劳动人事争议案件较多、劳动者诉求反映集中的仲裁院、人民法院设立工会法律服务工作站，具备条件的地方工会可安排专人入驻开展争议协商、调解和法律服务工作，建立常态化调解与仲裁、诉讼对接机制。

三、劳动争议调解程序

根据《劳动争议调解仲裁法》和《企业劳动争议协商调解规定》的规定，劳动争议调解程序如下。

（一）申请与受理

劳动争议发生后，当事人不愿协商或者协商不成并自愿选择调解的，应及时申请。当事人可以口头或者书面形式向调解委员会提出调解申请。申请内容应当包括申请人基本情况、调解请求、事实与理由。口头申请的，调解委员会应当当场记录。

调解委员会接到调解申请后，对属于劳动争议受理范围且双方当事人同意调解的，应当在3个工作日内受理。对不属于劳动争议受理范围或者一方当事人不同意调解的，应当做好记录，并书面通知申请人。

发生劳动争议，当事人没有提出调解申请，调解委员会可以在征得双方当事人同意后主动调解。

（二）调查核实

调解委员会对决定受理的案件，应及时指派调解员对争议事项进行全面调查核实，调查应作笔录，并由调查人签名或盖章。调查工作一般包括如下内容。

1. 查清案件的基本事实：双方发生争议的原因、经过、焦点及有关的人和情况。

2. 掌握与争议问题有关的劳动法律法规的规定和劳动合同的约定，分清双方当事人应承担的责任，拟定调解方案和调解意见。

（三）调解

调解委员会根据案件情况指定调解员或者调解小组进行调解，在征得当事人同意后，也可以邀请有关单位和个人协助调解。调解员应当全面听取双方当事人的陈述，采取灵活多样的方式方法，开展耐心、细致的说服疏导工作，帮助当事人自愿达成调解协议。

调解委员会调解劳动争议一般不公开进行。但是，双方当事人要求公开调解的除外。

（四）制作调解协议书

经调解达成调解协议的，由调解委员会制作调解协议书。调解协议书应当写明双方当事人基本情况、调解请求事项、调解的结果和协议履行期限、履行方式等。调解协议书由双方当事人签名或者盖章，经调解员签名并加盖调解委员会印章后生效。调解协议书 1 式 3 份，双方当事人和调解委员会各执 1 份。

调解委员会调解劳动争议，应当自受理调解申请之日起 15 日内结束。但是，双方当事人同意延期的可以延长。在规定期限内未达成调解协议的，视为调解不成。

四、劳动争议调解的效力

《劳动争议调解仲裁法》第 14 条第 2 款规定："调解协议书由双方当事人签名或者盖章，经调解员签名并加盖调解组织印章后生效，对双方当事人具有约束力，当事人应当履行。"调解不是强制性的程序，不具有强制执行的法律效力。达成调解协议后，一方当事人在协议约定期限内不履行调解协议的，另一方当事人可以依法申请仲裁。

《劳动争议调解仲裁法》第 16 条规定："因支付拖欠劳动报酬、工伤医疗费、经济补偿或者赔偿金事项达成调解协议，用人单位在协议约定期限内不履行的，劳动者可以持调解协议书依法向人民法院申请支付令。人民法院应当依法发出支付令。"支付令是人民法院根据债权人的申请，督促债务人履行债务的程序，是民事诉讼法规定的一种法律制度。

根据《企业劳动争议协商调解规定》，生效的调解协议对双方当事人具有约束力，当事人应当履行。双方当事人可以自调解协议生效之日起15日内共同向仲裁委员会提出仲裁审查申请。仲裁委员会受理后，应当对调解协议进行审查，并根据《劳动人事争议仲裁办案规则》第54条规定，对程序和内容合法有效的调解协议，出具调解书。双方当事人未按规定提出仲裁审查申请，一方当事人在约定的期限内不履行调解协议的，另一方当事人可以依法申请仲裁。仲裁委员会受理仲裁申请后，应当对调解协议进行审查，调解协议合法有效且不损害公共利益或者第三人合法利益的，在没有新证据出现的情况下，仲裁委员会可以依据调解协议作出仲裁裁决。

第五节　劳动争议仲裁

一、劳动争议仲裁

（一）劳动争议仲裁

劳动争议仲裁指劳动争议仲裁委员会对用人单位与劳动者之间发生的劳动争议，在查明事实、明确是非、分清责任的基础上，依法作出裁决的活动。仲裁是处理劳动争议的必经程序。

（二）劳动争议仲裁的特征

劳动争议仲裁除具有处理程序简便、灵活、快速，注重调解，不收费等劳动争议处理的一般特点外，还具有如下几个特征。

1. 三方性

三方原则是指在劳动领域，由政府、工会和雇主协会三方分别代表国家、劳动者和用人单位利益共同参与劳动关系的协调、劳动政策法规的制定、劳动争议的处理的一项基本原则。三方原则是国际社会为协调劳动关系而普遍采用的一种行之有效的方法。劳动争议处理实行三方原则有利于国家、用人单位和劳动者三方利益的均衡和劳动关系的协调稳定；有利于发挥劳动行政部门、工会和经济综合管理部门各自的优势，增强仲裁的权威性；有利于三方相互配合、相互制约，保证仲裁的公正性。

2. 强制性

劳动争议仲裁实行特殊的强制原则。第一，劳动争议仲裁是劳动争议处理的必经程序；不经劳动争议仲裁委员会裁决，当事人不能向人民法院提起诉讼。第二，劳动争议仲裁无须双方自愿。只要争议一方当事人提出仲裁申请即能引起劳动争议仲裁程序的开始。

3. 仲裁结果具有强制执行的法律效力

无论是仲裁调解书，还是仲裁裁决书，只要双方签字盖章并未在法定期限内向人民法院起诉，便产生强制执行的法律效力，当事人一方不履行的，另一方可向人民法院申请强制执行。

4. 及时性

仲裁庭裁决劳动争议案件，自劳动争议仲裁委员会受理仲裁申请之日起 45 日内结束。这有利于劳动争议及时得到处理。

二、劳动争议仲裁的原则

（一）先行调解原则

先行调解原则是指在仲裁裁决之前，应当先进行调解。先行调解并非强行调解，而是要求仲裁前必须做调解工作，若当事人坚决拒绝调解或调解无效的，不能勉强或强迫达成协议。调解必须在双方自愿的基础上达成协议才有效。调解必须及时进行，达不成协议的应及时裁决。

（二）三方原则

劳动争议仲裁实行三方原则，指劳动争议的仲裁组织由三方组成，分别是劳动行政部门的代表、同级工会的代表和企业方面的代表。

（三）独立仲裁原则

劳动争议仲裁委员会处理劳动争议案件具有独立性，不受其他任何组织和个人的干涉。是我国劳动争议仲裁制度的根本原则。

（四）一次裁决原则

一次裁决原则，指任何一级劳动争议仲裁委员会的裁决都是最终裁决，当事人不服裁决的，不能向上一级仲裁委员会再次申请仲裁，只能在规定的期限内向人民法院起诉。

（五）回避原则

指仲裁委员会成员或仲裁员在仲裁劳动争议案件时，认为具有法定回避情况不宜参加本案审理，或当事人认为仲裁员具有法定回避情节的，可能影响公正裁决，都可以自动或申请回避。是否回避则由仲裁委员会决定。

（六）合议原则

合议原则是我国民主集中制原则在劳动争议仲裁中的具体体现。除了简单劳动争议案件可以由 1 名仲裁员独任仲裁外，劳动争议仲裁委员会裁决劳动争议案件实行仲裁庭制度，而仲裁庭由 3 名仲裁员组成。仲裁庭裁决劳动争议案件，实行少数服从多数的原则。

（七）区分举证责任原则

举证责任指在劳动争议处理中当事人提出证据的责任。《劳动争议调解仲裁法》第 6 条规定："发生劳动争议，当事人对自己提出的主张，有责任提供证据。与争议事项有关的证据属于用人单位掌握管理的，用人单位应当提供；用人单位不提供的，应当承担不利后果。"该条仍然建立在"谁主张谁举证"的基本原则之上，只是规定"与争议事项有关的证据属于用人单位掌握管理的"才由用人单位负责提供。第 39 条中又规定："当事人提供的证据经查证属实的，仲裁庭应当将其作为认定事实的根据。劳动者无法提供由用人单位掌握管理的与仲裁请求有关的证据，仲裁庭可以要求用人单位在指定期限内提供。用人单位在指定期限内不提供的，应当承担不利后果。"劳动关系有隶属性或人身依附性的特征。许多证据掌握在用人单位一方，而作为被管理者或行为承受者的劳动者对这些证据是不可能具有举证能力的，专属被用人单位掌握的证据材料自然应由用人单位提供，用人单位提供这些证据可以用来证明自己的主张，也可能这些证据在提供后被劳动者用作证据，这些证据包括有利于用人单位的证据，也应包括有利于劳动者的证据。

三、劳动争议仲裁组织

（一）劳动争议仲裁委员会设立、组成、职责

1. 设立

劳动争议仲裁委员会按照统筹规划、合理布局和适应实际需要的原则设立。省、自治区人民政府可以决定在市、县设立；直辖市人民政府可以决定在区、县设立。直辖市、设区的市也可以设立一个或者若干个劳动争议仲裁委员会。劳动争议仲裁委员会不按行政区划层层设立。

2. 组成

劳动争议仲裁委员会由劳动行政部门代表、工会代表和企业方面代表组成。根据《劳动人事争议仲裁组织规则》规定，仲裁委员会由干部主管部门代表、人力资源和社会保障等相关行政部门代表、军队文职人员工作管理部门代表、工会代表和用人单位方面代表等组成。仲裁委员会组成人员应当是单数。仲裁委员会设主任 1 名，副主任和委员若干名。仲裁委员会主任由政府负责人或者人力资源和社会保障行政部门主要负责人担任。

3. 职责

（1）聘任、解聘专职或者兼职仲裁员；

（2）受理争议案件；

（3）讨论重大或者疑难的争议案件；

（4）监督本仲裁委员会的仲裁活动；

（5）制定本仲裁委员会的工作规则；

（6）其他依法应当履行的职责。

仲裁委员会下设实体化的办事机构，具体承担争议调解仲裁等日常工

作。办事机构称为劳动人事争议仲裁院，设在人力资源和社会保障行政部门。仲裁院对仲裁委员会负责并报告工作。

（二）仲裁员

仲裁员是由仲裁委员会聘任、依法调解和仲裁争议案件的专业工作人员。仲裁员分为专职仲裁员和兼职仲裁员。专职仲裁员和兼职仲裁员在调解仲裁活动中享有同等权利，履行同等义务。兼职仲裁员进行仲裁活动，所在单位应当予以支持。

仲裁委员会应当依法聘任一定数量的专职仲裁员，也可以根据办案工作需要，依法从干部主管部门、人力资源和社会保障行政部门、军队文职人员工作管理部门、工会、企业组织等相关机构的人员以及专家学者、律师中聘任兼职仲裁员。

仲裁员享有以下权利：

1. 履行职责应当具有的职权和工作条件；

2. 处理争议案件不受干涉；

3. 人身、财产安全受到保护；

4. 参加聘前培训和在职培训；

法律、法规规定的其他权利。

仲裁员应当履行以下义务：

1. 依法处理争议案件；

2. 维护国家利益和公共利益，保护当事人合法权益；

3. 严格执行廉政规定，恪守职业道德；

4. 自觉接受监督；

5. 法律、法规规定的其他义务。

（三）仲裁庭

仲裁委员会处理争议案件实行仲裁庭制度，实行一案一庭制。

仲裁委员会可以根据案件处理实际需要设立派驻仲裁庭、巡回仲裁庭、流动仲裁庭，就近就地处理争议案件。

根据《劳动人事争议仲裁组织规则》规定，处理下列争议案件应当由3名仲裁员组成仲裁庭，设首席仲裁员：

1. 10 人以上并有共同请求的争议案件；

2. 履行集体合同发生的争议案件；

3. 有重大影响或者疑难复杂的争议案件；

4. 仲裁委员会认为应当由 3 名仲裁员组庭处理的其他争议案件。

简单争议案件可以由 1 名仲裁员独任仲裁。

四、劳动争议仲裁的相关规定

（一）仲裁的时效制度、仲裁时效的中止和中断

1. 仲裁时效具体来说就是指权利人于一定期间内不行使请求劳动争议仲裁机构保护其劳动权利的请求权，就丧失该请求权的法律制度。劳动争议申请仲裁的时效期间为 1 年。仲裁时效期间从当事人知道或者应当知道其权利被侵害之日起计算。

2. 仲裁时效中断

仲裁时效因当事人一方向对方当事人主张权利，或者向有关部门请求权利救济，或者对方当事人同意履行义务而中断。从中断时起，仲裁时效期间重新计算。

3. 仲裁时效中止

因不可抗力或者有其他正当理由，当事人不能在规定的仲裁时效期间申请仲裁的，仲裁时效中止。从中止时效的原因消除之日起，仲裁时效期间继续计算。

4. 劳动关系存续期间因拖欠劳动报酬发生争议的，劳动者申请仲裁不受仲裁时效期间的限制；但是劳动关系终止的，应当自劳动关系终止之日起 1 年内提出。

（二）仲裁庭的仲裁期限与先行裁决

1. 仲裁期限

仲裁庭裁决劳动争议案件，应当自劳动争议仲裁委员会受理仲裁申请之日起 45 日内结束。案情复杂需要延期的，经劳动争议仲裁委员会主任批准，可以延期但延长期限不得超过 15 日。逾期未作出仲裁裁决的，当事人

可以就该劳动争议事项向人民法院提起诉讼。

2. 先行裁决

仲裁庭裁决追索劳动报酬、工伤医疗费、经济补偿或者赔偿金的案件，根据当事人的申请，如果这一部分事实已经清楚，可以就该部分先行裁决、先予执行，移送人民法院执行。

仲裁庭裁决先予执行的，应当符合：（1）当事人之间权利义务关系明确；（2）不先予执行将严重影响申请人的生活。劳动者申请先予执行的，可以不提供担保。

3. 一裁终局

下列劳动争议除《劳动争议调解仲裁法》另有规定者外，仲裁裁决为终局裁决。裁决书自作出之日起发生法律效力。（1）追索劳动报酬、工伤医疗费、经济补偿或者赔偿金，不超过当地月最低工资标准12个月金额的争议；（2）因执行国家的劳动标准在工作时间、休息休假、社会保险等方面发生的争议。劳动者对上述仲裁裁决不服的，可以自收到仲裁裁决书之日起15日内向人民法院提起诉讼。这是指劳动者对一裁终局的仲裁裁决不服的，可以向法院提起诉讼的规定。一裁终局的裁决发生法律效力后，用人单位不得就同一争议事项再向仲裁委员会申请仲裁或向法院起诉。用人单位有证据证明上述仲裁裁决有下列情形之一，可以自收到仲裁裁决书之日起30日内向劳动争议仲裁委员会所在地的中级人民法院申请撤销裁决：（1）适用法律、法规确有错误的；（2）劳动争议仲裁委员会无管辖权的；（3）违反法定程序的；（4）裁决所根据的证据是伪造的；（5）对方当事人隐瞒了足以影响公正裁决的证据的；（6）仲裁员在仲裁该案时有索贿受贿、徇私舞弊、枉法裁决行为的。人民法院经组成合议庭审查核实裁决有上述规定情形之一的，应当裁定撤销。仲裁裁决被人民法院裁定撤销的，当事人可以自收到裁定书之日起15日内就该劳动争议事项向人民法院提起诉讼。

一裁终局以外的其他劳动争议，对仲裁裁决不服的，可以自收到裁决书之日起15日内向人民法院提起诉讼；期满不起诉的，裁决书发生法律效力。

（三）劳动争议仲裁管辖

《劳动争议调解仲裁法》第 21 条规定："劳动争议仲裁委员会负责管辖本区域内发生的劳动争议。劳动争议由劳动合同履行地或者用人单位所在地的劳动争议仲裁委员会管辖。双方当事人分别向劳动合同履行地和用人单位所在地的劳动争议仲裁委员会申请仲裁的，由劳动合同履行地的劳动争议仲裁委员会管辖。"

第六节 劳动争议诉讼

劳动争议诉讼是指劳动争议当事人不服劳动争议仲裁委员会的裁决处理，在法定期限内，依法向人民法院起诉，或者对仲裁委员会不予受理或逾期未作出决定的，申请人向人民法院起诉，人民法院按照法定的程序进行审理和判决的活动。《劳动争议调解仲裁法》没有对劳动争议诉讼进行具体规定，按照现行的体制，人民法院对劳动争议案件的受理、审判和执行都按照《民事诉讼法》的规定执行。本节不再重复叙述。

 思考题

1. 劳动争议有哪些特点？

2. 《劳动争议调解仲裁法》适用哪些劳动争议案件？

3. 处理劳动争议的原则是什么？

4. 我国劳动争议处理的基本程序是什么？

5. 简述劳动争议协商。

6. 劳动争议调解组织有哪些？

7. 劳动争议的调解程序是什么？

8. 劳动争议仲裁的原则是什么？

9. 劳动争议仲裁员有哪些权利和义务？

10. 简述劳动争议仲裁时效制度。

案例1

浙江嘉兴桐乡市总工会连续十年开展"三治融合"进企业活动
打造"新时代枫桥经验"工会实践新样板

2025 年 1 月 15 日　来源：中工网

浙江嘉兴桐乡市作为"三治体系"发轫地，2014 年以来，桐乡市总工会首创"三治融合"进企业新模式，制发《"三治融合"进企业实施指南》地方标准规范，成功打造"新时代枫桥经验"工会实践新样板，获浙江省第一届工会改革创新十佳成果。

一是巩固思想基础，讲好"三课"提升德治凝聚力。发挥各类先进典型宣讲力量，讲好思政引领课，弘扬向善正能量；讲好职工道德讲堂，发挥榜样引领作用；讲好普法宣传课，引导职工提升依法维权意识，维护自身合法权益，已累计开展各类宣讲 612 场，覆盖职工 35680 人次。

二是拓宽参与渠道，健全"三事"激发自治原动力。落实"职工议事"调解机制，已有 1223 家企业建立健全职工"听事、议事、评事"民主决策制度，通过职代会、职工议事会和圆桌会等工作模式实现职工群众自我管理、自我服务、自我教育和自我监督。

三是延展共治载体，打造"三团"夯实法治硬实力。组建职工法律服务团，用好律师等专业力量开展服务；组建工会调解服务团，发挥工会干部作用解决企业职工纠纷难题；组建劳动法律监督团，调动职工参与矛盾预警、纠纷调处积极性，2018 年以来，累计解决纠纷 1100 起，实现"小事不出企业"。

**案例2**

福建龙岩市总工会打造新时代"枫桥经验"工会实践工作品牌

2024 年 12 月 11 日　来源：中工网

福建龙岩市总工会坚持和发展新时代"枫桥经验"，持续深化劳动纠纷多元化解，在园区、驿站、网上打造职工维权服务"三座枫桥"，有力履行工会维权服务基本职责。

一是全覆盖建设"园区枫桥"。在全市11家省级以上工业园区全部建成"园区枫桥"职工法律服务一体化基地，集中设置"两室两庭"，实施繁简分流"二步分解法"和劳动纠纷"三级响应"处理机制，引进专业人员入驻基地服务，实现劳动纠纷"一站式"调处。基地建成以来，累计接待来电、来信、来访500余件次、1600余人次，化解矛盾纠纷250余件，为职工挽回经济损失3000余万元。

二是全市域打造"驿站枫桥"。首创"驿站枫桥"暖"新"维权服务机制，通过构建"1+N"维权服务矩阵、全流程暖"新"维权服务体系、一体化专业维权服务力量，建立"驿站简易调解、基地快速调处、劳动法庭（仲裁庭）便捷审理、重大案件联动调处"四项机制，累计接受法律咨询1600余人次，成功调解劳动争议纠纷950余件，受理仲裁和诉讼案件160余件，案件化解平均周期从原来的90天缩至28天。

三是全时段架设"智慧枫桥"。通过"互联网+"赋能法律服务、工会驿站上线电子地图，实现职工群众10分钟找到驿站，"十分到家"享受法律服务。在"龙岩工会E家人"智慧平台开设法律服务模块，开通"一键求助"服务热线，进驻线上服务律师团，24小时在线为职工群众答疑解惑。

参考资料及说明

［1］《中华人民共和国宪法》（2018 年修正文本）本书中简称《宪法》

［2］《中华人民共和国民法典》（2020 年 5 月 28 日第十三届全国人民代表大会第三次会议通过）本书中简称《民法典》

［3］《中华人民共和国公司法》（根据 2023 年 12 月 29 日第十四届全国人民代表大会常务委员会第七次会议第二次修订）本书中简称《公司法》

［4］《中华人民共和国全民所有制工业企业法》（根据 2009 年 8 月 27 日第十一届全国人民代表大会常务委员会第十次会议《关于修改部分法律的决定》修正）本书中简称《企业法》

［5］《中华人民共和国道路交通安全法》（根据 2021 年 4 月 29 日第十三届全国人民代表大会常务委员会第二十八次会议《关于修改〈中华人民共和国道路交通安全法〉等八部法律的决定》第三次修正）本书中简称《道路交通安全法》

［6］《中华人民共和国公共文化服务保障法》（2016 年 12 月 25 日第十二届全国人民代表大会常务委员会第二十五次会议通过）本书中简称《公共文化服务保障法》

［7］《中华人民共和国职业病防治法》（根据 2018 年 12 月 29 日第十三届全国人民代表大会常务委员会第七次会议《关于修改〈中华人民共和国劳动法〉等七部法律的决定》第四次修正）本书中简称《职业病防治法》

［8］《中华人民共和国矿山安全法》（根据 2009 年 8 月 27 日第十一届全国人民代表大会常务委员会第十次会议《关于修改部分法律的决定》修

正）本书中简称《矿山安全法》

[9]《中华人民共和国安全生产法》（根据 2021 年 6 月 10 日第十三届全国人民代表大会常务委员会第二十九次会议《关于修改〈中华人民共和国安全生产法〉的决定》第三次修正）本书中简称《安全生产法》

[10]《中华人民共和国消防法》（根据 2021 年 4 月 29 日第十三届全国人民代表大会常务委员会第二十八次会议《关于修改〈中华人民共和国道路交通安全法〉等八部法律的决定》第二次修正）本书中简称《消防法》

[11]《中华人民共和国会计法》（根据 2024 年 6 月 28 日第十四届全国人民代表大会常务委员会第十次会议《关于修改〈中华人民共和国会计法〉的决定》第三次修正）本书中简称《会计法》

[12]《中华人民共和国预算法》（根据 2018 年 12 月 29 日第十三届全国人民代表大会常务委员会第七次会议《关于修改〈中华人民共和国产品质量法〉等五部法律的决定》第二次修正）本书中简称《预算法》

[13]《中华人民共和国煤炭法》（2016 年 11 月 7 日第十二届全国人民代表大会常务委员会第二十四次会议《关于修改〈中华人民共和国对外贸易法〉等十二部法律的决定》第四次修正）本书中简称《煤炭法》

[14]《中华人民共和国特种设备安全法》（2013 年 6 月 29 日第十二届全国人民代表大会常务委员会第三次会议通过）本书中简称《特种设备安全法》

[15]《中华人民共和国工会法》（根据 2021 年 12 月 24 日第十三届全国人民代表大会常务委员会第三十二次会议《关于修改〈中华人民共和国工会法〉的决定》第三次修正）本书中简称《工会法》

[16]《中华人民共和国劳动法》（根据 2018 年 12 月 29 日第十三届全国人民代表大会常务委员会第七次会议《关于修改〈中华人民共和国劳动法〉等七部法律的决定》第二次修正）本书中简称《劳动法》

[17]《中华人民共和国劳动合同法》（根据 2012 年 12 月 28 日第十一届全国人民代表大会常务委员会第三十次会议《关于修改〈中华人民共和国劳动合同法〉的决定》修正）本书中简称《劳动合同法》

［18］《中华人民共和国就业促进法》（根据 2015 年 4 月 24 日第十二届全国人民代表大会常务委员会第十四次会议《关于修改〈中华人民共和国电力法〉等六部法律的决定》修正）本书中简称《就业促进法》

［19］《中华人民共和国社会保险法》（根据 2018 年 12 月 29 日第十三届全国人民代表大会常务委员会第七次会议《关于修改〈中华人民共和国社会保险法〉的决定》修正）本书中简称《社会保险法》

［20］《中华人民共和国民事诉讼法》（根据 2023 年 9 月 1 日第十四届全国人民代表大会常务委员会第五次会议《关于修改〈中华人民共和国民事诉讼法〉的决定》第五次修正）本书中简称《民事诉讼法》

［21］《中华人民共和国刑法》（2020 年 12 月 26 日第十三届全国人民代表大会常务委员会第二十四次会议通过的《中华人民共和国刑法修正案（十一）》修正）本书中简称《刑法》

［22］《中华人民共和国劳动争议调解仲裁法》（2007 年 12 月 29 日第十届全国人民代表大会常务委员会第三十一次会议通过）本书中简称《劳动争议调解仲裁法》

［23］《中国工会章程》（中国工会第十八次全国代表大会部分修改，2023 年 10 月 12 日通过）

［24］《基层工会劳动保护监督检查委员会工作条例》中华全国总工会 2001 年 12 月 31 日

［25］《中华人民共和国劳动合同法实施条例》（2008 年 9 月 3 日国务院第 25 次常务会议通过 2008 年 9 月 18 日中华人民共和国国务院令第 535 号公布自公布之日起施行）本书中简称《劳动合同法实施条例》

［26］《工伤保险条例》（根据 2010 年 12 月 20 日《国务院关于修改〈工伤保险条例〉的决定》修订）

［27］《企业工会工作条例》（2006 年 12 月 11 日中华全国总工会第十四届执行委员会第四次全体会议通过）

［28］《基层工会会员代表大会条例》（总工发〔2019〕6 号）

［29］《工会基层组织选举工作条例》（总工发〔2016〕27 号）

［30］《工会会员会籍管理办法》总工发〔2016〕35 号

〔31〕《工会女职工委员会工作条例》（总工发〔2024〕10 号）

〔32〕《集体合同规定》（2004 年 1 月 20 日劳动保障部令第 22 号公布自 2004 年 5 月 1 日起施行）

〔33〕《企业民主管理规定》（中共中央纪委、中共中央组织部、国务院国有资产监督管理委员会、监察部、中华全国总工会、中华全国工商业联合会于 2012 年 2 月 13 日印发）

〔34〕《机关事业单位职业年金办法》国办发〔2015〕第 18 号

〔35〕《工资集体协商试行办法》（中华人民共和国劳动和社会保障部令第 9 号）